距今204万年的巫山猿人遗址

出溪巴王陵墓出土的虎纽錞于

巴国编钟

白鹤梁水文题刻

奉节白帝城

大足宝顶大佛湾释迦涅槃圣迹图

合川钓鱼城护国门

吊脚楼民居

清代的三峡纤夫

朝天门码头

清代行驶三峡的木船舶

瞿塘峡栈道

梁平竹帘

秀山花灯

明代战功卓著的女性军队统帅秦良玉

1097年,大理学家程颐谪居于涪陵北岩标点并注释《易经》,完成《伊川易传》

革命军中"马前卒"——邹容和他的《革命军》

被毛泽东称为旧中国实业界"四个不能忘记的人物"之一的卢作孚和他创办的民生实业公司

抗战前期的重庆城

抗战胜利纪功碑

标志性建筑——宏伟、精美的重庆人民大礼堂

巴盐古道

龙舟

重庆火锅

两江环抱、气势宏伟的山城重庆

概论

巴渝文化

BAYU WENHUA GAILUN

■ 主编 张万仪 庞国栋

重庆大学出版社

图书在版编目(CIP)数据

巴渝文化概论/张万仪,庞国栋主编.—重庆:重庆大学
出版社,2014.1(2024.4 重印)
ISBN 978-7-5624-7240-7

Ⅰ.①巴… Ⅱ.①张…②庞… Ⅲ.①文化史—重庆市—
研究 Ⅳ.①K297.19

中国版本图书馆 CIP 数据核字(2013)第 032441 号

巴渝文化概论

主编 张万仪 庞国栋
策划编辑:唐启秀

责任编辑:邹 荣 版式设计:唐启秀
责任校对:刘雯娜 责任印制:张 策

*

重庆大学出版社出版发行
出版人:陈晓阳
社址:重庆市沙坪坝区大学城西路 21 号
邮编:401331
电话:(023)88617190 88617185(中小学)
传真:(023)88617186 88617166
网址:http://www.cqup.com.cn
邮箱:fxk@ cqup.com.cn(营销中心)
全国新华书店经销
重庆华林天美印务有限公司印刷

*

开本:787mm×1092mm 1/16 印张:19.5 字数:350 千 插页:16 开 2 页
2014 年 1 月第 1 版 2024 年 4 月第 18 次印刷
ISBN 978-7-5624-7240-7 定价:48.00 元

为《巴渝文化概论》修订版喝彩

王川平

20世纪80年代，重庆市博物馆的一批研究者，在对原巴人居住范围的文化的研究中发现，这一地区的文化与原蜀国地区的文化存在某些差异。为此，他们开始公开出版不定期刊《巴渝文化》。其后，对巴渝文化的研究渐次展开。重庆直辖后，基于重庆文化建设实践的需要，对这一问题的研究较为急迫地摆在了关心重庆文化的人的面前，一些成果正在显现，一些命题正在展开。而《巴渝文化概论》一书的出版，正体现了这一文化建设的阶段性成果。这是一本专门论述巴渝文化的非常具有实用价值的书。

为一种文化设论，是非常艰难的，何况是为一种内涵与外延尚未形成定论、连命题仍在讨论中的巴渝文化设论。设论者的胆略令人敬佩。仔细研读文本，可以触摸到设论者们在历史烟雾中探索、在纷繁的现实表象中寻觅的津动。可喜的是他们走进了历史的烟雾又走了出来且有所获得，没有一味罗列现实表象，而是尽可能地条分缕析这些表象背后的含义，找出能满足设论者理论框架的东西。这种探求寻觅的精神是可敬可佩的。需要特别指出的是，这里所指的巴渝文化，实际上是重庆文化的别称，这在文本的框架结构中可以看出。这样一来，对巴渝文化的概述和讨论，无疑在质上、量上扩大了很多的难度，对设论者宏观把握该文化在时间、空间上的多维关系也形成极大的挑战。所幸的是，分撰者与主编者共同的努力，经受住了这种挑战，并在他们流畅的著述中,不时开放出思想的智慧花朵来。

　　谈到重庆文化,这里不妨介绍另外一种学术观点。这种观点认为,重庆文化是由巴渝文化、三峡文化、大后方抗战文化、都市现代文化组成的文化复合体,这些文化在时间和空间上具有传承、扩散的关系;这里的巴渝文化,是指大巴山以南、峡江与嘉陵江一带,特别是以古代巴人为主体的人群创造的一种地域性古代文明(详见拙著《在历史与文化之间》)。介绍这一观点,无非是让读者对重庆文化、对巴渝文化多一些清晰的了解,对《巴渝文化概论》的著述者们的艰苦创造多一份了解与尊重。

　　重庆这座城市,是一个具有深厚文化积淀的城市,是一个具有独特文化个性的城市,是一个具有光辉的英雄主义精神和民主主义传统的城市,是一个在历史和现实中多次改变历史进程的城市。204万年前,这里的巫山人是亚洲人类的老祖母。到宋代,这里浓厚的巴渝文化成就了佛教艺术中国化的创新,使大足石刻成为佛教艺术中国化的标志。到宋元之际,重庆人的品格和意志的力量在钓鱼城保卫战中谱写了辉煌,让欧洲的历史得以按照它呈现在人们面前的模样发展。抗战时期,重庆成为国际反法西斯战争的东方指挥中心,成为抗战大后方的政治、经济、军事、文化中心,成为世界反法西斯统一战线与中国抗日民族统一战线的交汇点,为第二次世界大战的胜利和民族解放战争的胜利作出了历史性贡献。

　　2005年《巴渝文化概论》初版时,我曾以"一本勇于探索的书"为题为该书作序,并期待编著者在日后的研究中谱写出新的篇章。果然,在蛇年春节来临之际,主编张万仪女士将该书最新的修订稿送到我面前,并希望再为之序。我无可选择,只好承应。我为编著者执着的科研精神深深打动。本修订稿最大的特点是,在历史的纵向和文化的横向两个向度上精心编织网络,让巴渝文化在历史进程和专题板块发展中愈显清晰,进而完成重构重庆本土文化的使命。编著者目标明确,立意高远,所证引的素材也是确当的。他们的努力正在收获回报。

　　20世纪末,重庆直辖之初,主政者曾向我询问:如何给直辖市重庆寻求更亲民、更具亲和力和亲切感的称谓?我说:在重庆的发展史上,祖先早就给我们准备了一份厚礼,这就是重庆独特的历史遗产和文化遗产,它们分别称作"巴渝大地""巴渝儿女""巴渝文化"。它们不仅是重庆土地、重庆人民、重庆文化的昵称、爱称、小名,更是一种亲和力、向心力、凝聚力,是重庆可持续发展的人文资源,是一种长长久久的思想动力和情感动力,是重庆文化的生长力和创新力。重庆人应加倍珍惜。

近年来,地域文化研究蔚为大观。中央文史馆正在编著包括港、澳、台在内的全国34个行政区划的《中国地域文化通览》,总计34卷近2 000万字。本《通览》规定历史取向的下限至1911年辛亥革命。中央文史馆在聘请我担任《中国地域文化通览(重庆卷)》主编时,我表态说,梳理、探索、整合、研究重庆自己的本土文化,不仅是全国《通览》的要求,更是年轻的直辖市自身文化建设的需要。巴渝文化作为重庆地域文化,其核心板块由巴文化、三峡文化构成,在其东传西递不断交流的过程中,向东形成巴楚文化,向西形成巴蜀文化;巴渝文化具有强烈的个性:一是强烈的抗争性,二是强烈的群体抒情性,三是走出大山、冲出三峡的开放性;巴渝文化的重商、务实、前趋性、开放性,使重庆这座城市能够顺应世界潮流和时代潮流,顺应工业文明、城市文明的发展,并与工业文明一道催生出重庆城市文化;重庆城市文化植根于巴渝文化,邹容代表了这座城市理性的深度,而大后方抗战文化体现了重庆城市文化的高度与广度。我对此诚惶诚恐、孜孜以求。

在蛇年春节的喜气之中,鞭炮和礼花不时划过城市上空。更值得庆贺的是,这座城市有如《巴渝文化概论》的一版、再版、修订版,有如它的编著者们的执着和努力。我祝贺这样的事,祝福这样的人群,祝福这座城市。

2013年春节年假,于长江南岸

目

录

第一编　巴渝文化的起源与发展

巴渝地区为古代巴国故地,有源远流长的历史。旧石器时代,就有巴人先民在这块土地上艰苦耕耘、顽强生存。巴渝地区的众多远古文化遗存,印证着那个时代先民的足迹与文明发展的进程。

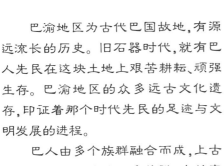

巴人由多个族群融合而成,上古巴人的形成流传着许多传说,有的富有传奇色彩。当历史迈入文明时代,尚武刚毅的巴人形成了独具特色的巴文化,经过长期积淀,在巴文化的基础上产生了巴渝文化。

巴国有悠久的文明史,3 000 多年前周朝建立初期的诸侯分封,昭示着巴国的诞生;春秋战国时期,巴国与东部强大的楚国发生过多次战争,最终在公元前 316 年的战国中期被北部的秦国所灭,随后秦置巴郡;公元前 221 年秦统一中国后,巴郡成为秦国三十六郡之一。在其后的千余年中,巴民族逐渐融入汉民族,成为中华民族的组成部分。

秦代以后,巴渝地区在分久必合、合久必分的历史循环中经历了动荡与安宁、战乱与太平,见证了历代王朝的兴衰、政权的更迭。在这片土地上,留下了人们熟知的三国故事,发生过闻名中外的钓鱼城之战。元末明初,巴国故都重庆一度成为大夏国的都城。跨过漫长的历史,巴渝地区步入了现代文明时代。

巴渝文化的历史地位

第一节 巴渝文化与中华文明

中国是世界上具有悠久历史的文明古国之一,中华民族是拥有优秀传统文化的伟大民族,在漫长的发展过程中,中华民族历经沧桑,聚散分合,各民族共同创造了灿烂的中华文化。在世界文明史上,古埃及、古巴比伦、古希腊、古印度都曾经创造过辉煌灿烂的古代文明,但是,它们在很久以前便先后消亡了,那些古代文明与所在国、与发生地的现代文明没有一脉相承的联系,唯有中华文明古今贯通,薪火相传,血脉不断,永续常新,是世界上唯一自上古以来不曾中断,并延续至今的人类文明。正如我国著名文化学者季羡林先生在《〈20世纪中国学术大典〉序》中所说:"世界文明古国,决不止中华一家,而文明兴旺发达垂五千年未尝中断者,实只我中华一家。"

在中华民族源远流长的文明史上,华夏民族文化是文明的核心,它以其巨大的包容性与凝聚力吸纳着各种地域文化,使中华文明呈现出起源的多元性。从中华文明的发展史考察,在新石器时代晚期,黄河流域就已经出现了较发达的农业文明,广袤的中华大地散布着先民生活、劳动的身影。随着生产力的发展,逐渐产生了简单的社会组织和原始文字,先民们创造的文明成果为后世留下了丰富的文化遗存。伴随着各民族、各部落之间的争斗、兼并及交流、融会,逐渐形成了以中原地区黄河流域为中心的华夏文明。在历史演进的过程中,经过数千年民族大融合,文化大交汇,凝聚成了今天的中华民族。从远古走来的先民们,在有文字记载的几千年的文明发展史上,创造出了齐鲁文化、燕赵文化、荆楚文化、吴越文化、三晋文化、巴蜀文化、岭南文化(虽然这些名称是现代学者们赋予的)等各具特色的文明。在历史大整合、文化大交融中,各种地域文化不断丰富和壮大着中华民族的历史文化,形成了让我们自豪的璀璨的中华文明。在中华文明发源的多元系统中,人们习称的巴蜀文化是中华文明的源头之一,而近年提出的巴渝文化则是巴蜀文化的一个重要组成部分,它同样是中华文明的一个子系统,在中华文明的形成过程中产生过重要影响。

自从汉字产生后,多元一体的中华文明在几千年历史长河中不断发展,不断丰富。在2 000多年前的战国时期,中华大地就出现过百家争鸣的繁荣景象,自汉朝大一统政治格局形成之后,儒家思想取得独尊地位,成为中华民族的主流文化。它以其巨大的亲和力与包容性兼收并蓄地吸纳着各种文化,又以其强大的辐射力与扩散力影响着周边乃至边缘地区的文化;它对2 000多年来中华民族的行为方式、心理结构、思维模式、审美情趣、风俗习惯乃至对社会、自然的人生态度都产生了巨大影响。"文化的力量,深深熔铸在民族的生命力、创造力和凝聚力之中。"儒家文化中讲信守诚、尚义贵和、好学不倦、自强不息、见利思义、威武不屈、舍生取义、临难不苟的精神深深地熔铸在中华民族的肌体中,构建起中华文化深厚的人文背景,在今天的中国乃至全球范围内的华人世界中仍具有巨大的凝聚力。

当代学者余秋雨指出:"不管古代还是现代,一切地域性文化的划分的深入依据,应该是集体深层心理的分野。这种地域性的集体深层心理是那样的强硬和固执,即便处在交通便捷、人口杂居、国家统一的现代,也很难使之消散。"(《艺术创造工程》)作为地域文化的古代巴文化,是中华文明的组成部分之一,它是一个自成体系、富有自身内涵的独立的系统,在与黄河流域文化交流中对中华文明的形成产生过积极影响。虽然巴文化较早地受到中原文化和楚文化影响,但仍保持着自身的某些特色。巴渝大地上仍保留着蕴含古代巴文化因子的丰富的文化遗存、历史文物以及积淀着"地域性的集体深层心理"的艺术形式,如巴渝舞、竹枝词等,而由古代巴渝艺术演变而来的土家族摆手舞、土家傩戏、苗族木鼓舞、梁平灯戏等民风民俗文化遗产,尚待人们去发掘、去认识。

巴渝文化是在古代巴地萌发的、经过漫长的历史演进,逐渐发展、不断丰富而形成的一种独具特色的地域文化。

第二节　自成一体的巴渝文化

在上古时代,巴、蜀两个同处于四川盆地中的国家,其属地远及周边地区。由于地缘的关系,巴、蜀两国(战国时期秦国兼并巴、蜀后,置蜀郡、巴郡,后来又曾统称益州等)在政治、经济、文化方面的联系十分密切,历史上人们习惯于把巴与蜀视为一个整体。从《战国策》到《史记》及后代典籍,巴蜀并称不绝于史书,由此,后世便有巴山蜀水的习惯称呼。

但是,从文明的起源和人文背景考察,巴与蜀有着明显的差异。蜀包括以今天的成都为中心的含川西、川北、川南、云南北部地区及陕西南部部分区域;巴拥有以重庆为中心的含涪江以东的四川东北部,以及四川中部、南部的部分地区,还包括今陕西南部、湖北西部、湖南西北部、贵州北部的广大区域。巴国境内的大巴山、巫山、武陵山、华蓥山等山脉是古代巴人的自然屏障和栖息地,气候温暖湿润,适宜农耕渔牧,又有长江、渠江、嘉陵江、乌江、大宁河等河流滋养着巴人先民。在险峻的高山峡谷里,巴人先民筚路蓝缕,开山垦荒,顽强地与大自然作斗争。《礼记·王制》说:"广谷大川异制,民生其间者异俗……中国戎夷,五方之民,皆有性也,不可推移。东方曰夷,被发文身,有不火食者矣;南方曰蛮,雕题交趾,有不火食者矣;西方曰戎,被发衣皮,有不粒食者矣;北方曰狄,衣羽毛穴居,有不粒食者矣。"贫瘠的土地、恶劣的环境,千百年来,锻炼出巴人勤劳朴实、不畏艰险的奋斗精神和侠义粗犷、勇敢坚韧的刚强性格;在此环境中顽强生存的巴人孕育出了独具特色的巴渝文化。

通常,人们认为渝是古代嘉陵江的称呼。由于嘉陵江流经古代巴国广大地域并在重庆汇入长江,上古时期部分巴人先民曾栖息、生活在嘉陵江、渠江流域,嘉陵江古称渝水,因此人们便将巴国所辖范围称为巴渝地区。从历史资料上看,至迟在汉朝初期便有了巴渝这种称呼。《后汉书·南蛮西南夷传》称:"至高祖为汉王,发夷人还伐三秦。秦地既定,乃遣还巴中……阆中有渝水,其人多居水左右。天性劲勇,初为汉前锋,数陷陈(阵)。俗喜歌舞,高祖观之,曰:'此武王伐纣之歌也。'乃命乐人习之,所谓《巴渝舞》也。遂世世服从。"这段记述告诉我们,西汉初期刘邦曾征发巴人为其征战,他非常欣赏巴人歌舞的雄健风格。这就是后来的《巴渝舞》。最初的巴渝写作巴俞。在成书更早的《史记》里,司马迁在《司马相如列传》所引司马相如《子虚赋》,其中有"巴俞、宋、蔡,淮南、于遮,文成、颠歌,族居递奏,金鼓迭起,铿鎗闛鞈,洞心骇耳"这样的描述。南朝裴骃《史记集解》引晋朝郭璞的解释说:"巴西阆中有俞水,獠人居其上,皆刚勇好舞,汉高祖募取以平三秦。后使乐府习之,因名《巴俞舞》也。"赋中的巴俞就是指《巴渝舞》。

古代典籍中的巴俞之俞是指擅长舟楫的某支巴人先民,即俞人,因他们栖息、生活在渠江沿岸,渠江因俞人而得名,俞后来写作渝,巴俞也就为巴渝所代替(详见第二章第二节)。

巴渝的称呼不同于巴蜀的是,最初不是两个国家名称,在古代文献中仅仅是

《巴渝舞》的代称,后来泛指以重庆为中心的巴国广大地区。于是人们便将这一区域内具有自身特色的文化称为巴渝文化,如历史上著名的《巴渝舞》,巴歌、巴谣、巴渝竹枝词以及其他历史文化遗迹、人文艺术作品等。

巴文化是巴渝文化的源头,随着历史的演进、文明的发展,在秦汉时期,巴渝文化逐渐形成。虽然这个称呼近年才出现,但呈现出范围更广泛、内涵更丰富的特征。概而言之,巴渝文化是以现在重庆为中心的广袤的巴渝大地范围内以旧石器时期巴人先民创造的初始文明为基础,经过数千年不断发展、不断丰富的、积淀着古代巴人刚强、勇敢、坚韧、朴实、豪爽精神的文学、舞蹈、音乐等艺术形式和民风民俗、历史遗存的总汇;在近现代,巴渝文化还蕴含着不屈不挠的抗争精神、勇于进取的开拓精神和光荣的革命传统。

第三节　巴渝地区的古人类遗存

一、中华民族的先祖——巫山人

考古成果显示,早在200多万年前,三峡地区的巫山一带便有了人类活动的踪迹。20世纪80年代中期,巫山县龙骨坡发掘出距今204万年的被称为巫山猿人的古人类化石"直立人巫山亚种"。美国《科学新闻》杂志曾以"人类的祖先在中国"为题,高度评价巫山猿人化石的发现。文中称:"龙骨坡的这个新发现将动摇人类演化的理论。"2003年11月,重庆新闻媒体也以"挑战人类起源非洲说"为题,指出巫山县龙骨坡遗址曾发掘出的距今204万年的巫山人化石"被证明是与当时已经出现的东非早更新世能人处于同一进化水平。这不仅动摇了'人类起源非洲'的学说,也证实了中国最早的人类,就诞生在三峡地区"。

2003年10月,中国科学院古脊椎动物和古人类研究所对巫山龙骨坡遗址的第三阶段发掘中,"发现了数块巨猿化石,以及大量鹿、犀牛、鬣狗、剑齿象等动物的堆积化石,其中还有被打碎的动物骨骼化石……以及巨猿下颌骨、臼齿化石及大量旧石器时期的石器、石片,距今约有204万年。这些化石的发现以及它们的埋藏残状将改变目前世人所知的人类演化的历史。种种迹象表明,在下一步的发掘工作中极有可能发现巨猿头盖骨化石,这将奠定'巫山人'在人类进化史上的基础性地位"。

对巫山人年代一直持怀疑态度的美国依阿华大学人类学系石汉教授,与另外

4位境外学者早在1992年夏亲自到遗址现场采样,测定结果也证明了上述结论。该考古队队长侯严梅博士说:"我们这次发掘的主要目的,就是要在明确的地层单元中找到更多的化石,从质和量两个方面说明龙骨坡文化的性质。"法国旧石器考古专家博伊达教授十分看好龙骨坡遗址的前景。他认为进一步的发掘和研究将证明,这是东亚最早的古人类遗址。2003年11月底,中央某新闻媒体指出:"不管未来如何,巫山人化石的出土,已经填补了我国早期人类化石的空白。龙骨坡遗址,已经显现了其在人类起源和长江及三峡河谷发育史研究上极高的科学价值。"

二、旧石器、新石器时期巴渝大地的文化遗存和巴文化的特征

1.旧石器时期巴渝地区的文化遗存

奉节人:巴渝地区有丰富的旧石器时期文化遗存。考古学界谈到14万年前的奉节兴隆洞奉节人时,指出:"奉节兴隆洞出土的那些石哨、石鸮和剑齿象牙刻,尽管制作粗糙,形态单调,但反映出'奉节人'在行为模式上对自然音响、动物形象产生了注意,这似乎可以证明,已经萌生了现代人类思维制作能力的古人类,至少在14万年前就已经在长江三峡地区出现。""而此时,按照传统的说法,来自非洲的古人类还没有走到三峡,'奉节人'比传说中非洲人早到三峡地区整整5万年。"

合川人:在巴渝地区旧石器时代中晚期的考古方面,近期也有重要发现。2003年11月,重庆媒体发表了在嘉陵江流域"涪江边发现8万年前的'合川人'"。文中披露了考古人员新发现距今8万多年的旧石器时期石器制品多件,这是先民猎杀野兽顽强生存下来的"武器"。

铜梁文化遗存:20世纪中后期考古工作者曾在丰都发掘出距今万年的旧石器时代末期遗址,还在铜梁、江津、合川、大渡口等区县发现了2万年以前的旧石器遗存。如铜梁县张二塘村出土的大批植物化石和华南大熊猫—剑齿象动物群化石,其中300余件土石制品,原料多为石英石,类型有刮削器、尖状器、砍砸器等,根据放射性碳素断代测定,距今约21 000年至25 000年。这充分证明巴渝地区是中华民族的发祥地之一。

巴渝其他地区的文化遗存:在长江三峡工程展开的同时,国家对三峡地区文物进行了抢救性发掘和保护性开发,近年来,在重庆三峡库区出土了大批文物,许多新的发现填补了巴渝地区古老文化的空白。

随着能代表旧石器时代中后期文化——丰都县井水湾、冉家路口、高家镇、枣子坪、范家河以及能显现旧石器时代晚期文化特征的奉节县藕塘、云阳大地坪、忠

县乌杨等遗址的发现,2003 年 6 月,中央某专业考古媒体指出三峡地区的"旧石器文化由已知的距今 2 万年向前推进到距今约 15 万年"。

据 2012 年 5 月媒体报道,重庆大渡口区跳蹬镇石盘村长江边发现旧石器时代的石斧,专家称是"由 8 万年前的成年智人打制而成,具有砍砸、切割、削刮等多种功能","大约 8 万年前,重庆人的祖先便已经出现在现在的主城,打造自己的家园",反映出广袤的巴渝大地蕴藏着丰富的旧石器时期文化遗存。

2.新石器时期巴渝地区的文化遗存

在对三峡库区文物的发掘中,从旧石器时代向新石器时代过渡阶段也有不少发现,奉节渔复浦出土的有规律的烧石遗迹打制石器和有明显手捏痕迹的陶片经 C14 测定距今超过 7 000 年。

在新近的考古工作中,2003 年 9、10 月考古界对巫山魏家梁子新石器时代遗址进行了第二次发掘,"出土的器物有石器、骨器与陶器。石器分打制石器与磨制石器,打制石器主要为刮削器,磨制石器有石斧、石凿、石刀与石镞……骨器有磨制精细的各式骨锥……陶器的饰纹种类较多,有方格纹、绳纹、水波纹、粗细绳纹、戳印纹、篮纹、弦纹等",文化面貌非常清晰。

2003 年,云阳县石盘镇龙安村大地坪发现了新石器晚期的一些房屋遗址、墓葬、窑址,出土了大批陶器、石器。其中陶器有丰富的色彩、纹饰和品种,如红陶、黑陶、灰陶,长颈罐、高领罐、厚胎直腹缸、钵、杯、纺轮等;石器有繁多的种类,有石锄、镰、刀、铲、斧、锤等,经专家鉴定,大约在距今 4 500 年至 5 000 年。另有大量的动物骨骼,如鱼、猪、牛、鹿等,植物有水稻、果核等,水稻的"性质类似现代的栽培稻"。这一切表明,这一时期的先民既从事狩猎活动,又开始了农耕劳作。这些出土的文物与"哨棚嘴文化""魏家梁子文化"文化面貌相近。更早一些的丰都玉溪遗址,有距今约 7 000 年的文化遗存。

20 世纪 50 年代末,考古工作者在巫山县长江瞿塘峡南岸的大溪发现了公元前约 4 400—前 3 300 年的人类活动遗址,在其后的发掘中,出土陶器普遍为红色,也有少量彩陶,主要是釜、罐、壶钵、簋(guī)、圈足盘、筒形瓶、曲腹杯器座、器盖等,石器为圭形石凿、石斧、石锄、切割石片等。这就是考古学界指称的"大溪文化"。从其房屋建筑遗迹等遗物来看,大溪文化是以种稻(农业)为主,从发现的兽骨推断,可能牛、羊、鸡已成为家禽、家畜,同时,渔猎活动亦已存在。大溪文化是这一时期渝鄂地区长江沿线有代表性的人类生活遗存。

原属于巴县(今重庆九龙坡区铜罐驿)的"冬笋坝文化",其中最具特征的是船棺葬具。从我国新石器时期和青铜时代的文化来看,这都是极为少见的。这类墓葬中发现的铜剑、铜矛、铜钺等,反映出当时的冶炼技术已达到非常高的水平,也体现出巴人尚武善战的特点。这里还发现了布和绢的痕迹,说明已具有一定的纺织技术;所发现陶器中的食器、蒸器也表明当时巴人的生活达到一定水平。这显示出峡江地区已经达到非常高的文明程度。

3.进入文明时期的古代巴文化特征

今天,人们能从考古发现中看到巴文化演进过程中丰富的古文明遗存。20世纪70年代发掘的涪陵小田溪上古时期巴王陵墓,有14件一套的错金编钟、虎纽錞(chún)于、铜钲等乐器,有铜戈、铜剑、铜矛、铜镰、铜箭镞等兵器,还有铜盆、铜壶、铜镜、铜釜等生活用具和铜斤(即铜斧)、铜凿等生产工具。还发掘出陶器、漆器、银器等文物,但铜器最为丰富。铜器上多有虎纹、手心纹、花蒂纹等。这些物件表明,春秋战国时期,巴人在生产、生活方面已经有了很大变化,反映出生产力有了更大发展。从乐器来看,明显受到楚文化的影响,而有别于蜀文化。这些文物充分展现出巴文化的特征。

当时,"巴文化的特征主要表现为船棺葬、扁茎柳叶形剑、圆刃折腰钺、短骹式弓耳矛,以及与甑、釜、鍪配套的铜容器。陶器中盛行小口圜底罐。乐器使用錞于。在铜兵器、乐器工具、印章上,也有与蜀文化相似的各种符号,但以虎纹符号较多。在器物装饰上虎纹亦较常见……巴蜀文化很早就接受了黄河流域文化的影响,又影响了南部的夜郎、滇以及西部的邛笮、冉駹等少数民族的文化,形成了沟通黄河流域文化与西南边疆文化的桥梁"(《中国大百科全书》)。这是对巴文化特征较为准确的概括。

古代巴族的形成与巴国的消亡

第一节　关于古代巴族的神话传说

一、巴蛇食象的传说

关于远古时期的巴族,历史上曾有许多神话传说,其中一种与蛇有关的影响较深远。东汉许慎《说文解字》对巴的解释是:"巴(巴),蟲(chóng)也。或曰食象它(按:它[它]即蛇的本字),象形。"后世学者对巴字的解释也沿袭此说。曾任巫山知县的清代学者段玉裁的《说文解字注》便引了《山海经》中的神话传说进行解释:"《山海经》曰'巴蛇食象'三岁而出其骨。""三岁而出其骨",指巴蛇吞象以后,三年后才吐出其骨头。清代学者朱骏声《说文通训定声》对巴的解释是:"巴(巴),蟲也。或曰食象它(蛇)。《海内南经》:'巴蛇食象,三岁而出其骨。'注:'说者云长千寻。'(这是朱骏声引晋朝郭璞的注释,下同)又《海内经》:'朱卷之国有黑蛇,青首,食象。'注:'即巴蛇也'……"国学大师章太炎《文始》也称"巴盖即莽(蟒)。"

"巴蛇食象"的传说在远古时代的巴人中流传甚广。《山海经·海内南经》称:"巴蛇食象,三岁而出其骨,君子服之,无心腹之疾。其为蛇青赤黑。一曰黑蛇青首,在犀牛西。"晋朝郭璞的注释说:"今南方蟒蛇吞鹿,鹿已烂,自缴于树腹中,骨皆穿鳞甲间出,此其类也。"

《淮南子·本经篇》云:"尧乃使羿断修蛇于洞庭。"汉朝高诱注:"修蛇,大蛇,吞象三年而出其骨之类。"南朝庚仲雍《江源记》说:"羿屠巴蛇于洞庭,其骨若陵,曰巴陵也。"上古神话中的羿射杀巨蛇后,巴蛇的骨头堆积如山陵的故事,一直流传到后世,常出现于文人雅士的诗文中。

唐代大诗人李白留下了巴蛇吞象、巴蛇被屠积骨成山的诗句:"修蛇横洞庭,吞象临江岛。积骨成巴陵,遗言闻楚老……"(《荆州贼平,临洞庭言怀作》)中唐诗人元稹《巴蛇》诗却将其描绘成令人恐怖、危害人类的怪物:"巴蛇千种毒,其最鼻塞蛇。掉舌翻红焰,盘身蹙白花……巴山昼昏黑,妖雾毒濛濛……自兹繁巨蟒,往往寿千年。"巴蛇故事的流传远远超出了巴渝地区。

宋代的《太平广记》及其他典籍也有许多关于这段神话传说的记载。

"巴蛇食象"的神话传说,反映出巴族是一个充满神秘色彩、与蛇有密切关联的古老民族。有的学者认为,古代巴人中有一支以蛇为图腾,就是基于此传说。

二、传说中的巴人先民

关于巴人的起源,能从远古神话中见到零星记述。

《山海经·大荒北经》曰:"西南有巴国。大暤生咸鸟,咸鸟生乘厘,乘厘生后照,后照是始为巴人。"大暤又称太昊、太暤,就是传说中人首蛇身并创造了八卦的伏羲氏。古人以此认为巴人是伏羲氏的后代。从《山海经》中所记的"丹山在丹阳南",可以推知巴人最初活动在今天湖北西北部;但也有学者认为丹山在今天重庆的巫山县境内。郦道元在《水经注·江水》写道:"有大巫山,非惟三峡所无,乃当抗峰岷、峨,偕岭衡、疑(嶷)……神孟涂所处。《山海经》曰:'夏后启之臣孟涂,是司神于巴,巴人讼于孟涂之所,其衣有血者执之,是请生。居山上,在丹山西。'郭景纯云:'丹山在丹阳,属巴。丹山西即巫山者也。'"郭景纯就是西晋的郭璞,夏启即大禹之子、夏朝第一个国君。由此可以推断在夏朝时,巴人先民已生活在巫山一带。

《山海经·海内南经》记载:"夏后启之臣曰孟涂,是司神于巴。巴人请讼于孟涂之所,其衣有血者乃执之,是请生。居山上,在丹山西。丹山在丹阳南,丹阳居属也。""是司神于巴。"郭璞注释为:"听其狱讼,为神之主。""巴人请讼于孟涂之所,其衣有血者乃执之。"郭璞解释为:"令断之也,不直者则血见(现)于衣"是说孟涂是夏朝国君启的大臣,到巴来主持狱讼,见到衣服上有血者便认为是"不直"的有罪之人,并将其抓起来。但郭璞却认为"孟涂之所"即丹阳城,在湖北秭归县东。战国时期的史书《竹书纪年》(又名《汲冢纪年》《汲冢书》)对此也有类似记载:"启八年,帝使孟涂如巴莅讼。"

《山海经》称巴人是伏羲氏的后裔,从它记述的"巴人请讼于孟涂之所",可以推知早期巴人栖息、生活在巫山山脉一带,后来曾向东发展,形成了较大的部落群,再后又向西迁徙,进入四川盆地东部。

第二节　历史上有关巴人先祖的记载

一、甲骨文中关于巴人的记载

要了解巴渝文化的历史渊源和丰富内涵,认识巴人的性格特征、集体深层心理特征形成的原因,就有必要拂去历史的烟云,去探寻巴人先民的生存状态和生活足迹,撩开巴人神秘的面纱去考察巴民族的演变轨迹和巴文化的形成过程。

如果说巫山人是中华民族的先祖,那么就是他们走向了广袤的中华大地,也许一部分仍生活在巫山周边的便是后来的巴人先民。关于巴人的发展轨迹,目前难以见到足够的文献记载。但可确定的是,巴是一个古老的国度,巴族是中华民族中一支具有悠久历史又富有神秘色彩的民族。学术界一般认为巴族是从今天湖北西部迁徙到四川盆地的东部并逐渐定居下来的。中国历史上在以黄河流域的中原文化为中心的时期,常常把中原周边其他民族活动的区域视为蛮夷之地,所谓东夷、西戎、南蛮、北狄,就是相对于中原炎黄族及其后裔而言的。生活在四川盆地东部的巴人属于习称的南蛮中的一支。

关于巴族的记述,由于历史久远,文献无征,今天只能从丛残断简中探寻其发展脉络。最早关于巴人的文字记载,是甲骨文中关于商朝武丁(高宗)的妻子妇好讨伐巴方的战事。妇好是那个时代一位能统兵作战的女将军。

1899年发现于安阳小屯村的殷墟甲骨文(后来又进行过多次发掘),经专家学者考释,其中有关于妇好征伐巴方的文字记载:"壬申卜,争贞:令妇好从沚蓝伐巴方,受有祐?"(郭沫若《殷契粹编考释》第1 230片)。可看出妇好是一位能征惯战的女性将领,沚蓝与另一位名叫侯告的诸侯是她手下的名将。(文中"从"是使动用法,意为沚蓝受其节制而出征。甲骨文中另有妇好率领他们出征的记载。)另一段甲骨文中称:"辛未卜,争贞:妇好其从沚蓝伐巴方?王自东夤伐夤,阱于妇好立?"(董作宾《殷墟文字乙编》第2 948片)夤是巴东的同盟部落,东夤是地名;阱即陷阱。此处记载的是武丁一方在战前占卜作战方案,是否由妇好预先在此地设置埋伏,将敌军驱赶其中。一般认为这两处的巴方是在殷商王朝中心西南方的一个部落。1976年考古工作者在河南安阳小屯村西北发现妇好墓,出土了许多兵器及刻有"妇好"铭文的青铜器。根据考古资料,妇好其人确有无疑,那么,在甲骨文中所涉及的巴方也是可信的。3 000多年前的巴方,大致在现在湖北西部及重庆东部一带。

商朝末期,巴人曾参加武王伐商纣王的战争。《华阳国志》:"巴师勇锐,歌舞以凌殷人,殷人前徒倒戈。"按商朝世系推测,比妇好征伐巴方晚200多年。这段记述向我们展示出巴人是既勇武善战,又擅长歌舞的民族。

二、史籍上关于巴人及先祖廪君的记载

根据考证,学术界有一种观点认为巴人最初生活在湖北清江流域,后来逐渐迁徙到今重庆东部地区,而后又不断向西扩展,先后形成了以今涪陵、重庆为中心的巴国。其西迁路线,一种说法是古代巴人沿清江(古称夷水,长江支流,在长江南)经湖北西部到达四川盆地东部一带,其间还从鄂西沿大溪到达巫山境内;另一种观点则认为是沿长江,经三峡进入巫山地区,再逐渐向西发展;还有一种观点认为是从湖北清江溯流而上,经今黔江、彭水地区进入乌江流域,最后到枳(涪陵)建都。先秦典籍《世本》有如下记载:

廪君之先,故出巫诞。巴郡南郡蛮,本有五姓:巴氏、樊氏、曋(shěn)氏、相氏、郑氏。皆出于五落钟离山。其山有赤、黑二穴,巴氏之子生于赤穴,四姓之子皆生黑穴。未有君长,俱事鬼神。廪君名曰务相,姓巴氏,与樊氏、曋氏、相氏、郑氏共五姓,俱出皆争神。乃共掷剑于石,约能中者,奉以为君。巴氏子务相乃独中之,众皆叹。又令各乘土船,雕文画之,而浮水中,约能浮者,当以为君。余姓悉沈(沉),唯务相独浮。因共立之,是为廪君。乃乘土船从夷水至盐阳。盐水有神女,谓廪君曰:"此地广大,鱼盐所出,愿留共居。"廪君不许。盐神暮辄来取宿,旦即化为飞虫,与诸虫群飞,掩蔽日光,天地晦冥。积十余日。廪君不知东西所向,七日七夜。使人操青缕以遗盐神,曰:"缨此即相宜,云与女俱生,宜将去。"盐神受而缨之。廪君即立阳石上,应青缕而射之,中盐神,盐神死,天乃大开。廪君于是乎夷城,四姓皆臣之,世尚秦女。

拂去笼罩在这段记述上的神话色彩,可知曾有一位姓巴,名务相的巴人酋长与樊氏、曋氏、相氏、郑氏竞争部落之长,通过投剑、泛舟于水两件事,令人信服地当上了部落首领,大家推为廪君。后来,廪君率领众部族来到一个盛产盐的地方,战胜了原主人,并在那儿定居下来。

童恩正说:"从传说看来,他们熟悉水性,能造船,善于掷剑射箭,可见是一个非常强悍的民族。廪君和盐神的故事,可能意味着廪君部落在迁徙途中与另一个尚处于母系氏族社会的部落的斗争。在征服了这一部落并占据了'鱼盐所出'的广大地区以后,巴族即在夷城定居下来,其生产有了进一步的发展。"(《古代的巴蜀》)

宋朝罗泌的《路史》与《世本》的辑录者之一、清代的雷学淇都认为,廪君姓巴氏,是太皞伏羲氏的后裔。《后汉书·南蛮西南夷列传》中对廪君的记述与《世本》大同小异,最后称:"廪君死,魂魄世为白虎。巴氏以虎饮人血,遂以人祠焉。及秦惠王并巴中,以巴氏为蛮夷君长,世尚秦女,其民爵比不更(不更是秦爵名),有罪得以爵除。"如今重庆某些地区的土家族仍流传着关于白虎族祖的神话传说,还保留着敬畏白虎的习俗,他们在服饰色彩上偏爱白色,与敬奉白虎有关。从考古资料来看,凤是春秋战国时期楚国的图腾,出土文物中有虎座凤立的木雕,凤踏在廪君后裔这支巴人的图腾虎之背上,其寓意是楚国西拒巴人,并扼制住巴人,这支巴人可称为崇虎巴人或白虎巴人。这从侧面证明了巴人以虎为图腾的传说是有一定根据的。曾在合川发现的传为是"濮王冢"的墓葬中,有一尊持弓射虎的石刻雕像,有人认为其寓意是"以射虎为事"的板楯蛮巴人与廪君巴人之间的斗争。

《晋书·李特、李流传》认为西晋末建立成汉政权的李雄之父李特是廪君的后裔,对廪君的故事叙述更为详尽:

> 李特,字玄休,巴西宕渠人,其先廪君之苗裔也(掷剑入穴、盐神一段略)……廪君复乘土船,下及夷城。夷城石岸曲,泉水亦曲。廪君望如穴状,叹曰:"我新从穴中出,今又入此,奈何!"岸即为崩,广三丈余,而阶陛相乘,廪君登之。岸上有平石方一丈,长五尺,廪君休其上,投策计算,皆著石焉,因立城其旁而居之。其后种类遂繁。秦并天下,以为黔中郡,薄赋敛之,口岁出钱四十。巴人呼赋为賨(cóng),因谓之賨人焉。及汉高祖为汉王,募賨人平定三秦。既而求还乡里,高祖以其功,复同丰、沛,不供赋税,更名其地为巴郡。土有盐、铁、丹、漆之饶,俗性剽勇,又善歌舞。高祖爱其舞,诏乐府习之,今《巴渝舞》是也。汉末,张鲁居汉中,以鬼道教百姓,人敬信巫觋,多往奉之。值天下大乱,自巴西之宕渠迁于汉中杨车坂,抄掠行旅,百姓患之,号为杨车巴。魏武帝克汉中,特祖将五百余家归之,魏武帝拜为将军,迁于略阳,北土复号之为巴氏。特父慕,为东羌猎将。

《晋书》成书于初唐,所述廪君的故事前半部分与其他史籍大致相同,但记述更为具体。

《华阳国志·李特、雄、期、寿、势志》则称李特是賨人之后:"李特字玄休,略阳临渭人也。祖世本巴西宕渠賨民。种党劲勇,俗好鬼巫。"著名历史学家翦伯赞在《中国史纲要》中指出:"东汉时今鄂西、川东的廪君蛮与板楯蛮,到西晋时已逐渐融合,称为巴人或氐人。汉末一部分巴人北上,归附汉中张鲁;以后宕渠的巴人也北入汉中。曹操把巴人迁到略阳,与氐人杂处,所以他们又被称为巴氏。巴人与汉人关系密切,两者在经济生活上的差异大致已经消失了。"他还称:"匈奴、羯、鲜卑、氐、羌,在当时称为'五胡',加上賨人,则合称为'六夷'。"这说明巴人对当时中国政局已有相当影响。

早期的巴渝写为巴俞。西汉司马相如《子虚赋》有"巴俞、宋、蔡"之称,《汉书·礼乐志》说当时作为巴渝舞伴奏的乐工有"巴俞鼓员三十六人",《汉书·西域传下》"天子……设酒池肉林以飨四夷之客,作《巴俞》都卢……角抵之戏以观视之"。均谓巴俞而不称巴渝。唐初颜师古说:"巴,巴人也。俞,俞人也。高祖初为汉王,得巴俞人,并趫捷善斗,与之定三秦灭楚,因存其武乐。巴渝之乐,自此始也。"(《乐府诗集》引《汉书·礼乐志注》)晋初郭璞称:"巴西阆中有俞水,獠人居其上,皆刚勇好舞,汉高祖募取以平三秦。后使乐府习之,因名《巴俞舞》也。"

巴族是一熟悉水性的民族,通过字源考察可知,俞(俞)的小篆字形为俞,《说文解字》释为:"俞(俞),空中木为舟也,从亼(jí,同集),从舟,从巜(kuài)。巜,水也。"俞字中的"月"实为"舟(舟)"字,有舟又兼具水,含水上行舟之义。段玉裁《说文解字注》认为是由亼、舟、巜"合三字会意",可理解为人、舟、水三字的会意。段玉裁解释道:"空中木者,舟之始也……其始见本(即树)空之木用为舟,其后因刳木以为舟。"指古人最初把空心树作为舟,之后把树挖空作为行舟。《周易·系辞下》也有这样的记述:"黄帝、尧、舜……刳木为舟,剡木为楫,舟楫之利,以济不通,致远以利天下。"刳木为舟,这是先民创造的最早的交通工具。童恩正认为:"巴族是一种靠近江河的熟悉水性的民族,而他们所用的船棺就是当时人们使用的独木舟,生前乘坐,死后即以为棺,由此可以窥知船在他们生活中所占的重要地位。"(《古代的巴蜀》)渠江(古代称宕渠水)被称为俞水,是因生活在渠江沿岸的擅长舟楫的俞人(賨人)而得名,颜师古释《汉书·西域传》之"巴俞"云:"巴人,巴州人也。俞,水名,今渝州也。巴俞之人,所谓賨人也,劲锐善舞,本从高祖定三秦有功,高祖喜观其舞,因令乐人习之,故有《巴俞》之乐。"所说巴州在今四川巴中境内,俞水在古代指渠江。古人认为嘉陵江在合川汇入俞水(渠江)并流至重庆入长江,隋朝据此改楚州(原名巴郡)为渝州。俞水后来写成渝水,并非通常所说因嘉陵江水多变(渝有"变"义)而来,元朝成书的《宋史·蛮夷四》有"俞州獠寇南州"的记载,表明渝州曾写为俞州。巴俞也由最初的族属名、汉朝的舞蹈名演变为地域含义的巴渝。

按一般观点,廪君后裔的这支巴人沿着清江、郁江逐渐西迁,进入今重庆东南的黔江、彭水一带,栖息、生活繁衍在这一地区,逐渐向乌江下游及长江沿线发展,并在枳(今涪陵)建都。其后巴国由于受到楚国的威胁,又先后把国都迁到今天的重庆及嘉陵江流域的合川、阆中。《华阳国志·巴志》记载:"巴子时虽都江州(今重庆),或治垫江(今合川),或治平都(今丰都),后治阆中(今四川阆中)。其先王陵墓多在枳。"1972 年涪陵小田溪曾发掘出巴人祖先的陵墓,证实了《华阳国志》的记载。

第三节　融入巴族的其他部族

一、其他巴人先民

(一)板楯蛮——射虎巴人

从巴族的形成来看,板楯蛮是又一支巴人先民。

在古代典籍上,既有关于巴人以虎为图腾的传说,又有射杀白虎的记载,而射杀白虎的便是另一支巴人的先祖——板楯蛮。《后汉书·南蛮西南夷列传》载:"板楯蛮夷者,秦昭襄王时有一白虎,常从群虎数游秦、蜀、巴、汉之境,伤害千余人。昭王乃重募国中有能杀虎者,赏邑万家,金百镒。时有巴郡阆中夷人,能作白竹之弩,乃登楼射杀白虎。昭王嘉之,而以其夷人,不欲加封,乃刻石盟要,复夷人顷田不租,十妻不算,伤人者论,杀人者得以偾钱赎死。盟曰:'秦犯夷,输黄龙一双;夷犯秦,输清酒一钟。'"传中所记阆中某巴人射杀白虎,为民除害,受到秦昭王(公元前 306—前 251 年在位)嘉奖,并采取怀柔政策使"夷人安之"。"至高祖为汉王,发夷人还伐三秦。秦地既定,乃遣还巴中,复其渠帅罗、朴、督、鄂、度、夕、龚七姓,不输租赋,余户乃岁入钱,口四十。世号为板楯蛮夷。"

一般认为板楯蛮以江木板为盾而得名,他们又被称为賨人,主要分布在嘉陵江、渠江沿岸。板楯蛮以賨代赋,是汉朝的规定,除了上述七姓不缴租赋外,其余的都需缴纳,于是称赋为賨,这是板楯蛮又名賨人的原因。賨人又称为白虎复夷,自秦、汉以来一直享有"复夷人顷田不租"的优待的政策,"复"即免除租赋、徭役之意,因此有白虎复夷之称。自汉至晋,賨人逐渐与汉族及廪君巴人融合,成为后世泛称的巴人的一部分。

据《后汉书·南蛮西南夷列传》记载,板楯蛮还在抗击西羌的入侵中,为汉王朝巩固疆域立下过赫赫战功,"其人勇猛,善于兵战",使"西羌畏忌,传语种辈,勿复南行"。对地方官吏的残酷压迫,他们也敢于起兵反抗,东汉末曾响应黄巾起义,"巴郡黄巾贼起,板楯蛮夷因此复叛",反映出板楯蛮曾因不堪忍受压迫而反抗汉朝政权,显示出他们敢于抗争的精神及勇敢剽悍、不畏强暴的刚毅性格。

(二)"槃瓠之后"的巴人

关于巴人的种属,还有一支被认为是"槃瓠之后"。这支巴人后来演变成"豫州蛮""五水蛮"等。《华阳国志·巴志》说巴族"其属有濮、賨、共、奴、獽、夷蜑之蛮"。有的学者认为蜑与蛮均为槃瓠后裔,是因古书中常以"蛮蜑"连称,《太平寰宇记》黔州彭水县条有如下记载:"一说武溪蛮皆槃瓠子孙,古谓之蛮蜑聚落。"宋朝吕大防称《华阳国志》:"于一方人物,丁宁反复,如恐有遗,虽蛮髦之民,井臼之妇,苟有可纪,皆著于书。"说明《华阳国志》的记载是有根据的。

《后汉书·南蛮西南夷列传》记载高辛氏有畜狗名槃瓠,因噬咬高辛氏敌人吴将军有功,得高辛氏女为妻,负入深山生六男六女,繁衍成武陵蛮。后世传说中便有以犬为图腾的巴人。《后汉书·南蛮西南夷列传》又称:"秦昭王使白起伐楚,略取蛮夷,始置黔中郡。汉兴,改为武陵。岁令大人输布一匹,小口二丈,是谓賨布……光武中兴,武陵蛮夷特盛。"可以看出这支槃瓠后裔的巴人生活在现在的湘西及渝东南、黔东一带。武陵蛮又称长沙蛮、五溪蛮。后来有的迁徙到江淮及皖、赣一带,另有一部分向今渝东、渝东南地区发展,后来逐渐与蜑融合,所以史书上将蛮蜑并称。

唐令狐德棻所撰《周书·异域》记载了北朝西魏、北周时槃瓠后裔蛮人多次起兵造反。从另一侧面说明蛮、蜑在南北朝时期已趋于融合。

梁代文人沈约所撰《宋书·蛮夷传》向我们展示了"槃瓠之后"的生存状况:"荆、雍州蛮,槃瓠之后也。分建种落,布在诸郡县……贫者不复堪命,多逃亡入蛮。蛮无徭役,强者又不供官税,结党连群,动有数百千人,州郡力弱,则起为盗贼,种类稍多,户口不可知也。所在多深险,居武陵者有雄溪、樠溪、辰溪、酉溪、舞溪,谓之五溪蛮。而宜都、天门、巴东、建平、江北诸郡蛮,所居皆深山重阻,人迹罕至焉。前世以来,屡为民患。"按其所述,"五溪蛮"活动在今湖南西部、湖北西部沿长江流域广大地区。李白《闻王昌龄左迁龙标,遥有此寄》:"杨花落尽子规啼,闻道龙标过五溪。我寄愁心与明月,随风直到夜郎西。"诗中遥想王昌龄将经过五溪蛮生活的地区。但在唐代,五溪蛮一部分还生活在三峡及涪陵、彭水一带,杜甫在夔州(今奉节)有诗句"三峡楼台淹日月,五溪衣服共云山"。"五溪衣服"即指服饰各异的五溪蛮,"共云山"是说诗人生活在五溪蛮活动地区。

《宋书·蛮夷传》也有"豫州蛮"出自廪君的记载:"豫州蛮,廪君后也。槃瓠及廪君事,并具前史。"《周书·异域上》介绍"蛮"时开篇就称:"蛮者,槃瓠之后。族类蕃衍,散处江、淮之间,汝、豫之郡。凭险作梗,世为寇乱。"直到元朝成书的《宋史》在《西南溪峒诸蛮》中仍然持同样的看法:"西南诸蛮夷,重山复岭,杂厕荆、楚、巴、黔、巫中,四面皆王土……西南溪峒诸蛮皆槃瓠种。"

从诸史书来看,自南北朝起,均认为南方蛮族是槃瓠之后,不涉及廪君后裔巴人的记载。或许正因为此,有的学者认为廪君后裔这支巴人后来已经融入了槃瓠之后的巴人中。

《隋书·地理志》:"梁州……傍南山杂有獠户,富室者颇参夏人为婚,衣服居处言语,殆与华不别……人尤劲悍,性多质直。皆务于农事,工习猎射……又有獽、蜑、蛮、賨,其居处风俗、衣服饮食,颇同于獠。"据《隋书·地理志》,梁州包括今陕西南部、湖北西北部,川渝部分地区。由这些记述及其他材料推测,武陵蛮与栖息在梁州嘉陵江、渠江流域的槃瓠之后的蜑不是同一种属,但是可能与之有所融合。后世多以槃瓠之后、板楯蛮、廪君蛮的后裔为巴人的三支主源。

二、融入巴族中的其他民族

正如中华民族是在多民族的大融合过程中形成的一样,古代巴族的形成也是由当时巴国境内各民族、各部落融合、演变的结果。《华阳国志·巴志》记载巴人的性格,"其民质直好义,土风敦厚,有先民之流……俗素朴,无造次辨丽之气。其属有濮、賨、苴、共(龚)、奴、獽(一为獠)、夷蜑之蛮"等民族,有的记载认为还有滇、僰等族。在历史的变迁过程中,有的融入了巴族或其他民族(后来巴族也融入汉族,巴族的一支又演变成今天的土家族等民族)。因此可以认为以蛇为图腾的巴人、以虎为图腾的廪君后裔、以射虎为壮举的板楯蛮賨人、槃瓠之后的武陵蛮,以及濮、苴、獽、蜑、獠等民族都是巴族的组成部分,尽管他们之间曾发生过多次战争。

史籍上对巴渝地区獠人的记述较多。《魏书》说:"獠者,盖南蛮之别种……好相杀害,多不敢远行。能卧水底,持刀刺鱼……蜀人东流,山险之地多空,獠遂挟山傍谷。与夏人参居者颇输租赋,在深山者仍不为编户。"

《周书·异域》的叙述较多取自《魏书》:"獠者,盖南蛮之别种,自汉中达于邛、筰,川洞之间……喜则群聚,怒则相杀,虽父子兄弟,亦手刃之……俗畏鬼神,尤尚淫祀巫祝……多恃险不宾……其与华民杂居者,亦颇从赋役。然天性暴乱,旋至扰动。"书中还记录了獠人的多次反抗,遭到西魏、北周政权的镇压,反映出他们敢于对统治者的残酷镇压进行反抗的不畏强暴的性格。这已是公元6世纪中期。所记獠人的生活习性大致是客观的,他们后来也渐渐融入巴人后裔之中。

《旧唐书·南蛮西南夷列传》对獠人分布地带及生活习俗有较详细的描述,称为"南平獠",按《旧唐书》所记,南平属渝州,应是今重庆与涪陵之间的地区。说明南平獠生活在今重庆周边地区,仍保持着本族群的生活习性。

《宋史·西南溪峒诸蛮传》把渝州蛮作为板楯蛮、僚(獠人)一类:"渝州蛮者,古板楯七姓蛮,唐南平獠也。其地西南接乌蛮、昆明、哥蛮、大小播州,部族数十居之。"认为"渝州蛮"分布在今云南、贵州、重庆等非常广阔的地域。杜甫在重庆曾写过"山带乌蛮阔,江连白帝深"(《渝州候严六侍御不到,先下峡》)这样的诗句。

关于与巴人关系十分密切的濮人,今天所能见到的史籍上的记载虽然不多,但也能了解到他们的行迹。濮是与楚人、巴人杂居的若干部落,由于小邦众多,故称为百濮。《尚书·牧誓》上记载武王伐纣时有濮人参加。有的史籍上记载濮人演变为巴人,有的则认为是巴人击败了百濮,但无论如何,巴与濮关系十分密切,可以视濮为巴人的某一部分。根据历史文献可知百濮生活的区域在长江中游一带,包括湘、鄂、川、渝、黔东部分地区。

孔子的《春秋》在"文公十六年"下记有"楚人、秦人、巴人灭庸"一事,便涉及百濮。《左传·文公十六年》(公元前611年)对这次战争的描述如下:

楚大饥,戎伐其西南,至于阜山,师于大林。又伐其东南,至于阳丘,以侵訾枝。庸人帅群蛮以叛楚。麇人率百濮聚于选,将伐楚。于是申、息之北门不启。

楚人谋徙于阪高。蒍(wēi)贾曰:"不可。我能往,寇亦能往。不如伐庸。夫麇与百濮,谓我饥不能师,故伐我也。若我出师,必惧而归。百濮离居,将各走其邑,谁暇谋人?"乃出师。旬有五日,百濮乃罢。自庐以往,振廪同食。次于句澨(shì)。使庐戢黎侵庸,及庸方城。庸人逐之,囚子扬窗(子扬窗,人名)。三宿而逸,曰:"庸师众,群蛮聚焉,不如复大师,且起王卒,合而后进。"师叔曰:"不可。姑又与之遇以骄之。彼骄我怒,而后可克,先君蚡冒所以服陉隰(xí)也。"又与之遇,七遇皆北,唯裨、鯈(tiáo)、鱼人实逐之。

庸人曰:"楚不足与战矣。"遂不设备。楚子乘驲(音rì,古代驿站的一种车),会师于临品,分为二队,子越自石溪,子贝自仞,以伐庸。秦人、巴人从楚师,群蛮从楚子盟。遂灭庸。

这段文字较详细地记述了庸人帅群蛮叛楚,随百濮麇人准备一起攻打楚国,结果败在楚人的谋略下,同时楚人又联合秦国、巴国灭掉庸国;百濮因及时收兵归去而避免了重大损失。《春秋公羊传》《春秋谷梁传》在"文公十六年"都引了"楚人、秦人、巴人灭庸"这一句。这是《春秋公羊传》《春秋谷梁传》关于巴人唯一的记载,可以视为信史。

史籍上最早将巴濮并称,见于《左传·昭公九年》(公元前533年)。周王室认为巴国、濮国是其南方的诸侯国。魏晋时左思的《蜀都赋》及郭璞的《盐池赋》"饴(夷)戎见珍於西邻,火井(制盐工场)擅奇乎巴濮"、北周王褒的《上庸公陆腾勒功碑》"廓清江源,荡涤巴濮",仍将巴濮并举。这时已成为巴人的代称了。

关于苴,《史记·张仪传》:"苴蜀相攻击,各来告急于秦。"唐司马贞《史记索引》称:"苴音巴,谓巴、蜀之夷自相攻击也。"参见有关史料,苴在现在四川广元西南,可以推知是一较大部落,后来成为巴人的一部分。《华阳国志·蜀志》称:"蜀王封别弟葭萌于汉中,号苴侯,命其邑曰葭萌焉。苴侯与巴王为好,巴与蜀仇,故蜀王怒,伐苴侯。苴侯奔巴,求救于秦。"秦国出兵,直接导致了巴、蜀的灭亡。从这里可以看出苴与巴较为友好的关系。

古代巴民族是由若干不同发展历程的巴人以及其他少数民族融合而成,他们大多数已经融入汉民族,少数发展成其他民族。他们为巴文化的形成作出过自己的贡献,也丰富了中华文明的宝藏,为后世巴渝文化奠定了丰厚的基础。

第四节 古代巴国同诸侯国的关系与巴国的消亡

史籍上记载巴人最早参与中原战事是《华阳国志》中巴人跟随周武王讨伐殷商的战争。《华阳国志》又说:"武王既克殷,以其宗姬封于巴,爵之以子——古者远国虽大,爵不过子,故吴、楚及巴皆曰子。"指周灭商后的诸侯分封时武王将某姬姓宗室封于巴,成为巴国的统治者,但爵位较低,与楚国一样,位列子爵。

巴国与邻国的关系,较早见于《左传·鲁桓公九年》(公元前703年)的记载:

巴子使韩服告于楚,请与邓(邓国)为好(与邓国结好)。楚子使道朔(人名)将巴客以聘于邓。邓,南鄙鄾(yōu)人,攻而夺之币(礼品),杀道朔及巴行人(使者)。楚子使蓬(wěi)章让(责备)于邓,邓人弗受。

夏,楚使斗廉帅师及巴师围鄾。邓养甥、聃甥帅师救。三逐巴师,不克。斗廉衡(横)陈其师于巴师之中,以战而北(伪装战败)。邓人逐之,背巴师而夹攻之。邓师大败,鄾人宵溃。

巴国欲与邓国交好,结果使者被邓国边境的鄾人杀掉,于是与楚国共同伐邓,并取得胜利。

《左传·庄公十八年》(公元前676年),巴人先攻打楚国那处(地名),接着打

到楚国都城,其后又趁其内乱征伐楚国。其事如下:

初,楚武王克权(权国),使斗缗尹之(在此做官)。以叛(斗缗叛楚),围而杀之。迁权(迁走权国的百姓)于那处,使阎敖尹之。及文王即位,与巴人伐申(申国)而惊其师(楚军使巴国军队受到惊骇)。巴人叛楚而伐那处,取之,遂门(巴国军队攻打楚国都城的城门)于楚。阎敖游涌(水名)而逸(逃脱)。楚子杀之,其族为乱。冬,巴人因之以伐楚。

《左传·文公十六年》(公元前611年)所记"楚人、秦人、巴人灭庸"上节已介绍。

《左传·昭公十三年》(公元前529年)记述了楚共王与妃子巴姬(巴国女子)密谋立嗣一事,反映出巴国与楚国曾有姻亲关系,两国也有过比较友好的时期。《华阳国志》据此推断周朝初期曾"封宗姬于巴"。

《左传·哀公十八年》(公元前477年)记载了巴人最后一次与楚国的战争,但是巴国战败。其事如下:

巴人伐楚,围鄾。初,右司马子国(人名)之卜(占卜)也,观瞻曰:"如志(符合你的意愿)。"故命之(命子国做右司马)。及巴师至,将卜帅(占卜主帅人选)。王曰:"宁(指后文的公孙宁)如志(已如你的意愿),何卜焉?"使帅师而行。请承(请求任命副手),王曰:"寝尹、工尹(人名),勤先君者也。"三月,楚公孙宁、吴由于、蔿固(皆人名)败巴师于鄾,故封子国于析。

从《左传》的记载可看出,巴国与楚国既有联合(如上节所述文公十六年与楚国、秦国共同灭掉庸国),又有战争。从年代来看,几乎贯穿了整个春秋时期。楚国曾是一个问鼎中原的大国,《左传》所记巴、楚之间的几次战争,间接反映出巴国在春秋时期国力是相当强盛的。当周室衰微,诸侯并起,秦、楚、齐、燕、赵、韩、魏先后称王时,巴国也不再自认为是周朝的诸侯国而自称为王。

流播民间的巴蔓子将军的故事反映出巴国与楚国之间的关系,《华阳国志·巴志》有如下记述:

周之季世,巴国有乱,将军有蔓子请师于楚,许以三城。楚王救巴。巴国既宁,楚使请城。蔓子曰:"籍楚之灵,克弭祸难。诚许楚王城,将吾头往谢之,城不可得也。"乃自刎,以头授楚使。王叹曰:"使吾得臣若巴蔓子,用城何为!"乃以上卿礼葬其头,巴国葬其身,亦以上卿礼。

据有关史料,这一事件发生在公元前4世纪。舍身护国、彪炳千秋的巴蔓子数千年来成为巴渝人尊崇的楷模。王尔鉴《巴县志·忠义》称:"巴自蔓子以忠显,闻其风者,沥胆披肝,枕戈餐刃,莫不奋乎百世之下,晋宋而往,代有其人,……生斯地者,英风浩气充溢江皋,或忘身杀贼,或义愤捐生,……可不谓烈丈夫欤,稽事特书义魄忠魂,当与山水菁英永昭千古云。"巴蔓子壮义举激励着巴渝志士,踵其迹者"代有其人"。

战国中期,逐渐强大起来的秦国利用巴、蜀两国间的一次战争,一举灭掉了巴、蜀两国。《资治通鉴·周纪》根据《战国策》《史记》所记,较详细叙述了周慎靓王五年(公元前 316 年)秦灭巴、蜀的过程:"巴、蜀相攻击,俱告急于秦。秦惠王欲伐蜀。以为道险狭难至,而韩又来侵,犹豫未能决。司马错请伐蜀。张仪曰:'不如伐韩。'"张仪、司马错之间进行了一番争论,秦惠王赞赏司马错的意见,于是起兵伐蜀。《史记》的记述与《战国策》大致相同:"卒起兵伐蜀。十月,取之,遂定蜀,贬蜀王更号为侯。"随后秦国分别置蜀郡、巴郡。从此,作为一个诸侯国的巴国从中华历史上消失了,其后巴蜀地区曾出现过短暂割据,但长期都属于中央政权下的一个行政区。巴民族与汉族,古代巴文化与中原主流文化的畛域逐渐消融(在民俗方面仍保持着自己的特色),巴民族逐步融入华夏民族中,巴文化也汇入中华文明里,成为中华民族、中华文明的组成部分,古代巴文化逐渐演化为具有鲜明地域特色的巴渝文化,而古代巴文化的精神则深深熔铸于巴渝人的性格中并得以传承。

作为州府的巴渝地区的历史进程

第一节　两汉魏晋南北朝时期

一、从西汉兴起到两汉之间的成家政权

古代巴国在公元前316年归于秦国版图,秦设巴郡,所辖地为以重庆为中心的周边地区。公元前3世纪末,在推翻秦朝残暴统治中,陈胜、吴广"揭竿而起",应者云集,豪杰并起,彻底动摇了秦的统治,但起义军不久失败。随着农民起义兴起的刘邦、项羽先后进入关中(今陕西),项羽"立沛公为汉王,王巴、蜀、汉中四十一县,都南郑。三分关中,立秦三将:章邯为雍王,司马欣为塞王,董翳为翟王"(《汉书·高帝纪》)。刘邦被封为汉王,据有今陕西南部汉中、四川大部分地区,"巴、蜀、广汉本南夷,秦并以为郡,土地肥美,有江水沃野,山林竹木疏食果实之饶"(《汉书·地理志上》),"高祖因之以成帝业"。刘邦在夺取天下过程中,"留萧何收巴、蜀租,给军粮食"(《汉书·高帝纪》),并征发巴人(賨民,板楯蛮)为前锋首先平定了"三秦"势力——项羽所封秦降将的关中三王章邯、司马欣、董翳,继而助汉灭楚。汉朝建立后,仍设巴郡,所辖为古巴国故地,幅员辽阔,除今重庆外,还包括四川南充、阆中、达州等地。西汉时期,巴渝之地"五教雍和,秀茂挺逸。英伟既多,而风谣旁作。故朝廷有忠贞尽节之臣,乡党有主文歌咏之音"(《华阳国志·巴志》)。有谯君黄、陈纪山、但望等受百姓称颂的"严明正直"、勤政恤民之士,社会安定,文教隆盛。

西汉末年,外戚王莽专政,公元8年12月,王莽夺取刘氏政权建立新朝,不久因施政无方,改制失当,导致社会动荡,天下大乱。绿林、赤眉军起义,推翻王莽政权,刘氏宗族刘秀趁势而起,响应绿林军起义,最后扫平各地割据势力,建立东汉。在群雄竞起之际,陕西"扶风茂陵人"公孙述据乱割据川渝,于汉光武建武元年(东

汉光武帝年号,公元 25 年)"自立为天子,号成家。色尚白,建元曰龙兴元年",建都成都。惑于阴阳图谶之说,公孙述自称白帝,筑白帝城,并将鱼复县(今重庆奉节)改称白帝,据险与汉光武刘秀对峙。

建武十一年(公元 35 年),汉光武帝命"征南大将军岑彭自荆门泝江(长江)征述",岑彭"与公孙述将田戎、任满战于荆门,大破之,获任满。威虏将军冯骏围田戎于江州,岑彭遂率舟师伐公孙述,平巴郡(今重庆)"(《后汉书·光武帝纪》)。王尔鉴《巴县志》称:"后汉初,公孙述据蜀,遣将从阆中下江州(重庆),建武十一年岑彭讨公孙述,述将田戎败保江州,彭至城下,以城固粮多难卒拔,留冯骏守之。"巴郡后来被冯骏攻下,《后汉书·公孙述传》说,建武十二年(公元 36 年)"七月,威虏将军冯骏拔江州,获田戎"。江州归于东汉王朝版图。

在此之前,岑彭同臧宫率军溯嘉陵江沿涪江进攻,臧宫于平曲击败公孙述将延岑,"进拔绵竹,破涪城,斩公孙述弟恢,复攻拔繁、郫"。此时,由汉光武帝所"遣吴汉与刘尚征述"(《华阳国志·巴志》)的这一路人马,已由巴郡沿长江上行,溯岷江至武阳而"进逼成都",臧宫协同吴汉攻破成都,杀公孙述,平定蜀地,东汉王朝基本实现了全国统一。

东汉近 200 年间,巴人曾为朝廷数度击败羌人对四川西北部的袭扰,"其人勇敢能战,昔羌数入汉中,郡县破坏,不绝若线。后得板楯,来虏弥尽……"到东汉后期,由于不能忍受统治者的暴虐,巴人几度起兵抗争,"顺桓(东汉顺帝、桓帝)之世,板楯数反",东汉末爆发黄巾起义,巴人亦举黄巾义旗奋起反抗官府的压迫,攻破巴郡,杀其太守赵部。

二、三国时期蜀国的建立与灭亡

三国时期,巴蜀为蜀国所在地,成为中国政治版图中与曹魏、孙吴并立的重要一极。汉献帝年间,中原动荡,刘焉、刘璋父子先后独据巴蜀之地。曹操在赤壁之战中被孙权、刘备击败后,三分天下态势逐渐明朗,刘备以协助刘璋防御汉中张鲁为名,进入四川。王尔鉴《巴县志》介绍"江州古城"时称:"建安十六年(公元 211 年)先主入蜀,至巴郡,由江州(今重庆)而北,十九年诸葛亮军至江州,破巴郡。"《三国志》记:"先主入境如归。先主至江州北,由垫江水(垫江即今合川,垫江水指今嘉陵江)诣。……璋率步骑三万馀人……往就与会;……欢饮百馀日。璋资给先主,使讨张鲁,然后分别。"后刘备攻击刘璋,"进围雒县"时,军师庞统"率众攻城,为流矢所中,卒",于是刘备请诸葛亮入川协助。诸葛亮同张飞、赵云率军分路入巴郡增援刘备,"诸葛亮、张飞、赵云等将兵溯流定白帝(奉节)、江州(重庆)、江阳(四川泸州),惟关羽留镇荆州。先主进军围雒;时璋(刘璋)子循守城,被攻且一年"。《三国志·张飞传》记有攻打江州释严颜一事:"先主入益州,还攻刘璋,飞与诸葛亮等溯流而上,分定郡县。至江州,破璋将巴郡太守严颜,生获颜。飞呵颜曰:'大军至,何以不降而敢拒战?'颜答曰:'卿等无状,侵夺我州,我州但有断头将军,无有降将军也。'飞怒,令左右牵去斫头,颜色不变,曰:'斫头便斫头,何为怒邪!'飞壮而释之,引为宾客。"王尔鉴《巴县志》则称:"建安十六年先主入蜀至巴郡,由江州而北,十九年,诸葛亮军至江州,破巴郡。"又记严颜"璋(刘璋)败。颜自刎死"。张飞夺取巴郡后,"所过战克,与先主会于成都"(《三国志·张飞传》),刘璋出降,刘备据有巴蜀之地。

之后张飞在巴西(四川阆中)击败曹操部将张郃,巴蜀得以安定,不久刘备部将黄忠在定军山斩杀夏侯渊,随后刘备率军从曹操手中夺得汉中,三足鼎立局面形成。刘备率众入川,所部"皆数十年之内,所纠合四方之精锐,非一州之所有"(诸葛亮《后出师表》),这些主要来自中国北方的人士为巴蜀地区带来新气象,使中原文化与当地文化融为一体,推动了川渝社会文化的发展。

曹操去世后,其子曹丕废汉献帝而自立称帝,国号魏,刘备随即在成都称帝,国号蜀,历史上称刘备为先主。登上皇位不久,刘备执意兴兵讨伐东吴,出师之际,准备与张飞会兵江州(重庆),而张飞被"帐下将张达、范强"暗杀。章武元年(公元221年),刘备留赵云守江州,独自统率大军征吴,在湖北彝陵被东吴将领陆逊击破,狼狈逃回白帝城,不久亡于白帝城。临终前,诏请诸葛亮从成都到白帝城(奉节)受命,在历史上留下了"白帝城托孤"的故事。

诸葛亮为报刘备知遇之恩,忠心辅佐刘禅,为尽"兴复汉室,还于旧都"的"报先帝而忠陛下之职分",在北伐前决定安定南方少数民族各部落,于是"五月渡泸,深入不毛",在"南方已定,甲兵已足"的情况下,数度兴师北伐,均无功而返,最后死于五丈原军营中。之后虽有姜维守卫边境,但由于蜀国皇帝昏庸,政治腐败,延至公元263年终于被司马昭掌握大权的魏国所灭。

从建安十九年(公元214年)刘备据有巴蜀到公元263年灭亡,蜀汉政权存在近50年。江州(重庆)作为战略要地,诸葛亮当政时期,李严曾将旧城扩大。《华阳国志》称先主"初以江夏费瑾为太守,令江州都督,后都护李严更城大城,周回十六里",早在公元前316年秦灭巴国后,张仪曾"城江州",李严在此基础上又扩大其规模。王尔鉴《巴县志·名宦志》在"蜀汉·李严"下记"章武四年(应是后主建兴二年,公元224年)拜前将军,移屯江州,更筑大城,周十六里,造苍龙白虎门……厥功甚伟"。又在《巴县志·名古迹》"江州故城"下云:《通志》(按,宋朝郑樵著)

'县西相传为秦张仪筑',汉置江州县,为巴郡治。杜预注:'江州,故巴国都也。'"指出历史上两次筑重庆城的主持者。

公元 265 年,晋武帝司马炎取代魏国曹氏政权而建立晋朝,历史上称西晋。公元 279 年,西晋巴郡太守(据《华阳国志》)王濬率领巴蜀的晋军出三峡顺长江而下,配合从长江北面进攻的晋军,于公元 280 年攻克建康(南京),吴国灭亡,结束了自黄巾起义以来近 100 年的分裂局面。

三、成汉政权的兴亡与川渝地区政权更迭

司马氏建立的晋朝统一中国后,被封到各地的宗室诸王均拥有兵权,不久,由皇室内部权力争夺酿成了历时 15 年(公元 291—306 年)之久的"八王之乱",中国北方又陷入血腥战乱之中。晋室南渡,建都建康(南京),历史进入五胡十六国时期。十六国中,成汉政权为巴人建立。公元 3 世纪末的晋惠帝时期,关西地区连年饥荒,略阳(甘肃秦安县东南)、天水(甘肃天水西南)等六郡流民十余万人推巴族人李特为首领入蜀求食。《华阳国志》称李特"祖世本巴西宕渠(渠四川县,巴国旧地)賨民,种党劲勇,俗好鬼巫……魏武(曹操)定汉中,祖父与杜濩……等移于略阳,北土复号曰巴人"。李特在绵竹聚众数万抗击晋朝军队获胜,流民推举李特为首领,多次击败晋军,后被晋平西将军益州刺史罗尚袭杀。

李特子李雄继为首领,统率部众,经过几次大战,公元 304 年,李雄攻取成都,占有益州(四川),自称成都王。公元 306 年,李雄自称皇帝,国号成,定都成都,所辖为现在川渝地区、陕西汉中、云南大部、贵州北部等处。李雄在位 30 年,政治宽和,赋薄税轻,巴蜀境内没有出现大的战乱。李雄死后,宗室间为争夺帝位发生内乱,上下离心,李雄侄李寿夺位后改国号为汉,历史上称这一政权为成汉。公元 347 年,在东晋桓温攻击下,李寿之子李势投降,成汉亡,巴蜀归于东晋版图,历史上最后一个巴人政权消失。

公元 420 年东晋被宋武帝刘裕取代后,中国南方政权经历了宋、齐、梁、陈四朝,历史上称为南朝。梁文帝萧纲大宝元年(公元 550 年),改巴郡而设置楚州。侯景之乱后,萧氏宗室仍为争权夺位而相互攻伐。公元 552 年,成都的萧纪自称皇帝;公元 553 年,萧纪发兵攻击江陵的梁元帝萧绎,梁元帝请西魏攻蜀,西魏宇文泰趁势派将军尉迟迥率军入蜀攻成都,夺取巴蜀之地,萧纪为梁元帝军所杀,巴蜀即被西魏所控制。其后取代西魏的北周政权仍然据有今川渝地区以及云南全省、贵州大部(包括遵义、贵阳、都匀等地)。公元 581 年,隋文帝杨坚夺取北周政权,建立隋朝,年号为开皇,开皇三年(公元 583 年),改楚州(原巴郡)为渝州,隋炀帝大业

初又置巴郡,辖江津、涪陵等地。

第二节　唐宋五代时期

一、唐朝中期川渝动乱与前蜀、后蜀的兴亡

　　有唐一朝,以"道"为最大地方行政区,唐高祖刚建立唐朝的武德元年(公元618年),改巴郡为渝州;太宗贞观元年(公元627年),分全国为十道,渝州地区属于山南西道;唐玄宗天宝元年(公元742年),曾改渝州为南平郡,肃宗乾元元年(公元758年),又改为渝州。初唐、盛唐之时,渝州社会较为稳定;安史之乱后,自代宗广德二年(公元764年)起,川中数次出现兵乱,波及巴渝之地,以杜甫为代表的众多诗人留下了反映当时巴渝社会现实的诗章。唐代宗永泰元年(公元765年)杜甫离开成都,经过嘉州(四川乐山)、戎州(四川宜宾),到渝州(重庆),这年秋,至忠州(重庆忠县),又到云安县(今云阳),第二年移居夔州(今奉节)。杜甫在巴渝期间写下400多首诗,展现了当时的社会风貌及政治形势。

　　唐朝中期,由于统治者残暴,民不堪命,多次爆发百姓反抗官府的抗争。被称为诗史的杜甫作品对巴渝动荡有真实反映,《三绝句》写道:"前年渝州杀刺史,今年开州杀刺史。群盗相随剧虎狼,食人更肯留妻子。""殿前兵马虽骁雄,纵暴略与羌浑同。闻道杀人汉水上,妇女多在官军中。"汉水指西汉水,即嘉陵江的古称。另一些诗篇展现了官军的残忍和百姓奋起抗暴,《雨二首》中他写道:"群盗下辟山(今璧山),总戎备强敌。水深云光廓,鸣橹各有适。""群盗"实指反抗官府的民众。大历三年(公元768年)乱臣泸州刺史杨子琳"招聚亡命,得数千人,沿江东下,声言入朝;涪州(今涪陵)守捉使王守仙伏兵黄草峡,子琳悉擒之,击守仙于忠州,守仙仅以身免。子琳遂杀夔州别驾张忠,据其城。荆南节度使卫伯玉欲结以为援,以夔州许之"(《资治通鉴·唐纪·代宗皇帝》),《新唐书·代宗本纪》也称"子琳杀夔州别驾张忠"。在巴渝地区兵戈四起之际,杜甫离开夔州出三峡避寇,"杨子琳攻西川,蜀中大乱。甫以其家避乱荆、楚"(《旧唐书·杜甫传》),但看到的仍是悍将们的相互攻伐,在漂泊湖湘的绝笔《风疾舟中伏枕书怀三十六韵奉呈湖南亲友》中,他仍不忘战乱中的巴渝,满怀忧愤描述道:"公孙仍恃险,侯景未生擒。书信中原阔,干戈北斗深……战血流依旧,军声动至今。"诗中把曾经扰动巴蜀的悍将比喻为试图凭险割据称帝的公孙述,将兴兵作乱的潭州兵马使臧玠比作为祸江南甚烈

的梁朝乱臣侯景,流露出对巴渝、湖湘地区连年战乱、生灵涂炭的深深忧虑。

唐朝中后期,战乱不断,外族侵扰,社会危机叠现,经济遭受破坏,朝廷赋税苛繁,人民苦难深重。大历七年(公元772年)十一月,代宗下诏称"自顷蕃戎入寇,巴南屡多征役。其巴、蓬、渠、集、璧、充、通、开等州,宜放二年租庸"(《新唐书·代宗本纪》),其他州郡也与此相似,即便这样,到唐朝后期各地仍然爆发了大规模农民起义。同时,安史之乱后出现的藩镇割据严重挑战着中央政府的权威,拥兵自重的军阀把这种分裂局面延续到唐朝灭亡,"郡将自擅,常赋殆绝;藩镇废置,不自朝廷",而政治腐败也使朝廷"号令不出国门"。公元907年,朱全忠废唐哀帝,夺取唐朝政权,自立为皇帝,国号梁,开始了历史上的"五代十国"时期。"十国"中除北汉以外都是在中国南方形成的割据政权,川渝地区先后出现前蜀、后蜀两个国家。

建立前蜀的王建原是唐壁州(今四川通江)刺史。公元891年,王建打败了几位敌对的军人势力,攻占成都,据有川渝大部分地区。公元907年,朱全忠灭唐,王建在川建立蜀国,历史上称为前蜀,后来夺取汉中等地,版图扩大。公元919年,王建死,其子王衍继位。同光三年(公元925年),后唐庄宗李存勖灭前蜀,命孟知祥为剑南西川节度副大使。孟知祥入蜀后,整顿吏治,境内渐安,又逐步发展其势力。公元934年,孟知祥断绝与后唐的关系,自立为帝,仍号蜀,建都成都,这就是历史上的后蜀。孟知祥死后,其子孟昶继皇位,从后晋版图中夺得秦州(甘肃秦安北)、成州(甘肃成县)、阶州(甘肃武都东)、凤州(陕西凤县东)等陕西南部、甘肃东南部分地区。北宋乾德二年(公元964年),宋太祖遣王全斌、刘光义、曹彬等统6万人马分路伐蜀,这年十二月,刘光义、曹彬率军入峡路,击败蜀兵,在夔州斩获蜀水军数千人,夺得战舰二百余艘,渡江攻占夔州,又从夔州进兵,万(万州)、施(恩施)、开(开县)、忠(忠县)、遂(遂宁)等州相继投降。乾德三年(公元965年)正月,王全斌军自利州(广元)攻剑门,擒蜀副将赵崇韬,孟昶降宋,宋兵入成都,后蜀灭。

王尔鉴《巴县志》对前蜀后蜀有简要记述:"王建扈僖宗入蜀,镇西川,因乱自立,遂为前蜀,唐庄宗取蜀,命孟知祥镇之,后自立,是为后蜀,王孟继有其地,渝州名未改。"川渝地区物产丰富,远离中原战乱,境内相对安定,经济文化得以发展,"蜀中文学复盛",对北宋文学有重要影响。

二、北宋时期的川渝动荡到重庆得名

北宋开宝八年(公元975年)宋军攻破金陵,南唐灭亡,公元979年灭北汉,中国重归"统一"。北宋进一步加强了中央集权,严格控制将领统兵,社会渐趋稳定,经济文化都有显著发展,同时对文士颇为重视,学术文化一度繁荣。在哲学方面,产生了几位对中国思想文化有重要影响的哲学家,周敦颐、张载、程颢、程颐都是著名的学者兼思想家。周敦颐任合州(今合川)判官期间曾在这里讲学,程颐在涪陵研究"易学",对巴渝地区文化发展产生了积极的推动作用。

北宋立国不久,由于统治者与民众矛盾未能有效缓解,各地不断爆发农民起义,自公元965年起,川渝地区起义此起彼伏。宋太祖乾德三年(公元965年)爆发了绵州士兵起义,邛、蜀等十六州响应,接着遂州王可僚结集州民起义。第二年又有阆州农民起义,围攻州城;同年,渝州农民以杜承褒为领袖,发动起义,攻占州城。公元973年又有渠州农民万人在李仙领导的起义,攻入蓬州。其中影响较大的是公元993年青城县王小波领导的起义,义军提出了"均贫富"这一影响深远的政治口号。起义军曾攻克青城、蜀州、邛州等地,王小波牺牲后,李顺继续领导起义军。淳化五年(公元994年)正月,李顺率起义军一举攻下成都,建立"大蜀"政权,后来在官军镇压下失败。

北宋徽宗崇宁元年(1102年)改渝州为恭州,是因"奉议郎赵谂谋反,伏诛",赵谂被杀后,六月"改渝州为恭州"(《宋史·徽宗纪》),朝廷借改名试图达到使渝州姓恭顺的目的。恭州之名存在87年。

王尔鉴《巴县志》称:"崇宁元年以诛赵谂后改其乡里渝州为恭州,淳熙十五年(1188年)以潜藩(古代帝王为王侯时的封地,这里指恭州曾是南宋光宗赵惇的潜藩)故升为重庆府。"据《宋史·光宗本纪》,南宋淳熙十五年二月赵惇"受禅",从孝宗手里接过帝位,即光宗。《光宗本纪》称其于"绍兴十七年(1147年)九月乙丑,生于藩邸(皇帝即位前的居所)……孝宗即位……封恭王","(淳熙)十六年(1189年)正月……孝宗谕以倦勤,欲禅位皇太子,退就休养"。光宗即位后,"八月甲午,升恭州为重庆府"。重庆之名由此产生,是因赵惇在孝宗即位时(1163年)被封为恭王,孝宗逊位后登上皇帝大位,双重喜庆,故为重庆。

三、南宋后期闻名中外的钓鱼城之战与重庆的陷落

12世纪初期,活动于我国东北地区的女真族崛起,1120年与宋缔结"海上之盟"合力攻辽。1125年,金灭辽,随后挥兵南下攻击宋。宋徽宗靖康元年(1126年),金军南侵,攻破京城开封,宋徽宗和宋钦宗成了俘虏,北宋灭亡。

金军灭北宋后,北宋皇后嫔妃、王子皇孙都被掳往燕京,宋徽宗最终死于黑龙江依兰县。北宋都城被攻破时,徽宗第九子康王赵构侥幸不在开封,免于被俘,建炎元年(1127年),赵构在河南商丘称帝,历史上称宋高宗,赵构在金兵追击下南逃,后定都杭州,开始了长达153年的南宋王朝,南宋统治着半壁河山,东部与金以

淮河一线划界,西部则基本以秦岭为界。

南宋前期发生过岳飞抗金、采石之战、张浚北伐等多次战役,虽然对地处盆地中的川渝地区未有太大影响,但这里却是 100 余年间支撑北面散关(宝鸡市南)一线抗金卫边的大后方。

南宋时期发生在重庆最具世界性影响的是钓鱼城抗击蒙古铁骑之战。

13 世纪初期,蒙古族兴起,成吉思汗统一蒙古各部,1206 年建立蒙古国,随即发动开疆拓土的战争,先后向中亚、东欧、北非地区进行过三次征伐,欧亚震动。

1218 年,蒙古开始了由成吉思汗亲自率领的第一次西征,至 1223 年结束,先后吞并西辽、花剌子模等国,基本上征服了自中亚西至黑海东岸的广大地区。蒙古军的第二次西征是在 1235—1244 年,大汗窝阔台命拔都、贵由、蒙哥率军西征,攻占里海以北地区及俄罗斯,并侵入孛烈儿(波兰)、马扎儿(匈牙利)等地。1253—1259 年是蒙古军第三次西征时期。蒙古大汗蒙哥命旭烈兀率军西征,攻灭木剌夷(今伊朗境内),击败黑衣大食(阿拉伯),攻陷巴格达和大马士革,直抵今埃及边境。

在蒙古军西征的同时,又向南进攻西夏、金国,1227 年灭西夏;1231 年,元太宗窝阔台分兵三路向金发动进攻,1233 年金哀宗放弃开封,逃往蔡州,南宋出兵与蒙古夹击金;1234 年正月,蔡州城破,金哀宗自杀,金朝灭亡。蒙古灭金后,南宋与蒙古之间没有了缓冲地带,直接面临蒙古的攻击。1235 年初,窝阔台发动向南宋的攻击,大举南侵宋朝。

1236 年,蒙古军由汉中向四川进攻,曾攻陷成都、利州(今广元)、潼川(今三台)等 54 个州郡,蒙古兵在大肆掠夺后撤走。1238 年,宋军收复成都等地。嘉熙三年(1239 年)和淳祐元年(1241 年)蒙军两次侵入四川,攻破成都。此后,南宋朝廷把川渝军事重点移至重庆。

由于边关失守,蒙军袭扰,川渝之地岌岌可危,为巩固长江上游这一战略要地,嘉熙二年(1238 年),宋朝廷派彭大雅守重庆,并兼任四川制置副使。彭大雅到任后便"披荆棘,冒矢石,筑重庆城……为蜀之根柢",这是历史上第三次筑重庆城。同时在合州(合川)选择钓鱼山修建营寨。《续资治通鉴》记淳祐二年(1242 年)右正言刘晋之向理宗进言:"蜀祸五六年间,历三四制臣,无地屯驻,独彭大雅城渝,为蜀根本,不然蜀事去矣……愿早定至计,料简边臣,俾往经理,则蜀可为也。"在此后多年抗击蒙军的战斗中,重庆发挥了屏障长江中下游半壁河山的坚强堡垒作用。宋理宗听从了刘晋之要他"料简边臣"的建议,"以余玠权工部侍郎、四川宣谕使……许同制臣公共措置,先行后奏",并下诏:"余玠任责全蜀,应军行调度,权许便宜施行。"

余玠受命为四川安抚制置使,兼知重庆府,到任后,"大更敝政,遴选守宰"。1243 年,余玠采纳了播州(今贵州遵义)人冉璡、冉璞的建议,在境内行军必经的山险隘口,如合川钓鱼山以及川中云顶山、大梁山等处,"因山为垒,屯兵聚粮",修建军事营寨,加以控扼,并听取二人"为今日西蜀之计,其在徙合州城乎"的建议,把合州治所迁移到钓鱼山,其他州县机构也迁到相应堡垒中去。这些军事防御据点,或据嘉陵江,或扼守长江,彼此能互相联络呼应,"如臂使指,气势联络,屯兵聚粮,为必守计,民始有安土之心"。余玠绘成"经理西蜀图",送给宋理宗,称十年之内"当手携西蜀之地(指蒙古军侵占诸州县),以还朝廷"。1250 年,余玠"率诸将巡边,直捣兴元(陕西汉中),大元兵与之大战"。1252 年,"又大战于嘉定",再次击退蒙古军。1253 年,余玠遭受诬陷,被迫服毒自杀。

1251 年,蒙哥即汗位。1252 年,蒙古军长途迂回进攻大理国,次年初,大理兵败,大理国灭亡。至此,蒙古国已控制了今之淮河至秦岭以北、甘肃、新疆、青海、西藏及云南,形成了对偏安江南的南宋王朝的包围态势,随后展开了对南宋的全面军事进攻。

1258 年初,蒙哥发动三路大军侵宋,他亲率主力军从陕西攻击四川,命忽必烈率军攻打鄂州(武昌),又命迂回侵入到云南的兀良哈台向东转北攻潭州(长沙)。蒙哥企图荡平四川并攻下重庆后,效仿西晋灭吴、隋灭陈,顺流东下在鄂州与忽必烈会师,再率诸路大军一举灭宋。

1258 年,蒙哥亲自率兵 4 万,长驱而下,势如破竹,多次击败宋军,川中州府多有投降,不到一年之间,占领了四川大部地方。1259 年,蒙哥军沿嘉陵江进攻,直抵合州。"蒙古主命降人晋国宝招谕合州,守臣王坚执之,杀于阅武场。"(《续资治通鉴》)这时合州知州王坚、副将张珏率领民众,指挥将士固守力战,蒙军围攻钓鱼城达九个月之久,最终铩羽而归。《宋史·张珏传》称:"珏与王坚协力战守,攻之九月不能下。"

二月二日,蒙哥率诸军从鸡爪滩渡过渠江,进至石子山扎营。《元史·宪宗本纪》载:"帝悉率诸兵渡鸡爪滩,至石子山。"三日,蒙哥亲督诸军战于钓鱼城下。七日,蒙军攻一字城墙。九日,蒙军猛攻镇西门,不克。这日,蒙古史天泽率部到达钓鱼城参战。三月,蒙军攻东新门、奇胜门及镇西门小堡,均失利。

从四月三日起,大雨持续了 20 天。雨停后,蒙军于四月二十二日重点进攻护国门。二十四日夜,蒙军登上外城,与守城宋军展开激战。《元史·宪宗纪》称:"杀宋兵甚众",但蒙军的攻势终被宋军打退。

"五月,屡攻不克。"六月,宋四川制置副使吕文德"乘风顺,攻涪州浮梁,力战,得入重庆,即率艨艟千余溯嘉陵江而上。蒙古史天泽分军为两翼,顺流纵击,文德败绩,天泽追至重庆而还"。此时钓鱼城无任何援军,独立抗击蒙古军。

六月五日,蒙古骁将汪德臣率兵乘夜攻上外城马军寨,王坚率兵迎敌。天将亮时,下起雨来,蒙军攻城云梯又被折断,被迫撤退。随后蒙哥亲自到合州城下督战,王坚军发炮石反击,蒙军溃退,蒙哥负伤。《元史·宪宗纪》称:"王坚率兵来战。迟明,遇雨,梯折,后军不克进而止。是月,帝不豫。秋七月辛亥,留精兵三千守之,余悉攻重庆。癸亥,帝崩于钓鱼山。"群龙无首的蒙军只好解合州之围而北撤。"史天泽与群臣奉丧北还,于是合州围解",蒙军攻打钓鱼城宣告彻底失败。随后,"王坚遣阮思聪掉急流以蒙古主讣闻",南宋朝廷得知后,却"遣宋京请和"。攻打鄂州的忽必烈也得到蒙哥败亡消息,"皇弟(忽必烈)拔寨北去",鄂州围解。攻打潭州(长沙)的兀良哈台军闻讯后撤军北上,与忽必烈会合。

蒙哥大汗在钓鱼城下的败亡,扭转了整个战局,影响巨大,它使蒙哥发起的这场三路大军灭宋战争全面崩溃,南宋危机得以化解,南宋政权得以延续20年。另一方面,它使旭烈兀为争夺汗位而将主力撤回,导致蒙古帝国从欧亚战场全面撤军,蒙古第三次西征由此结束,缓解了蒙古势力对欧、亚、非各国的威胁。钓鱼城因此以"延续宋祚、缓解欧亚战祸、阻止蒙古向非洲扩张"而改变世界历史的殊功名标青史。钓鱼城之战彰显出古代巴渝人不屈不挠的抗争精神与坚韧意志,为中华民族反入侵历史写下光辉一页。

王坚被朝廷调走数年后由张珏代之,"景定初(1260年),王坚被征入朝,以马千代守合……四年(1263年)……朝廷乃以珏代千",此后由张珏继续守合州,"珏魁雄有谋,善用兵,出奇设伏,算无遗策"。

1260年,忽必烈即大汗位,1267年蒙古发兵数万来攻,被张珏击退。

张珏任重庆知府后,部将王立"继张珏为鱼城安抚史,与兵民相为腹心以拒",1276年南宋朝廷投降,1279年崖山之败,宋王朝彻底覆灭。为使合州百姓免于被屠杀,王立选择了向元请降,"后宋室沦亡,三宫皆北,元兵受宪宗(即蒙哥)遗命,欲屠城剖赤,连年攻围甚急。立自度城不可守,乃曰:'吾受宋恩厚,当以死报,其如百万生灵何?'遣书于元总兵李德辉请降,以全民命"(明万历《合州志》)。之后忽必烈"命(王立)为潼川路安抚使、知合州事"。由此,钓鱼城保卫战结束,中国历史进入一个由蒙古族统治的新王朝时代。

1243—1279 年,南宋合州军民在守将余玠、王坚、张珏等的率领下,凭借钓鱼城天险,与元军长期血战,历经大小战斗 200 余次,共同创造了钓鱼城 36 年攻防战争,为巴渝历史写下了可歌可泣的一页。

1271 年,忽必烈建国号为"元"。1274 年(宋咸淳十年),张珏"升四川制置副使、知重庆府",仍坚守着合州、重庆及川渝部分地区。这年,蒙军又侵入巴蜀之地,"两川郡县多送款,独张珏固守重庆不下。元主建东西行枢密院,会兵围之"(《续资治通鉴》)。1275 年(元至元十二年),"诏以王相(李德辉)抚蜀。时重庆犹城守不下",李德辉致信招降张珏:"宋已亡矣,重庆以弹丸之地,不降何归?"(《元史·李德辉传》)张珏未与理睬。1276 年(宋景炎元年),"东、西川守将,合兵万人围宋重庆,大肆剽掠,军政不一,城中益得自守。宋制置使张珏领重庆之命,不能赴官,留合州以抗北军,遣帅复泸、涪二州,北军以不和而溃,珏乃得入城,遣将四出,所向俱捷"(《续资治通鉴》)。这年,南宋首都临安被蒙古军包围,朝廷投降,诏谕各地投降。张珏拒不奉诏,仍在川渝坚持战斗,此时涪州、万州、泸州、达州、梁山军(梁平)或破或降,元军便集中兵力合围重庆。1278 年,元将汪良臣等"大兵会重庆,驻佛图关",招降张珏不成"布哈至城下,营造云梯、鹅车,将攻之。珏悉众与良臣鏖战,良臣身中四矢。明日,珏与伊苏岱尔战扶桑坝(渝中区东水门外)……其夜,都统赵安以城降。珏率兵巷战,不支,归索鸩饮,不得,乃顺流走涪,布哈遣舟师邀之,遂被执"。后来张珏解弓弦自缢而死,壮烈殉国。

1279 年,陆秀夫在广东崖山负幼帝赵昺投海而死,南宋亡。

第三节　元明清时期

一、元末建都重庆的大夏政权

元朝统一中国后,定都大都(北京),地方政府采用行省制,简称"行省"或"省",巴渝地区属四川行省,为重庆路(含今渝西各县、四川泸州、合州(合川),以及渝东长寿、涪州、丰都等地)、夔州路、绍庆路(治所在今彭水县,辖黔江等地)、怀德路(治所在今酉阳县,辖秀山等地)、石砫宣抚司(辖石柱及湖北来凤、鹤峰等地),以及万州、梁山州(梁平)、开州(开县)、大宁州(今巫溪)和若干州县。

元朝统治者对汉族和其他民族采取严酷的歧视和压迫政策。元朝后期,政治腐败,武宗以后土地兼并日益严重,土地高度集中,赋税繁苛,对人民的搜刮更加严酷。

顺帝至正十一年(1351 年)爆发了韩山童、刘福通以白莲教组织的农民红巾军起义,各地纷纷响应。彭莹玉推布贩徐寿辉为首,在蕲、黄起义,当年(1351 年)八月,徐寿辉、彭莹玉攻下蕲州,并很快占领了湖北、江西部分地区。这两支起义军皆头包红巾,并执赤色旗帜,称为红巾军。1352 年,徐寿辉、彭莹玉领导的红巾军攻占了杭州等地,纪律严明,得到人民的拥护,队伍很快便发展到百万人。之后徐寿辉率部转战长江流域,1357 年徐寿辉部将明玉珍受命领兵经略巴蜀,到巫峡时听取部将戴寿"攻重庆,事济据蜀,不济,归无损也"的建议,"从之,遂进克其城",擒元朝官员哈麻秃,"父老迎入城,玉珍禁侵掠,市肆晏然"(《续资治通鉴》),徐寿辉"授玉珍陇蜀行省右丞"。次年,明玉珍向四川、云南发动进攻,夺取成都、嘉定(乐山)及众多州县。

1359 年,陈友谅杀害徐寿辉,明玉珍知道后,"命以兵塞瞿塘,绝不与通"(《明史·明玉珍传》)。此时他已经据有四川及云南部分地区,就自称陇蜀王。后有泸州人刘桢进言:"西蜀形胜,东有瞿唐,北有剑阁,沃野千里……,大王……用贤治兵,可以立不世之业,当于此时称大号以系人心。"1362 年 3 月,明玉珍在重庆称皇帝,建都重庆,国号大夏,年号天统。随后南征北伐,据有四川大部、贵州部分、陕西南部地区。"玉珍为人,颇尚节俭,好文学,蜀人……赖以初安。"大夏国"境内号为小康"。明太祖朱元璋曾致信明玉珍,称自己与大夏之态势犹如三国时刘备、孙权:"足下处西蜀,予处江左,盖与汉季孙、刘相类……予与足下实唇齿邦,愿以孙刘相吞噬为鉴",两人"自后信使往返不绝"(《明史·明玉珍传》)。

1366 年,明玉珍病逝,"葬玉珍于江水之北","子升立,年十岁,改元开熙",此后朝廷内讧,"诸大臣皆粗暴,不肯相下",国势日趋衰弱,而在这十余年之中,朱元璋击败陈友谅,消灭张士诚、方国珍等,接着平定江浙、广东、福建,在荡平南方各割据势力后,1368 年,举兵北上伐元。元统治者逃往漠北,8 月,北伐军进占大都(北京),元朝宣告灭亡,朱元璋也于这年在应天(今南京)即皇帝位,国号大明,年号洪武,以应天为首都,改大都名北平府,开启了大明王朝。

对建都重庆的大夏政权,朱元璋认为:"蜀人不以修德保民为本,而恃其险且富,非为国长久之道。且自用兵以来,商贾路绝,而乃称富饶,此岂自天而降耶?"于是发玺书"谕升(明升)归命,升不从"。

明洪武四年(1371年)春,朱元璋遣汤和、廖永忠、傅友德领兵讨伐四川,"四年(1371年)正月,命征西将军汤和帅副将军廖永忠等以舟师由瞿塘趋重庆,前将军傅友德帅副将军顾时等以步骑由秦、陇趋成都伐蜀"(《明史·明玉珍传》),大夏军"以铁索横断瞿塘峡口……凿两岸石壁,引铁索为飞桥,用木板置礮(炮)以拒敌。和军至。不能进"。后来廖永忠"破瞿塘关,飞桥铁索皆烧断",大夏军溃败,"遂下夔州"。六月,明军"师次铜罗峡",直逼重庆,明升"面缚、衔璧、舆榇出降"。朱元璋封明升为归义侯,后被放逐朝鲜,大夏国灭亡。除云南以外,中国南方基本归于明王朝统治之下。

2009年3月2日,媒体报道,"重庆江北嘴,来自韩国的明氏宗亲会50多位成员来到江北城上横街明玉珍墓前跪拜先祖";2013年3月17日《重庆日报》以《明玉珍皇陵陈列馆开馆,韩国明氏后裔来渝祭祖》为题,报道了3月16日明玉珍的韩国后裔在明玉珍皇陵陈列馆进行祭祖活动,文章说"1982年,明玉珍陵墓在江北上横街被发现。从1995年起,每年农历二月初六(明玉珍忌日)左右,韩国的明氏宗亲会成员都会到此祭祖",唤起人们对600多年前发生在重庆那段历史的回顾,感受到其超越时空的影响。

明朝立国不久便扩大了重庆城,"洪武初,指挥戴鼎因旧址砌石城,高十丈……环江为池,门十七,九开八闭,象九宫八卦"(王尔鉴《巴县志》)。这是历史上第四次筑重庆城。清初康熙二年(1663年),驻节重庆的总督李国英又有所"补筑"。"九开"中的"朝天、东水、太平、储奇、金紫、南纪、通远、临江、千斯(厮)"之名600多年来没有改变,"八闭"中的"翠微、金汤、人和、凤凰、太安、定远、洪崖、西水"现已不复存在。

有明一朝,重庆文士辈出,考中进士者有112人,其中最著名的是蹇义,王尔鉴《巴县志》称其"洪武乙丑(1385年)进士,初授中书舍人,历官吏部尚书,加少师,卒赠太师,谥忠定,历事六朝……立朝五十年,位尊遇隆"。他是一位在中央政府中有一定影响的人士,渝中区天官府即当年明宣宗所赐府第所在,"宣宗赐公京第,又赐第于巴……赐门联曰'祈天永命天官府,与国咸休国老家'",蹇家巷之名也源于其家族。另有牟俸、江朝宗均为景泰辛未(1451年)进士,江朝宗"历官翰林院侍读学士,预(参与)修《一统志》《英(明英宗)庙实录》,称良史才"(王尔鉴《巴县志》)。其后参加京考登进士者代有其人,折射出巴地文风之盛。王尔鉴《巴县志·风土志》引《舆地纪》曰'人多秀异,喜以诗自娱'",并称颂道:"蜀自文翁兴教,礼乐文物,比于齐鲁会城下,首推渝郡,县治附郭(廓),汉魏唐宋间,因旧志无传,搜罗仅十之一二。有明三百年,膺乡荐者四百余人,登礼部者百余人,文章功德,彪炳人寰,不可非文献之邦。兵燹后,故家世族百无一存。"展示出巴渝之地有良好的文化蕴涵和人文环境。

二、明朝后期战乱不断的巴渝地区与清初的动荡

明朝后期政治日益黑暗,张居正为内阁首辅时,进行了一系列改革,政治较为清明;张居正死后,朝廷内部以及统治者与农民的矛盾空前尖锐,而万历皇帝(神宗)不理朝政,30余年不上朝,朝官、士人与魏忠贤为首的宦官集团的斗争趋于白热化,农民起义此起彼伏;而我国东北地区的满洲族兴起后,不断袭扰辽东地区,明朝数次征伐均告失败,最后辽东丢失,明军退守山海关一线。大明王朝处于风雨飘摇之中。

川渝地区在明朝万历年间出现动荡,首先是播州(贵州遵义)宣慰使杨应龙叛乱,官军数年进剿,未获成功,万历二十七年(1599年),朝廷拟合兵数路围剿,杨应龙率军8万,先发制人,一举攻克重庆南大门綦江,随后退至綦江东南的三溪,后官军由綦江、南川、四川合江及贵州数路进攻杨应龙军,在娄山关击破叛军,乘胜攻击,最终消灭叛军,重庆得以安定。此战中,石柱女将军秦良玉夫妇"偕酉阳诸军直取桑木关(今贵州绥阳县东),大败贼众,为南川路战功第一"(《明史·秦良玉传》)。

万历四十八年(1620年),满洲侵入辽东,秦良玉兄秦邦屏、弟秦民屏应诏先率石柱兵援辽,浑河之战,秦邦屏战死,随后"良玉自统精卒三千赴之",重创满洲八旗军,"兵部尚书张鹤鸣言:'浑河血战,……实石砫、酉阳二土司功'"(《秦良玉传》)。

就在朝廷准备征兵前往辽东支援时,"久蓄异志"的永宁(四川叙永)宣抚司奢崇明派樊龙率兵两万来到重庆,"久驻不发,巡抚徐可求移镇重庆,趣永宁兵。樊龙等以增行粮为名乘机反"(《明史·四川土司·奢崇明传》),杀死巡抚徐可求等官员,趁机占据重庆,并分兵攻下泸州、遵义,"进围成都"。正值秦良玉回师,"抵家甫一日,而奢崇明党樊龙反重庆(占据重庆),赍金帛结援。良玉斩其使,即发兵率民屏及邦屏子翼明、拱明溯流西上,度渝城,奄至重庆南坪关(今南岸区南坪),扼贼归路。伏兵袭两河,焚其舟。分兵守忠州,驰檄夔州,令急防瞿塘上下。贼出战,

即败归"(《明史·秦良玉传》)。秦良玉派遣兄弟秦民屏、侄秦翼明等,"倍道兼行",隐蔽来到重庆,在南坪扎营,而当时"奢崇明围成都急","良玉自统精兵六千,沿江上趋成都"。《明史·秦良玉传》称她"鼓行而西,收新都,长驱抵成都,贼遂解围去。良玉乃还军攻二郎关(今九龙坡区二郎)……克佛图关,复重庆……蜀贼底定"。樊龙等30余人被擒。1623年"川师复遵义,进攻永宁",直到崇祯初(1628年)才使奢崇明"授首",消灭了这一叛乱势力。

1626年,清太祖努尔哈赤在攻打宁远(今辽宁兴城)之战中受伤死去后,他的第八子皇太极(清太宗)继承了汗位。1629年,皇太极发兵攻明朝的宁(宁远)锦(锦州)防线,遭到惨败,便绕道喜峰口进袭北京,攻破遵化,包围京师。第二年,即"永平四城失守"时,"奉诏勤王"的"饶胆智,善骑射"的石砫宣抚使秦良玉率领"为远近所惮"的白杆兵,在京师外围痛击入侵的后金军,皇太极败还沈阳。崇祯皇帝特"优诏褒美",并"赐良玉彩币羊酒,赋四诗旌其功"(《明史·秦良玉传》)。

崇祯十三年(1640年)二月张献忠部将罗汝才攻夔州,被秦良玉击溃,"夺汝才大纛,擒其渠副塌天,贼势渐衰"。崇祯十七年(1644年)春,张献忠"遂长驱犯夔州。良玉驰援,众寡不敌,溃",但"贼遍招土司,独无敢至石砫者"。相传张献忠入川后,杀戮甚众,惮于秦良玉威名,而无兵去攻打石柱,境内得以安宁。于是张献忠转兵攻破忠州,又在涪州击败明朝军曾英部,明朝四川巡抚陈士奇闻讯率军在铜锣峡阻击,被张献忠击溃,这年六月张献忠破佛图关,又"攻通远门,城陷"(王尔鉴《巴县志》)。重庆被攻克,明朝宗室端王及众多官员被杀;后曾英率兵欲夺回重庆时,"献贼遣贼将争之,曰'重庆要害之地,不可失'。英逆击,战于多功城(今渝北区鸳鸯翠云山顶),再战佛图关,两路俱捷,斩首数千级,排入江者无算,贼大溃……献贼欲东下吴楚,不果,英沮之也"(王尔鉴《巴县志·忠义》)。张献忠引军西上,这年八月,攻下成都并称帝,国号大西,川渝大部分州县在其控制中。1646年,张献忠在西充凤凰山遭遇清军,被射杀而阵亡,"顺治三年,肃亲王豪格率师入四川,献忠死西充"(《清史稿·李定国传》),其部将孙可望、李定国等领兵由顺庆(四川南充)南下,在重庆击败明军曾英部,《巴县志·忠义》称"献贼余党破曾营于重庆,师溃,英赴水死",随后"自重庆而南";经綦江,于1647年"破遵义,入贵州",并一度攻占贵阳,后挥师向云南发展。1652年,经过长期准备后,这支农民军从云南出兵北伐,其中刘文秀率领的一路,攻破重庆,并占领成都。清朝遣明朝降将吴三桂率军进入巴蜀地区,1648年7月,吴三桂与李国翰发兵攻下重庆,刘文秀领兵退走,在转攻叙府(四川宜宾)时,击破吴三桂前来增援的人马,乘胜追击至保宁(四川阆中)城下,但被清军击败。这支义军最后在云南被清朝击灭。

1627年爆发李自成领导的农民起义,辗转作战17年后,于崇祯十七年(1644年)攻占北京,推翻了明王朝。不久在山海关一片石被明将吴三桂与清军击败,李自成放弃北京向陕西撤退,清军进占北京,同年九月,满州统治者定北京为清朝的首都。清兵入关以后第二年,李自成在败退逃亡中被杀于湖北通山县九宫山,余部南下与明朝联合抗清,而刘体纯、郝摇旗、李来亨率领起义军残部及民间反清武装坚持在四川、湖北、陕西省交界地区继续抗清,由于在奉节县以东地区活动,称为夔东十三家。1659年清军进攻贵州、云南的李定国部时,刘体纯、李来亨等率军溯江而上,围攻重庆,声势浩大,牵制了进攻云南的清军。

1663年初,清廷从陕西、湖北、四川调集数路人马进攻夔东十三家军,最初清军在湖北西部被李来亨击溃。四川总督李国英也被郝摇旗击退。十月,郝摇旗、李来亨等进攻巫山,清军集中八旗主力围攻天池寨,与十三家军决战。义军战败,刘体纯自杀,郝摇旗被俘牺牲;李来亨军陷入敌军包围,全家举火自焚而壮烈就义。从李自成退出北京,他曾领导的起义军继续坚持抗清斗争19年,康熙三年(1664年),夔东十三家军在巴渝地区最后失败,农民军的反抗之火随之熄灭。两支农民军余部长期坚持抗清斗争,为明清易代之际的巴渝历史增添了浓厚的悲壮色彩。

康熙十三年(1674年),吴三桂由云南发动"三藩之乱",巴蜀曾一度被其攻占。1679年,康熙帝命赵良栋、张勇、王进宝等进军四川,十二月攻克保宁(阆中),吴三桂大将王屏藩自杀,清军乘胜占领顺庆(南充),赵良栋攻克陕西略阳及四川成都,湖广提督徐治都在巫山击败杨来嘉,攻占夔州、重庆,四川被清朝夺回。康熙皇帝平定"三藩之乱"后,川渝地区趋于稳定。

清朝统治者数十年间消灭各地反抗势力,巩固了满族的统治,社会逐渐安定,出现了历史上所称的"康乾盛世"。"逮康、乾之世,国富民殷。凡滋生人丁,永不加赋,又普免天下租税"(《清史稿·食货志》),经济得以恢复,人口逐年增加。

在行政区域的划分上,清朝仍袭用行省制,各省区域与现代差异不大,巴渝地区为四川省所辖。清朝前期重庆府辖区为:今渝西各县,北部除潼南外含合州、铜梁、四川武胜;渝东长寿、涪州、武隆等县也在其范围内,南面包括綦江、南川。夔州府府治在奉节,包括万州、云阳、开县、巫山、大宁(今巫溪);忠州则含垫江、丰都、梁山(梁平);酉阳州辖区包括彭水、黔江、秀山等地;今石柱名石砫厅。《清史稿·地理志》于"重庆府"下称"川东道治所。顺治初,因明制,领州三、县十七",之后各州府辖区有所变化。

川渝地区经历明末大乱后,人口骤减,为了"与民休息",清朝康熙年间采取招集流民,奖励开垦荒田的政策,以此扶植农业生产。在朝廷的鼓励下,人们开始了"湖广填四川"大迁徙,湖广、江西、广东等地的流民相继来到川渝地区垦荒置业,巴蜀境内的社会经济逐渐恢复,1690年,清廷颁发"流离四川民户,情愿居住垦荒者,将地亩永给为业"的政策,各省来川渝地区垦荒的更多,"四川经张献忠之乱,孑遗者百无一二,耕种皆三江、湖广流寓之人。雍正五年(1727年),因逃荒而至者益众"(《清史稿·食货志》)。巴渝地处四川盆地东部,吸纳了众多各省人士。康熙帝曾谕四川巡抚年羹尧:"比年湖广百姓,多往四川开垦居住,地方渐以殷实。"这一影响巨大的大移民促进了川渝地区的社会经济及文化发展,对巴渝人口的构成以及经济文化的发展具有重要意义。

19世纪末,重庆成为内陆地区通商口岸后,国外各种思潮传入巴渝地区,受先进思想影响,巴渝地区产生了大批志士,以邹容为代表的青年才俊为巴渝大地拉开了新时代的序幕。

第二编 巴渝文化精神

一个地区的文化精神,是指该地区文化古往今来最基本的特征(亦称文化定式,或荣格所谓的集体无意识)。它不仅指该地区的地理环境、物产资源,更是指该地区的历史渊源、文化积淀和人文精神。与中华其他各地区文化,如中原文化、西北文化、江南文化相比,巴渝文化精神卓然瞩目,特色鲜明。

巴渝文化精神最鲜明的特色是熔炉性、多元性以及抗争性和坚韧性。大熔炉性是文化内蕴的熔铸和提升。

巴渝文化的抗争性和坚韧性集中体现在南宋后期巴渝军民抗击蒙古军队的进攻,抗日战争时期激励全民奋起抗敌的重庆进步文化和红岩精神。

巴渝文化的熔炉性与多元性

巴渝文化精神最鲜明的特色是熔炉性与多元性。大熔炉性不是文化因素的简单相加,而是文化内蕴的熔铸和提升。重庆文化接纳了来自中华各地的文化,将它们熔于一炉,塑造出了一种多元的、丰富的熔炉文化。

第一节 地域政治,人文结构

巴渝文化的大熔炉精神首先表现在其地域政治和人文结构以及文化传统上。最具代表性的表现形态是儒、佛、道精神交融的大足石刻和宋代儒家学术思想在巴渝地区的传播。

今日之重庆,是中国四大直辖市之一,地域广阔,人口众多。其东西长约 470 公里,南北长约 450 公里,总面积达 8.2 万平方公里,辖 19 区、19 个县(包括 4 个自治县),人口 3 200 余万,与四川、陕西、湖北、湖南、贵州等省相邻,融汉、回、苗、土家等多个民族。然而,重庆今日格局之形成,却经历了数千年的开拓、规划、变迁、融合。

远古巴国充满神奇传说,黑蛇吞象,可谓横空出世,奇伟不凡。武王灭商,封姬姓宗室于巴,本在今鄂西一带,后西迁于四川盆地东部,疆域依然极广阔,书载"东至鱼复(今重庆奉节县),西至僰道(今四川宜宾),北接汉中(今陕西南部),南极黔涪(今重庆市涪陵区、黔江区、彭水县、贵州东北、湘西等地)"。

战国后期,秦灭巴筑建江州城,置巴郡,下辖数县。蜀汉时弃江北旧城,重筑江州大城,后名称和辖区不断变换,曰楚州、巴州、渝州、重庆。

元末明玉珍攻占重庆,建大夏国,以重庆为都城。辛亥革命之际,同盟会在重庆建立蜀军政府,后废府设重庆市。抗战全面爆发,国民政府大举西迁,重庆成为直辖市和陪都,市区范围扩大。

　　1949年中华人民共和国建立后,中央人民政府确立重庆为中央直辖市,1954年改为省辖市,1983年定为长江上游计划单列市,将四川省永川地区所辖8县并入。1997年,重庆再次成为直辖市,增辖原涪陵、万县、黔江地区。至此,重庆市格局大致划定。

　　古往今来,重庆政区扩张收缩、社会地位沉降起伏。千百年来,它有如嘉陵江、长江一样,包容百川,汇纳细流,胸襟开阔,吞吐自如。此为重庆市界域之一大特征,亦为重庆大熔炉文化特性奠定了基础。

　　地域上的开放性、包容性必然导致居民构成的开放性和包容性。巫山龙骨坡猿人距今200余万年,当是中国乃至亚洲最早的人类,"重庆"居民"走出巫山"当为不争之事实。而后人们熟知的巴人(虎之族)本以两大部族为主:一是本地土著,如濮、苴、共、奴、夷等,一是从东(鄂西)迁来的廪君族。廪君族以巴氏等五姓为主,构成了巴族的核心,此为"内五族";而世居此地、而后被廪君族征服、融合的土著,则成为巴之外围部族,他们同为巴人,和平共处。

　　直到东晋以前,巴地主要居民仍为巴人。西汉平帝时,巴郡11县有户15万,人口70万。经历过多社会动荡之后,到西晋太康初年,郡县残破,百姓流亡,人口大减,4县仅存3 000余户。东晋时,僚人(少数民族)逐渐进入巴郡。北宋熙宁年间,渝州巴县、南平及荣懿僚人李光吉、梁承秀三族谋反,政府派兵讨平,大批汉人迁入(今綦江、南川一带)。至明嘉靖年间,重庆府已有户4万。

　　明末战乱,连年灾害,重庆人口骤减,綦江县荒废为空城,6年无人管辖,重庆城亦有饿虎出没。清初改土归流,政府动员"湖广填四川(包括重庆)",湖北、湖南百姓大批涌入,至清嘉庆年间,重庆府人口增至300余万。

　　抗战全面爆发后,重庆为全国大后方,国民政府西迁,大量外地移民涌入,他们多来自长江下游,时称"下江人"。1938年,重庆市区居民已近50万。

　　从20世纪50年代末的大跃进到60年代的"三线"建设时期,不少沿海工业发达地区的大型企业和人员纷纷内迁。改革开放,四川、贵州、广东、浙江等地移民陆续涌入,逐渐成为常住居民。

　　经历了如此漫长的人员流动、互融,重庆有如一个大熔炉,将各地区、各民族的3 200余万人融合在一起,构成一种特有的人口文化结构。仅以姓氏为证,千百年来,张、王、刘、李、赵为中原五大姓氏,说明中原人口流动不大。而重庆姓氏却难以找出千百年来变化不大的"大姓"。这正是人员流动的佐证之一。巴渝汇纳百川,不断接受外地移民。文化的载体是人,人口的融合,也是文化的融合。这种融合促进了重庆文化和经济的发展。

第二节 多元性和丰富性

巴渝文化精神主要体现为多元性和丰富性,其总特征是敞开胸怀、兼收并蓄。此特征充分表现在宗教融通和人文精神两个方面。

如前所述,古代巴族主要以两大部族为主,虽统称巴人,但各部族亦有自己不同的文化习俗。僚人和汉人大批迁入后,又为巴文化增添了不少内容,例如,北宋时南平僚即"不解丝竹,唯吹铜鼓"。南宋末,南平僚大部融合于汉族,少数则到清代时融合于苗族。

古代巴文化不同于华夏"正宗"的中原文化。南宋时,以重庆为中心的川东地区出现"川杂剧",时涪州宋道隆有诗道:"戏出一棚川杂剧,神头鬼面几多般,夜深灯火阑珊处,应是无人笑倚栏。"然而,在地域、人口的开放中,它却逐渐接纳了来自中华各地,以及世界各地的文化,将它们熔于一炉,形成了一种多元的、丰富的熔炉文化。

一、儒、佛、道等文化的交融

巴文化的多元性充分表现在接纳中原的儒学、道学,以及印度经由西域传入中国的佛教。

北宋绍圣四年(1097年),著名理学大师程颐来到重庆涪陵,在城对岸(北岸)的北崖寺洞中圈点《易经》,并著书立说,设坛讲学。他深入钻研,写出了宋代理学的经典之作《伊川易传》。此后,南宋理学大师朱熹将其发扬光大,确立了程朱理学的神圣地位,将中国儒家文化推向一个新的阶段。

始于晚唐,盛于两宋的大足石刻,佛像遍布全县40余处,共5万余尊。其规模之大、造诣之深、内容之丰富,足以与敦煌、云岗、龙门、麦积山等一争高下。其中,尤以北山、宝顶山摩崖造像最集中。

北山石刻造像开凿于唐景福元年(公元892年),经五代至南宋绍兴,历时250多年。此处以佛湾为中心,分布于山之四周,计有佛像近万尊,长达里许。其中还有碑碣、题记、造像记、经幢,阴刻图,以及唐、宋历史人物造像。宝顶山石刻造像亦逾万,由南宋邑僧赵智凤呕心沥血主持建造,前后历时70年。大佛湾石刻之一大特色,是注重将百姓鲜活的世俗生活情趣表现于庄严的佛教理念中。

石篆山石刻则为我国石窟艺术中最早将释、道、儒三教聚于一处的造像,其中有儒学大师孔子及十哲（颜回、仲由、闵子骞、冉耕、冉有、宰我、言偃、冉雍、端木赐、卜商）像，佛家毗卢佛、释迦、弥勒佛像，道家老君、真人像。

在重庆，如此佛道兼容、儒佛天合的文化现象，并非大足一处，如缙云山缙云寺是佛家古刹，而与市中心一江之隔的长江南岸真武山老君洞则是道教圣地。更令人惊异的是长江边慈云寺，竟是僧尼一寺，为国内仅有。

宋以后，来自近东的伊斯兰教、来自欧洲的基督教又陆续进入重庆。重庆周围不少乡村寺庙中，除供奉着佛祖释迦牟尼、观音菩萨外，还供奉着人间凡人——"川主"李冰父子。由此可见重庆大熔炉文化的开放性和多元性。

二、荡胸生层云，吐纳融百川

巴文化的多元性还充分表现在其丰富性方面。在漫长的历史中，古巴文化敞胸迎九州，吐纳融百川，逐渐与中原文化、西北文化、荆楚文化、江南文化融合，形成自己独特的气势和风貌，浸透着自身的灵气，闪现着夺目的辉煌。

重庆山水得天独厚，自然风光雄奇秀丽，鬼斧神工。雄伟高峻的山岭、萧森幽静的峡谷，奔腾咆哮的河流，清澈明丽的山泉、飞瀑，古老的原始森林，风光如画的湖泊，深邃幽奇的溶洞，使重庆的自然风光享誉天下。

明代文人钟惺有言，雄秀山水本身并非"名胜"，必须融入悠远的历史、丰富的古迹与文物、著名的人物、生动的故事传说、韵味悠长的诗文，才能构成真正的名胜。所以，古人言：一切高深，可以为山水，而山水反不能自为"胜"；一切山水，可以高深，而山水之胜反不能自为"名"。山水者，有待而"名胜"者也。"人""事""诗文"，此三者，是山水之眼，是山水之灵魂。用现代术语而言，自然山水只是硬件，而历史、古迹、人物、传说、诗文则是软件，旅游名胜就是二者的有机统一体。正所谓物华天宝、人杰地灵。

重庆历史文化悠远漫长，荡胸生层云，巴文化接纳了不少智者英豪。远古时代的大禹，治水而过巴地，娶涂山氏为妻。巴蔓子将军一言九鼎，献头而不献城，凛凛一躯，气贯长虹。诸葛亮率兵取西蜀，张飞俘获严颜，老将军仰天长啸：巴郡只有断头将军，没有投降将军。唐宋时代，大诗人陈子昂、李白、杜甫、白居易、刘禹锡、李商隐、苏轼、黄庭坚、陆游等，在此地留下了数量丰瀚、千古传诵的名篇佳句；南宋末年，爱国将领余玠、王坚筑城嘉陵江畔钓鱼山，抗击横扫欧亚、不可一世的蒙古大军，谱写了世界中古史上一曲雄浑的乐章。女英雄秦良玉一生叱咤风云，45年戎马生涯，身经百战，功名显赫。张献忠、石达开也先后驱兵策马，辗转重庆。1903年，重庆青年邹容写下了轰动神州的《革命军》，辛亥革命前夕，保路风潮在此地引发。

第二次世界大战期间,重庆成为世界反法西斯亚太战场的重要指挥中心,成为中华民族团结抗战的坚强堡垒,重庆文化成为一个真正的大熔炉,它接纳了来自全国乃至世界各地的精英人物和思想,谱写了可歌可泣的壮丽诗篇。抗日英雄张自忠的忠骨葬于北碚梅花山;实业家卢作孚、胡子昂为中国的经济发展作出了重大贡献;著名学者李公朴、晏阳初、陶行知、马寅初等表现出高昂的民族气节;文艺家郭沫若、巴金、茅盾、老舍、曹禺等抒写出了自己的不朽之作……

古人云,大象无形,大音希声,海纳百川,有容乃大。从表面上看,巴渝文化简单粗糙,朴实无华,但巴渝文化的开放性、包容性和多元性,却铸造了自己特有的文化精神。从某种角度而言,这种熔炉文化精神具有较少历史积淀的重负,较少保守性和惰性,始终体现出一种朝气勃勃、欣欣向荣的青春气象。它们是一个开放系统,不断与外界交换信息。它们较能克服井底之蛙、故步自封的弊端,生生不息,吐故纳新。在改革开放的新时代,巴渝文化精神更有利于该地区经济、文化的发展和弘扬。

巴渝文化的封闭性与开放性

巴渝地形以山地为主:东南西北,群山拥蔽,仅长江直撞巫峡,夺路而出。陆路艰险,仅水路与外界有限相连,这就孕育出了巴渝特有的文化特性——山地文化的封闭性和码头文化的半封闭性。

巴渝文化的发展,在一定程度上可以说是巴渝先民以不屈不挠的精神与封闭的地理条件进行顽强斗争并取得胜利的历史,是巴渝儿女以开放的姿态不断融合外来人群与外来文化并不断创造的历史。长江三峡自古以来就是东传西递的文化大动脉。

地理上的封闭性与文化上的开放性是一个巨大的矛盾,但这却是一个历史的客观存在。

第一节　历史上的封闭性和有限的流动性

巴渝封闭性的地理特点是大自然所带来的客观存在,这在一定程度上带来了政治和经济上的封闭性。

中国历代政治中心在中原,巴渝远离政治旋涡,相对封闭平静。重庆作为国家政治中心,在整个漫长的历史上仅有 3 次。第一次是春秋时期,作为巴国的都城。然而,当时的巴国,不过一弹丸小国,对中原政治无足轻重,毫无影响。第二次是在元末明初,明玉珍在重庆建立大夏国,但是,与巴国一样,它不过是整个中国的"小国",其影响仅限于巴蜀一带,短短数年,便为大明王朝所剪灭。第三次是抗日战争时期,作为国民政府的陪都,这才是第一次、也是唯一的一次成为中央政府的政治中心,也成为了国际反法西斯的政治中心之一,举世瞩目,影响深远。

自古以来,巴渝之地远离中央政府,地势险峻,山遥路远,易守难攻,中央政府亦很难控制。古语曰:天下未乱蜀(包括巴)先乱,天下已治蜀后治。对于巴地而言,亦是如此。

春秋战国时代,中原列强争霸,战乱频繁,旗帜变换,但相对而言,巴国虽较少受到兼并战争的冲击,但在战国中期即为强秦剪灭,散兵游勇,星散偏远的乌江山地,从此再难复国图存。

项羽为抑制政治对手刘邦,试图将其堵塞在巴蜀之地,便扼住汉中、巫山咽喉,使刘邦难以扩展。但是,刘邦却因之休养生息,暗中壮大发展,最后谋取中原,成就帝业。

汉末天下大乱,中原战火纷飞,巴蜀之地相对平静,故诸葛亮在隆中为刘备设计的未来发展战略,即以巴蜀为立足之地,取刘璋而代之。其后攻取汉中,安定南夷,构成三分之势。但巴蜀终与中原远隔,最后为晋司马氏所灭。

南北朝 300 余年的战乱,巴蜀之地亦相对稳定、和平。但隋唐统一中国后,巴蜀亦未能受到中央政府的重视,仍属偏远地区。宋代边疆危机频频,战事纷繁,巴蜀亦相对平静,但却都远离国家政局大事。

清代太平天国动摇清王朝半壁江山,主要战场皆不在巴蜀,而天京陷落之后数年,翼王石达开才流亡到巴地一带,最后则兵败大渡河。

抗战期间,巴地重庆作为陪都和大后方,日军不得入其内。

汉得江山 60 余年之后,汉武帝遣唐蒙由巴符关(今四川合江)使夜郎(巴地),劝说夜郎归附,置犍为郡,这才平定巴蜀。

晋灭蜀后,亦不放心巴蜀,将蜀主刘禅软禁中原,刘禅为保住自己的身家性命,被迫"乐不思蜀"。但不久在西晋八王之乱中李特即在巴蜀建立成汉政权,对抗中央政府,后李雄坚据巴郡,与晋军展开拉锯战,直至东晋桓温平蜀。

盛唐时代,李白有感于蜀地山高路险,难于控制,遂作《蜀道难》,为中央政府敲响隐忧的警钟。

北宋王小波、李顺作乱巴蜀,建立大蜀政权。北宋崇宁元年(1102 年)国子博士南平(巴地)僚人赵谂回乡省亲,被人告发谋反,伏诛。宋王朝恶其乡里渝州之名,改渝州为恭州,希望巴人忠诚恭敬于中央政府。

蒙古大军铁蹄驰骋中华,巴地钓鱼城顽强抵抗到宋王朝的最后时刻。

元末,明玉珍攻占重庆,建立大夏。明王朝建立后数年,朱元璋才遣大将汤和、傅友德平定重庆。

清军入关后数年,吴三桂才引兵进入巴蜀,最后平定西南。

辛亥革命,则首先由巴蜀之地的保路同志会发动。而民国政府建立多年,川渝地区的地方军阀势力仍然保持着相当强大的割据性和独立性。

中华人民共和国成立后,重庆、四川战局未平,一直到 1949 年年底,局势才得到控制。

"文化大革命"结束后,四川(包括重庆)率先发动农村改革,成为全国改革开放的先锋和楷模。

直辖前,重庆长期隶属四川,与其重工业和多人口的大城市地位极不相称。抗战时期,重庆是全国的政治中心,也是世界上与华盛顿、伦敦、莫斯科并列的反法西斯政治中心。新中国成立后,重庆亦曾是中央直辖市,但不久便被降为省辖市,1997 年重庆重新升格为中央直辖市,重庆市的政治地位有所上升。

随着西部大开发的升温,随着改革的步伐加快,随着中央政府给重庆地区的特殊政策和特殊政治待遇的逐步实施,重庆历史上形成的封闭性逐步改观。

第二节　开放和互融

经济本身不是文化,但是,它却是文化构成的重要基础,经济发展的特征足以说明文化的由来与特性。

在长江三峡 50 多处旧石器时代人类活动遗迹和遗址考古发掘表明,就石器制造技术而言,三峡旧石器汇集了我国华南、华北的特点,这是巴渝先民自古与南北文化交流的结果。在发掘与研究三峡新石器文化时,人们惊奇地发现,"大溪文化"竟是江汉平原、洞庭湖地区同时期的新石器文化流向三峡腹地的一个重要节点。巴渝三峡地区的早期新石器文化,主要受江汉平原和湘西山地的同类文化影响。到新石器晚期,重庆忠县哨棚嘴下层遗存,则与成都平原的宝墩文化有近似的风格。三峡新石器考古表明,巴渝三峡,一头担着江汉平原和洞庭湖平原,一头担着成都平原,在中国新石器文化的传递上起着十分重要的桥梁作用,成为北方文化、南方文化、东部文化、西部文化的交汇点和交流大通道。在历史的进程中,长江连接起下游的吴越文化、中游的荆楚文化、上游的巴蜀文化,而三峡正是沟通这些文化的要道。在这种沟通与连接中,巴渝文化与开放的姿态,融合外来文化,创造出自己独具特色的文化。

大山大水阻隔了重庆与外界的联系,在漫长的社会演进中,巴渝人开发长江水系,逢山开路,遇水架桥,突破地理的封闭,与外界交流和沟通。

古人云,"自三峡浮江而下,可济中国"。巴渝人在异常艰辛的情况下,开发和利用长江水系,形成了西通西蜀、东连荆楚、遥接吴越、北达中原的经济大通道。

历代王朝非常注重巴渝地区经济与中原各地的沟通。秦始皇第五次出巡时，"舟行最多，盖由巴东循江而下……"两汉时期，国家盐运主要靠三峡航道运出。汉武帝曾两次下诏，令巴蜀运粮顺三峡出川转运至江南。其他如巴蜀的铁、茶、布、竹、木、漆器、枸酱等，亦源源不断运往外地，同时，还运往南海，与外国商人交换珠宝、象牙、犀角等，其航线也多是顺长江出三峡，入湘水，经灵渠进入漓水，然后入珠江到达南粤国（今广东）。

唐宋时期，三峡航运成为转输川米、马钢、蜀麻、美盐的重要水路。宋时，从巴蜀运往都城汴梁的物质多走水路，首先经涪江、嘉陵江运出，到合州集中，然后运往渝州集结，再组织装船出三峡。明清时期，大量移民经三峡进入巴渝、四川，商业交往日渐繁荣。据乾隆年间王尔鉴《巴县志·课税》载："（重庆）三江总汇，水陆通衢，商贾云集，……或贩自剑南、川西、藏卫之地，或运之滇、黔、秦、楚、越、闽、豫间，水牵云转，万里贸迁"，同时，"吴、楚、闽、粤、湘、黔、秦、豫之贸迁来者，陆则受廛，水则结舫。"

鸦片战争后，重庆门户洞开，极大地刺激了新兴工业的发展。

1864年，法国探险队由滇入川，在叙府、重庆等地探测矿藏。1869年，英国驻汉口领事、英国商会联合会、上海英国商会先后向清政府提出开放长江上游和重庆口岸。1890年，中英《烟台条约续增专条》在北京签字，规定重庆对外开放。此年，重庆海关开放，标志重庆正式开埠。1895年中日《马关条约》后，日、英、法等国争相在重庆设立领事馆和商务代办处。1899年，英国军舰、商船闯入重庆，强制重庆进入自由经济市场。顿时，重庆公司蜂起：玻璃、煤矿、火柴、织布，令人眼花缭乱。到1901年，重庆已兴办起棉花、食盐、纸张、酒类、食糖、丝绸、书籍、纽扣、杂货等行帮工所12所。此后几年中，外国保险公司、中国实业公司纷纷建立，如著名的机械厂——铜元局、桐君阁中药厂、蜀眉丝厂、川江行轮有限公司等。到1911年底，重庆已有外商公司28家，经重庆关进口货值已达1 900余万海关两，出口货值1 000万海关两，外贸总值近3 000万海关两。

民国建立后，重庆工商业如春风梨花，迅速膨胀，如航运、制革、筑路、供水、电力、冶金、纺织、制药、水泥等，甚至涌现出了名震全国的民生实业股份有限公司、重庆电力股份有限公司等大企业。

抗战全面爆发后，大批企业，如钢铁、兵工、机械、电器、化工、纺织、食品等，内迁至重庆。它们主要来自上海、武汉、南京、杭州、无锡、香港、天津、郑州、石家庄、长沙、株洲等地，入川的245家企业中，90%以上留驻重庆。重庆一时跃升为全国之工业中心和经济中心。重庆作为战时首都和"陪都"，更是一次文化的全方位的开放。

中华人民共和国成立后,重庆作为我国西南地区对外交流的重要窗口,得到进一步开发和开放。国家投资发展西南经济,重庆成为西南工业的重镇,钢铁、电力、兵工、机械、化工、制药、制革、电器、造纸等工业昂首高歌,稳步前进。从 20 世纪 60—70 年代,大型重点企业纷纷内迁,为重庆经济注入了新的活力。开发西部的号角吹响后,重庆重新确立了自己在国家经济建设中的重要战略地位。

1992 年,国务院批准重庆为对外开放城市,同年,全国人大确定修建长江三峡水利枢纽工程,重庆迎来了最大的开放和发展机遇。重庆人以开放姿态接受和融合外来文化,同时,随着对外交往的增多,巴渝优秀的民族文化不断地通过各种渠道传到域外,在那里生根开花,并融入世界文化中。

悠悠岁月,斗转星移,巴渝文化始终呈现着一种开放性和互融性的勃勃生机,正如流过重庆的长江水,滚滚滔滔,上下汇通,百川派别,归海而合。

巴渝文化的抗争性和坚韧性

如前所述,古代巴人、巴族为了生存和发展,在异常艰苦、恶劣的自然环境和社会环境中挣扎、抗争。在漫长的历史岁月中,他们在困境中艰苦磨炼、百折不挠、绝处逢生,这就使他们开创的文化中具有了一种不可或缺的抗争性和坚韧性。

巴渝文化的抗争性和坚韧性集中体现在南宋后期巴渝军民抗击蒙古军队的进攻,抗日战争时期激励全民奋起抗敌的重庆进步文化和红岩精神。

第一节　古代巴文化

古代巴文化是在艰苦的抗争中逐渐形成和缓慢发展的。反抗、战斗、迁徙;再反抗、再战斗、再迁徙……这就是古代巴人的整个生活内容。

在这山岭连绵、峡谷险峻、河流汹涌的地域,在这酷暑、雨雾、毒气肆虐的恶劣气候中,巴人从来没有拥有如秦、齐、赵、楚那样辽阔的幅员,没有良田美池,没有丰饶的物产,没有富足的渔猎,没有发达的手工业和科技,也没有通畅的商衢。他们从来没有强大到足以保障自己生活的安全、安定,更无从像春秋战国时候的齐、晋、秦、楚等大国一样,在中原攻城略地,称雄称霸。在相当长的时期内,古代巴人被强大的邻国秦、楚等紧紧挤压在穷山恶水之地,在艰苦的自然环境和列国争霸中苦苦挣扎。巴人不但要与周围威胁自己安全的敌人作艰苦卓绝的斗争,同时也要与恶劣的自然环境作艰苦的斗争。他们居住在险峻的高山之巅,躲进深深的密林和寒冷的原始溶洞,逃避饥荒、野兽和敌人的追捕。即使到了民族危亡的最艰苦关头,面对巨大的牺牲,只要他们一息尚存,就决不放弃生存的机会,决不放弃改变艰苦处境的斗争。他们忍受着巨大的牺牲,磨炼着自己顽强的意志,从不低头,决不屈服,顶天立地,积蓄力量,伺机重振山河。

1258 年,蒙古大汗蒙哥率数十万大军大举南侵,取蜀道攻打四川,进兵重庆,

1259 年在嘉陵江边的钓鱼城遭遇到南宋军民的顽强抵抗。在此之前,从成吉思汗到窝阔台再到蒙哥,其率领的蒙古铁骑已扫荡了伏尔加河、多瑙河流域,包括俄罗斯、波兰、匈牙利等半个欧洲,与此同时,印度莫卧儿王朝、拜占庭、波斯帝国乃至整个穆斯林世界也俯首称臣。然而,合州知州王坚则坚守钓鱼城,用炮石击毙蒙军元帅汪德臣,蒙哥也在作战中负伤,死于合州城下。这个"上帝之鞭"的夭折,震惊了整个蒙古帝国。横扫欧亚,进逼北非的西征军统帅旭烈兀留下先锋怯的不花那颜,匆匆东归争夺帝位。而怯的不花那颜由于兵少将寡,在耶路撒冷附近的恩加鲁中了埃及"马穆鲁克"骑兵的埋伏,全军覆没。由此,欧洲历史才得以重新改写。小小的钓鱼城,竟然坚守了 36 年,不仅书写了气壮山河的"重庆保卫战",更改变了整个世界的历史格局,就此,西欧赢得了整整 300 年的宝贵时间,他们走出了中世纪的阴影,昂首迈向了文艺复兴和工业革命新时代。

抗争性和坚韧性成为古代巴文化的基本精神,其形成与巴渝特有的地理特征与悠远的历史息息相关。

巴渝地形总的特征就是巍峨险峻的高山和奔腾不息的大川。高大雄峻的大巴山脉横亘于东北,连绵的巫山扼守住东边大门,只有长江能冲撞而出。青郁险拔的七曜山、武陵山绵延东南。大娄山余脉逶迤南边,阻挡住进入贵州的道路。中部和西部丘陵起伏,有如大海连绵不断的波涛。其间,中梁山、云雾山呈条状隆起,有如腰间凸起的肋骨。

长江自西南向东北横切这片山地,綦江、嘉陵江、乌江、大宁河等支流携千万溪涧山泉,闯开重峦叠嶂,穿峡出谷,由南北涌汇,润泽丘峦山林。

雄伟险峻的高山断裂出惊世骇俗的大峡深谷、幽奇溶洞;纵横交错、蛛网密布的众多水流孕育出湖泊深潭、汩汩温泉;日照强烈、温暖湿润的气候催生出高山密林、古藤长萝。

巴渝之地属于南方,但是,其自然风貌得天独厚,世所罕见。它并非只有南方的柔媚、灵秀,更重要的是,它还有北方的雄浑、豪放、粗犷,雄伟高峻的山岭、峡谷,奔腾咆哮的河流,天崩地裂似的"天坑地缝",清澈明丽的山泉、飞瀑,古老神秘的原始森林,风光如画的湖泊,深邃幽奇的溶洞,或雄奇壮伟,或幽深秀丽,姿态万状,鬼斧神工。

就道路交通而言,那个地域有如此奇绝的招数,陆路、水路非同一般。巴渝之地的陆路多为青石板,蜿蜒在崇山峻岭,既不平坦,也不宽敞,不能行车,背兜、挑夫、滑竿成为一绝;巴渝之地的水路下水如风,朝辞白帝,暮到江陵,上水则必须依靠纤夫背上沉重的缆绳,弓着腰,赤着脚,踏着峋嶙的乱石艰难前行;空中则又有摇摇晃晃的栈道、索道……

此外,或冬夏,或高山峡谷,或白日与夜晚等变幻无常、气候反差极强,故有"巴山夜雨""火炉"和"雾都"之称,加之日照极少,又有"蜀犬吠日"之说。这特有的环境,孕育出了巴渝文化中特有的抗争性和坚韧性。

巴渝文化又是原始的、古朴的、顺应自然的。它发源极早,可以说是当今中华文化中发现的最早的文化,巫山人距今200余万年,是国内现今发现的最早的原始人类遗迹,改写了人类演化的理论和历史。大溪文化则是新石器时代的典型代表。

巴渝文化的原始性还体现在巴族巴人悠远的历史传说中。据《山海经·大荒海内经》记载:"西南有巴国,太暤(伏羲)生咸鸟,咸鸟生乘厘,乘厘生后照,后照是始为巴人。"可知巴族大约起源于伏羲氏的第四代子孙。《山海经·海内南经》载:"夏后启之臣曰孟涂,是司神于巴。人请讼于孟涂之所……"可知夏时,巴人仍居巫山。后来,龙蛇巴人、鱼鳖巴人迁徙流浪于洞庭、汉水一带,保留其原始图腾蛇、鱼。白虎巴人(图腾为虎)则由巫山东迁鄂西长阳县清江南岸武落钟离山。后西迁入川,先后至涪陵、江州。此后,巴渝文化中多少保留着原始文化的痕迹,如巴渝舞、巴渝歌之类。

如前所述,巴渝文化的地域特征是分散而非一统的。远古时期,在今巫山、合川、铜梁、大渡口马王场等地分别出现了旧石器文明。从商末周初到春秋战国,巴渝文化与荆楚、西蜀联系紧密,其文化遗迹散见川东一带。西接四川,东抵湖北,南连湘黔,北望汉中、陕西,地域广阔,人口众多,民族成分复杂(含汉、回、苗、土家等多个民族)。

长期以来,由于地域相隔,巴渝文化很少与中原、齐鲁、华东等中华正宗文化碰撞、对接、相融,仍保留着自身的原始风貌,顺应自然,融入自然,保留着山野之气、原始之气。

巴渝文化原始古朴,直率粗野,豪迈雄劲,在相当长的历史时期内,华夏正宗的中原文化始终未能将其"以文教而化之",有时,巴渝文化反而同化外来文化,例如大足石刻佛像,即明显不同于山西大同、洛阳龙门的佛教文化,也不同于大致同一时期的四川乐山、峨眉的佛教文化,世俗气息十分浓厚,而佛、儒、道相融则更为普遍。此外,汉民族与各少数民族的文化认同也令人肃然起敬。这或许是较少受到儒家正统思想和宋明理学思想禁锢的原因。事实上,鸦片战争后,巴渝文化也较少受到近代西方新思潮的冲击。

第二节 重庆抗战文化

一、重庆抗战文化形成的历史背景

卢沟桥事变之后,国民政府军事委员会委员长蒋介石于 1937 年 7 月 17 日在庐山发表抗战宣言,号召国人坚持抗战:"如果战端一开,就地无分南北,人无分老幼,无论何人,皆有守土抵抗之责任,皆应抱有牺牲一切之决心……最后关头一刻,我们只有牺牲到底,抗战到底。"8 月 14 日,国民政府发表《抗战自卫声明书》,表示:"中国之领土主权已横受日本之侵略","中国决不放弃领土之任何部分……遇有侵略,惟有实行天赋之自卫权利以应之"。

敌强我弱,北平、天津、上海、南京、武汉、广州或失陷或岌岌可危。1937 年 11 月 20 日,国民政府发表《国民政府移驻重庆宣言》,指出:"为国家生命计,为民族人格计,为国际正义与世界和平计,皆已无屈服之余地,凡有血气,无不具宁为玉碎不为瓦全之决心,国民政府兹为适应战况,统筹全局,长期抗战起见,本日移驻重庆。此后,将以最大之规模,从事更持久之战斗。以中华人民之众,土地之广,人人抱必死之决心,以其热血与土地凝结为一,……任何暴力不能使之分离;外得国际之同情,内有民众之团结继续抗战,必能达到维护国家民族生存独立之目的。"

于是,国民政府主席林森带着国民政府的印章、旗幡,以及文武官员,迁都重庆,各国驻华使馆也陆续撤离南京,纷纷沿长江迁往重庆,重庆遂取代南京成为中国的战时首都(陪都)。

同时,中国的工商界、文化界、教育界,以及大批难民也纷纷涌往重庆,这是中华历史上一次规模空前的民族大迁徙,是一次"敦刻尔克"式的成功的战略大撤退,似乎在重演古代巴人的民族大迁徙。

由此,重庆遂成为中国的政治、军事、经济、文化和外交的中心。

太平洋战争爆发后,国际反法西斯联盟(同盟国)将太平洋战场中国战区统帅部设在重庆,由中国国民政府军事委员会委员长蒋介石和美国陆军上将史迪威将军负责指挥中国、越南、泰国、缅甸、马来西亚地区盟军作战,重庆遂成为远东反法西斯战场的统帅部。同时,与中国保持友好合作关系的世界各国也将其大使馆移驻重庆,重庆遂成为与美国首都华盛顿、英国首都伦敦、苏联首都莫斯科并列的世界反法西斯中心。

在此后的 8 年中,重庆一改封闭、古老、落后的面目,飞速跨入了现代。重庆经历了抗战的洗礼,古朴、自然、粗野的巴渝文化,又灌注了新的内容、新的活力。

日本投降后,国民政府复都南京,但抗战文化一直伸延到 1949 年才告一段落,其精神长久地驻留在古老的巴渝文化之中,成为巴渝文化不可分割的一部分。

二、战时首都时期的文化、艺术、教育、宗教、出版

(一)文化活动

中国是世界四大文明古国之一,中华民族有着灿烂悠久的历史文化。在汉语中,文化意指"文治教化"。著名历史学家钱穆先生指出,"如舜之大孝,而此下遂有百孝图;如孔子之至圣,而此下遂有儒林传道传学。此始是中国人所谓之文化。自修身齐家而治国平天下,此亦中国人所谓之文化"。

中国幅员辽阔,人口众多,历史悠久,中华民族历经五千年而长盛不衰,欣欣向荣,靠的就是这独特的民族文化。它是中华民族坚强的凝聚力,是中华民族世代承传的精神圣火,是中华民族坚不可摧的民族精神!这种民族精神,就是一股充塞天地、至大至刚、配义与道的浩然之气!简言之,是一股撼天地、泣鬼神的慷慨正气、英雄豪气,是拔山盖世的民族气节。

抗战中,中华民族表现出高度的民族气节、民族精神。它充分地体现在抗战文化之中。

1938 年 8 月,在武汉成立的中华全国文艺界抗敌协会迁来重庆,同时,大批文化机构、文化团体亦陆续迁来重庆,重庆亦成立了不少新的抗敌救国文化机构和组织。

1940 年 11 月,国民政府军事委员会政治部文化工作委员会(简称文工会)在重庆成立,郭沫若为主任。文工会包容了比政治部第三厅更广泛的文化各界代表人物:著名的哲学家、历史学家、社会学家、文学家、电影艺术家、美术家、音乐家、教育家、经济学家、自然科学家……

1941 年 2 月,国民党中央宣传部文化运动委员会(文运会)在重庆成立,文化界著名人士 242 人被聘为委员,委员会内设社会科学组、自然科学组、文艺组、戏剧组、电影组、美术组、新闻组、出版组。此后,西康、青海、甘肃、陕西、福建、江西等地亦建立了地方性文化运动委员会。

此一时也,众多的文化机构与文化团体云集重庆:除了上述文化团体,还有中苏文化协会、东方文化协会、中法比瑞文化协会、中国青年新闻记者协会、中华全国

戏剧界抗敌协会、中华全国文艺界抗敌协会、中华全国电影界抗敌协会、中华全国音乐界抗敌协会、中华全国美术界抗敌协会、中华全国木刻界抗敌协会、中华全国漫画界抗敌协会等。由此,重庆遂成为全国抗战文化中心,展开了丰富多彩的抗战文化宣传活动。

重庆文化界亦积极开展抗战文化对外活动:与英、美、苏等文化界进行信函交往,翻译大量世界反法西斯作品,编译《中国抗战小说选》《中国抗战诗选》《中国抗战文艺选集》等作品,在美、英、匈等国出版发行。

郭沫若领导的政治部"第三厅"十分活跃,他们在重庆举办了一系列抗战文化宣传活动,展开戏剧、电影、美术、音乐等文艺活动。"孩子团"是"第三厅"中最活跃的一支抗战宣传队伍。该团于1937年9月成立于硝烟弥漫的上海,全团22人,他们冒着敌人的炮火,辗转武汉,来到重庆。他们演出的节目主要有:国歌、水兵舞、儿童舞、快板,以及《不愿做奴隶的孩子》《捉汉奸》《帮助咱们的游击队》等。

1942年2月7日,文运会联合重庆36个文化团体在重庆广播大厦举办"国家总动员文化界宣传周"。宣传周举办了诗歌朗诵会、文艺作品展览、美术展览、露天音乐会、戏剧、电影演出、文艺、新闻、出版研讨会等活动。11—12月,文运会在重庆文艺界发动规模空前的劳军运动,通过文艺演出为前线将士募捐。此外,文运会还组织文化界联谊会,创办抗战刊物、奖励文艺创作。

(二)新闻、出版

重庆是一个内陆城市,长期以来,文化闭塞,教育落后。"五四"时期,始有《新蜀报》《南鸿》、"新文化社"等新文化报刊、书社出现。

1936年11月,《新蜀报》发起援助绥远守土将士募捐活动,呼吁"重庆各界同胞本'天下兴亡,匹夫有责'之义倾囊……幸勿以绥远远在数千里外而漠然视之也"。

1937年5月,由重庆《人力》周刊社、《春云》杂志社、墨画社、《商务日报》副刊编辑部和《新蜀报》副刊编辑部等发起组建了"重庆文化界救国联合会",后更名为"重庆文化界救亡协会"。该会宣称:"我们愿尽我们所有的力量,与一切为民族自由解放而战的友人们携手,我们能为我们全体国民所要求的自由解放的中国奋斗!"

1938年10月武汉失守后,作为国民党政治中枢的"陪都"重庆成为国统区报刊出版中心。原在沿海城市出版的大批报刊相继向内地迁移,主要有:南京《新民报》、上海《时事新报》、武汉《扫荡报》《自由西报》《中央日报》《新华日报》、天津

《大公报》《益世报》等十余家,新创办的报纸主要有《星渝日报》《西南日报》《国语千字报》等四五十家,以及抗战前重庆的《新蜀报》《国民公报》《崇实报》《大江日报》等,计约70余家。

重庆的刊物更是品种齐全、五彩纷呈,如《中央周刊》《血路》《民族战士》《妇女新运》《战时文化》《全民抗战》《抗战文艺》《戏剧时代》《新音乐》《群众》等,计约900种以上。世界各大报如英国的《泰晤士报》、美国的《纽约时报》、法国的《巴黎日报》、苏联的《消息报》等,亦在重庆设立记者站。

在出版方面,重庆当时成为全国最大的出版发行中心。全国闻名的7大书局,如商务印书馆、中华书局、正中书局、大东书局、开明书店、世界书局、文通书局相继迁入重庆。1943年,国民政府教育部指定上述7家大书局在重庆成立国定本中小学教科书7家联合供应处(简称七联处)。

此外,以中共为背景的生活书局、读书出版社、新知书店、《新华日报》营业部图书课、重庆出版业联合总处和以国民党领导、支持的中国文化服务社、独立出版社、三民主义青年团书店、军用图书社、青年出版社、拔提书店,以及社会名流、学者创办的出版社,如群益出版社、作家书屋、良友图书公司、上海杂志公司等,共计50余家。事实上,经政府注册的发行机构有400余家,未登记注册的有600多家,印刷厂亦有460多家。

(三)哲学、宗教

抗战时期,哲学界、宗教界也走出了象牙之塔,为中华民族的神圣抗战鞠躬尽瘁。致力于新儒家学说创建者之一的冯友兰表示:"从表面看,我们好像不顾国难,躲入了'象牙之塔',其实我们都是怀着满腔悲愤,无处发泄,那个悲愤是我们那样的动力。"熊十力则表示:"今外侮日迫,吾族类益危,吾人必须激发民族思想。念兹在兹。"他在勉仁书院、勉仁专科学校讲台上,大讲汉、满、蒙、回、藏五族同源,呼号各民族团结抗战。

致力于佛学研究的梁漱溟为抗战奔走东西,劳顿南北,足迹遍布大半个中国。在重庆,他先后创办了勉仁中学、勉仁书院、勉仁专科学校(勉仁文学院),发起组织"统一建国同志会",积极投身抗日救亡运动。

战时,重庆有宗教团体27个,包括佛教、道教、伊斯兰教、天主教、基督教等。他们也走出寺院、教堂,参加如火如荼的抗日救亡运动。

宗教界人士积极开展募捐、慰劳、救济工作。在缙云山上缙云寺中深居简出的太虚法师,提出具有时代意义的口号:"武力防御,文化进攻",力倡"人间佛教"。

1940 年 3 月,重庆成立慈云寺僧侣救护队,队员 70 人,以救护遭日机轰炸的难民为己任,他们出入南岸、江北、市区,身穿草绿色圆领服装,佩戴臂章符号,出入于废墟火海之中,新闻界以"救生救死""僧侣英勇""和尚同志"赞誉之。10 余名僧侣还步入红尘,参加青年远征军,勇赴缅甸前线。

重庆道教会组织空袭服务队,进行救护、施医、施药,还创办国术馆,教习武艺。

1941 年,中国回教救国协会发动"一元抗敌献机"运动,还为前线将士募集寒衣。

面对日机的狂轰滥炸,宗教界举行了祈祷和超度亡魂活动。1941 年阴历七月十五日,重庆道教会在关帝庙演武厅举办"盂兰胜会",施放焰火,超度阵亡将士亡灵。

1942 年 12 月,国民党朝野人士戴传贤、于右任、张继、何健、许世英、朱庆澜等42 人发起规模盛大的祈祷活动,分别在南岸慈云寺和九龙坡华岩寺举办护国息灾法会,历时 49 天,并专程从广东请来禅宗大德虚云大师主持,由方丈定九法师诵读"护国息灾大悲法会祈祷文"。法会期间,蒋介石委员长亲临法场,参加祈祷。

1944 年 12 月,重庆宗教界发起成立"陪都天主教、基督教慰劳救济动员委员会",征募大量实物运往前线,并在后方展开救济、服务工作。

宗教界还利用宗教无国界的特点,走出国门,宣传中国抗战。1939 年 10 月,国民政府授意中国佛教协会会长太虚法师组织"中国佛教国际访问团",太虚法师率队前往印度、马来亚、越南、锡兰、暹罗、缅甸等佛教邻国访问,揭露日本帝国主义在中国的野蛮暴行。

1940 年 11 月,中国佛教国际步行宣传队高举"苦行救世""愤怒金刚"锦旗,由陪都重庆出发,经贵阳、昆明,抵达缅甸首都仰光,宣传中国抗战。

1938 年 10 月,基督教负伤将士服务协会成立,他们组织卫生、娱乐、慰劳、交通组担架队共 600 余人,奔赴枣阳、襄阳、沙市、荆门、宜昌前线,抢救伤员。重庆基督教男女青年会成立了"贫儿福利社",解决难童的食宿和教育。天主教友爱会则携带现款分赴重庆市各医院,救助遭日机轰炸受伤的同胞。

(四)艺术

1.戏剧

戏剧是陪都文化中最具特色的艺术形式,戏剧是抗战文化中的主角和先锋,尤其是话剧,贴近生活,深为大众喜爱。抗战初期,上海、武汉抗战戏剧活动轰轰烈烈,当时,两地出版的抗战剧本即达 200 多种,形式短小活泼。抗日救亡,惩处汉奸,反对投降妥协是压倒一切的主题。

1938 年 6 月,中华全国戏剧界抗敌协会重庆分会成立,重庆越剧团、青年剧社、怒吼剧社、中央大剧院、重庆剧团、国民剧院、新生票社、第五师抗敌剧社、大华戏院、洪盛评剧团、升平鼓书、国立戏剧学校等踊跃加盟,以壮声威。

重庆国泰大剧院,位于市中心邹容路。抗战期间,这个默默无闻的剧院顿时成为全国戏剧活动的中心。

1937 年 9 月,流亡来重庆的北平、天津部分戏剧工作者,重庆本地的电力公司、华西公司、成渝铁路局,以及民众歌咏队的部分戏剧爱好者等,共同发起成立了重庆第一家抗战戏剧团体——怒吼剧社。10 月 15 日,由上海华联、明星、艺华、新华四大影片公司组成的上海影人剧团抵达重庆,在国泰大戏院举行大型公演,演出了第一部抗战剧《保卫卢沟桥》。这出激动人心的话剧,受到山城人民的热烈欢迎。《新蜀报》以套红大字为之宣传,称为"民族解放的呐喊"。

这时,一批名闻全国的电影、话剧编剧、导演、演员流亡四川,聚会重庆,他们包括:应云卫、张骏祥、史东山、谢流、马彦祥、沈西岑、赵丹、白杨、秦怡、张瑞芳、舒秀文、胡蝶、魏鹤龄、施超等。他们多以国泰大剧院、抗建堂、银社、青年馆等处为基地,排练节目,正式演出,先后演出了《沈阳之战》《流民三千万》《放下你的鞭子》等抗战戏剧。1938 年 1 月,上海业余剧人协会抵达重庆,在国泰公演抗战话剧《民族万岁》《塞上风云》《故乡》《夜光杯》《自由魂》等,群情激昂,万众欢腾。

此后,陪都重庆的戏剧演出如海潮汹涌,空前高涨。1938 年 10 月 10 日,是辛亥革命的纪念日,"全国戏剧界抗敌协会"在重庆举行了首届戏剧界庆祝大会和戏剧演出活动。当天,500 余名文化界、戏剧界人士参加了在重庆又新歌舞厅举行的戏剧界庆祝大会。戏剧演出活动规模盛大,分歌剧联合公演和话剧联合公演两部分。参加歌剧联合公演的单位有越剧团、川剧团、京剧厉家班、青年剧社、新生剧社、第五师抗敌剧团、洪盛评剧团、文化歌舞剧团、又新新川剧班、南渝中学生演剧团、怒吼剧社、七七剧团等。演出的戏剧多为抗战题材,如《我们的国旗》《重振战袍》《女英锄奸》《抗战进行曲》《死里求生》《争取最后的胜利》《抗战救国》等。参加话剧联合公演的有:国立戏剧专科学校、中央电影摄影场、中国制片厂、怒潮剧社、上海业余剧人协会等 200 余人,仅第一天在街头公演就出动了 25 个演剧队,观众达 10 万人。

1939 年元旦,戏剧界为纪念"剧协"成立一周年,声讨逃往河内的汪精卫,举行了 2 800 余人参加的火炬游行演出活动,演出了"抗战进行曲":《自由魂》《民族公敌》《群魔乱舞》《怒吼吧！中国》《为自由和平而战》《全民总动员》《最后的胜利》等。

1942年4—6月，郭沫若5幕历史剧《屈原》由中华剧艺社在国泰大剧院公演，由著名演员金山、白杨、张立德、苏绘、卢业高、顾而已、张瑞芳、孙坚白、施超、丁然等组成强大阵容，盛况空前，场场爆满。他们不仅是剧坛璀璨的明星，更是对敌冲锋陷阵的猛士。

抗战期间，在重庆公演的多幕剧达170余出，加上独幕剧则高达240余出。充满战斗激情的演出为抗日救亡运动作出了重大贡献。

最使人难以忘怀的是规模空前的"雾季演出"。重庆地处长江、嘉陵江交汇处，四面群山环绕，每年10月（初冬）到次年春末，整个市区白雾茫茫，故称为雾季。雾季期间，日机轰炸大大减少，故人们借此机会举行戏剧公演。从1941年10月—1944年6月，"文工会"团结所有在渝的戏剧工作者，连续3年开展了享誉中外的"雾季大公演"。

1941年10月—1942年5月为第一届雾季戏剧公演，参加演出的剧种有话剧、川剧、越剧、评剧及民间曲艺，参加演出的戏剧团体计有中华剧艺社、中国万岁剧团、中央青年剧社、孩子剧团、中央广播电台、中电剧团、中国实验歌剧团、中宣部实验剧院、中国艺术剧社、怒吼剧社、育才学校戏剧组、朝阳大学剧社、国立剧专校友剧团、中国银行业余剧团、越剧剧团、川剧剧团等，演出大型话剧29部，如《天国春秋》《大地回春》《棠棣之花》《屈原》等，此外，还演出多部歌剧。此后的两次雾季戏剧公演，亦盛况空前，共演出大型话剧40余部。

三次雾季戏剧公演，在中外近现代戏剧史上堪称壮举，意义重大，对重庆抗战戏剧乃至整个文艺界、文化界是一次大检阅、大动员，极大地推动了抗战文化的发展，极大地鼓舞了中国人民英勇抗战的决心和勇气。

2.音乐

与此同时，文工会还组织了抗战音乐演出，为雾季戏剧演出擂鼓助威。1937年9月18日，重庆市救亡歌咏协会为纪念"九一八"事变六周年，在重庆开展了规模空前的游行演唱。当天，800多名歌手排着整齐的队伍，从重庆青年会出发，高举着抗日救亡横幅，抬着血迹斑斑的巨型中国地图，佩戴着黑色袖章，高唱着救亡歌曲。很快，队伍便增加至3 000余人。游行队伍和数千名群众齐声合唱，歌声直冲九霄，撼天动地。

1938年"七七"事变周年纪念日，重庆民众歌咏会、中华歌咏会、青年歌咏社与青年剧社、怒吼剧社等 14 个团体联合举行火炬游行,高唱《大刀进行曲》《祖国进行曲》,高呼救亡口号,雄壮洪亮的歌声与震天动地的口号声交织在一起,动人心魄。

1942 年 12 月,教育部音乐管理委员会倡议举办音乐月活动。该活动声势浩大,参加演出的团体有中华交响乐团、大同乐会、中央训练团音乐干部训练班、政治部抗敌歌咏队、军政部军乐演奏团、国立音乐学院实验管弦乐团、重庆曲社、中央广播电台国乐组等,他们先后举行了管弦演奏会、国乐演奏会、独唱音乐会、歌咏大会。著名音乐家马思聪、郑志声等参与演出并指挥演奏。

3.诗歌、小说

抗战诗歌活动也激情高昂。1941 年初,"文协"诗歌组倡议以爱国诗人屈原的忌日作为诗人节,"文协"在《诗人节缘起》中指出:"我们决定诗人节,是要效法屈原的精神,是要使诗歌成为民族的呼声……是要向世界高举起独立自由的诗艺术的旗帜。诅咒侵略,讴歌创造,赞扬真理。"

5 月 30 日,即阴历五月初五,重庆文化界人士借中法比瑞同学会举行首届诗人节庆祝会,大会主席于右任致辞道:诗人乃民族之灵魂。郭沫若亦指出:屈原投江实在由于不甘忍受楚国之沉沦,并非一般人所指的牢骚而自杀,屈原是一位具有民族气节的诗人,他是以崇高的殉国精神而从容就义的。

抗战时期重庆小说以抗日救亡为主要题材,但也很注重对现实阴暗面的暴露与讽刺。茅盾、巴金、老舍的小说是重庆抗战小说创作领域中的三座高峰。他们在重庆抗战文坛上问世的小说,为重庆文坛在整个中国抗战文坛和世界反法西斯文坛上赢得了声誉。茅盾创作了《第一阶段的故事》《霜叶红似二月花》《腐蚀》《走上岗位》等长篇小说。写于 1941 年"皖南事变"后的《腐蚀》是继《子夜》之后的又一部剖析社会性质的力作,这部小说虽然不是在重庆写成的,却全然是重庆社会生活的反映。

巴金创作了短篇小说《还魂草》、中篇小说《寒夜》《第四病室》和长篇小说《火》等。其中,抗战的特殊背景和巴金在重庆的生存状态造就了《寒夜》。

老舍创作了短篇小说集《火车集》《贫血集》和长篇小说《火葬》,以及《四世同堂》的一部分。《四世同堂》再现了沦陷 8 年之久的北平人由惶惑、偷生到反抗、斗争的人生三部曲。这部小说以它丰富的思想容量、强烈的时代色彩、巨大的美学价值成为重庆文坛和整个中国抗战文坛上的史诗性的作品。

4.电影

电影是一种大众化艺术,抗战期间,重庆成为中国电影的摄制中心。中国电影制片厂、中央电影摄影场为抗战电影作出了卓越的贡献。

中国电影制片厂1935年创建于上海,抗战爆发后,它改由当时的国民政府军委会政治部第三厅领导。1938年9月迁来重庆,厂址设于市区七星岗。中国电影制片厂是战时中国最大的电影制作基地,人才济济,力量雄厚,著名编导有史东山、应云卫、司徒慧敏、陈鲤庭、孙瑜等10余人,演员有舒绣文、魏鹤龄、陶金等500余人。中国电影制片厂还在中国香港开设大地影业公司,以利于对外交流。抗战期间,中国电影制片厂拍摄了17部故事片,12部新闻纪录片。

中央电影摄影场1934年成立于南京,全面抗战爆发后,它由南京经武汉而来重庆,隶属国民党中宣部,拥有演职员100余人,著名演员赵丹、金焰、白杨等先后加盟,拍摄出23部抗战新闻纪录片、3部故事片。

1938年底—1939年初,重庆放映了31部抗战题材的电影,其中著名的故事片有《中华儿女》《好丈夫》《保卫我们的土地》《华北是我们的》《孤城喋血》等。高昂的爱国激情使大后方的军民激动不已。

1940年是重庆电影的鼎盛之年。春天,中华全国电影界抗敌协会举行了第二届年会,来自成都、上海、香港等地的电影人与重庆影界人士600余人出席,会上,通过了声讨汪逆和通电慰问前方将士等提案,一大批优秀抗战电影脱颖而出,引起社会轰动。如《东亚之光》《胜利进行曲》《塞上风云》《火的洗礼》《长空万里》《民族万岁》《白云故乡》等。

太平洋战争爆发后,电影所需物质,如胶片、药料、机件非常紧张,加上日机狂轰滥炸,一寸胶片一寸血,一寸胶片就是一粒子弹。电影工作者们始终坚持把电影创作与动员鼓励群众参加抗战这一伟大的历史任务联系起来,克服重重困难,进行了艰苦的斗争,可谓"在泥泞中作战,在荆棘中潜行",为抗战胜利作出了重要贡献。即使在最艰苦的岁月,电影界依然拍出了不少优秀爱国主义影片:《中国青年》《气壮山河》《中国万岁》《三勇士》等。

电影工作者们明白,电影已不是一种奢侈品,而是一种民众读本,电影工作者应站在十字街头,电影的观众已不再是象牙之塔里的艺术精鉴家,也不是少数特殊阶级的人们,而是广大的民众。电影的现实任务是:给人民以爱国主义教育,给将士以精神上的鼓励,争取友邦的同情与援助。电影工作者们呼喊着"电影下乡,电影入伍,电影出国"的雄壮口号,深入民间,走向前线。国民政府军委会政治部的

"电影放映总队"与"中央电影摄影场"附设的"中电流动放映队"几乎走遍了前线各战区与后方城镇,所到之处,轰动遐迩。仅 1940 年 1—6 月,"电影放映总队"的各支分队足迹遍及陕北、绥远、甘肃、西昌、西康,以及湘、粤、桂、赣、鄂、苏、皖、浙、豫各省战地,有时,放映队距敌人仅三五里,隆隆炮声,隐约可辨。

抗战初期,苏、美、英等国电影工作者、记者、作家纷纷来华,冒着生命危险,深入前线和后方,拍摄出不少反映中国军民抗战且具有历史价值的纪录片。一批外国反法西斯电影亦输入中国。1938 年、1939 年,重庆等城市放映苏联电影每年高达 1 000 场以上,观众近百万人次。由卓别林主演的美国电影《大独裁者》和苏联反法西斯大型纪录片《忠勇巾帼》等在重庆更是座无虚席,场场爆满。同时,中国的战时电影亦通过各种渠道走出国门,宣传中国抗战,如《长沙三次大捷》《重庆一日》等。

民众对抗战电影充满热忱。重庆国泰、一园电影院的老板夏云瑚,慷慨支持、赞助影剧界进行抗战救亡演出。他还专门提供了自己在南岸瓦厂湾的一块土地,作为影剧界人士的永久栖息地——影剧人公墓。《十字街头》的导演沈西警,以及施超、江村、司马英才、顾而已之妻杜小鹃等人就安葬在那里。

5.美术

当时,抗战美术也风起云涌。1939 年,中华全国美术界抗敌协会、中华全国漫画界抗敌协会、中华全国木刻界抗敌协会陆续迁来重庆,与中苏文化协会、育才学校美术组、励志社、国民政府军事委员会政治部、国民党中央社会部等携手合作,在重庆掀起了声势浩大的抗日救亡美术宣传活动。

1939 年 10 月,军委会政治部举办了抗战宣传画展。《新华日报》盛赞道,展出作品中有"无辜者的血,母亲的泪,仇恨的叫嚣,互相的帮助,互相拥抱,有毁灭和新生、死寂和腾欢,绝望和胜利"。

1940 年初夏,美协同中国文艺社、中法比瑞同学会等团体共同举办了规模宏大的劳军美展,共展出美术作品 1 000 余件,展出期间,国民党军事委员会委员长蒋介石亲临观赏,主办团体将卖画所收入的 9 000 余元捐赠前方将士。

一些中外协会、团体也积极投身组织画展。1940 年 12 月,中苏文协举行美术公展,画面上"有血,有屈辱,有搏斗,有敌人必然的死,也有我们必然的胜利"。1943 年 3 月,中英文协在重庆两路口举办"香港受难画展",展出了香港美术家的作品,反映了日军在香港犯下的滔天罪行,激起市民强烈的愤怒。

学生、儿童画展也蓬勃展开,影响深远。1942 年 1 月,育才学校美术组在中苏文协举行大型画展,展出了木刻、水粉画、油画、钢笔画、铅笔画等作品 1 000 余件。冯玉祥到场祝贺,题诗道:"小小艺术家,成绩真可夸。各拿刀和笔,绘画抗战画……要以自由血,开出和平花。但凭正义感,描写真理话……"

一些政府部门也竞相举行画展,广泛深入地开展美术宣传活动。教育部长陈立夫在一次儿童画展上题词道:"于美术之陶冶以外,兼重抗敌意识之灌输",使儿童产生"深切之民族意识,而能尽其生命之全力,以光大吾民族国家之文化,保卫吾民族国家之领土,藉以血吾国耻,解吾国难"。第六战区司令陈诚亦在《新华日报》上题词:"永远牢记着日本鬼子屠杀中国儿童、掳掠中国儿童的惨史,为我们被难的小朋友雪耻复仇,是我们世世代代的责任。"

木刻协会尤其活跃。重庆木刻协会于 1937 年成立,后加入中华全国木刻界抗敌协会。木刻是中国固有的艺术,而中国也正是木刻的祖国。从 1939 年起,"木协"每年都在重庆举行全国抗战木刻展览,每次展出作品数百件,观众踊跃。1942年、1944 年,中国木刻协会还主办了全国木刻展览,全国各大城市亦相继举行了大大小小的木刻展览。

中华全国漫画界抗敌协会也积极开展抗战宣传活动。1939 年 3 月,军委会政治部漫画队在重庆中央公园球场举办漫画展览。12 月,一批漫画家专程由桂林前往重庆,举办连环漫画展,其作品沿小龙坎、山洞、歌乐山、沙坪坝、磁器口、北碚次第排开,声势浩大,影响深远。

中国抗战美术还走出国门,相继在莫斯科、爱丁堡、加尔各答、孟买、新德里等城市展出,苏联反法西斯美术作品亦在重庆多次展出。

艺术家们还义卖作品,募捐抗日经费,支持抗战。徐悲鸿、刘海粟、张善子、张大千、晏济元等,均在国内外举办个人画展,为民族抗战募捐。

著名画家徐悲鸿应印度诗人泰戈尔之邀,携带自己的作品赴印度和其他国家展出,将所得的 10 万元全部捐出,支持抗日救亡。著名画家张大千的哥哥张善子更是专以中国历史上的爱国英雄为题材,连续创作出《弦高犒师》《苏武牧羊》《精忠报国》《文天祥像》等爱国主义作品,在各地举办"正气歌人物巡回展览",美国总统罗斯福与夫人邀请他远渡重洋,去白宫做客。张善子将自己在日机狂轰滥炸中创作的巨幅作品《怒吼吧!中国》赠送给罗斯福总统与国务卿赫尔利。该画长两丈,宽一丈二尺。画面中 28 只猛虎奔逐落日,气势迫人,象征中国 28 个省区人民奋勇抗战,日本必将日落西山。画面右上角题辞道:"雄大王风,一致怒吼,战撼河山,势吞小丑。"

张善子的另一幅《飞虎图》,则赠送给著名的美国飞虎将军陈纳德。张善子在欧美两年,先后举办了 100 余次画展,募得捐款 100 万元,悉数献给祖国,支持抗战。张善子表示:"多卖出一幅画,就多一颗射向敌人的子弹,多一份支持国家抗战的力量。"1940 年底,张善子积劳成疾,病逝于重庆。

6.教育

抗战全面爆发后,中国教育机构大规模西迁,内迁高校有 100 余所,重庆则汇集了近 30 所,与成都一起成为抗战时中国文化教育中心,其中成都的华西坝、重庆的沙坪坝、江津的白沙坝、北碚的夏坝,名噪一时,被誉为"文化四坝"。

例如,复旦大学迁来北碚夏坝,中国西部科学院、中国电影学校、相辉学院等亦来此立足。著名平民教育家晏阳初在歇马场创建了中国乡建学院,梁漱溟在北碚松林坡创办勉仁文学院,陶行知在北温泉筹建育才学校。一时间,群贤毕至,精英云集:熊十力、林语堂、老舍、梁实秋、端木蕻良、萧红、赵清阁、胡风、郭沫若、茅盾、翦伯赞、丰子恺、贺绿汀、姚雪垠、冯玉祥、黄炎培、冰心、田汉、艾青、陈望道、周谷城、吴宓等,或来此讲学,或来此交流,来此居住写作。中国现代文学史上的一批优秀著作即在此问世。

三、重庆抗战文化精神

重庆抗战文化既是巴渝文化的重要组成部分,亦是全民族文化的重要组成部分。它是巴渝文化和中华民族文化在特定历史时期的新的发展。它为传统的巴渝文化注入了新的活力和新的生命。

(一)重庆抗战文化具有坚忍不屈、不怕牺牲的战斗精神

抗战期间,中华大片国土沦陷,经济上遭受重创,军事上丧师失地,文化教育机构遭严重摧毁。日军封锁了国民政府几乎所有的出口,重庆地区形如孤岛。不仅如此,从 1938 年 2 月—1943 年 8 月,日机对重庆进行了野蛮的大轰炸,妄图摧毁中华民族的抗战意志,胁迫国民政府和中国人民放弃抵抗,俯首投降。在长达 5 年半的战略轰炸中,日军凭借其空中优势,先后采用"高密度轰炸""疲劳轰炸""月光轰炸""无限制轰炸"等战术,制造了震惊中外的"五三""五四"大惨案、"八一九"大轰炸,以及"较场口大隧道惨案"。据不完全统计,在这 5 年之中,日机对重庆出动飞机 9 513 架次,轰炸 218 次,投弹 21 593 枚,炸死炸伤重庆市民 26 000 多人,炸毁房屋 17 608 余幢,重庆大轰炸历时之长,范围之广,所造成的灾难之深重,在第二次世界大战期间和人类战争史上都是罕见的。

但是,重庆人民并未在险恶的环境下屈服,他们像自己的巴族祖先一样,坚忍不屈,顽强抗战,在废墟中一次又一次奇迹般地站立起来,赢得了全国人民的赞扬和世界各国人民的尊重。

抗战期间,中华文化人也为民族作出了巨大的贡献和重大的牺牲。他们漂流星散,颠沛流离,在贫困线上挣扎,与物质匮乏、疾病以及日寇进行英勇卓绝的斗争,用自己的汗水、鲜血、生命、灵魂一丝不苟地完成历史赋予自身的光荣使命,为中华抗战文化、教育史谱写了永不磨灭的一章。

(二)重庆抗战文化具有开放和包容的精神

战前,重庆并不受中央政府的重视,其经济、文化也远远落后于东部地区,但当民族危亡到来之时,重庆以自己贫弱的经济,支撑着抗战大业,承担着民族解放的重任。

重庆人没有排外,没有自卑,他们敞开自己宽广的胸怀,完全彻底地奉献出自己的资源、体力和智能,将自己的文化与整个华夏文化融为一体。重庆有史以来第一次完全融入了整个中华民族,成为抗战的坚强堡垒。

不仅如此,重庆还向全世界所有反法西斯的国家、朋友开放,数十个国家的大使馆聚集重庆,数不清的国际政治、经济、军事、文化人士带来了他们的物质、思想和生活方式,将各种不同的文化融入了巴渝文化之中,使抗战文化更显出它的丰富性。

(三)重庆抗战文化具有团结友爱、乐观向上的进取精神

抗战期间,全国各地各界人士纷纷疏散和迁徙到重庆来,与本土居民和睦相处。他们不分地域,不分贫富,不分党派,不分职业,为着一个目的:坚持抗战,打败日本鬼子。

同时,重庆也敞开胸怀,欢迎来自各大洲的国际人士,不管他们是曾经欺负过中国的美国人、英国人,也不管他们是来自共产党国家的苏联人,或是曾遭受中国统治者歧视的印度人、越南人、韩国人。大家为着一个共同的目标:打败法西斯,建设和平、自由、进步的国际新秩序。

(四)重庆抗战文化具有大众化、国际化的精神

重庆抗战文化是群众性的、平民的、大众化的文化。天下兴亡,匹夫有责。面对艰苦的环境,巨大的压力,重庆人民以主人公的姿态,投身于抗敌救国的时代大

洪流之中。大家齐心协力、互相救助、群情激奋、共谴敌酋。无论是在抗敌大游行中，还是在生产劳动中；无论是在艺术宣传活动中，还是在大轰炸的惨痛岁月中，全体人民不分贵贱、不分贫富、不分信仰、不分职业、不分老少、有钱出钱、有力出力、全体动员、积极参与，表现出空前的热情和活力。

同时，国际上的友好国家、友好人士也无私地支持、援助重庆。他们不但从道义上谴责日本对中国的侵略，而且积极组织募捐和救援队，各国政府也对重庆进行及时的物质援助。美国的运输机队越过喜马拉雅山，对重庆进行输血式的援助；苏军的志愿空军以及陈纳德将军组成的志愿军——飞虎队则直接参加了对日作战。

四、重庆抗战文化的历史价值与历史意义

重庆抗战文化既是巴渝文化的重要组成部分，亦是全民族的文化，为巴渝文化注入了新的内容、新的活力。从此，巴渝文化不再是远离中原的封闭文化，它将逐渐融入整个丰富的中华民族文化之中。

重庆抗战文化融入了国际反法西斯的大同盟，从而濡染和接受了西方其他民族的文化。从此之后，巴渝文化不再是粗陋的、地域性极强的文化，它接触并吸纳了世界上最先进的文化，学习、借鉴，把它作为自己发展的养料。

第三节　红岩精神

一、红岩精神的基本含义

红岩精神是抗日战争时间和解放战争初期，中共中央南方局高举抗战民主旗帜，团结、领导重庆人民，在争取民族独立和人民解放的艰苦斗争中所培育实践的一种伟大精神。江泽民同志指出："红岩精神同井冈山精神、长征精神、延安精神一样，都是中国共产党人和中华民族的宝贵精神财富。""红岩精神充分体现了老一辈无产阶级革命家、共产党人和革命烈士的崇高思想境界、坚定思想信念、巨大人格力量和浩然的革命正气。"

二、红岩精神是以周恩来为首的南方局领导下的革命志士为民族的自由、新中国的成立而同帝国主义、国民党反动派进行的艰苦卓绝斗争的历史概括

红岩,又名红岩嘴,即现在的红岩村,位于重庆市区化龙桥附近的"大有农场"内,因该处地质成分主要为侏罗纪红色页岩而得名,而山势又伸向嘉陵江边,有如长嘴,故当地人称为红岩嘴。此处原是爱国知识妇女饶国模经营的一片花果农场——"刘家花园"。

1939年初,中共中央南方局和八路军驻重庆办事处在重庆成立,周恩来任书记,董必武、叶剑英、秦邦宪、凯丰、吴克坚等为常委。根据国共合作协定,中共党组织不得在重庆市公开组织活动,故南方局秘密设在公开机关八路军驻重庆办事处内。最初,其地址位于机房街70号。

1939年5月初,日本飞机对重庆进行大轰炸,机房街70号被炸为废墟,董必武、博古等中共高层领导率南方局和办事处大部分同志迁往红岩嘴,散住在花果农场的工人宿舍以及堆放柴草杂物的几处草房中。当年秋天,八路军办事处和南方局的同志们自行设计并修建了新的办公大楼和住宿大楼。从此,南方局、八路军驻重庆办事处全部迁往该处办公。地方当局遂将那里的门牌号编为红岩嘴13号(1945年改为红岩村13号)。从此,红岩村便成为中共在重庆的指挥中心和革命堡垒。周恩来等领导同志或以中共代表,或以国民参政会参政员的身份进行公开革命活动,与国民政府的党政要员和各界著名人士频繁交往,共商抗日救国大计。

1945年8月28日,中共领袖毛泽东接受国民党领袖蒋介石邀请,亲临重庆,与国民党举行了著名的重庆谈判,签订了具有深远历史意义的"双十协定"。在重庆的40多天中,毛泽东坐镇红岩,运筹帷幄,决胜千里,指挥上党战役,为红岩的历史增添了色彩,使之名闻天下。由此可知,红岩精神应当是团结的精神、合作的精神、顾全大局的精神。

抗日战争胜利后,国民党当局在其原中美合作所旧址及附近的白公馆、渣滓洞设立监狱,关押、监禁、虐待和屠杀政治犯,而人们仍习惯地称为中美合作所。据邓又平先生在《简析"中美合作所集中营"》一文中列举的一个调查统计显示,对政治犯的屠杀,全都发生于中美合作所撤销之后(中美特种技术合作所是抗日战争期间中美合作建立的情报中心)。

被关押在其中的中共地下党员和民主人士,在狱中表现出可贵的品质,他们坚

持自己的理想,不怕牺牲,临死不屈。新四军军长叶挺、西安事变的发动者之一杨虎城将军、中共地下交通员江竹筠、民主诗人蔡梦慰等,都在狱中演绎出可歌可泣的动人故事。在渣滓洞、白公馆这两个人间魔窟里;杨虎城、叶挺、罗世文、车耀先、许建业、江竹筠、刘国、陈然等一大批共产党人、红岩英烈,面对反动派的威逼利诱而威武不屈;为了崇高的信仰和对党的忠诚而慷慨赴死。从这一点看,红岩精神应当是理想主义的精神,民主的精神,不怕牺牲、坚韧不拔的反抗精神。

可以看出,红岩精神是抗日战争时期和解放战争初期为实现中华民族和平、民主、自由、富强的理想,不同党派、不同观点人士的团结互助、共同奋斗的行为,以周恩来为代表的老一辈革命家是培育红岩精神的主体,红岩精神是巴渝文化的重要组成部分。

三、红岩文艺是红岩精神的重要体现

红岩文艺是指以文艺形式纪念、歌颂、弘扬红岩精神的各种文学艺术作品,主要包括红岩烈士诗篇、雕塑、小说、绘画、歌曲、舞蹈、影视、故事等,其中最具代表性的是烈士诗篇、长篇小说《红岩》、歌剧《江姐》、话剧《报童》,以及歌乐山烈士群雕等。

(一)烈士诗篇

抗战结束后,被关押在"中美特种技术合作所"白公馆、渣滓洞等看守所中的革命志士为了追求真理、理想,反专制、反独裁、反迫害,争民主、争平等、争自由,身经残酷的折磨,面对死亡的威胁,义无反顾、大义凛然、慷慨就义。他们在极其艰苦的条件下,在黑牢中用竹签子作笔,蘸着棉灰调成的墨汁,创作了不少诗篇。这些烈火与热血中熔铸成的诗篇,有力地控诉专制和暴力镇压的罪恶,无情地嘲笑敌人的疯狂和愚蠢,尽情地抒发远大的理想和高昂的革命斗志,为重庆红岩文艺塑造了顶天立地的诗歌形象,成为巴渝文化中的宝贵财富。其代表作有叶挺的《囚歌》和蔡梦慰的《黑牢诗篇》。这些不朽的诗篇将永远载入巴渝文化的史册。

(二)长篇小说《红岩》

从1950年开始,重庆作者罗广斌、刘德彬、杨益言3人根据白公馆、渣滓洞狱中的材料以及在狱中的亲身经历,先后合作写出了《圣洁的血花》《人间魔窟》《在烈火中永生》等回忆录,编辑出版烈士诗集《囚歌》。1961年,他们又出版了长篇小说《红岩》。

《红岩》着力塑造了一大批中共地下党员的英雄形象：许云峰、江姐、成岗、刘思扬、齐晓轩、华子良，以及双枪老太婆、小萝卜头、徐鹏飞、猫头鹰、甫志高等各式人物。小说出版后，在全国引起极大轰动，有关人士称之为"共产主义的教科书""20世纪红色经典作品"。它是新中国成立后、"文化大革命"前17年中国内地小说中发行量最大、社会反响最强烈的作品之一，并被多次改编成影视、戏剧及美术作品等。

四、红岩精神的特点

以周恩来为首的南方局领导革命志士在艰苦卓绝的斗争实践中培育并实践了红岩精神。红岩精神体现了老一辈无产阶级革命家、共产党人和革命志士的崇高思想境界、坚定理想信念、巨大人格力量和浩然革命正气。红岩精神内涵包括：

（一）崇高的思想境界

崇高的思想境界，表现为争取民族独立的强烈爱国主义精神。抗战开始后，国共两党实现了第二次合作。重庆成为以国共为基础的抗日民族统一战线的最重要的政治舞台。但蒋介石发动了皖南事变，使两党的关系濒临破裂。以周恩来为首的南方局为贯彻抗日民族统一战线政策，为坚持抗战、反对投降，坚持团结、反对分裂，坚持进步、反对倒退，同国民党顽固派进行了有理、有利、有节的斗争，为争取抗战的胜利建立了不朽的功勋，表现为争取民族独立的强烈爱国主义精神。

与古代、近代的英雄一样，红岩英烈们追求民主、自由，反对独裁、专制。当时，国民政府已显现出腐败之势，但它却动用国家机器，严厉镇压反对者，剥夺广大人民争温饱、争民主的权利。红岩志士与国民党反动政府进行了艰苦卓绝的斗争。大学教授带领学生走上街头，游行示威，反饥饿、反迫害、反内战；进步报刊呼吁自由、平等，人民群众积极声援。整个民主运动在重庆如火如荼，此起彼伏。面对国民党军警的残酷镇压，他们高歌着"为了免除下一代的苦难，我们愿把这牢底坐穿"。

民主志士蔡梦慰亦在《黑牢诗篇》中控诉道：

墙这么高，
枪和刺刀构成密密的网。
可以把天上的飞鸟捉光么？
即使剪了翅膀，

鹰曾在哪一瞬忘记过飞翔?

连一只麻雀的影子,

从牛肋巴窗前掠过,

都禁不住要引起一阵心的跳跃……

独裁、专制、腐败的国民党政府,在革命浪潮的猛烈冲击下,最终无法阻挡世界进步的滚滚潮流。这种精神在古代巴渝文化中就留有深深的印痕,经过红岩精神的提升,巴渝文化升华出了更高的精神品质。

(二)不畏强暴、不怕牺牲的反抗精神和坚定的理想信念

古代巴人、巴族为了生存,与自然界和周边敌人进行了艰苦卓绝的斗争,头可断、血可流,志不可丢。从巴蔓子将军到民主革命思想先驱"大将军"邹容,充分体现了巴渝人的坚强个性。

红岩精神继承和发展了这一崇高的文化精神。在中华国土几乎丧失过半的艰苦岁月里,在日本轰炸机野蛮的大轰炸下,中共八路军驻重庆办事处和国民政府、重庆人民,以及全国人民一样,不怕牺牲、不怕困难、坚强不屈,顽强地与日本侵略者作殊死的斗争。他们不是为了私人利益,而是为了整个民族、整个国家,为了正义、为了理想,这是真正的红岩精神。

与巴渝的先贤圣烈一样,红岩英烈们满怀理想主义的豪情,他们为了民族的解放、振兴,中国的进步、富强,出生入死,不惜抛弃个人、家庭的幸福,奉献出自己的青春、鲜血乃至生命。他们目光远大、胸怀宽广,从不计较眼前得失,不看重蝇头小利,深明大义、顾全大局,不为暂时的困难停滞不前。譬如,八路军驻重庆办事处的目的是抗击日本帝国主义的侵略,获得民族解放;白公馆、渣滓洞看守所里关押的革命志士,以及党外民主人士的理想,则是建立一个自由、民主、富强的新中国。

北伐时期骁勇善战的叶挺将军,1941 年 1 月因国民党顽固派制造的"皖南事变"而身陷囹圄,在歌乐山下蒋家院子里秘密囚禁 5 年多。叶挺将军面对囚室,高唱出气壮山河的《囚歌》,表达了他坚定的理想信念:

为人进出的门紧锁着,

为狗爬出的洞敞开着,

一个声音高叫着:

爬出来吧,给你自由。

我渴望自由,

但我深深地知道,

人的身躯怎能从狗洞子里爬出。

我希望有一天,

地下的烈火,

将我和这活棺材一起烧掉。

我应该在烈火与热血中得到永生。

(三)巨大的人格力量

巨大的人格力量表现为共产党人海纳百川的宽广胸怀、襟怀坦荡的民主精神。以周恩来为代表的老一辈无产阶级革命家,继承了中华民族的优良传统,他们功高不居、位尊不骄、艰苦朴素、大公无私,他们严于律己、宽以待人、言行一致、表里如一,他们相忍为国、胸襟博大、团结多数、顾全大局。他们的人格魅力和精神风范犹如一个巨大的磁场,把国统区广大工农群众和各阶层爱国人士吸引在党的周围,表现了海纳百川的宽阔胸怀和襟怀坦荡的民主精神。

周恩来在这方面是最优秀、最典型的代表,他以宽阔的胸怀广交朋友。著名教育家陶行知与周恩来等共产党人有很深的交往,但他每次都有“去时腹空虚,回时力无穷”的感叹与收获。“与周郎交,若饮醇醪”,“周恩来的人格真是伟大!”这是于右任、黄炎培等国民党元老、爱国民主人士在与以周恩来为代表的共产党人的交往中,对他们巨大人格魅力发自内心的赞叹。

在抗战初期国共合作的基础上,重庆政治舞台上第一次出现了多党合作的新气象,深远地影响了中国的政治格局。1941 年 3 月 19 日改名的中国民主同盟,连同 1941 年夏天成立的“小民革”(中国民主革命同盟),1945 年 12 月 26 日成立的中国民主建国会,1945 年 9 月 3 日筹备、1946 年 5 月 4 日成立的九三学社,共有三个半民主党派在重庆成立。重庆是民主党派的发祥地。

周恩来与南方局的同志们,同在重庆的中国人民救国会、中国农工民主党、中华职业教育社等民主党派的领袖和民主人士频繁往来、亲切交流、共商大事。南方局还通过郭沫若领导的国民党军委政治部第三厅,即后来的文化工作委员会,联系了教育界、科技界、戏剧界、电影界、出版界中的各方面著名人士,如邹韬奋、马寅初、陶行知、洪深、翦伯赞等。南方局赞扬和支持广大知识分子的爱国行动。

周恩来与张冲,原是两个对立阵营的政治对手。张冲曾经制造谣言试图搞垮周恩来,周恩来却“不计前嫌,尽释旧怨”,以其人格魅力化敌为友,同时周恩来在同张治中、冯玉祥、张冲等国民党上层人士的长期交往中,与他们建立了较密切的关系,"由公谊而增友谊",从不因两党关系一时恶化而疏其关系,进而使他们成为国共合作、团结抗战、民主进步的拥护者和推动者。

(四)浩然的革命正气和以身殉真理的凛然风骨

独裁、专制、腐败的国民党政府,大肆逮捕共产党人、爱国青年和民主人士,许多仁人志士怀着"天下兴亡,匹夫有责"的历史使命感,为了祖国的解放、人民的幸福,身经残酷的折磨,面对死亡的威胁,义无反顾、大义凛然,无情地嘲笑了敌人的疯狂和愚蠢,叶挺、罗世文、江竹筠、陈然等威武不屈的形象,以浩然正气表现了以身殉真理的凛然风骨。

"富贵不能淫,贫贱不能移,威武不能屈"是红岩精神主要的内涵之一。在渣滓洞、白公馆监狱这个特殊的战场上,共产党人和革命志士的伟大斗争精神和高尚的气节是红岩精神中最珍贵、最主要的内容。在这个特殊战场上,一大批红岩英烈面对敌人的威逼利诱,富贵不能淫、威武不屈,为民主自由,为民族的解放,无私地奉献了个人的一切。他们的灵魂深处根植着一种"愿以我血献厚土,换得神州永太平"的奉献精神;一种"失败膏黄土,成功济苍生"的大无畏精神;一种"为了免除下一代的苦难,愿把牢底坐穿"的昂奋达观精神。在这些精神的鼓舞和激励下,红岩英烈舍生取义,展示着浩然革命正气。陈然烈士面对敌人的酷刑,以顽强的意志写下了《我的自白书》:

> 任脚下响着沉重的铁镣,
> 任你把皮鞭举得高高,
> 我不需要什么自白,
> 哪怕胸口对着带血的刺刀。
> 人不能低下高贵的头,
> 只有怕死鬼才乞求自由,
> 毒刑拷打算得了什么,
> 死亡也无法叫我开口。
> 面对死亡我放声大笑,
> 魔鬼的宫殿在笑声中动摇,
> 这就是我——
> 一个共产党员的自白
> 高唱凯歌,

埋葬蒋家王朝。

1946 年 8 月,特务将车耀先、罗世文杀害于松林坡,焚尸灭迹。临刑前,罗世文口吟《望春》,充满了对敌人的蔑视和嘲讽,对祖国和人民的热爱。

故国山河壮,

群情尽望春,

"英雄"夸统一,

后笑是何人?

在烈火中永生是红岩精神最突出的本质,也是红岩英烈的伟大人生实践。"我渴望自由,但我深深地知道,人的身躯怎能从狗洞子里爬出。我希望有一天,地下的烈火,将我和这口活棺材一起烧掉,我应该在烈火与热血中得到永生!"这是被囚在集中营里革命者的信念、意志、人格尊严、价值的写照,是红岩烈士浩然正气的真实写照。

综上所述,红岩精神不仅是巴渝文化的重要组成部分,更是全国人民的精神、中华民族的精神。

第三编 物华天宝

巴渝地控长江上游,地势沿河流、山脉起伏,形成南北高、中间低,从南北向长江河谷倾斜的地貌。山,成为巴渝地貌的主体,约占总面积的3/4。此外,地貌类型多样,有中山、低山、高丘陵、中丘陵、低丘陵、缓丘陵、台地和平坝等八大类。重庆喀斯特地貌分布广泛,在东部和东南部的喀斯特山区分布着典型的石林、峰林、洼地、浅丘、落水洞、溶洞、暗河、峡谷等喀斯特景观。

巴渝大地江河众多,长江干流自西向东贯穿全境。以长江干流为轴线,汇集起上百条大小支流,也带来了丰富的水资源。长江纵贯全境,连带嘉陵江、乌江、綦江、大宁河及其他支流,在山地中切出众多峡谷,特别是长江横切巫山,形成了著名的长江三峡。

巴渝山水相依,山是水之脊,水是山之脉,山水共同建构了巴渝赏心悦目的自然景观,加之与之相适应的气候,滋育出与山水共生共荣的生态环境,将无数神奇和灵秀聚集在了这片土地上。

几度沧海桑田,几经风雨巨变,大自然以其无比的伟力,造就了今天的莽莽巴山、泱泱渝水。在这片土地上留下了古代巴人先民串串足迹,留下了无数文人雅士的流风余韵与壮美的江山胜迹。

巴渝山水　毓秀钟灵

第一节　雄奇壮观的自然山水

巴渝山水,是由燕山运动所生成的川东南陷褶带、大巴山弧形褶皱带,以及喜马拉雅运动所完成的川中褶带、川东褶带复合而成的。巴渝山水相依,共同建构出赏心悦目的自然景观。气候条件也与之相适应,滋育出与山水共生共荣的生态环境,大自然以其不懈的创造、不吝的赐予,将无数神奇和灵秀凝聚在了这片土地上。

一、巍峨雄奇、秀美多姿的山脉

山是巴渝地貌主体,约占总面积的 3/4。巴渝地区的山主要是中山和低山。中山包含复背斜构造中山、背斜构造中山和侵蚀剥蚀中山三大类型。复背斜构造中山分布于东北部,即由巴山、旗杆山、帽含山、天子山、墨紫山、龙池山、磨盘山、天池山等所组成的大巴山地,海拔高度平均在 1 500 米。背斜构造中山分布于东南部,其中巫山耸峙于巫山县和奉节县;方斗山东北起于云阳县长江两岸,沿长江东侧向南跨越万州、石柱、丰都、涪陵、武隆、南川等区县;七曜山北起巫山中部,西南向斜贯于奉节县南部,再插入湖北省利川县境,然后经石柱、丰都、武隆而止于贵州省道真县。这些山脉的喀斯特地貌显著。侵蚀剥蚀中山分布于西南部,包括金佛山和四面山。

低山的海拔高度,一般为 400~1 200 米,与中山的面积比约为 1：2。其中的背斜构造低山,在长江左岸的主要有铁凤山、黄草山、明月山、铜锣山、中梁山、缙云山、九峰山、巴岳山、花果山、黄瓜山、箕山和螺观山;在长江右岸的主要有丰盛山、桃子荡山、南龙山、真武山和石龙峡山。侵蚀剥蚀低山主要分布在巴南、綦江、江津、涪陵等区县(市)。单斜构造低山主要分布在綦江、涪陵、武隆等区县。喀斯特低山主要分布在綦江、万盛、酉阳、秀山等区县,山体或为峰丛、洼地、漏斗的组合形态,或于顶面上密布溶蚀残丘、峰丛,没有明显山脊线。

无论中山或低山,巴渝之山都有其自身的地质地貌特征,巍峨雄奇、秀美多姿、仪态万千。

(一)大巴山

大巴山是古代巴族的发祥地和聚居地,简称巴山,古称蛇山、巴岭山、大丙山、大巫山、大梁山。广义的大巴山系指绵延四川省、陕西省、甘肃省和湖北省边境山地的总称,长1 000公里,是四川盆地、汉中盆地的界山,属褶皱山。东端与神农架、巫山相连,西与摩天岭相接,北以汉江谷地为界,呈西北—东南走向,山峰大部分在2 000米以上。因石灰岩分布广泛,喀斯特地貌发育,有峰丛、地下河、槽谷等,还有古冰川遗迹,河谷深切,山谷高差800~1 200米,只有城口、万源等少数小型山间盆地。狭义的大巴山,在汉江支流流经的河谷地以东,川、陕、鄂三省边境,为汉江与嘉陵江的分水岭,海拔1 300~2 000米。主峰大神农架,海拔3 053米,位于湖北省神农架林区。

大巴山是长江和汉水的分水岭,属暴雨集中区,海拔1 500米以上的地方年降雨量多达1 500~1 900毫米,水资源十分丰富。唐朝诗人岑参曾"往来巴山道,三见秋草凋"(《青山峡口泊舟怀狄侍御》),还多次写道"巴山雨":"梦暗巴山雨,家连汉水云"(《送弘文李校书往汉南拜亲》),"孤舟巴山雨,万里阳台月"(《下外江舟怀终南旧居》)。钱起有"巴山雨色藏征旆,汉水猿声咽短箫"(《送傅管记赴蜀军》)的诗句,展现了巴山多雨的特征。李商隐的"君问归期未有期,巴山夜雨涨秋池"更是流传千百年的名句。广袤的大巴山也是三峡工程及660公里峡江的第一道亮丽的风景线,对即将形成的60多万亩三峡水库发挥着涵养水源、保持水土、调节气候、净化空气、维护生态平衡的重要作用。

(二)巫山

巫山在四川盆地边沿,北与大巴山相连,东靠江汉平原。山体蜿蜒于今重庆巫山县内,因山势曲折盘错,形如"巫"字而得名。地质构造上为背斜山地,成东北向分布,山势东西低而中间高,山脊海拔1 500~2 000米,长江穿流其中,最高处2 134米。山体主要由石灰岩组成,次为砂泥岩。前者经褶皱挤压,岩层裂隙很多,在长江横切和流水侵蚀、溶蚀作用下,溪沟纵横,崖壁陡峭,峰峦重叠,气象万千。巫山以分布于长江北岸的神女峰、圣泉峰、集仙峰(剪刀峰)、松峦峰、朝云峰、登龙峰和耸立于长江南岸的翠屏峰、飞凤峰、起云峰、净坛峰、聚鹤峰、上升峰等 12 峰最为引人入胜。"十二峰"中又以神女峰最为出众,峰顶有小巧石柱一根,外形秀美匀称,亭亭玉立,日迎朝霞,故又有"望霞峰"之称。巫山因战国时楚国文学家宋玉《高唐赋》中写楚王梦见神女使之披上神话色彩而成为历代文人吟咏不绝的题材。

李白曾登上巫山,纵目远眺,落笔细致。"江行几千里,海月十五圆。始经瞿塘峡,遂步巫山巅。巫山高不穷,巴国尽所历。日边攀垂萝,霞外倚穹石。飞步凌绝顶,极目无纤烟。却顾失丹壑,仰观临青天……"(《自巴东舟行经瞿塘峡,登巫山最高峰,晚还题壁》)

唐朝《乐府杂曲》中有《巫山高》为名的乐府诗,许多诗人都以《巫山高》为题吟咏过巫山。卢照邻《乐府杂曲·鼓吹曲辞·巫山高》写道:"巫山望不极,望望下朝雰。莫辨啼猿树,徒看神女云。惊涛乱水脉,骤雨暗峰文。沾裳即此地,况复远思君。"刘方平的《巫山高》含蓄地写出楚王梦神女的故事:"楚国巫山秀,清猿日夜啼。万重春树合,十二碧峰齐。峡出朝云下,江来暮雨西。阳台归路直,不畏向家迷。"李端的《巫山高》描写亦与此相似:"巫山十二峰,皆在碧虚中。回合云藏日,霏微雨带风。猿声寒过水,树色暮连空。愁向高唐望,清秋见楚宫。"巫山、巫峡原本一体,三首诗中的啼猿、清猿、猿声和寒水、惊涛等描绘的是峡江景物;神女、朝雰、朝云、暮雨、阳台则从《高唐赋》化出,以前人赋予巫山群峰的神话传说,凸显所蕴含的人文内涵。历代诗歌与烟雨迷蒙中的十二峰秀美景色使巫山声名远播。

(三)华蓥山

华蓥山地质构造为褶皱背斜山地。山脉成东西向展布,长约 300 公里。清乾隆年间巴县知县王尔鉴称:"华蓥山……麓四面环拱,正峰孤峭插天,绵亘巴、合、岳、邻四县之界。盖坤隅之雄镇也。"华蓥山有九峰山、缙云山和中梁山 3 支脉。山势东缓西陡,海拔 700~1 000 米,主峰高登山 1 740 米,为四川盆地底部最高峰。山体顶部为可溶性石灰岩,经雨水溶蚀后多成狭长形槽谷,最长达 70 公里,上有峰丛、溶洞、暗河分布。两侧为硬砂岩,形成陡峻的单面山。在山顶脊部有燧石灰岩出露之地,则形成"一山二槽三岭"的地貌形态。华蓥山是川、渝主要产煤区之一。

(四)金佛山

金佛山位于南川区境内,系大娄山东脉。古名"九道山",即"九层、九叠、九折"之意,金佛山地质构造为背斜山地,东北走向,山坡南缓北陡,逶迤 300 余里。主峰风吹顶海拔 2 251 米,为大娄山最高峰。山体上部为二叠系红砂岩,经上升剥蚀后成浑圆坦缓的丘陵状,相对高差 20~50 米,其下为石灰岩,多溶洞、洼地和石芽。如九龙洞、黑风洞、古佛洞、仙女洞等,皆为旅游胜地。最下部为志留系页岩,岩性软弱,易风化剥蚀,故形成悬崖绝壁。每逢夕阳西照,辄呈灿烂金黄色,故由此得名。金佛山绝顶有金佛、凤凰、铁瓦诸寺,规模宏大,历史上为香客的游览中心。

金佛山被誉为齐聚"峨眉之秀,青城之幽,剑阁之险,夔门之雄",是闻名遐迩的"巴蜀四大名山"之一。它山清水秀,石奇花丽。这里春能尽赏百花,夏宜避暑竹荫,秋可登高览胜,冬季的美景更是风光无限。

金佛山上的古珍稀动植物种类数量之多,为全国各大名山之冠。在山中 25 万亩原始常绿林中,萃集着 237 科 2 997 种植物。其中古生植物有 250 种,特有植物有 990 多种,稀有植物有 82 种,珍贵植物有 30 种。列入国家一、二、三级保护的植物,分别占全国同级保护植物的 58%、55%、63%。国宝银杉、十万亩方竹林、杜鹃花海、野生大叶茶王并称"金佛山四绝",皆为举世罕见的奇观。有"天然植物陈列馆"之称,尤其是与大熊猫齐名的"活化石"银杉,更是金佛山的骄傲,这里是世界上银杉最多的地区,多达 2 000 余株,高 16 米、直径半米的"千年银杉王"尤为世界之珍。此外,药用植物达 2 000 余种,素有"中草药库"之称。除浩瀚的植物资源外,金佛山上还有众多的野生动物。其中,国家一类保护动物 10 种,二类保护动物 11 种,三类保护□□□□ 5 种。珍稀动物甚多,仅蝴蝶就达 380 多种。这里出产的大蝴蝶,单边□□□□□长达 0.6 米,仿佛一幅美丽的青绢。

在中国的□□□□□绵延了渝、鄂、湘、黔 4 省市,面积约 10 万平方公里的大山脉,那就是巍巍□□□。武陵山脉覆盖的地区称武陵山区,现在也习惯称武陵山片区。这些地区就包括巴渝大地的黔江、酉阳、秀山、彭水。武陵山是褶皱山,长为 420 公里,一般海拔高度为 1 000 米以上,山脉为东西走向,呈岩溶地貌发育。

二、纵横交错、支派繁多的江河溪流

大自然的无穷伟力既造就了巴山,也成就了渝水。由于流经地势的差异,境内长江不同河段,以及嘉陵江支水系和乌江支水系,分别形成了树枝状水系和格子状水系,蔚为自然界艺术杰作之大观。

(一)长江

中华民族的母亲河——长江自江津区羊石镇入重庆境内,至巫山县碚石镇出境,在巴渝地区自西向东蜿蜒流淌,横穿全境全长683.8公里,在境内与南北向的嘉陵江、渠江、涪江、乌江、大宁河五大支流及上百条中小河流,构成近似树枝状分布水系,使这一地区的工农业生产和人民生活有充足的水源保障。长江孕育了巴渝文明。

巴渝境内众多河流均属长江水系,它的一级支流和二级支流,流域面积超过50平方公里的有374条,其中流域面积为50~100平方公里有167条,3 000平方公里以上的有18条。由西到东,左岸主要支流有嘉陵江、御临河、龙溪河、小江、大宁河,右岸主要支流有綦江、乌江、磨刀溪。

在古代,长江是巴渝地区连接荆楚吴越、中原幽并的主要通道,也是对外经济交往的大动脉。无论是出川与入蜀,人们多取道长江,或顺流而下,或溯江蜿行,都受益于母亲河的天然赐予。杜甫曾写道:"闻道巴山里,春船正好行。都将百年兴,一望九江城。"(《绝句九首》)

(二)嘉陵江

嘉陵江古称阆水、巴江。发源于秦岭南麓,自陕西省阳平关入川,到广元有白龙江汇入,至合川城,左纳渠江,右收涪江。古代巴人先民曾栖息、生活于此。嘉陵江流域雨量充沛,唐朝诗人岑参有诗描写"朝登剑阁云随马,夜渡巴江雨洗兵"(《奉和杜相公发益昌》)。诗中巴江即嘉陵江。武元衡在《同幕中诸公送李侍御归朝》中以"巴江暮雨连三峡,剑壁危梁上九霄"想象巴江雨飘落远及三峡。嘉陵江流经今陕西、甘肃、四川、重庆4省市,于重庆朝天门注入长江。干流长1 120公里,流域面积16万平方公里,是长江支流中流域面积最大的河流。流域包括嘉陵江干流、渠江、涪江三大水系,干流自北向南,渠江自东北向西南,涪江自西北向东南,三大水系在合川附近汇合,构成扇形向心水系。嘉陵江最大特色是曲流发育,有"九曲回肠"之说。此外,嘉陵江次级支流分叉明晰,属典型的树枝状水系。杜甫《早花》诗"腊日巴江曲,山花已自开……直苦风尘暗,谁忧鬓鬓催",也道出了它蜿蜒曲折的特点。各水系上游均为山区,河谷狭窄。干流自广元以下,河谷逐渐开阔,地形从深丘逐步过渡到浅丘,河湾、阶地和冲沟发育,与涪江、渠江中下游构成川中盆地。

(三)乌江

乌江因发源于贵州乌蒙山而得名。全长1 050公里,支流遍及云、贵、鄂、渝等若干省市。自西南向东北,奔腾于大娄山系和武陵山脉之间,流经渝黔46个县市,至涪陵区注入长江。在今重庆境内这一段乌江一共188公里,古称延江、黔江、枳江、涪水。

乌江干流,峡谷连绵、峭壁接天、奇峰如簇、滩多水急,主航道最宽不过300米,最窄不到50米,平均1.5公里一个险滩,总落差2 000多米。"乌江两岸山连山,乌江河中滩连滩。""天险乌江滩连滩,过滩如过鬼门关。""遍行天下路,难过乌江渡。隔岸能答言,相逢在何年。"乌江两岸,此类民谚层出不穷,传唱不息。乌江天险,险在峡多、滩多,乌江干流有九漩十三峡。

乌江的山美水美,沿江景致美如画卷。从酉阳县龚滩镇到万木乡一段,长60多公里,是乌江山水风光的精华所在,所以乌江沿岸有"千里画廊"之称。乌江的山,有夔门之雄,三峡之壮,峨眉之秀。远山神秘,近山雄奇,沟壑清幽、秀丽。其中著名的山峰有插旗山、弹子山、仙女山和白马山等。乌江的水,碧若琉璃,畅游乌江,有"船在画中行,人在画幅中"之感。清代诗人翁若梅赞赏道:"蜀中山水奇,应推此第一。"乌江之美,在一洞、两江、七峡。一洞为芙蓉洞;两江即芙蓉江、大溪河;七峡有三门峡、边滩峡、盐井峡、关滩峡、中嘴峡、门栓峡、罗家沱峡。

三、气象雄伟、景色优美的大小峡谷

水依山,山傍水,水流激荡,山崖夹峙,造成众多峡谷。长江及其一、二级支流,在巴渝境内的峡谷多达60余条,其他地方鲜与伦比。

(一)长江三峡(瞿塘峡、巫峡、西陵峡)

长江横贯巴渝境内,连带嘉陵江、乌江、綦江、大宁河及其他支流,在山地中切出众多峡谷,特别是长江横切巫山,形成了著名的长江三峡。

我们的先人对长江三峡倾注了不尽的关怀,远在汉晋时期可能就有了"三峡"之称,所指就是今天的长江三峡。袁山松的《宜都山川记》、盛宏之的《荆州记》、北魏"巴东三峡巫峡长,猿鸣三声泪沾裳"的诗句都使我们记住了三峡。早在1 600多年前,晋代袁山松《宜都山川记》就有如下记载:

自黄牛滩东入西陵界,至峡口一百许里,山水纡曲,两岸高山重嶂,非日中夜半不见日月。绝壁或千许丈。又其石彩色形容,多所象类。林木高茂,略尽冬春,猿鸣至清,山谷传响,泠泠不绝,所谓三峡,此其一也。

郦道元注《水经》时,又作了推敲,使写三峡一段成为传世佳作:

自三峡七百里中,两岸连山,略无阙处,重岩叠嶂,隐天蔽日,自非亭午夜分,不见曦月。至于夏水襄陵,沿溯阻绝,或王命急宣,有时朝发白帝,暮到江陵,其间千二百里,虽乘奔御风,不以疾也。冬春之时,则素湍绿潭,回清倒影,绝巘多生怪柏,悬泉瀑布,飞漱其间。清荣峻茂,良多趣味。每至晴初霜旦,林寒涧肃,属引凄异,空谷传响,哀转久绝。故渔者歌曰:巴东三峡巫峡长,猿鸣三声泪沾裳。

长江三峡由瞿塘峡、巫峡、西陵峡组成,全长193公里。万里长江从中浩荡而过,两岸青山连绵。千百年来吸引着人们,无数文人雅士为之倾倒。在古代,人们将往来三峡视为畏途,李白《上三峡》写出了上青天般的艰难:"巫山夹青天,巴水流若兹。巴水忽可尽,青天无到时。三朝上黄牛,三暮行太迟。三朝又三暮,不觉鬓成丝。"宋朝诗人黄庭坚出川东归时在岳阳楼感叹自己"投荒万死鬓毛斑",庆幸尚能"生出瞿塘滟滪关",因而"未到江南先一笑,岳阳楼上对君山"。说明当时入川又复出之不易。

1. 瞿塘峡

瞿塘峡西起奉节白帝城,东至巫山大溪镇,全长仅8公里,但有"西控巴渝收万壑,东连荆楚压群山"的雄伟气势。它是三峡中最短、最狭、最险,气势和景色最为雄奇壮观的峡口,河道窄如走廊,岩壁峭立,犹如剑削,山势雄峙,峰峦叠嶂。清人张问陶在《瞿塘峡》一诗中感叹道:"便将万管玲珑笔,难写瞿塘两岸山。"

瞿塘峡古称广溪峡,也曾称西陵峡和上峡,因南北赤甲山、白盐山相对如门,又为古夔州的东门,故有夔门之称。剑门天下险,夔门天下雄,青城天下幽,峨眉天下秀。夔门,是三峡的标志,以三峡的形象代表而闻名于世。杜甫诗句"高江急峡雷霆斗,翠木苍藤日月昏"(《白帝》)形象地写出了瞿塘峡两岸峭壁对峙、高峻险要的气势。他又称"中巴之东巴东山,江水开辟流其间。白帝高为三峡镇,瞿塘险过百牢关"(《夔州歌十绝句之一》)。他的《瞿塘两崖》称"三峡传何处,双崖壮此门。入天犹石色,穿水忽云根……"其《瞿塘怀古》"西南万壑注,勍敌两崖开。地与山根裂,江从月窟来。削成当白帝,空曲隐阳台。疏凿功虽美,陶钧力大哉"。在感叹造物主无穷伟力的同时又生动地描绘出瞿塘峡形成于群山万壑中的巍峨雄壮景象。

2. 巫峡

巫峡西起巫山大宁河口,东至巴东官渡口,全长45公里。巫峡之幽在于峡谷之幽深。何承天《巫山高》称巫峡"青壁千寻,深谷万仞",概括得十分准确。巫峡

40多公里内,青山滴翠,峰回水转,尤以十二峰令世人顿生无数的遐想,乃至陶醉。今天的十二峰北岸从西向东为登龙峰、圣泉峰、朝云峰、神女峰、松峦峰、集仙峰,南岸江边有飞凤峰、翠屏峰、聚鹤峰,后面还藏有净坛峰、起云峰、上升峰,形态各异,有时绿如翠屏,生机满峡;有时白云含黛,若隐若现。长江三峡中,巫峡以其秀丽的景色和神奇的云雾著称于世。古往今来,无数骚人墨客为巫峡写照。杜甫著名的《秋兴八首》第一首写道:"玉露凋伤枫树林,巫山巫峡气萧森。江间波浪兼天涌,塞上风云接地阴。"给人们波浪掀天、风云盖地的真切感受。他的《虎牙行》中巫峡又是一番景象:"巫峡阴岑朔漠气,峰峦窈窕谿谷黑。杜鹃不来猿狖寒,山鬼幽忧雪霜逼。"李商隐笔下巫峡同样是波涛汹涌的:"一条雪浪吼巫峡,千里火云烧益州。"(《送崔珏往西川》)

3.西陵峡

西陵峡西起巴东官渡口,东到宜昌市南津关,峡长69公里,是三峡中最长、也是三峡中的最后一道峡。历代多少著名诗人、词人,无不惊叹那"三里一湾,五里一滩""恶滩密如竹节""石芒森如锯齿"的奇绝、险绝景象。

自古西陵峡以滩多流急而著称。"滩如竹节稠",便是形象的概括。西陵峡中最惊险的要数崆岭滩。民谣云:"青滩、泄滩不算滩,崆岭才是鬼门关。"崆岭位于西陵峡中段,在庙河与黑岩子之间,长约2.5公里。这里绝崖壁立,湍流迅急,舟船过滩,必须把船舱里装的货物卸空,等过了滩后,由力夫把货物重装上船。"舲"者,船也。空舲,意即空船。"空舲"的谐音就成了崆岭之名。崆岭峡滩深广,江水湍急,礁石密布,惊涛骇浪。著名的礁石名"二十四珠"。其中大珠长约200多米,宽40余米,高15米多,露出水面,似一只猛虎纵卧江心,把江水分割成南槽、北槽,涡漩翻滚。尤其是大珠石的左下端,有三座大的礁石,状如石盘,称为头珠、二珠、三珠。这三珠石被船工视为索命鬼。舟船在其中航行,稍有不慎,就会触礁,船破人亡。"鬼门关"由此得名。

(二)大宁河小三峡

大宁河古名昌河,又名巫溪水,发源于陕西省平利县的终南山,穿巫溪和巫山两县的连续峡谷,一路纳溪汇流,穿山越岭,在巫峡西口,巫山县城侧畔注入长江,全长300余公里,是长江三峡段第一大支流。大宁河是美丽的,谷深水清,同时它也是一条承载了2 000多年文化沉淀的河流。在大宁河两岸曾发现一些新石器文化遗址,说明很早就有人类在这条河流上劳作。

大宁河小三峡,是其下游龙门峡、巴雾峡、滴翠峡的总称。它南起龙门峡口,北至涂家坝,全长50公里。以峰秀、景幽、滩险、水碧为其特色。当代诗人贺敬之《游小三峡》写道:"神女思嫁眸映霞,巫山北望意中家。此去巫溪仙乡路,宁河百里小三峡……轻舟如云入梦幻,归来还梦舟再发。峰峦滴翠润红颜,天泉飞雨消白发。一重景色一声歌,美到何处是天涯?……"

龙门峡长约3公里,峡口犹如瞿塘峡中的"夔门",峡口两岸峭壁高耸入云,峰峰相对,形若一扇扇铁门,雄奇壮观,故有"小夔门"之称。峡内两岸峰峦耸立,绝壁摩天,悬崖上翠竹垂萝,摇曳多姿。河东岩壁上,有一清泉汨汨流入河中,人称"龙门泉"。龙门后两岸的峭壁上,凿有一个个小方孔,约6寸见方,石孔以1.5米左右的间距,蜿蜒有序地延伸300余公里直到黑水河,这些石孔即为古栈道的遗迹,这是中国现存规模最大的栈道遗址。

巴雾峡(又名铁棺峡)从东坪坝起至太平滩止,全长10公里。因峡中支流巴雾河而得名,又叫铁棺峡,也称观音峡。峡内奇峰突起,碧流静淌,两岸怪石嶙峋,形成一组组天然雕塑,似人、似物、似兽的钟乳石造型生动,峡中有乌龟上水、猴子捞月、马归山、虎山、龙进、回龙洞、仙女抛绣球、仙桃峰、观音坐莲台、悬棺、白蛇、太平滩等景观。峡口西岸刻有"巴雾峡"的石壁上,有一酷似乌龟的黑褐色石头浮雕嵌在上面,此处正是滩口,故名乌龟滩。

在河东岸离水面四五米高的绝壁石缝中还有一具黑色的悬棺,俗称"铁棺材",铁棺峡一名即由此而来。据考证这"铁棺"乃是战国时期巴人的悬棺,但并非铁铸,仅因其色相似而言。目前悬棺群保存最完好的是巫溪县东北25公里的荆州坝,有24具悬棺。

滴翠峡长约20公里,峡中钟乳石遍布,石石滴水,处处苍翠,故名滴翠峡。峡中有座巨大的赤壁山陡立河岸,通体赤黄生辉,小木船从其脚下经过,犹如巨人足旁的蚂蚁,这就是宁河十二景之一的"赤壁摩天"。赤红色崖壁上挂满莲花般钟乳石的就是"红屏翠莲",那直立江心的"关门岩"恰似巨扉锁关,使船无路可行,紧逼岩前却见大门开启一缝,刚挤过门缝,回头一看大门又似合了起来,令人惊奇无比。

(三)嘉陵江小三峡与乌江诸峡

合川以下,地势复而上升为山区地形,构成嘉陵江"小三峡"的峡谷河段。以今重庆北碚为中心,从巨梁滩到巴豆林的"小三峡",由沥鼻峡、温塘峡、观音峡组成,全长27公里,俗称"小三峡"。

沥鼻峡,又称牛鼻峡、铜口峡,位于合川盐井镇一带,全长3公里。峡中江流湍急,水深莫测,峡岸群峰高耸,峻峭幽深。

温塘峡,又称温泉峡、温汤峡,处于缙云山段,全长 2.7 公里。古时峡口建有温泉池,称为温塘,故名。入峡江水咆哮奔腾,旋涡叠生,气势磅礴;峡壁两岸相距不过 200 米,悬崖挺立,犹如刀切斧削。

观音峡,又名文笔峡,全长 3.7 公里。峡口岸边有巨石屹立,形如石笏,俗称文笔石,旁边悬崖高处有一古刹,名观音阁,峡以阁得名。观音峡两岸绝壁万仞,怪石嶙峋,江水蜿蜒曲折,为嘉陵江小三峡中最险峻的一个峡。

此外,乌江尚有十三峡,大宁河巫溪河段另有月牙峡、荆竹峡、剪刀峡、庙峡四峡,乌江支流阿蓬江亦有神龟峡,几近有江即有峡。峡谷风光与奉节县天坑地缝有如双璧,在巴渝自然景观中占有十分突出的地位。

在重庆市区不远河段内的铜锣峡、明月峡以及长寿东南的黄草峡,谓之长江小三峡,就是古代诗人笔下的巴峡。陈子昂《初入峡苦风寄故乡亲友》"故乡今日友,欢会坐应同。宁知巴峡路,辛苦石尤风",写舟行峡中感受。王维的《晓行巴峡》"际晓投巴峡,余春忆帝京……水国舟中市,山桥树杪行。登高万井出,眺迥二流明",写泛舟峡中所见。杜甫则有脍炙人口的诗句"即从巴峡穿巫峡,便下襄阳向洛阳"。诸诗中的巴峡即指此小三峡。铜锣峡得名稍晚,明朝后期人曹学佺的《蜀中名胜记》称:"铜锣峡以水声响似之……"清人孙宏《铜锣峡》中"巴流初入峡,山径一帆开。云傍蓬窗起,波从石壁回。滩声鸣急雨,风势动惊雷。日暮哀猿发,重教客髻催"形象描绘出其特点。清末探花俞陛云《铜锣峡避雨》诗称"连朝记鼓算归程,无那停桡听雨声……云衣叶叶和帆落,石凿巉巉劈浪迎……",明月峡、黄草峡则多见于唐诗中。李白在安史之乱期间因附永王李璘被贬夜郎时,曾作诗赠宗璟,落笔凄切,"白帝晓猿断,黄牛过客迟。遥瞻明月峡,西去益相思",预想自己将溯江而上经明月峡而去夜郎。白居易《酬严中丞晚眺黔江见寄》云:"江水三回曲,愁人两地情。磨围山下色,明月峡中声……"唐朝杜佑《通典》据汉朝李膺《益州记》称:"渝州巴县有明月峡,其山上石壁有圆孔,形如满月,故以为名。"清代学者顾祖禹说:"明月峡在府(指重庆府)东四十里。"(《读史方舆纪要》)黄草峡出现在杜甫笔下则是战乱景象:"黄草峡西船不归,赤甲山下行人稀……"(《黄草》)诗以忧患笔调叹惜川中兵戈未息。元稹有《黄草峡听柔之琴二首》,之二为:"别鹤凄清觉露寒,离声渐咽命雏难。怜君伴我涪州宿,犹有心情彻夜弹。"又有《书剑》:"渝工剑刃皆欧冶,巴吏书踪尽子云。唯我心知有来处,泊船黄草夜思君。"白居易《初除尚书郎,脱刺史绯》中"亲宾相贺问何如,服色恩光尽反初。头白喜抛黄草峡,眼明惊拆紫泥书……",抒写得升迁喜讯与将离巴渝之情。

第二节　千姿百态的地貌奇观

一、溶洞、石林、天坑地缝

巴渝大地有十分突出的喀斯特地貌奇观。一是溶洞多、大、奇、绝;二是天坑地缝举世无双;三是石林稀、奇、古、怪。

(一)三大溶洞:芙蓉洞、张关水溶洞、姜家溶洞

巴渝地区的喀斯特地貌奇观特色鲜明。溶洞多、大、奇、绝,现已开发的即有43处。

芙蓉洞是一个大型石灰岩洞穴,全长 2 700 米,洞体高大,宽、高大多为 30~50 米。它位于武隆县江口镇 4 公里处的芙蓉江畔,发现于 1993 年 5 月。经中国与澳大利亚有关溶洞科研机构两次实地勘测,评价为"世界奇观,一级洞穴景点""一座地下艺术宫殿和洞穴科学博物馆"。

芙蓉洞发育在古老的寒武系白云质灰岩地层中,相比我国南方岩溶区众多发育在晚古生代至中生代碳酸盐岩中的岩溶洞穴,是不多见的。芙蓉洞各类次生化学沉积类型琳琅满目,丰富多彩。其中"辉煌大厅"面积 1.1 万平方米,最为壮观。洞内钟乳石类型几乎包括世界各类洞穴 30 余个种类的沉积特征。其中有宽 15 米、高 21 米的石瀑和石幕,光洁如玉的石笋,粲然如繁星的卷曲石和石花等,其数量之多、形态之美、质地之洁、分布之广,为国内罕见。净水盆池中的红珊瑚和犬牙状的方解石结晶更是珍贵无比。现已成功申报世界自然遗产。

张关水溶洞位于重庆市渝北区张关乡境内,全长 4.6 公里,是亚洲第一地下长河的水溶洞。洞内清澈见底的地下河终年不绝,水平如镜。倒影似龙宫、仙境,亦真亦幻,真假难辨;落差达 18 米的四级地下瀑布构成了雄伟奇丽的瀑布群,形成了洞内"飞流直下三千尺,疑是银河落九天"的人间绝景。这些形成了张关"三绝",即梦幻倒影、银河飞瀑、地腹漂流。它是亿万年沧海桑田形成的天然地质博物馆。

姜家溶洞位于巴南区境内,里面溶洞成群,被誉为"地下艺术长廊"。洞内有长 20 米、宽 5 米的穴洞,微缩长城似的千丘田,横长 5 厘米的卷曲石,个个似鬼斧神工。龙池洞外有瀑布三叠,涌出的泉水冬暖夏凉。另外,山梁上还雄踞 7 座明、清古寨,寨内绿荫如盖,寨外悬崖绝壁。

(二)武隆天生三桥

武隆天生桥位于武隆县境内乌江北岸,是世界上最大的天生桥群。有三座较著名的天生石拱桥——天龙桥、青龙桥、黑龙桥,它们横跨于洋水河大峡谷之上,前后距离仅 1 公里,气势磅礴,规模宏大,平均桥高在 200 米,桥面跨度均超过 400米,在亚洲居第一。

峡谷两岸迷雾、清泉、陡峰、峭壁动人心魄,荡气回肠。而且桥连桥,洞生洞,桥桥相连,洞洞相通,洞与洞之间又有天坑见光,桥洞下飞涟漪,河谷中央小桥流水,形成了一峡、两坑、三桥、四洞、五泉的独特风景。

(三)天坑、地缝

天坑、地缝在奉节县城 70 公里外,有号称世界第一的"大溶斗——天坑"和天下之最的"窄峡谷——地缝"。天坑奇特、恢宏、壮美,是鬼斧神工、自然造化的宏伟景观。群山重重中,显现出一个巨型漏斗,垂直凹陷、四壁陡峭,坑口直径 662米,坑底直径 490 米,坑口海拔 1 200 米,深 622 米。若以曾号称"世界第一坑"的美国阿里斯波溶斗(其坑口直径、深度仅分别为 350 米、70 米)与之相比,真可谓是"小巫见大巫"。"地缝"则是紧临天坑数里外,为两山间峡谷中,一条古树覆蔽、草木葱茏的地表大裂缝,蜿蜒曲折、深幽险峻,全长达 10 余公里。

(四)金刀峡

金刀峡位于重庆市北部华蓥山西南麓。海拔 825 米,长 9 公里,实际为一条大地缝,集中了喀斯特地貌的特征。金刀峡是一处保持着原始、古老、神奇的峡谷。它地势雄伟,以峡著险,以林见秀,以崖出奇,以水显幽。传说是大夏国将领张昆的得金刀之处,有一块酷似刀鞘插入峡口的钟乳石,金刀峡之名由此而来。

全峡分上、下两段,上段地面切割强烈,形成了独特的峡谷沟壑,石壁如削,两山岈合。垂直高度超过百米,上有古藤倒挂,下有潺潺流水;下段洞穴群生,形成大量的碧玉串珠般的深潭绝景,飞泉瀑布层层叠叠,石钟乳、石笋、石柱更是千姿百态,变化万千。

(五)万盛黑山谷及石林

黑山谷位于綦江区万盛景星乡境内,距万盛城区 20 公里。这里山高林密、溪河纵横、人迹罕至,保存着地球上同纬度为数不多的亚热带和温带完好的自然生态,森林覆盖率达 97%,被专家誉为"渝黔生物基因库"。黑山谷原始生态包括峻岭、峰林、幽峡、峭壁、森林、林海、飞瀑、碧水、溶洞、栈道、浮桥、云海、田园、原始植被、珍稀动植物等,是目前重庆地区最大的、原始生态保护最完好的自然生态风景区。

万盛石林位于綦江区万盛南天乡境内,系我国第二大石林,面积 2.4 平方公里。它形成于奥陶纪,是我国最古老的石林。万盛石林属喀斯特地貌特征,形态多柱状形,其次为蘑菇形,主要有剑峰石、石鼓、石塔、蘑菇石、石芽等形态。石林群峰壁立,千姿百态。石头形状多似飞禽走兽,被地质学家称为天然石造的"动物乐园";有的则似田园阡陌,景象动人。

二、林区草场

(一)石柱黄水森林

黄水森林公园位于石柱土家族自治县东北部,濒临长江,为三峡库区腹心。占地面积万余公顷,平均海拔 1 550 米,最高海拔 1 934 米,最低处 750 米。由于海拔差异大,气候垂直变化明显,夏季气候凉爽,是理想的避暑胜地。黄水国家森林公园不仅以绮丽风光和万千碧绿的原始森林著称,而且也以险峻、雄阔、壮观取胜。大风堡更是林的海洋、花的世界、兽的王国、鸟的故乡,景色别致,秀丽迷人,是三峡库区保存最完整的一片原始森林。

(二)仙女山森林

仙女山位于武隆县境内的乌江北岸,森林面积 30 多万亩,天然草坪面积数十万亩,海拔 1 650~2 033 米,因其中一峰状若巫山神女峰,又传为仙女下凡玉立此峰,故名仙女山。仙女山有各种植物千余种,珍稀保护动物百余种,尤以草原风光最具特色,因此具有"南国第一牧场"之美誉。仙女山气候凉爽宜人,山峰秀丽、林海苍翠欲滴,草甸绿茵似毯,仙女池含烟凝碧,珍禽林中争鸣,显示着大自然的神奇。仙女山春日芳草鲜美、百花盛开;夏时清风送爽、一片葱茏;冬季银装素裹、白雪皑皑。四季各异的风光、如诗如画的景色,成为全国有名的"南方高山草场"。

三、温泉湖泊

巴渝地区地下水丰富,特别是温泉,泉眼多,流量大,而且分布相对集中。北碚区的北温泉、巴南的南温泉和东温泉、铜梁县的西温泉、渝北区的统景温泉,号称重庆五大温泉。

(一) 五大温泉

东温泉坐落在五布河畔,与姜家溶洞相邻。当地山、林、瀑布、溶洞各具特色,风光旖旎,尤其以热洞冠绝巴渝。热洞有别于其他溶洞,洞内终年喷涌的热泉汇成一个潭,水温常年恒定在 40 ℃左右。人入洞内,犹如天然桑拿。而且现今已发现 48 个天然泉眼,日流量均在万吨以上,水质、水量都超过了南、北两温泉。

南温泉位于巴南区花溪河畔,原来是一处露天热水泥塘,明代被发现为温泉。此处开发的温泉有两处,一为大泉,一为小泉,两泉相距约为 1 公里,水温都在 38~40 ℃。大泉后山的建文峰,相传是明初惠帝朱允炆被其叔朱棣夺取皇位后,逃至重庆时的隐居地之一。抗战时期小泉则被辟为国民党中央政治学校所在地。

西温泉位于西温泉山的温塘峡(又称为温汤峡),距重庆市区仅 60 公里,这里有连绵的群山、陡峭的山崖、茂密的竹林,又是重庆四大名泉中海拔最高的一处温泉,人们经常来这里游泳和避暑。

北温泉位于缙云山北麓,是巴渝五大温泉中发现最早、利用最早的一处温泉。其年平均水温在 30~39 ℃,水质为硫酸钙型,富含硫酸根阴离子以及钙、氟等多种元素,明代即有"温泉见说能除疾""病骨浴余应无药"的声誉。与北温泉相对的有一瀑布,飞泻而下,称为北泉飞瀑。1927 年卢作孚开发北碚,选中此泉,创建了嘉陵江温泉公园,后更名为北温泉公园。

统景温泉位于渝北东部御临河畔,统景峡边,有"统景温泉甲天下"之美称。统景有天然温泉 25 处。水温在 20~30 ℃,最高达 62 ℃,泉水日涌量 3 万吨。水质属硫酸钙矿泉类,富含锶、氟、锂、氢、氡、硫酸钙、偏硅酸等多种成分和微量元素,其中锶的含量达 15.91 毫克/升,医疗、保健效果极佳。

(二) 黔江小南海

巴渝地区的地面水,还形成了不少湖泊。除黔江小南海是地震堰塞所造成的天然湖泊而外,其余均为人工湖,如大足区的龙水湖,璧山县的青龙湖、白云湖,江津区四面山的大、小洪海,长寿区的长寿湖,巴南区的南湖。大小湖泊镶嵌在山地、丘陵、平畴之间,浑如明镜在野,天光云影,足以令人流连忘返。

小南海原名小瀛海,位于黔江区境内,面积约 30 平方公里,是一个融山、海、岛、峡诸风光于一体的高山淡水堰塞湖泊,人称"深山明珠""人间仙境"。宣统元年(1909 年)南海普陀山派忠禅师来此扩建殿宇,作为临济正宗南海行宫,故称"小南海"。小南海也是国内迄今保存最完整的一处古地震遗址。这里的水面海拔

370.5米,面积为2.87平方公里。据清《黔江县志》载:"清咸丰六年(1856年)五月壬子,地大震,后坝乡山崩,……溪口遂被埋塞。厥后,盛夏雨水,溪涨不通,潴为大泽,延裹20余里。"至今,当年地震形成的断岩绝壁——海口北侧的大垮岩、小垮岩等遗迹仍清楚可见。在大小垮岩之下,滚石密布,巨石林立。巨石直径一般为1~5米,大的10米以上,均系从数百米处被推置而来,在海口堆成大坝。坝南北长1 170米,坝高67.5米,溢流堰宽70米。

小南海周围秀峰环列,奇石林立,沿海溪水萦回,海内汊港纵横,岛上茂林修竹。附近还散布着无数大小不一的水面,透露着几分奇丽,几分神秘。地下洞府建筑群分布在小南海景区,相连成片,蔚为壮观。据初步查明,共有23个洞穴,最大的一个面积有10 000多平方米,为国内罕见。巨大的地下洞府群并非天然溶洞,而是人工开凿的浩大工程。这些洞穴宽敞如厅,内布有排列整齐的石柱支撑洞顶,洞壁平如刀削,纹理整齐。洞顶浑然一体,成45°斜坡延伸,道道凿痕宽近一尺,整齐得如同机械加工一般,简洁明快,富有韵味。洞深约20米,相当于六层楼的高度,而且洞中有洞,洞下有洞,每个洞都有若干船形支柱,其结构符合力学原理,洞与洞之间又似乎有主次之分。可谓"不知巨灵手,何年事斧凿"。

江山胜迹　蕴涵丰富

巴渝山水养育了巴渝先民,巴渝先民也以自己的劳作和智慧开发了巴渝山水,造就了无数的人文景观。天人互动的同时达到了天人互补,巴渝江山胜迹蕴涵丰富。

第一节　巴渝古代文化遗存

一、古代巴文化遗址

(一)巫山猿人遗址及"巫山人"左侧下颌骨化石

溯源巴渝人文历史,可以追寻到 200 余万年前的巫山猿人时期,其遗址留存在巫山县庙宇乡龙坪村龙骨坡。巫山龙骨坡古人类遗址于 1984 年发现,1986 年被中国科学院古脊椎动物与古人类研究所和重庆自然博物馆的专家先后发掘,发现了古人类的齿和一段带犬齿的两块颌骨以及与人类化石同一层次的巨猴、剑齿虎、双角犀等化石数十件,该遗址现为国家级文物保护单位。

这里先后经历了 1997—1998 年、2003—2004 年多次发掘,出土文物中最为珍贵的是"巫山人(Homo erectus)"一段左侧下颌骨化石。据专家推断,"巫山人"左侧下颌骨化石距今 204 万年。外观为褐色的石化牙床、臼齿和上内侧门齿。发现于旧石器时代初期的古人类遗址——巫山龙骨坡,它的发现将中国人起源的年代向前推进了 30 万年左右,为证明中国人的始祖为巫山人而非元谋人提供了依据。

龙骨坡遗址是迄今中国乃至东亚早更新世早期的相同时序中文化内涵极其丰富的地点,为探索东亚人属(Homo)兴起的年代不是几十万年而是 204 万年提供了佐证。

(二)大溪文化遗址

瞿塘峡口东口长江南岸与黛溪交汇部的三级台地大溪文化遗址,距今约 4 000 年,属母系氏族晚期至父系氏族的萌芽阶段,是我国著名的原始社会古文化遗址之一。从出土物器看,其文化是以当地为主,外来文化影响为辅。它为研究新石器时代长江上游地带的社会、经济发展提供了极珍贵的史料。国家文物部门于 1958 年、1975 年和 1976 年进行过三次发掘,发掘面积达 570 平方米,清理墓葬 208 座,出土珍贵文物 1 200 多件,有生产工具石斧、石铣、蚌镰、骨针等,有饰品玉石、璜等,有艺术品空心石球、人面浮雕、悬饰等,以及内外朱色陶、戳印文和朱绘黑陶、曲腹杯、筒形瓶等器物。

在大宁河下游左岸的二级台地上,则有魏家梁子文化遗址,也属于新石器时代晚期文化。

(三)铜梁文化遗址

铜梁文化遗址位于重庆城西北铜梁县城西郭张二塘,为旧石器晚期文化遗址。出土的 300 余件旧石器和多种动、植物化石大多位于地表以下 8 米的沼泽相地层中。还出土有人类肱骨化石一段,通过碳 14 测定其年代距今 24 450±850 年。

此外,涪陵区有小田溪遗址,丰都县有烟墩堡遗址,合川区有巴濮文化遗迹。

二、古代文物精华

文物是历史文化的凝结,是历史的真实见证,是先民遗留下来的不可再生的宝贵财富,是特殊的文化遗产。历史为巴渝大地留下众多弥足珍贵的文物,人们可由此复原先人的若干真实的生活场面,看到文化的进步和发展,感受到巴渝文化发展史所具有的重要价值。

(一)涪陵小田溪的巴国编钟

《华阳国志·巴志》载"巴王陵墓多在枳",枳即今涪陵区。在涪陵小田溪已探明有一个占地 8 万平方米、布局有规律的陵墓区,其中有不少大墓,已发掘 9 座。1972 年发掘的 3 座大墓,出土文物 192 件,包括一套 14 件的错金编钟、错银铜壶、虎纽錞于(一种圆形的、悬挂敲打的军乐器,巴族喜用,多加虎纽)、带铭文的铜戈等极为珍贵的文物。其中 1 号墓出土成套编钟 14 件,并附 14 件编钟插销。编钟为长方形纽,故为纽钟,两铣下垂,口呈弧形。舞部饰云雷纹,篆带饰涡纹,鼓面作蟠觯纹,其中 8 件还有错金纹饰。钟正背各两区乳钉,每区三层九枚,共 36 枚。由此可知,14 枚编钟按周礼属小架,为低等爵位的诸侯所用,这正符合"爵之以子"的巴王身份。

(二)青铜虎纽錞于

錞于是古代的打击乐器,始于春秋时期,盛行于战国至西汉前期,在长江流域及华南、西南地区都有发现,其中以巴人故地发现最为集中,成为巴文化最具特征性的青铜乐器。

重庆中国三峡博物馆藏有一青铜虎纽錞于,该錞于属战国晚期的巴人作品,高 68 厘米,上径 36 厘米,底径 28 厘米,重 30 公斤。通体完整,音质优良,造型厚重,形体特大,有"錞于王"之誉。其上部的钮作虎形,栩栩如生,不怒而威,虎腿以旋纹勾画出神物特征,是巴人虎崇拜的又一重要例证。虎纽的周围,分布着五组"图语":椎髻人面、羽人击鼓与独木舟、鱼与勾连云纹、手心纹、神鸟与四蒂纹。这些图语对研究巴文化是极为重要的资料,其中羽人击鼓与独木舟已经被选取为重庆中国三峡博物馆外墙浮雕的中心图案。虎纽錞于是古代巴渝大地最具代表性的文物。

(三)青铜三羊尊

1980 年出土于重庆市巫山县大昌镇大宁河畔李家滩的青铜三羊尊(樽)为商代文物,通高 42.8 厘米,造型呈喇叭口、束颈、折肩、弧腹、高圈足。器身以云雷纹为地,上饰夔纹和饕餮纹;造型与纹饰总体呈中原文化商末时期的特征,而模糊的地纹,粗犷的铸造风格,又表现出浓郁的地方特色。因此,三羊尊应该是巴人在商文化强烈影响下的一件自制重器,是迄今所见巴人故地最早的一件大型青铜容器。青铜三羊尊器对于研究古代巴人的冶炼及工艺制作技术、文化进程以及与商文化的关系具有重要的学术价值。

(四)青铜鸟形尊

2002 年出土于涪陵小田溪的青铜鸟形尊为战国时代的文物,整体造型是一只特征怪异的鸟,它头顶有冠,嘴巴阔而且短,双目圆睁前视,具有大雁头、鱼嘴、鹰喙鼻、兽耳、凤冠、鸽身、鸭脚。长 28 厘米、宽 16.8 厘米、高 29 厘米。通体饰有细密的羽纹,嵌满绿松石。造型、纹饰及装饰极其精美。这件器物和中原的鸟兽形尊造型相似,但嘴上有孔,背上却没有灌酒的口,应该不是有实际用途的器物。它制作精细,尊是中原商文化开始流行的一种酒器,多数做成禽鸟或走兽形状,腹内中空,口部作为倒酒的流,背部作出带有盖子的注酒孔。

青铜鸟形尊体轻、壁薄、中空,铸造难度高,造型、纹饰精美,是研究巴人的审美情趣、工艺水平和铸造技术难得的艺术精品。

(五)偏将军金质印章

偏将军金质印章为西汉文物。此印外观为龟钮方形金印,六面体,一寸见方,通高2厘米,钮高1.2厘米,边长2.4厘米,重108.95克,含金量96%。顶上有一吉祥乌龟,刻有"偏将军印章"五字,属汉代官印。

据文献记载,偏将军系将军的辅佐,此官制始设于春秋,通常由帝王拜授,也有大将军拜授的。偏将军印沿袭了两汉官印制度,即官高者用龟钮,中下级官吏用鼻钮的制度。金制官印流行于汉晋时期,目前全国共发现26枚,两汉金印仅存15枚,为稀罕之物,至为珍贵。专家考证,这极有可能是三国时驻扎在重庆的赵子龙手下一名副将所用的将军印。

(六)乌杨汉阙

乌杨汉阙发现于忠县乌杨镇。2001年,在三峡文物保护抢救工作中发掘出土,是我国目前幸存的30余处汉阙中,唯一通过考古发掘复原,并发现了相关的阙址、神道、墓葬的阙。乌杨汉阙为全国重点文物,今陈列于重庆中国三峡博物馆中庭,也是所有汉阙中第一个作为博物馆馆藏文物的汉阙。

阙为古代宫殿、祠庙或陵墓前具表征意义的楼观,常左右成对。复原后的乌杨汉阙为重檐庑殿顶双子母石阙,具有顶盖出檐宽、阙体收分大、构造简洁的特点,因而显得造型格外挺拔、巍峨,具有鲜明的重庆地方特征和时代风格,其建造时间大致在东汉末至魏晋时期。

乌杨汉阙为重檐庑殿顶双子母石阙,石质砂岩,主阙高5.4米,子阙高2.6米,重10吨。自下而上依次由脊饰、阙顶盖、上枋子层、扁石层、下枋子层、主阙体、阙基七部分构成。阙身雕刻丰富。其仿木构建筑雕刻对于无一幸存的汉代木构建筑的研究具有重要价值;狩猎图、习武图、送行图等,生动地再现了当时的生活场景;长达两米多的青龙、白虎雕刻,造型生动,展现了汉代雕刻艺术的神韵。

汉阙属祠庙或陵墓前成双成对的装饰性建筑物,是我国最早的仿木结构石质装饰建筑,对研究古建筑艺术、葬制有重要价值,为我国目前保存最完整的汉阙。

三、古城墙遗址

（一）重庆古城墙

重庆旧城垣位于重庆渝中区。战国前期，重庆为巴国国都所在地，称江州。秦惠文王更元九年（公元前316年）灭巴国后，置巴郡，郡治江州。秦将张仪筑江州城，以后又有三国蜀汉李严父子、宋末彭大雅、明洪武四年（1371年）戴鼎、清康熙二年（1663年）四川总督李国英4次重筑。其后又经过多次补修，但形制基本未变。明清以前，有城门十七，九开八闭。所谓"九开"，寓"九宫"之意，即沿长江的朝天门、东水门、太平门、储奇门、金紫门、南纪门和沿嘉陵江的临江门、千厮门以及通陆路的通远门等九门是开放的。"八闭"，象征"八卦"之意，即翠微、太安、人和、凤凰、金汤、定远、洪崖、西水八门，虽设有门而不开放，可能是作战备之用。"九开""八闭"合而寓"金城汤池"的意思，旧城因历史悠久，受自然侵蚀和战火破坏，现大都崩塌毁损，仅存通远门、东水门等处遗迹可以考辨，而古老名称大多沿用至今。现通远门墙经补修，恢复了城墙上的箭垛，还通远门以冷兵器时代的面貌。城墙顶上还有3座浮雕，叙述了3个与通远门相关的筑城、守城、攻城历史故事。

古城遗址向我们展示了巴渝发展壮大的历史，除了重庆旧城垣，较具代表性的还有盘石城、南川龙岩城等。

（二）云阳盘石城

盘石城位于重庆城东北云阳县云阳镇长江北岸石城山顶，北负彭溪，南临长江，石壁周匝成天然屏障。俗名磨盘寨，又名大石城。城内面积约6公顷，出东西二门，各有千级石梯与外相通。盘石城远在唐代就已成屯兵之所。南宋时，蒙古军大举南下，元至元十二年（1275年）曾攻石城堡（即盘石城）。明末清初，谭诣占据盘石城，阻挡农民起义军入川。清顺治十五年（1658年），清军溯江而上，谭诣降清仍驻盘石城。清乾隆年间，盘石城附近涂氏，重金买下盘石城，族人300余户迁入城内居住。现盘石城东西两座双重城门及大部条石城墙仍保存较好。

合川钓鱼城的城垣更是因那段抗击蒙古铁骑的历史而闻名遐迩（第一编第三章及下一节有详细介绍）。

（三）南川龙岩城

南川龙岩城遗址又名马脑城，位于重庆城南180公里处南川区马嘴乡龙岩山上。山顶海拔1 784米。遗址面积2 400平方米,三面绝壁,只一独路可上,是黔北到渝东的必经之道,被誉为"南方第一屏障"。宋理宗宝祐三年(1255年),南平军守臣史切举奉令创筑,次年守将茆世雄增修而成。宝祐六年(1258年),蒙古大汗蒙哥亲率大军进攻四川,先遣大将纽谏为先锋,年底进入涪州,主力驻扎涪州西面60里的蔺市镇南北两崖;一支蒙军迂回其中,于次年正月和二月两次进攻龙岩城,均被茆世雄率领守城官兵击溃。龙岩城遗址目前基本保存完好,其城门左侧下岩壁上有刻于开庆元年(1259年)七月的摩崖碑记一方。碑高3.5米,宽4.3米,碑文楷书,计257字,记述筑城和抗击蒙军获胜之事。

四、巴渝名山与古刹、道观

(一)缙云山与缙云寺

"天下名山僧占多。"北碚区缙云山雄峙嘉陵江温塘峡畔,山间白云缭绕,似雾非雾,似烟非烟,磅礴郁积,气象万千。早晚霞云,姹紫嫣红,五彩缤纷。《说文解字》称"缙,帛赤色也",故名缙云山。最高峰海拔980米,九峰挺立,拔地而起,山上古木参天,翠竹成林,环境清幽,景色优美,因而有"小峨眉"之称。

缙云山从北到南有朝日峰、香炉峰、狮子峰、聚云峰、猿啸峰、莲花峰、宝塔峰、玉尖峰和夕照峰等九峰。其中玉尖峰最高,狮子峰最险峻壮观,其余各峰亦各具风姿。王尔鉴曾有生动的描绘:"蜀山九十九,萃此九峰青。霞胃悬丹嶂,云开列翠屏。光华歌复旦,肤寸遍沧溟。更孕巴渝脉,人文毓秀灵。"

缙云山气候温和,雨量充沛,有森林1 300余公顷,生长着1 700多种亚热带植物,是著名的植物宝库和森林公园。山中还有世界罕见的活化石树——水杉,此树是1.6亿年前即存在的古生物物种。

坐落在"狮子""聚云"两峰之前的缙云寺,始建于南朝刘宋朝景平元年(公元423年),是一座雄伟壮观的深山古寺。1931年,时任中国佛学会会长太虚法师在缙云寺创办世界佛学苑汉藏教理院,为促进汉藏团结,沟通汉藏文化培养人才。1940年7月末,郭沫若偕法国领事到缙云山,应太虚法师请求题诗,见已有田汉诗"太虚浮海自南洋,带来如来着武装。今世更无清静地,九天飞锡护真光",便和其韵:"无边法海本汪洋,贝叶群经灿烂装。警报忽传成虚事,顿教红日暗无光。"后两句指他正欲挥笔时,忽然空袭警报响起。太虚法师曾广交社会名流,为抗战奔走呼号,缙云寺也因之增色。

(二)四面山与朝源观

四面山位于江津区境内。系地质学上所谓"倒置山",因山脉四面围绕,故名。山势南高北低,最高峰蜈蚣岭海拔 1 709.4 米,最低处海拔 560 米,占地 240 平方公里。

四面山群山起伏,连绵百里,山势峻峭,群峰奇异,有的悬崖峭壁高达百余米,横宽约数百米。山体表面被黑色铁锰胶质和白色钙质侵蚀点染,犹如妙趣横生的天然图画。四面山山俏水美,有多处山间海子。由于植被保存良好,海子清澈如镜,微风吹拂,碧波粼粼。比较有名的海子有龙潭湖、大洪湖、小洪湖。其中,洪海湖湖水晶莹清澈,静如明镜,蜿蜒透迤于深山峡谷、莽莽森林之中。

四面山以原始森林为基调,原始绿阔叶林带在同纬度中保存较好,有植物 1 500 多种,珍稀濒危植物 19 种,其中刺桫椤是 3.5 亿年前的史前残遗植物。动物有 207 种,其中属国家级重点保护动物有 16 种,省级保护动物有 8 种,为我国的"物种基因的宝库"。

四面山的瀑布最为壮观,有大小瀑布 100 多处。最著名的是望乡台瀑布,高 152 米、宽 40 米(比贵州著名的黄果树瀑布高出一倍),是全国已知的第一高瀑布。瀑布飞流直下,从天而降,雷鸣般的巨响,空谷回荡,几里以外都能听到震耳欲聋的吼声。

山上至今还能见到曾经兴旺一时的道观——朝源观遗址,这座藏在深山中的道教修身养性宫观建于北宋初年,明朝嘉靖末年曾经重修。观内除了供奉着道家始祖李老君外,还供着佛教的始祖——佛祖如来,儒家先师、圣人——孔子。人们称其为儒释道三教合一的道观。观内有数道碑记,文字尚依稀可辨。这些为四面山增添了几分人文色彩。

(三)其他巴渝佛寺道观

巴渝地区佛寺和道观多在名胜山地倚山就势而建。巴渝的佛教文化最早始于缙云山一带,之后建造了缙云寺、白云寺、大隐寺、石华寺、复兴寺、转龙寺、绍隆寺、温泉寺等八大古刹。延及唐宋元明清,辐射四面八方,西起荣昌、大足,北至潼南、合川,东抵梁平、万州,南达南川、江津,佛寺几乎无地不有,石窟、石刻、石碑、石坊亦因之而盛。荣昌宝城寺、潼南大佛寺、铜梁铁佛寺、江津大佛寺均为巴渝名刹。梁平双桂堂位列西南丛林之首,南川金佛山曾是蜀中四大佛教名山之一。唐宋以降的佛寺以及石窟、石刻,多与道教、儒教及民俗沟通,本土化的趋向明显。

巴渝地区也有不少道教名观,南岸区的老君洞、四面山的朝源观曾名动巴渝,渝中区的东华观藏经亦丰。丰都县名山"鬼城",本源是道教文化,而又融入了佛、儒教义和民俗文化。佛寺和道观多在名胜山地倚山就势而建,在林木的掩映下,自然山体的峰、峦、崖、洞,被巧妙地安以宫、观、寺、石窟、佛像、台、亭、池、桥,造就天人合一的图景。

第二节　积淀深厚的历史文化遗迹

一、享誉中外的文化遗存

在重庆北部嘉陵江、渠江、涪江三江交汇处的合川区,有一座三面据江、峭崖拔地的钓鱼山,在钓鱼山上,有一处改写世界中古历史的古战场遗址钓鱼城。钓鱼城建于钓鱼山上,三面临江,地势险峻,风光秀丽。

钓鱼城是迄今我国保存最为完好的古战场遗址,也是一座占地面积达 2.5 平方公里的军事遗址博物馆。钓鱼城古战场的主要遗址有:南宋晚期合川军民为钓鱼城水军停泊战船的水军码头;总长约 8 公里,高大坚固、以条石垒砌而成的古城墙;雄峙在险绝隘口之地的始关、护国、小东、新东、菁华、出奇、镇西门等八座城门;蒙哥汗率兵攻城,被炮风所伤之地脑顶坪以及飞檐洞、皇洞、上天梯、武道衙门、较场、古军营、皇宫遗址等文物古迹和人文景观。

钓鱼城依山为垒,宛如金城汤池。它不但有构筑在陡峭山岩上的内、外两道防线,而且还有纵向延伸的水军码头,以暗道出口、一字城墙相连的给养补给通道和天池泉井、水洞门代表的给排水系统。在城中的两级台地上,良田沃土,豁然千亩。从 1243—1279 年,南宋合川军民在守将王坚、张珏的率领下,"春则出屯田野,以耕以耘;秋则运粮运薪,以战以守"。凭借钓鱼城天险与蒙军对抗,以弹丸之地,独钓中原,坚持抗战 36 年,历经大小战斗 200 余次。蒙古大汗蒙哥和前锋主帅汪德臣(汪特格)、东川统军合刺、四川总帅汪惟正等 80 多名蒙军将领,视钓鱼城为"弹丸"之地,长期围城强攻。双方殊死搏斗,浴血奋战,历经大小战斗 200 余次,蒙哥和前锋主帅汪德臣(汪特格)、东川统军合刺、四川总帅汪惟正等均毙命于此。创造了钓鱼城 36 年攻防战争这一古今中外战争史上罕见的奇迹。1259 年(开庆元年)钓鱼城之战是 7 个多世纪以来,中外众多专家学者共同关注的一大战役。这次战役不仅是我国古代战争史上继成皋之战、彝陵之战、淝水之战之后的又一以少胜多、以弱胜强的著名战役,而且是具有世界意义的山地防御战争的光辉典范。

蒙哥毙命消息传出,战于湖北的忽必烈和远征欧、亚(近东)的各路亲王纷纷回师和林(即喀拉和林,蒙古故都),争王夺位。钓鱼城之战,是中国古代历史上持续时间最长的一次战役,它延缓了南宋王朝的覆灭。

在成吉思汗的几次西征中,蒙哥武功显赫,不可一世,时人称为"上帝之鞭"。然而,在弹丸之邑的钓鱼城下,被炮矢击伤,于1259年7月21日死于温塘峡军中。因此,欧亚历史学家把重庆合川钓鱼城誉为"上帝折鞭处"。

二、长江沿岸名胜古迹

(一)长江水文题刻

千里川江,江水夏涨冬落,每年冬春之间,在长江及其支流均有一些江心礁石、石梁露出,江水的冲刷,使这些礁石、石梁各具形态。于是,富于幻想的巴渝人因此创造了美丽的传说故事,不少文人骚客在此题刻。这些枯水题刻不仅成为长江古老的水文站,而且是我国书法艺术的重要宝库。

集传说、水文、书法艺术于一体的枯水题刻是长江上的一大人文景观。此外,主要有渝中区朝天门外的义熙丰年碑、涪陵的白鹤梁、云阳的龙脊石、丰都龙床石、巴南迎春石、江津莲花石等。

1.白鹤梁水文石刻

白鹤梁位于涪陵区城北长江江心,本是川江上的一道长1600米左右,宽16米的天然巨型石梁,相传唐时尔朱真人在此修炼,后得道,乘鹤仙去,所以得名。白鹤梁只有在每年冬季水枯时,才能露出一条不宽的脊梁。

白鹤梁常年淹于水下,只有待冬春江水枯时才露出水面。石梁上刻有自唐广德元年(公元763年)至当代的石刻题记164段,其中水文题记108段;石鱼图14尾,其中作水文标志者3尾。题刻、图像断续记录了1200余年间72个年份的历史枯水位情况,对研究长江中上游枯水规律、航运以及生产等,均有重大的史料价值。白鹤梁不仅是一座水文资料博物馆,也是一座书法艺术的水下碑林。大部分枯水观测的资料,都出自历代书法家之手,白鹤梁上还有黄庭坚、朱熹、庞公孙、朱昂、王士祯等历代骚人墨客众多的诗文题刻,篆、隶、行、草皆备,颜、柳、黄、苏各体,有较高的艺术价值,故有"水下石铭"之美誉。1974年在巴黎召开的国际水文工作会议上,中国代表团以《涪陵石鱼题刻》为题,向大会提交报告,白鹤梁的科学价值遂得到世界公认。白鹤梁已定为全国重点文物保护单位。三峡工程建成后,白鹤梁将被淹没,国家决定建大型水下博物馆供人们参观,目前已建成。

2.朝天门丰年碑

丰年碑即义熙碑,又名灵石,位于重庆渝中区朝天门外长江、嘉陵江汇合处水底。每到枯水季节,朝天门左面有一长约200米的石梁延伸到江心,分隔两江之水。灵石位于石梁中部水底石盘上,形如碑碣,长且阔,江水极涸时乃现,"现则年丰"。清乾隆《巴县志》记载:"每水落碑出,年丰,人争摹拓,数十年不一见。"巴渝先人在灵石上刻留下汉晋至明清的16个长江枯水题刻,为我们留下了珍贵的长江枯水和地方人文史料。

据史料记载,灵石出水十分罕见,自东汉光武帝刘秀执政之始(公元25年)到清乾隆十九年(1754年)的1729年间,其出水仅19次。其中东汉1次,东晋1次,唐10次,南宋1次,明2次,清4次。出水的间隔时间,最短的两年,最长的在300年以上。灵石在清乾隆十九年最后一次露出水面后,至今已有256年未露"尊容"了。

(二)丰都鬼城

丰都是一座依山面水的古城,位于四川盆地东南边缘,境跨长江两岸,地处长江上游。2 000多年前的西周初年,丰都即隶属巴国,曾作过巴国国都,秦汉时称丰都,这颗长江之珠,自古以来就是文化名城,是中国最有特色、最有名气的历史文化小镇,以其作为阴曹地府所在的丰富的鬼文化而驰名古今中外。这里流传着许多鬼神传说,《西游记》《聊斋志异》《说岳全传》《钟馗传》等许多中外文学名著对"鬼城"丰都均有生动描述,颇富传奇色彩。"鬼国幽都"之说由平都山而起。

丰都县城东北,有一座梨状的山峰,葱郁孤立,濒临长江,名为平都山。据《丰都县志》和晋人葛洪《神仙传》载,民间传云,汉代王方平、阴长生两方士曾于平都山修炼成仙,道家遂于此山设天师坛,并将其列为"三十六洞天,七十二福地之一"。后人附会"阴、王"为"阴王",同时佛教逐渐传入东土,在国中日益盛行,那"生死循环""鬼魂投生"等教义,在人们的意识中营造了一片冷峻阴森的阴间世界,这"阴王"便自然而然地成了"阴间之王"。平都山亦渐附会为"阴都"。

丰都县历史较为悠久,汉代就曾设立丰都县,后来作为道教七十二福地、三十六洞天的平都治。历代善男信女不断将中国传统文化中"阴曹地府"文化融入名山、融入不断修建的大大小小的庙宇中。这种风潮特别是顺应了"轮回报应"的民间传统思想,形成了"人死来丰都,恶鬼下地狱"的"阴魂归入丰都"的说法,更使鬼城丰都香火越来越盛,成为我国古代少见的幽都。李白、苏轼、张问陶等文人也曾到此一游。平都山因苏轼"平都天下古名山"之句改称名山。名山主殿天子殿建于唐代,历代相沿,内塑大小神像、鬼卒一百三十多尊,天子爷爷、天子娘娘、六曹官员、四大判官、十大阴帅俱全,生死轮回的十八层地狱阴森可怖。在主殿附近,形成一个庞大的建筑群体,如报恩殿、大雄殿、玉皇殿等,还有奈何桥、三十三步梯等。从行仪规范和景观信物上,整个名山都缭绕着善有善报、恶有恶报,劝诫世人行善和轮回转世烟云。

(三)忠县石宝寨

石宝寨位于重庆忠县以东 45 公里处的长江北岸,是一座临江巨石形成的,孤峰平地凸起,四壁如削,好似一尊方形玉印,当地人称为"玉印山"。传说,它是古代女娲补天时掉落在长江畔的一块彩石,故又名"石宝",在宋代称为石城。石宝寨依山而建,傍岩奠基,层层叠叠而上,高 56 米。楼阁内架有盘旋式云梯,可攀梯旋转而上。寨顶石坝,平坦如砥。据说成汉时(公元 304—347 年)李雄起义,巴西郡城曾迁建祠于此,号称"四面悬绝"。现在的忠县石宝寨是清康熙年间修的蓝若殿,本是一个小庙,康熙年间在山下修了山门,香客们为烧香拜佛,只有登石梯攀铁链而上,十分困难。到嘉庆年间为攀登玉印山上的蓝若殿,人们发明了沿山修九层亭阁代梯的绝妙方法。1956 年维修时又增修三层,形成十二层。庙宇巍峨,四周悬崖绝壁,犹如空中楼阁,又好似巨大玉印的印纽一样。由于建筑特殊,被称为世界八大奇异建筑之一。

(四)云阳张飞庙

在今天的三峡古迹中,真正修建历史悠久的是张飞庙,据说已经有 1 700 多年的历史了。据传说,章武元年(公元 221 年),张飞在阆中被刺,叛将张达、范彊携其头颅投奔东吴时,为逃避追兵慌忙中抛头于长江。张飞死不瞑目的头颅,顺流漂至云阳,被当地的乡人捞起,厚葬。所以,民间才有张翼德"身在阆中,头在云阳"之传说(一说,吴蜀媾和,东吴将头送还,葬于斯)。张飞庙的修建得名于民间传说的张飞"身葬阆中,头葬云阳"的说法。张飞庙主要由结义楼、望云轩、正殿、旁殿、助风阁、得月亭和杜鹃亭组成,在庙内有张飞的塑像、画像、石刻像,还存有有关张飞和云阳的历代碑刻、摩崖、木刻等。

中国古代从来就有供奉前贤为神祇的传统,因而供奉张飞也十分普遍,有时会将其演义得活灵活现。传说张飞的英魂知道附近长江航道十分险阻后,往往会给舟船吹 30 里顺风,船工为感激才在宋代修建了助风阁。

三峡工程蓄水前,国家投资将张飞庙整体搬迁,按原样复制重建。

(五)奉节白帝城

白帝城坐落在白帝山上,距奉节城 4 公里,原名紫阳城,是一座历史悠久的古城。西汉末年,公孙述据蜀为王,筑城自卫,因城中一井常冒白气,犹如白龙飞升,公孙述借此称白帝,改名为白帝城,因公孙述字子阳,也称子阳城。城垣遗址至今仍然依稀可见。三国时,刘备兵败退至白帝城,无颜会见群臣,于是在白帝城修建了永安宫安居,不久郁闷而死,临死前刘备把政权和儿子刘禅托付给丞相诸葛亮,史称"刘备托孤"。

白帝城三面环水,紧控夔门,西控巴蜀,东锁荆楚,地理位置十分重要。在历史上许多时期都以白帝城为基础,扩展为州城治地,即使不为州治时也常设置为军事驻地,如瞿塘卫等。故历史上的白帝城很大,今天我们所称的白帝城不过是当时城中的一个白帝庙而已。现在的白帝庙内主要有明良殿、武侯祠、观星亭、东西碑林等清代建筑,在下面还有西阁、偷水孔等遗迹。从汉代至明正德年间,白帝庙一直供奉公孙述,以后供奉的人物不断变化,明嘉靖三十六年(1557 年)才确定以祭祀刘备为主的格局。中国传统文化中对乡土依恋和正统观的影响根深蒂固,故在中华民族信仰中,供奉乡神和正统之神一直占主流,这种变化仿佛越来越强,白帝城供神的变化便体现了这一点。现白帝城内的白帝庙中塑有刘备托孤的彩色群像,艺术再现了当时刘备托孤之情景,白帝庙也成了祭祀蜀汉君臣刘备、诸葛亮、关羽、张飞的地方。现白帝城中出土文物陈列室里展示着自新石器时代到清代六七千年间在白帝城一带出土的文物数百件。云阳张飞庙、奉节白帝城为三国文化的重要遗迹,赋予长江自然风景以厚重的人文价值。

第三节　抗战陪都历史文化遗存

抗战陪都时期,重庆人才荟萃,盛况空前,令全世界瞩目。以周恩来为首的中共中央南方局和八路军驻渝办事处,在红岩村、曾家岩,在中山一路新华日报社,在他们影响所及的巴渝大地,都留下了历史回音。国共两党的代表人物,宋庆龄、郭沫若等爱国民主人士,金融、工业、教育、文艺界的豪杰精英,以及国际反法西斯的大批友人,在重庆留下了厚重的历史足迹。南岸黄山的云岫楼等,记录着蒋氏夫妇的行踪。抗战将领冯玉祥、孙元良的书法题刻,东至夔门,北及钓鱼城,裹挟全民抗战的历史风云,迄今仍如巴山渝水骨壮筋强,透露出中华民族不屈不挠的精神。

一、精神堡垒——抗战胜利纪功碑

1938 年 2 月 18 日—1943 年 8 月 23 日,日本海陆空航空部队联合对重庆实施"航空战略轰炸",1939 年 5 月 3、4 日两天,63 架日机首次大规模轰炸重庆,共投炸弹 176 枚,燃烧弹 116 枚,炸死 3 991 人,炸伤 2 287 人,炸毁房屋 4 871 栋,创下人类战争史上空中屠杀一次死伤逾 5 000 人的空前纪录。1941 年 6 月 5 日,日机持续轰炸重庆达 300 余分钟之久,酿成死伤人数逾 3 000 人的"大隧道窒息惨案",震惊中外。这为期五年半日本侵略军对重庆的轰炸,史称"重庆大轰炸"。

重庆各界上至元戎、国共两党领袖、各界名流,下遍黎庶,以及各国驻华外交、新闻、教会、商务和旅游人员,居无宁日,行无坦途而同仇敌忾,相濡以沫,上演了一场旷日持久、空前绝后、惊天地、泣鬼神的悲壮史诗。

1941 年 12 月 30 日,太平洋战争爆发 22 天后,重庆人民在曾数度一片火海、断壁残垣的民族路、民权路和邹容路三条主干道交叉中心,修起一座蜚声中外的木质纪念建筑物,公议定名为"精神堡垒"。"精神堡垒"高七丈七尺,取"七七"抗战之意,方形锥体炮楼式建筑。顶端中央安置一口大瓷缸,内贮燃油、棉条,每遇重大集会,即倒入酒精点燃,焰火熊熊,象征中华民族自强不息的浩然正气。该建筑物象征抗战到底的决心和弘扬御侮的精神。

1947 年 10 月 10 日,中国唯一一座全国抗日战争胜利纪念碑在原"精神堡垒"旧址落成,定名为"抗战胜利纪功碑"。事前以募捐方式集资,少者二三千元,多者数十万元。纪念碑既代表着百万人民之心,也是举国上下在抗战胜利后欢庆民族复兴的结晶。

整个纪功碑位于民权路都邮街广场,占地面积为直径 20 米的圆形地盘,构成纪功碑的内容:①碑台:半径为 10 米圆形青石台(高 1.6 米),周边部分作青石踏步 8 级,台阶留有 8 处栽植花木的花圃。②碑座:有石碑 8 面,采用北碚出产的上等峡石,以 8 根青石砌结护柱组成碑柱,石碑嵌于碑座外面,铭刻碑文五则。③碑身:高度为 24 米,由直径为 4 米的圆筒构成,内部圆形,外为八角形,每角边线条以米黄色釉面砖铺砌,内部有悬臂旋梯 140 级,盘旋而上至了望台,沿着旋梯设胜利走廊,廊上挂着抗战英雄伟大战绩及日本投降签字等油画。下边嵌藏各省、市赠送的纪念物品及社会名流题赠的碑石。④瞭望台:直径为 4.5 米,较碑身宽些,可容 20 人登临游览。⑤瞭望台下碑身正对马路的四面可见报时的标准钟,钟面之间分别是四幅抗战有功的陆、海、空军将士及后方生产的工人、农民的浮雕。⑥瞭望台顶上设风向仪、风速器、指北针及有关测试仪器。

这座用钢筋水泥建造的纪念碑,碑身至少可存百年之久。纪功碑壁内藏有纪念钢管,管内放着本工程设计图样和有关人士的签名,并且存放一些具有代表性的文化名作、报纸、邮票、钞票、照片等。"胜利走廊"刻有罗斯福总统赠予重庆的卷轴译文,八面碑座石壁上刻有国民政府明定重庆为陪都的颁令全文,以及时人所写《抗战胜利纪功碑》碑文。

1950 年 10 月 1 日,抗战胜利纪功碑被更名为"人民解放纪念碑",简称解放碑。时任西南军政委员会主席的刘伯承题写了碑名"人民解放纪念碑"。

二、黄山陪都遗迹

黄山陪都遗迹位于重庆市南岸区黄山,为现存规模最大、环境风貌保存较好的一处陪都抗战遗迹。民国二十八年(1939 年)夏,蒋介石在此修筑官邸,黄山因此成为国民政府军政要员的决策中心。

黄山处于奇峰幽谷之间,遍山松柏簇拥,风景极佳,属南山风景区范围。1938年,日本对重庆实施战略轰炸,为躲避日机轰炸并避夏日酷暑,蒋介石侍从选中黄山,为蒋、宋修建官邸。蒋介石住"云岫"楼,宋美龄住"松厅"。"云岫"楼是一座中西结合式的三层楼房,蒋介石住二楼右角。松厅为一排中式平房,走廊宽敞,松林围绕,浓荫蔽日。

"云岫"与"松厅"之间的凹谷小道旁挖有防空洞,专为蒋、宋避日机突袭时用。距"云岫"不远,有一稻草铺顶的中式平房,名曰"草亭"。1945 年,美国总统杜鲁门的特使马歇尔将军"为调停国共争端"来重庆时,曾居住过"草亭"。云岫楼东南小山上,建有"云峰"楼一幢,是宋美龄专为宋庆龄准备的寓所,但宋庆龄从未去住过。此外还有望江亭、长亭、半月亭、六角亭等建筑。

三、林　园

林园是抗日战争时期国民政府主席林森的官邸,位于歌乐山双河街,修建于1939 年。林园原是为蒋介石建造的"总裁官邸"。落成时,林森前往祝贺,见官邸建筑雅致、环境清幽,赞不绝口,蒋介石当即表示将官邸赠予林森。官邸于此时即称"林园"。

1943 年,林森因车祸辞世,蒋介石迁居林园。蒋介石住 1 号楼,宋美龄住 2 号楼,3 号楼为蒋介石办公和开会用,林森原居编为 4 号楼。1945 年 8 月 28 日,毛泽东同志从延安飞赴重庆参加国共谈判,蒋介石于当日晚邀毛泽东、周恩来、王若飞至林园,为其接风摆宴,毛泽东等当晚宿于林园 2 号楼,于 30 日离开。

四、宋庆龄公馆

宋庆龄公馆位于渝中区两路口,占地 898 平方米,建筑总面积 665 平方米。由主楼、后楼、防空洞等设施构成,砖木结构。此处是抗战时期宋庆龄居地和“保卫中国大同盟”中央委员会旧址。1942—1945 年间,宋庆龄在此居住和办公,重新组建了保卫中国同盟委员会并担任该会主席,致力于国共合作,争取国际援助,输送物资救助伤员、孤儿和难民,全身心投入抗日战争。

五、张自忠将军墓

张自忠将军墓位于北碚金刚碑梅花山上。张自忠(1891—1940 年),字荩忱,山东省临清县人,陆军二级上将。1914 年入伍当兵,历任排、连、营、团、旅、师、军长、军团长、集团军总司令,1935 年兼任察哈尔省主席,1936 年兼任天津市市长,1937 年兼任北平市长,代理冀察政务委员会委员长。1937 年 11 月,回部队任第五十九军军长,其后,率部参加了台儿庄战役、武汉会战,重创日军,升任第三十三集团军总司令兼五十九军军长。1939 年在随枣战役中,他指挥部队英勇杀敌,取得了田家集作战的胜利。

在枣宜会战中,张自忠率部与敌激战,被日军机枪子弹击中倒在血泊中。为了不让日军俘获,他举枪自戕。一代名将,壮烈殉国。张自忠是中国军队在抗战中牺牲的职务最高的将领,也是第二次世界大战反法西斯阵营中战死的最高军队将领。

1940 年 5 月 16 日,张自忠上将在抗日前线殉国后,忠骸运回北碚,安葬于雨台山麓。墓茔依山而建,半圆弧形,坐南朝北,墓以条石镶边,青石砌拱封顶,墓高2.64 米,周长 21 米,占地 3 267 平方米。墓碑系冯玉祥将军亲题,曰“张上将自忠之墓”。

第四节　近现代革命历史遗迹

1891 年重庆开埠以后,新的思想观念激荡着巴渝人杰,他们的名字和业绩竞相让巴渝山水增辉溢彩。

一、邹容烈士纪念碑

邹容烈士纪念碑位于重庆市渝中区南区公园内。建于民国三十五年(1946年)。1982年为纪念辛亥革命70周年重新修复。碑为八角形塔式石碑,通高5.5米,碑身高3.52米,斜坡形八面,其中四面镌有"邹容烈士纪念碑"竖排隶书7个大字。碑座高1.71米,八面皆镌碑文。"革命军中马前卒"邹容虽然英年早逝,故乡人民却缅怀着他,将城中心一条干道命名为邹容路。

二、沧白路和张培爵烈士纪念碑

辛亥革命前后,杨沧白、张培爵等首义慷慨,在重庆成立蜀军政府,张培爵于1915年被袁世凯杀害,杨沧白于1942年病逝。沧白路和张培爵烈士纪念碑就是为纪念两人而命名和建立的,位于嘉陵江畔洪崖洞上。张培爵烈士纪念碑建于1945年12月,碑高8.15米,由青峡石砌成。

三、刘伯承、聂荣臻元帅旧居纪念馆

1915年袁世凯称帝,引发护国战争,刘伯承于次年3月率领川东护国军第四支队血战丰都,至今纪念亭立在名山对面双桂山的绝佳风景中。刘伯承、聂荣臻将毕生精力献给中国人民的解放事业和建设事业,他们的故乡——开县和江津区,也建立了两位元帅旧居纪念馆,刘伯承元帅故居位于开县城南的赵家镇,为一土木结构的三合院,刘伯承元帅出生和启蒙读书的房间如今都保存完好,故居前有精工浮雕花圈,两棵浓荫如盖的黄葛树。刘伯承元帅纪念馆位于开县县城盛山自然公园内,馆前广场矗立着刘伯承全身青铜铸像。

聂荣臻元帅故居位于江津吴滩郎家村西南。聂荣臻青少年时期曾在此生活。聂荣臻元帅纪念馆位于江津城西,背靠青山,面临长江。该纪念馆再现了聂荣臻元帅的先进思想、优良作风、崇高品德和光辉业绩。刘伯承、聂荣臻元帅的丰功伟绩与山水长在,与日月同辉。

四、红三军司令部旧址

红三军司令部旧址位于重庆城东南酉阳县南腰界乡场(俗称余家桶子)余兰城宅院。四合院布局,中堂为湘鄂西中央分局会议室,左、右侧分别有贺龙军长和关向应政委的办公室和寝室。院内右前方有贺龙亲手所栽花红树一棵,院后右边是红军烈士纪念塔。照壁外墙上有"活捉冉瑞廷,誓为革命而牺牲的工农群众复

仇！消灭冉匪武装，武装工农自己！红三军宣"的石灰标语一幅。民国二十三年
（1934年）6月，贺龙率红三军来此，在此召开了两次湘鄂西中央分局会议。会议决
定在内部停止肃反，恢复党团组织及政治机关，开创了以此为中心的黔东特区。红
三军在当地接应了转移北上的红六军团，与之胜利会师，组成了红二、六军团（红三
军恢复了红二军团称号）统一指挥部，后挺进湘西，为策应中央红军北上作出了重
要贡献。南腰界山水因而名留史册。

五、红岩革命纪念馆

红岩革命纪念馆包括红岩村13号、曾家岩50号、桂园、《新华日报》社旧址等，是
抗日战争时期中共中央南方局和八路军办事处在重庆的活动基地，是中国共产党在
国民党统治区巩固和发展抗日民族统一战线、领导人民群众进行革命斗争的中心。

红岩村是中共中央南方局和八路军驻重庆办事处所在地。重庆谈判期间，毛
泽东主席在此居住，更使它闻名天下。红岩村位于重庆化龙桥原"大有农场"内，
这里原是爱国知识妇女饶国模经营的一片花果农场。

1939年初，中共中央南方局和八路军驻重庆办事处在重庆成立，周恩来任书
记，董必武、叶剑英、秦邦宪、凯丰、吴克坚等为常委。因为国民党不允许中共党组
织公开活动，所以南方局是秘密的，设在公开机关八路军驻重庆办事处内，最初在
机房街70号。

1939年5月初，日机大轰炸，机房街70号被炸毁，董必武、博古等率领南方局和
办事处大部分同志迁往红岩村，散住在农场工人宿舍和堆放柴草杂物的几处茅草房
里。是年秋天，由办事处同志自己设计并修建的办公住宿大楼竣工，南方局、八路军
驻重庆办事处全部迁此办公。从此，红岩村这片红色的土地就成为革命的象征。

中共中央南方局、八路军驻重庆办事处办公大楼坐落在"大有农场"西北坡
上，是一幢外看二层、实际三层的深灰色大楼，占地800平方米。整幢楼房为土木
穿斗结构，两楼一底，有大小房间54间，底层是公开机关八路军驻重庆办事处（皖
南事变前新四军驻重庆办事处也在此办公）。二楼是南方局机关和领导同志的办
公室兼卧室。三楼是南方局、办事处的机要科和秘密电台，主要负责与延安及各地
有关电台的联系及机要文件的传送。

曾家岩50号是南方局在城内租用的办公处，为一幢三层楼房，右侧有国民党
军统局局长戴笠的公馆，左侧有国民党警察局派出所。楼的二层有两间房间分别
为周恩来、董必武的办公室兼宿舍。

桂园是1945年毛泽东、周恩来同蒋介石谈判和国共双方会谈纪要（即《双十协

定》)签字的地方。

《新华日报》是中国共产党在国民党统治区公开出版的唯一的党报。1937 年创刊于南京,1938 年 1 月在武汉正式出版,1938 年 10 月迁至重庆出版,1947 年 2 月被国民党勒令停刊。

六、歌乐山烈士陵园

歌乐山烈士陵园地处重庆西北郊歌乐山下,包含"11 · 27"烈士墓和烈士纪念碑及白公馆、渣滓洞等监狱旧址。

1937 年 7 月 7 日,卢沟桥事变发生,抗日战争全面爆发。11 月 20 日国民政府宣布迁都重庆,定重庆为中华民国陪都。军统局随国民党迁都重庆,为执行蒋介石"攘外必先安内"的政策,大肆发展特务组织,排除异己。1939 年春,戴笠为审讯、关押革命者,为保密起见,亲自出马到歌乐山下一带选址,选中了原四川军阀白驹的别墅"白公馆",用重金买下并改为看守所。军统将白公馆改为监狱以后,在院内的墙上写了"进思尽忠、退思补过""正其义不谋其利,明其道不计其功"等标语。原来的地下贮藏室改为地牢,原防空洞改为刑讯室,一楼一底的住房改为牢房。监狱内设有所长、法官、书记、看守长、传令兵,由交警队守卫。1943 年,中美特种技术合作所成立以后,白公馆曾改为来华美军人员招待所,到 1946 年中美合作所撤销以后又才重新关押革命者。白公馆关押的均属军统认为"案情严重"的政治犯,例如抗日爱国将领黄显声、同济大学校长周均时、爱国人士廖承志、共产党员宋绮云、徐林侠夫妇及幼子"小萝卜头"等,"政治犯"关押最多时达 200 多人。

渣滓洞原来是人工采煤的小煤窑,因为渣多煤少而得名。这里三面环山,一面邻沟,地形隐蔽。1943 年军统特务逼死矿主,霸占煤窑及矿工住房,将其改造为看守所。渣滓洞监狱分为内外两院。内院有一个放风场,有一楼一底的男牢 16 间,另有女牢两间。渣滓洞监狱配备了一个连的特务看守。被囚禁在渣滓洞监狱的主要是"6 · 1"大逮捕的"要犯"、华蓥山武装起义失败后的革命者、《挺进报》案和小民革案中的被捕人员,如江竹筠、许建业、余祖胜、何雪松等,政治犯最多时达 300 多人。白公馆、渣滓洞是抗日战争、解放战争时期国民党军统特务关押、迫害、屠杀革命志士的"两口活棺材"。

逶迤巴山,奔流渝水,大自然的神奇伟力,铸就了巴渝大地雄奇秀美的山川,远古巴人先民、历代风流人物为巴渝大地留下了丰富的文化遗产,奠定了深厚的文化底蕴,增添了奇异的人文光彩,在 21 世纪的今天仍惠泽 3 200 万巴渝儿女。

第四编 巴渝英杰

　　人类历史的发展,是通过人的活动实现的。对巴渝历史人物和当代人物的了解和认识,是洞察和研究巴渝历史与现实的基础。巴渝大地,物华天宝,人杰地灵,英雄辈出,人才荟萃。从廪君率领巴人族群筚路蓝缕,开辟巴地以来,无数贤俊奇才在这块土地上创造出累累硕果;无数客籍智者英豪、社会名流、文人骚客亦频繁出入巴渝之地,留下永恒的足迹,并赋予巴渝千古人文华彩,他们在巴渝成就了自己,书写了历史,并融入了巴渝文化之中。

　　人才的旺盛是巴渝文化昌明的体现,人文荟萃是巴渝文化发达的重要综合指标,而智者英豪、贤俊奇才对于文化的贡献更是时代文明的坐标。

先贤英杰

巴渝大地险恶而艰难的自然环境,大山大河的磅礴气势铸造出巴渝先民勤劳、勇敢、尚武的民族性格。在与大自然抗争繁衍生息时,在部落的争斗迁徙中,巴渝先民筚路蓝缕、生生不息,他们开疆拓土、治理百川、冶炼丹砂,创造了特色鲜明的古代巴文化。这里不仅有大禹、廪君、巴蔓子,而且也还有杰出的女性,他们励精图治、执着进取的精神、"头可断、地不可失"的骨血禀赋,传承至巴渝人的气质、性格中。

第一节　先圣扬美名

一、大　禹

大禹,即禹。本姓姒,名文命,相传四川北川县石泉镇石纽山人。公元前 22 世纪夏后氏部落首领,部落联盟领袖。其子启,建立中国历史上第一个朝代夏,即以禹的封地为国号,以国为姓,故称禹为夏禹、禹帝。

禹时年 30,尚未婚,奉命治水,从家乡治起,顺江而下,至江州(今重庆市)治水,遇涂山氏女娇,相互爱慕,结为夫妻。

大禹与涂山氏的姑娘女娇成婚后 4 天,接到舜给他治水的命令,离别妻子,调查山川地势,梳理百川,破三峡引水出川,曾教四川人使用了"准、绳、规、矩"等测量工具。开凿河道,先导引大江的水入海,再疏导沟渠小河的水入江,在治水的 13 年中,三过家门而不入。后人在涂山建立"禹王庙""涂后祠"祭祀。抗日战争时期,中国工程师学会总部迁重庆,认定他是中国最早最大的工程师,于 1940 年 12 月在重庆通过决议,规定大禹的诞辰 6 月 6 日为工程师节,每年届时总会与各地分会都要举行纪念活动。

二、廪君

廪君是巴人的先祖。巴人是一个以渔盐为主的古老部族。为了生存和发展，巴族的一部分出峡迁居于鱼类资源更为丰富的洞庭一带。帝尧之时，这支以蛇为图腾的巴人一部分溯汉水西进北上，进入今宝鸡地区；另一部分西上进入鄂渝交界处，依附于巫诞族，其后裔又迁徙出峡，居住于湖北长阳武落钟离山一带。如前所述，巴郡南郡蛮，本有五姓，巴氏之子生于赤穴，其他四姓之子生于黑穴。后五姓联合，选择首领，巴氏子务相以卓越的军事技能——掷剑和生产技能——驾船夺得了部落最高军事首领的位置，被授予"廪君"称号（"廪君"意为"凶悍勇武"的象征），此后，廪君成为以白虎为图腾的巴人首领。

廪君"共立"之后，率巴族乘船从夷水溯清江而上，进行民族大迁徙。到达盐阳后，与尚处于母系社会的"盐水女神"部落展开了决战，射杀盐水女神，占据了这片有鱼盐之利的富庶之地。廪君遂以夷城（今湖北恩施）为都，建立巴国。

此后，廪君率巴人沿乌飞水（大溪河）北上，穿过鄂渝交界的山林，重返三峡地区，占领今奉节、云阳、万州、忠县等地；同时，他们又自夷城（恩施）沿清江河水上行，到其源头转入郁水，顺郁水而下至今彭水县城关，进入乌江而下至今涪陵（古称枳）之地，并建国都于涪陵，后又迁都江州（今重庆市）。及至春秋后期，巴国的地盘，"东至鱼复（今奉节），西至僰道（今宜宾），北接汉中，南极黔涪（渝东南及黔东、湘西地区）"，可算是一个泱泱大国。而廪君则是秉承其先民以盐渔为业的传统而拓疆扩土、建立强大巴国的第一位酋长。

三、巴蔓子

巴蔓子，临江（今忠县）人，巴国将军。公元前4世纪中叶，巴国发生内乱，巴王令蔓子到楚国求援。楚王要求事成后割三座城邑给楚方。蔓子无奈，许诺。巴国内乱平息后，楚国使臣到巴国都江州（今重庆市渝中区）索取三座城邑，巴王无言以对。蔓子不愿使巴国领土丧失，又不能失信于楚王，于是严肃地说："城邑是先王留传的领地，岂能割让给邻国，然而我又不能失信于楚国，请以我头谢楚王。"说罢拔剑自刎。楚使带着蔓子的头颅返楚国复命，楚王为之感慨，下令以上卿之礼厚葬蔓子之头，巴国亦以上卿之礼安葬蔓子的身躯。蔓子墓俗称将军坟，位于今重庆市渝中区七星岗附近的莲花池旁。

四、清

清,战国末至秦初巴郡(今重庆)实业家。出身寒微,少年受父教诗书,青年守寡。她不顾世俗礼教的束缚,承担丈夫生前事务,继承夫家开汞炼丹事业。仅几年,巴记丹砂就在各地享有盛誉,经营收入猛增。她奖勤罚懒,医治染病者,安置年老者,解雇肆意破坏不听忠告者,让劳工各自守职尽责,人心安定,产量与销售收入倍增。她拨出部分余额,救助无依无靠的老人和儿童,指定专人专管,被乡人奉为"活神仙"、社会贤达。史书上说她"用财自卫,不见侵犯"。

秦始皇统一中国后,巴清将积蓄的几万两白银全部捐献给朝廷,作为修筑长城的费用。秦始皇览巴郡禀报的奏折,为巴寡妇清输财卫国所感动,为表彰她忠贞爱国,特下诏封她为"贞妇",念她年高孤苦无依,特降旨接她到京城供养。巴清到咸阳不久,即病死京城。秦始皇按巴清落叶归根的遗愿,派军士将其遗体送回故里,令巴郡厚葬,并御书"怀清台"三个大字作为墓名,以示他对巴清的怀念和敬意。

第二节　名将留青史

巴渝大地山川瑰丽,英气灵聚。早在晋朝便有"蜀有相,巴有将"之称。川东人"天性劲勇""人多劲勇""刚悍生其方,风谣尚其武"的记载屡见于史籍。巴渝人在频繁的征战杀伐中,英勇善战,不怕牺牲,重义轻利,为国家民族舍生取义。在这种人文环境中,哺育了一批又一批名将,并洋溢着阳刚之气。

一、严　颜

严颜(?—?),蜀中名将。东汉末年巴郡临江(今重庆忠县)人,为益州牧刘璋部将,领军守江州(今重庆市区江北嘴)。史称他"善开硬弓,使大刀",年纪虽高,精力未衰,有万夫不当之勇。

建安十九年(公元214年),张飞军至江州城下。严颜死守,后张飞用计诱严颜夜出,擒获之。严颜不肯下跪,全无惧色,回叱张飞。张飞佩服其胆略,亲解其绑,严颜感其恩义,遂降。后闻刘璋败绩,严颜自刎而死。

唐贞观八年(公元634年),朝廷有感于巴蔓子、严颜、甘宁忠勇,遂改临江为忠州,唐太宗李世民追赠严颜为忠州刺史。

二、甘　宁

甘宁,字兴霸,巴郡临江(今重庆忠县)人。20多岁时,甘宁离开家乡,投靠刘表、黄祖,都未得到重用。在苏飞的帮助下,甘宁带数百人投奔孙权。建安十三年(公元208年)春天,甘宁献计,孙权率军西征夏口黄祖,擒获而斩杀之。此后,孙权分拨一支部队给甘宁指挥。

同年冬天,甘宁跟随周瑜、程普等参加了著名的赤壁之战,立下战功。曹操败退,留曹仁屯驻江陵,控制南郡。甘宁率兵攻打夷陵(今湖北宜昌),配合周瑜、吕蒙打败曹军,曹仁撤回北方。

之后,甘宁随鲁肃驻守益阳(今湖南境内),挫败关羽渡河计划,拜为西陵太守。

建安十八年(公元213年)正月和建安十九年(公元214年),甘宁在濡须(今安徽巢县南)、皖城(今安徽潜山)两破曹军,擒获庐江太守朱光,升任折冲将军。

建安二十年(公元215年),孙权率军进攻合肥失利,退却至逍遥津,甘宁率众英勇抵抗,保护孙权冲出重围,身中数箭,死于树下。

三、王　坚

王坚(约1210—1264年),南宋名将。京湖路邓州(今河南邓州市)人。少年从军,随南宋名将孟珙入川。淳祐十年(1250年),参加四川制置司余玠与蒙军总帅汪德臣在兴元、文州等地大战。次年,奉命收复兴元府,然后率兴州兵驻合川可城。

宝祐二年(1254年),王坚以战功卓著,任兴元都统兼知合州。他调集军士加固城池,钓鱼城成为川、陕、甘民众聚集的军事重镇。

开庆元年(1259年)初,蒙哥大汗亲率主力军逼近钓鱼城。王坚制订出"战以挠敌,守以固城"的策略,与都统制张珏协力战守。

蒙古军前锋总帅汪德臣率精兵锐卒偷袭外城马军寨,王坚迎战,汪德臣被飞石击中坠马而亡。而后王坚炮击蒙古主帅蒙哥瞭望台,蒙哥"为炮风所震,疾发"而死。九月,宋廷宣布"合州围解",升王坚为"宁远军节度使,依前左领军卫上将军,兴元府驻扎御前诸军统制兼知合州,封清水县开国伯"。

景定元年(1260年),王坚奉诏入朝,任侍卫步军都指挥使。次年入左金吾上将军、湖北安抚使兼知江陵府。因遭贾似道嫉恨排斥,于景定四年贬和州知州,次年郁闷而死。合州军民闻讯,遂修建庙宇,以铭记其功。

四、余玠

余玠(1215—1253 年),南宋大臣,字义夫,号樵隐,蕲州(今湖北蕲春)人。淳祐二年(1242 年)十二月,任权兵部侍郎、四川安抚制置使兼知重庆府。

淳祐三年(1243 年)春,余玠设四川制置司于重庆府衙,修建招贤馆于衙东,张榜招贤纳士,政绩卓异。余玠利用地形,建立山城防御体系,加强了四川防务,抗击蒙古军侵扰。

淳祐三年,蒙古军入侵,余玠率军与蒙军进行大小 36 战;淳祐六年(1246 年)春,取得粉碎蒙古军四道入蜀的大捷;淳祐八年(1248 年),三战三捷,在大渡河畔生擒蒙军将领秃满心,粉碎了蒙古军绕道云南,夹击四川、荆湖南路(今湖南)、广南西路(今广西)的战略计划;淳祐十年,余玠率大军与蒙古军大战于兴元(今陕西汉中市)、文州(今甘肃文县)一带,击败蒙古军兴元主帅王进;淳祐十二年(1252 年)十月,在嘉定城调集全川精锐部队,与蒙古军会战。余玠以播州劲旅坚守外围要塞,自率守将俞兴和各路援军屡用“潜军夜出”战术袭击蒙军营寨,断其粮道,最终击败蒙古大军。

余玠因功勋卓著,升为兵部尚书、四川制置大使,经华文阁待制,进徽猷阁学士,再进为龙图阁学士、端明殿学士。

五、明玉珍

明玉珍(1331—1366 年),元末随州(今湖北随县)人。元末,明玉珍率部参加红巾军,统领徐寿辉任命他为奉国上将军统兵都元帅。1357 年,明玉珍奉命西征;四月,占领重庆,拜陇蜀行省右丞相。1362 年三月,明玉珍在重庆称帝,国号大夏,改元天统,以重庆为都城。

明玉珍废除元朝所定一切徭役,实行十分取一的税制,减轻了人民的负担,社会安定,生产得到了发展。后又进军云南,取陇右,北出汉中,东下荆楚,始终坚持反元立场。

天统四年(1366 年)二月,明玉珍病逝于重庆,临终前仍以“中原未平,元虏未逐”为念。后葬于重庆江北宝盖山。1371 年,明太祖朱元璋灭大夏。

六、秦良玉

秦良玉(1574—1648 年),字贞素,重庆忠县人,是我国明代战功卓著的女性军队统帅。

秦良玉嫁石柱宣抚使(石柱土司)马千乘为妻,帮助丈夫在石柱训练出了一支军纪肃然、战斗力极强、远近闻名的队伍。因所用兵器为白腊树作枪杆的长枪,人们称为"白杆兵"。

明万历二十七年(1599年),播州(今贵州遵义)宣慰使杨应龙叛乱。秦良玉随丈夫领兵参加平叛,白杆兵奋勇攻破天险桑木关、娄山关,将杨应龙围歼于海龙屯,为南川路战功第一。明万历四十一年(1613年),因丈夫马千乘病死,秦良玉袭任石柱宣抚使,成了石柱士兵的正式统帅。明万历四十六年(1618年),努尔哈赤率军入侵,朝廷征调石柱土司秦良玉援辽,参加了著名的浑河之战,熹宗皇帝为秦良玉下诏,加封二品,赐"忠义可嘉"匾额。

同年,四川永宁土司奢崇明叛乱,攻占重庆、泸州,秦良玉亲率精兵6 000人驰援成都,又挥师东下,配合明军收复重庆。因功勋卓著,熹宗皇帝诏令加封秦良玉为一品夫人,授予都督金事之职,并充任总兵官。

崇祯三年(1630年),后金军南下,攻陷永平等四城。崇祯皇帝急诏全国举兵勤王。秦良玉立与侄子秦翼明组织军队,以自己的家财充作军饷,赶赴北京,在收复永平(今河北卢龙)、遵化、滦州(今滦县)等城的战斗中,战功卓著,名震朝野,崇祯帝破格在平台召见秦良玉,赐采币良酒,亲赋诗四首,彰其功绩。

明末,秦良玉自石柱率军阻击张献忠,被击败。清夺取明王朝政权后,秦良玉依附南明朝。南明朝封秦良玉为太子太保忠贞侯,赐"太子太保总镇关防",秦良玉坚持抗清。

顺治五年(1648年),秦良玉病逝于石柱大都督府玉音楼,葬于城东15里回龙山三教寺后。

第三节 能工巧匠百世流芳

巴渝人善于创造,心灵手巧,在因地制宜修建吊脚楼,开凿栈道,架桥修路,建造寺庙、宫观、佛像过程中,涌现了不少能工巧匠,并流传民间。被誉为中国晚期石窟艺术代表作的大足石刻举世瞩目,然翻开大足石刻史册,建造、雕琢、护持、培修大足石刻的人,像一串串晶莹四射的珍珠,隐没在一尊尊雕像后面。

大足自成为昌州治前后近400年中,石刻造像几乎未间断过。帝王崇佛,朝野官员带头造像,昌州刺史韦君靖于唐景福元年率先在北山造像,冯戢于南宋绍兴年间捐资建北山"多宝塔";士绅者雇工造像以求赐福,南北石刻高手竞相献艺,安岳文氏世家石刻高手至少六代人连续 100 多年为大足石刻献身,来自西川的伏氏工匠至少三代人为大足石刻献艺半个多世纪,祖籍河南的胥安等 6 位匠师以及许多被湮没的无名大师,为大足石刻造像献艺献身,而影响最大的是南宋大足僧人赵智凤。

一、韦君靖

韦君靖(生卒年不详),京兆(今陕西长安县)人。唐僖宗乾符(公元 874—879 年)年间任昌元(今重庆市荣昌县)令。时值唐末,韦君靖趁兵戈四起、民不聊生之际,组建了一支强大的地方武装,成为一个很有实力的地方领袖。

韦君靖在任期间,刚毅果敢、赏功罚恶、甄奖公勤、黜弃私党、拔擢英才、三军感德、万众归心。与此同时,又在北山凿造佛像,成为北山石窟的首建者,刻佛活动自成声势。后经五代至南宋绍兴年间,历时 250 多年,北山石刻佛像臻于宏大。

《韦君靖碑》摩崖刻于北山佛湾石窟之首,问世于晚唐。

二、赵智凤

赵智凤(1159—1249 年),南宋昌州(今重庆大足区)米粮里沙溪人。5 岁剪发,入庙为僧。淳熙三年(1176 年),西往广汉弥镇拜瑜伽本尊教主柳本尊为师。赵智凤从其学法,历时三年。淳熙六年(1179 年)返大足,传柳本尊法旨,承持其教,建圣寿本尊殿,名其山曰宝顶。他发弘誓愿,普施法水,御灾驱患,德播远近。由于他持传柳教,故世称赵本尊。

宝顶石刻从淳熙六年起到淳祐九年(1249 年)止,历时 70 载,赵智凤以一僧人之躯,精心设计,巧妙安排,呕心沥血,终于在宝顶山上凿诸佛像上万尊,建成一座完备而有特色的佛教密宗道场。宝顶石刻造像,以圣寿寺西北山谷中的大佛湾和寺东面的小佛湾为中心,分布在方圆两公里之内,共有 13 处。大佛湾规模最宏大,保存最完好。其地势成马蹄形,长约 500 米,崖高 15~30 米,摩崖造像刻在东南北三面石壁上和石窟中,共计 31 尊大型雕像。另有记载宝顶石刻由来和密宗史实的碑刻 7 通,宋人魏了翁等题记 17 则,舍利塔 2 座。

赵智凤苦心经营,自绘蓝图,命工匠先将造像蓝图镂刊于小佛湾,然后在大佛湾扩大雕造。每部群雕之中又分刻成几组或几十组雕像,连续记载一个或几个不同内容的佛经故事,并配以文字说明,好似一幅幅图文并茂的连环图画。而每组造像之间,又以佛教教义将其串联起来,成为一个完整的宣扬佛教教义的体系。"凡释典所载无不备列,几乎将一代大教搜罗毕尽。"宣扬行善积德,则可成佛,将柳本尊视为一代佛祖,这在佛教史上是未尝有过的。

近现代风云人物

1858 年,法国传教士凭借《中法天津条约》开始在重庆修教堂;1876 年,《中英烟台条约》规定英国可派员"驻寓"重庆;1890 年、1895 年《中英烟台条约续增专条》和《马关条约》签订后,重庆正式成为对外通商口岸,成为西方列强通向四川乃至西南的"门户",也成为"灭清、剿洋、兴汉"的义和团中坚和"点燃辛亥革命之火"的四川保路运动的重镇。重庆又是中国内地近代风气早开之地。20 世纪 20 年代中国留日、赴法勤工俭学青年学子,重庆居全国之冠。1911 年 11 月 23 日,重庆率先独立于清朝,成立"重庆蜀军政府"。近代重庆孕育了众多爱国志士和革命先驱:邹容、张培爵、杨沧白、夏之时(重庆蜀军政府领导人)、饶国梁、刘伯承、聂荣臻、邓小平、赵世炎、杨闇公。

近现代史上,巴渝大地人杰辈出,其中有叱咤风云的政治家、军事家,也有实业家、学问家,他们推动了重庆文化的发展和社会的进步。

第一节　辛亥革命斗士

一、邹　容

邹容(1885—1905 年),1885 年生于巴县县城(今重庆渝中区)。1898 年,邹容赴日本留学,寻求救国救民良方。在日本期间,邹容广泛接触到了西方资产阶级民主思想,并迅速融入东京留学生革命斗争的行列。

1903 年 4 月,邹容离日回到上海,寄寓爱国学社,积极参加了各种活动和集会,成为上海拒俄运动的积极分子。在章太炎的帮助下,他完成了中国近代史上最富战斗性的宣传革命的著作《革命军》。在该书的"序言"中,邹容署名自称"革命军中马前卒"。

《革命军》洋洋两万言,尖锐地批判了封建君主专制,热情洋溢地宣传了民主革命思想,鲜明、系统地描绘了资产阶级共和国的宏伟蓝图,被誉为中国的《人权宣言》,是中国近代史上第一篇最全面、最系统地倡言反帝反封建的资产阶级民主革命的时代名著,通篇都体现了邹容张扬的个性、独到的风格、犀利的笔锋、浅直有力的语言和石破天惊的气势,表现出极大的感染力和战斗力,在中国近代史上,可谓"前不见古人,后不见来者"。

1903 年 5 月,《革命军》在上海出版,清廷恐慌。1903 年 6 月,《苏报》和爱国学社被外国巡捕与中国警探查封,章太炎被捕,邹容自投入狱,坚持斗争。1905 年 2 月,邹容病逝狱中,年仅 20 岁。

邹容的《革命军》在专制黑暗的中国不啻是一声惊雷,引起极大震动,唤起了人们的革命激情。《革命军》一经刊行便风行海内外,在短短的几年内重印达 29 次,发行 110 万册,占当时革命书籍发行量的首位。辛亥革命成功后,孙中山为表彰邹容的革命功绩,授予他"大将军"的荣衔。

二、张培爵

张培爵(1876—1915 年),1876 年出生于荣昌县安富镇一个医生家庭。1906 年加入同盟会。1909 年应杨庶堪之约就任重庆府中学堂学监,使重庆府中学堂成为四川各地同盟会的联络枢纽。

1911 年 5 月,川鄂等省人民兴起保路风潮,张培爵、杨庶堪积极准备起义。张培爵在重庆府中学堂提供快枪 200 支供学生操练,并布置自造炸弹,组织敢死队,为武昌起义后重庆蜀军政府的成立创造了重要条件。11 月 22 日,起义正式发动,次日组织蜀军政府,张培爵任都督,夏之时任副都督,杨庶堪、朱之洪为高等顾问,向楚为秘书院长。

蜀军政府成立后,通电全国,发表了《对内宣言》《对外宣言》,制定《蜀军政府政纲》等。后全川两军政府合并,张培爵任副都督。

袁世凯篡夺革命大权后,将张培爵骗至北京软禁。1915 年 3 月 4 日,张培爵被杀害,年仅 39 岁。

朱之洪等集资把张培爵灵柩迁葬荣昌家乡,并把衣冠冢建于重庆佛图关"先烈墓园",为纪念其在辛亥革命中的功绩,还于沧白路竖立张培爵纪念碑。

三、杨沧白

杨庶堪(1881—1942 年),字沧白,巴县木洞镇人。1905 年,杨庶堪首批加入同盟会;1906 年初同盟会重庆支部建立,推杨庶堪为首盟,在永宁中学任教时期,杨庶堪积极推动革命运动,使之成为川南革命司令部。成都起义失败后,重庆成为全省同盟会活动的中心。

1909—1910 年,杨庶堪、张培爵等一大批革命党人聚集重庆。他们决定用各种关系进一步掌握学校以扩大组织,开展革命。杨庶堪到重庆府中任监督,张培爵任学监,不少同盟会员任教于府中,他们还掌握了供学生军事操练的快枪 200 支,重庆府中成了同盟会重庆支部的机关所在地。

1911 年 11 月,夏之时率龙泉驿起义新军抵江北黄葛树,杨庶堪派朱之洪与夏军联络,并决定重庆起义。11 月 22 日,由杨庶堪主持,在朝天观举行市民大会,迫使重庆知府钮传善、巴县知事段荣嘉缴印投降,宣告重庆独立,结束了清政府在川东的统治。23 日,杨庶堪主持召开了蜀军政府筹建会议,担任蜀军政府高等顾问。

袁世凯叛变革命后庶堪被迫流亡日本,写下长诗《癸丑违难纪事二百韵》。此后历任要职,为革命不遗余力。1942 年,杨庶堪病逝于重庆南岸弹子石寓所。为纪念他对辛亥革命的贡献,后人将原炮台街改为沧白路,并建立"杨沧白先生纪念馆"。

四、饶国梁

饶国梁(1888—1911 年),重庆市大足区人。1908 年,饶国梁在陆军速成学堂学习期间加入同盟会,从此走上革命道路。1910 年 11 月 13 日,孙中山电约黄兴、赵声、胡汉民等在南洋槟榔屿召开会议,决定在广州举行武装起义。1911 年 1 月中旬,成立起义的领导机关——统筹部,黄兴、赵声分任正、副部长。2 月,黄兴写信通知在昆明的饶国梁约陈汝环等人参加广州起义。饶国梁得信后立即约集川籍同志 6 人经广西入广州到达香港,会见黄兴、胡汉民等人。到达广州后,他奉命联络会党,并担任从香港向广州送枪械弹药的任务。

4 月 27 日下午 5 时半,广州起义爆发了。黄兴亲率一队人由小东营勇猛地攻打两广总督衙门。饶国梁与喻培伦、熊克武、但懋辛、秦炳等人攻打两广总督衙门后门。饶国梁等人先后进攻督署、督练公所,与清军水师发生遭遇战,因众寡悬殊,起义者且战且走,饶国梁被敌军所俘。

在清政府的法庭上,饶国梁表现出无比的英雄气概。在审讯中,他公开承认自己是革命党人,宣传革命党的主张,揭露清政府的腐败,慷慨激昂,只求速死。1911 年 4 月 30 日,饶国梁被害,年仅 23 岁。为纪念饶国梁,他的家乡大足区修建了辛亥革命广州殉难饶烈士国梁纪念碑。

第二节　活跃于重庆的抗战政治人物

1937 年 11 月 20 日,国民政府迁都重庆,重庆成为全国抗战领导中枢、世界反法西斯东方战场的指挥部、以国共合作为基础的大后方、抗日民族统一战线的政治舞台。中国共产党久经考验、深明民族大义的革命家周恩来、董必武、叶剑英、林伯渠、邓颖超、吴玉章以及八路军办事处移驻重庆,中国共产党人结庐红岩村,创立了"红岩精神"。抗战时期,宋庆龄两次来到重庆从事抗战活动,宋美龄致力于妇女救亡活动和外交活动……各国使馆迁来重庆,国际军政要人来渝考察、任职。1945年 8 月抗战胜利后,毛泽东亲临重庆。中国抗日战争时期的重庆,涌现出众多的政治人物,他们影响着中国,也影响着世界。

一、周恩来

周恩来(1898—1976 年),原籍浙江绍兴。1939 年 1 月 16 日,中共南方局成立,周恩来任书记,办公地点设在重庆曾家岩 50 号。这里也是周恩来的宿舍,还是他办公、接待民主人士和中外记者的地方。周恩来和南方局的同志在重庆期间,遵循中共中央"坚持抗战,反对投降;坚持团结,反对分裂;坚持进步,反对倒退"三大政治口号,成为团结御侮、民主协商、风雨同舟、荣辱与共的楷模。周恩来为了祖国的安危和人民的幸福,曾数十次往返于延安和重庆之间,为和平民主奔走。

1941 年 1 月 6 日,发生了震惊中外的皖南事变,周恩来挥笔为《新华日报》题词:"为江南死国难者致哀!"并赋诗一首:"千古奇冤,江南一叶;同室操戈,相煎何急!"同时,他抓紧时机,展开了卓有成效的外交斗争。周恩来和南方局、八路军办事处的同志们,为争取民主、自由、人权,反对专制、独裁、腐败做了大量的工作,体现了"红岩"精神原型。抗日战争胜利后,为尽可能争取和平,阻止和推迟内战的发生,8 月 28 日,周恩来和王若飞陪同毛泽东组成中共代表团赴重庆与国民党谈判。10 月 10 日,由周恩来起草的《政府与中共代表会谈纪要》(《双十协定》)在桂园签字。1946 年 1 月,由周恩来、王若飞、董必武等组成中共代表团,留在重庆参加政协会议,与国民党继续谈判。

二、宋氏姐妹

（一）宋庆龄

宋庆龄（1893—1981 年），广东省文昌县（今海南省文昌县）人。宋庆龄于1940 年 3 月、1941 年 12 月两次来到重庆进行抗战活动。她视察学校，发起赈灾义赛义演活动，慰问抗战将士，多次发表抗战演讲。1940 年 4 月 8 日，《新华日报》刊出她为该报的亲笔题词："抗战到底。"此后她又多次为《新华日报》题词"发扬抗战国策，争取最后胜利""平等自由，声气相通，精诚奋斗，共建大同"，并先后发表《中国妇女争取自由的斗争》《给中国在海外朋友的公开信》《致美国工人》等具有深远影响的文章。

1942 年 8 月中旬，她在重庆重新组织"保卫中国同盟中央委员会"，并继续担任主席。"保盟"对捐赠的大量款物，大部分都资助了抗日根据地。宋庆龄还争取到盟军中的中国战区参谋长史迪威将军的帮助，用美国飞机将"保盟"转赠的医疗设备运往延安，并将美国洛杉矶爱国华侨及其他人士的捐款，资助延安创办了洛杉矶托儿所。1945 年 12 月 12 日，"保盟"更名为中国福利基金会。

（二）宋美龄

宋美龄（1899—2003 年），广东省文昌县（今海南省文昌县）人。抗战时期，宋美龄致力于妇女救亡活动和外交活动，并先后担任儿童保育会理事长、新生活运动总会妇女指导委员会（简称"妇指会"）指导长。

1938 年 11 月底，宋美龄随国民党政府迁到重庆，"妇指会"也内迁重庆开展工作。她发表演讲，向重庆的妇女组织提出了六项要求，鼓动重庆市上层妇女，迅速组织了抗敌军人家属服务队、民众教育队、救护队、缝制队和宣传队五个妇女团体。"妇指会"还组织成立了 36 个新生活妇女工作队（其成员主要是国民党党政军各机关女职员和机关家属）投入到各项抗日救亡运动中。宋美龄还与"妇指会"慰劳组的工作人员一起深入到各战区去慰劳伤兵。

1940 年 3 月 31 日，宋美龄陪同大姐宋霭龄、二姐宋庆龄从香港来到重庆，在此之后的近两年时间里，宋氏三姐妹在抗日救亡共同目标下，从事收容儿童、救济妇女工作，并经常到重庆被日机轰炸的现场和伤兵医院等处视察。

在重庆期间，宋美龄曾多次发表文章和演讲，揭露日本帝国主义侵华暴行，并多次向美国发表越洋广播，呼吁美国支持中国政府抗日。

三、史迪威

史迪威(1883—1946年),美国四星上将,第二次世界大战时任盟军中国战区总参谋长。1942年初,作为中国战区总参谋长和中缅印战区美军总司令的史迪威将军来到重庆,将司令部设在这里。在此之后的两年零八个月的任期中,史迪威将军致力于改善和提高中国军队的装备和训练,指挥中国远征军打败驻缅日军,收复缅甸北部。同时他还指挥中美军队修建了利多公路,打通了援华物资从印度运往中国的陆上通道,有力支持了中国抗战。此外,他提出了联合并装备中国共产党军队抗日的主张,积极促成了美军观察组前往延安,对中国抗日的前途和中美关系提出了一些实际的建议。他不带任何党派成见,一再要求"蒋介石与其他中国军队合作抗日",坚决促成中国的内部团结,并主张给予国共双方以平等的物资援助。

史迪威在重庆期间,对蒋介石政府的腐败及消极避战的政策十分不满,希望给中国共产党提供物资援助,在困境中艰难地执行着自己的使命,在军队指挥权和对待中国共产党的问题上与蒋介石的矛盾日益突出。1944年10月,由于美国政府的妥协,史迪威将军被召回美国,离开重庆。

第三节　无产阶级革命家和革命烈士

江山代有人才出,五四运动揭开了中国历史的现代时期,重庆涌现出许多的杰出人才。从五四运动前后的新民主主义革命时期到新中国成立,重庆涌现出许多无产阶级革命家和革命志士。陈愚生、邓中夏、恽代英、陈毅、肖楚女在重庆传播马克思主义。在1919—1920年的留法勤工俭学热潮中,全国留法学生1579人,其中重庆有129名,女子30人中重庆占10人。中华人民共和国十大元帅中,重庆籍的元帅有两人。毛泽东、周恩来、邓小平、朱德、董必武、吴玉章、陈毅、贺龙、叶剑英、邓颖超等在重庆工作和战斗,建立了丰功伟绩。在这片壮丽的土地上,著名的民族英雄杨虎城,无产阶级革命家叶挺、廖承志,革命志士车耀先、罗世文、许晓轩、江竹筠、陈然、王朴为人民的解放献出了宝贵的生命,他们是巴渝天空中最为灿烂的群星。

一、赵世炎

赵世炎(1901—1927年),重庆酉阳龙潭镇人。1919年5月,赵世炎组织和领导北京高等师范学校附中同学参加了五四运动,被公推为学生会干事长,正式并公开地表达了他的爱国热情。毕业后,赵世炎参加了"少年中国学会",并出版了《少年》半月刊,此后还创办《平民周刊》和《工读》半月刊,提倡民主与科学,鼓励半工半读,公开主张在中国实行社会主义。

1920 年 5 月 9 日,赵世炎到达法国。他创办了宣传马克思主义的刊物《华工周报》,组织工人、群众和学生的活动,并于 1922 年秋天担任中国共产党旅欧支部法国组书记。此后,他到苏联进一步学习马克思主义,发表了《世界与列宁及列宁主义》和《列宁》等文章,详尽地分析了列宁主义产生的社会和历史根源以及它的精华所在。

赵世炎于 1924 年回国之后,全身心地从事革命工作,先后担任中国共产党北京地委书记和北方区委宣传部长兼职工运动委员会书记。1926 年,赵世炎来到上海,任中国共产党上海区委组织部长兼上海总工会党团书记,后又任中国共产党上海区委第二书记。赵世炎是上海工人三次武装起义的主要领导人之一,并在上海第三次工人武装起义时期,担任起义副总指挥(周恩来任总指挥)。

1927 年 4 月,在中国共产党第五次全国代表大会上,赵世炎当选为中共中央委员;6 月,任中国共产党江苏省委代理书记。7 月 2 日,由于叛徒出卖,赵世炎回到住所时不幸被捕。1927 年 7 月 19 日清晨,赵世炎惨遭敌人杀害。

二、杨闇公

杨闇公(1898—1927 年),潼南县双江镇人。1924 年,留日回国的杨闇公加入了中国共产党,他和肖楚女等于 9 月在重庆成立四川反帝国主义联盟,又建立了青年团的外围组织——四川平民学社,开办平民学校,出版了机关刊物《爝光》。

1925 年"五卅"惨案后,杨闇公领导各进步团体于 6 月 7 日成立重庆国民外交后援会,领导重庆工人、学生和市民罢工、游行示威以及经济绝交等大规模的斗争,使外国企业和洋行人员的经济活动陷于停顿,外国领事馆、企业和洋行人员的生活必需品的供应亦被断绝,帝国主义遭到了沉重的打击。

1925 年 8 月,杨闇公与吴玉章一起筹办中法学校。在筹办中法学校期间,杨闇公积极协助吴玉章团结国民党左派,对四川的国民党组织进行了整顿,并将国民党四川省党部移至重庆莲花池,由杨闇公负责国民党省党部的实际领导工作。

1925 年秋冬之交,中国共产党重庆地方执行委员会(即四川省委)成立,杨闇公为书记,加强了党对全川革命工作的领导。为使农民运动得到较好的开展,中共重庆地委委派了一些干部到各地去组织农民协会,还派遣 20 多人去广州到毛泽东主持的第六届农民运动讲习所受训。针对英国军舰制造的"万县惨案",重庆地委成立"雪耻会",召开市民大会,举行大规模示威游行,并组织了抵制英货和罢工活动,迫使英国军舰逃离四川。1926 年 10 月,由杨闇公、朱德、刘伯承组成中共重庆地委领导的革命军事委员会,杨闇公兼任军委书记,举行了顺庆、泸州起义,并宣告成立国民革命军川军各路军总指挥部,从此建立了共产党领导的第一支革命武装。这支起义部队一直坚持战斗到 1927 年 5 月下旬。

1927 年 3 月 24 日,杨闇公等党的负责人决定于 3 月 31 日在打枪坝举行群众大会,抗议"南京惨案"中帝国主义的暴行。但当大会即将开始时,即遭到刘湘指使的反动武装血腥屠杀。4 月 4 日,杨闇公偕妻子赵宗楷去武汉时,不幸于"亚东"号轮被捕。杨闇公在狱中被敌人严刑折磨,于 4 月 6 日壮烈牺牲于重庆佛图关。

三、刘伯承

刘伯承(1892—1986 年),重庆开县人。1914 年 9 月,刘伯承在上海加入中华革命党。次年冬,在涪陵县发动反袁武装起义,组成四川护国军第 4 支队。1916 年 3 月,为策应云南护国军在川南的战斗,率部攻占丰都县城,战斗中不幸头部受伤右眼致残。

1926 年 5 月 13 日,刘伯承在重庆加入了中国共产党,同年 10 月被委任为国民党中央特派员,全权处理四川军事问题。当时,拥有近 20 万兵力的四川军阀给北伐军的左翼造成严重威胁,使北伐战争的形势骤然逆转。为牵制川军势力,推动军阀的倒戈易帜,刘伯承于 1926 年 12 月 1 日、12 月 3 日领导和组织了泸州、顺庆起义。在顺庆,刘伯承被公推为川军各路总指挥。他将三路起义军汇集到一起,并在处理各部关系、整肃内部纪律、布置防范措施、安置民众生活等方面都作了周密的安排。由于局势发生了变化,起义军最后被迫出城东撤。1927 年 1 月,刘伯承又赶到受到多方敌人围困的泸州主持大局。他整编军队,创办"泸纳军团联合军事政治学校",亲自指导和督促军事训练,还经常到学校作报告,宣传革命理论。此外,还全面改善了税收、财政机构,制定了一系列新的政策。顺泸起义虽然以失败告终,但它对北伐战争、四川局势却有着不容忽视的意义和价值。

1949 年 11 月,中国人民解放军第二野战军司令员刘伯承与政委邓小平指挥二野主力挺进大西南,同年 12 月 8 日,他们率第二野战军和中共中央西南局领导机关进驻重庆,刘伯承任西南军政委员会主席、中共中央西南局第二书记,领导广大军民展开肃清匪患,恢复经济的工作。1950 年底,他出任人民解放军军事学院院长,离开了重庆。

四、邓小平

邓小平(1904—1997年),原名邓先圣,学名邓希贤,四川广安县协兴乡牌坊村人。1919年夏,邓小平考入重庆留法勤工俭学预备学校,在刻苦学习之余,参加了重庆地区五四反帝爱国运动,打开眼界。1920年8月27日,邓小平同其他同学乘"吉庆"轮离开重庆,经上海赴法留学,并在法国加入中国共产党。

1949年11月30日,邓小平和刘伯承指挥第二野战军解放重庆,粉碎了蒋介石的整个西南防御部署,在12月8日率二野机关进驻重庆。邓小平同时就任西南局第一书记,并兼任西南军政委员会副主席、西南军区政委。

在重庆主持西南工作期间,邓小平与刘伯承、贺龙一道领导西南军民开展建设人民政权、恢复生产、稳定秩序、土地改革、镇压反革命等一系列工作。在他的主持下,新中国第一条铁路——成渝铁路在1952年7月1日全线通车。

邓小平还十分关心重庆市的工作。在1950年1月召开的重庆市第一届各界人民代表大会上,他作了题为《团结起来,战胜困难》的总结报告。邓小平还十分重视党政机关廉政建设,在西南局召开的驻重庆各级机关党员干部大会和重庆第二次党代会上,分别作了题为《关于整编节约问题》和《关于整风问题》的报告。在重庆,他还贯彻党中央的指示,组织部队进军西藏,并促成了西藏的和平解放。

1952年7月1日,邓小平在参加成渝铁路庆典之后,离开重庆赴中央任职。

五、聂荣臻

聂荣臻(1899—1992年),江津吴滩镇人。1923年春聂荣臻在法国加入中国共产党。1924年秋与叶挺等人被秘密派往苏联红军学校中国班学习,成为中国共产党早期培养的宝贵军事人才。

1925年,聂荣臻回国后在黄埔军校政治部任秘书兼政治教官。1927年参加南昌起义和广州起义。1931年底,他进入中央根据地江西瑞金,不久任红一军团政委。1937年任八路军第115师副师长,参与指挥了平型关大战。此后,聂荣臻带一部分兵力与主力分手,从五台山区向周围广阔的地域发展,创建了敌后第一块最大的根据地——晋察冀边区。在边区,他多次成功地领导了反"扫荡"斗争,给日军以沉重打击。1939年11月,在聂荣臻直接指挥下,八路军在河北涞源县城东南的黄土岭巧妙设伏,歼灭前来"扫荡"的日军800多人,其指挥官阿部规秀中将也被八路军的迫击炮击毙。在中国的抗战史上,于战斗前线当场击毙日寇中将衔军官此为首次。一向污蔑八路军"游而不击"的蒋介石也不得不发来电报,称此战胜利

"足见我官兵杀敌英勇,殊堪奖慰"。抗战胜利后,聂荣臻担任华北军区司令员,领导了华北解放战争。

新中国成立后,聂荣臻曾任北京市市长、人民解放军代总参谋长等职。1956年11月,他被任命为国务院副总理,主管科学技术工作,后又担任国防科委主任,他上任后主持制定了十二年科学规划,统一组织全国协作。我国于1964年10月16日终于成功爆炸了第一枚原子弹,1966年10月成功实现了导弹与原子弹的结合,1967年6月又成功爆炸第一枚氢弹。

晚年的聂荣臻仍然关心国防科研和军队建设,关心国家改革开放和祖国统一大业,直至1992年5月14日辞世。

第四节　实业界精英

1890年,中央《烟台条约续增专条》签字,重庆被迫在次年正式开关,重庆民族工业在帝国主义、封建主义、封建军阀的多重压迫的历史夹缝中逐步兴起,涌现出以卢作孚先生为代表的一批以"实业救国"为己任的杰出人物。如味精大王吴蕴初、铅笔大王吴羹梅、猪鬃大王古耕虞、兴办旅游业的汪代玺等,他们为重庆的经济发展、为重庆这个内陆城市的现代化作出了不可磨灭的贡献。

一、卢作孚

卢作孚(1893—1952年),合川人。1921年,卢作孚在任道泸州尹公署教育科长时推行了两项重大的教育改革:一是开展以民众教育为中心,创办通俗教育会以继续推进五四以来的文化运动的全面展开;二是以整顿川南师范学校为中心,彻底改变川南地区的落后教育制度,进行先进的教育实践。在创办了"民生实业股份有限公司"后,卢作孚开始了成人教育的尝试,大大提高了职工的技术水平和基本素质。1930年卢作孚在北碚创办了新式中学——兼善中学。同年,他在北碚正式创办了中国西部科学院,对四川和重庆的工农业发展作出了较大的贡献。

1926年5月,卢作孚在重庆成立"民生实业股份有限公司",并在上海打造名为"民生"的新船。7月23日,"民生"轮抵达合川,从此开始了重庆与合川间的定期航运。由于营业兴旺,信誉大增,公司相继订造新船,又开辟了渝涪、渝宜、渝叙等线。

卢作孚大力整顿经营管理,带动全公司人员艰苦奋斗、勤俭经营,创业五年后,公司的资产总值即增长为 35 万元,职工由几人增至 164 人,公司充满一片朝气。至 1931 年,卢作孚以"买饼"(即一部分付现款,一部分转为股票)的方式,几乎接收了长江上游的所有商轮,又先后将川军将领刘湘、潘文华、范绍增、李家钰、杨森等经营的轮船并入民生公司,使公司轮船增至 19 艘,共 7 000 吨,职工近千人,成了重庆以上至宜宾、以下至宜昌这条航线上一支强有力的航运力量。在经营民生公司的同时,卢作孚与长期霸占川江航运权的外国轮船公司进行了历时数年的激烈斗争。外轮竞争失败,民生公司得到了发展壮大。抗战时期,国难当头,卢作孚和他的民生公司支撑了关系国家命运的大撤退,创造了长江航运的奇迹。从 1938 年 10 月 24 日始到 12 月,卢作孚用非凡的组织才干和顽强毅力,指挥 24 艘轮船不停地往返于宜昌与川江各港口之间。白天航行夜间装卸,一方面迅速将 10 万吨军工器材和迁川的工厂设备安排运抵后方;一方面将 10 万川军健儿输运到抗日前线。宜昌至重庆的航线途经 10 多个县,险滩多达数百处,航程达千里。宜昌大撤退,卢作孚和他的民生公司承受着巨大的经济压力。战时钢板价格上涨千倍,机油上涨 200 倍,煤价超过战前 150 倍,其他各种所需原材料,也大都上涨 100 倍,卢作孚不断调集民生公司其他产生的资金,顽强支撑着这场事关国家命运的大撤退,日军在川江航运实施轰炸,40 天的运输,民生公司损失轮船 16 艘,116 名民生公司员工牺牲,61 人受伤致残。

卢作孚的民生实业公司逐渐成为战线内河运输的主力。此外,卢作孚还对西南 70 多家企业进行了投资,特别是与民生实业公司业务关系密切的煤、钢、机器制造业等,这使民生实业公司成了大后方最大的民族资本企业集团。卢作孚一生致力于现代化建设,是内陆中国现代化的精英。

1950 年 6 月,卢作孚在周恩来总理的关怀、香港党组织的缜密安排下,秘密离港回到北京,并先后将被劫持到台湾和留在香港的轮船近 20 艘(约值 5 000 多万美元)驶回广州,完成了保产的任务。1952 年 2 月 8 日,卢作孚在重庆逝世。毛泽东把他与张之洞、张謇、范旭东一道誉为旧中国实业界"四个不能忘记的人物"。

二、胡子昂

胡子昂(1897—1991 年),字鹤如,重庆南岸区人。1935 年胡子昂以"实业救国"之心与友人共同经营重庆华西兴业公司。胡子昂等负责承建四川水泥厂,该厂成为西南地区最早出现的年产量 4.5 万吨的水泥厂。华西公司还在成都、重庆等地承建或改建了电力厂、银行、学校、仓库、办公民用房等,以及当时成渝铁路第一总段 68.15 公里的筑路工程等一系列工程,在西南工商界声威大震。1937 年,胡子昂等在已有的汽车修理厂的基础上,建起了华兴机器厂、华联钢铁厂以及华西猪鬃厂、华泰木厂、华一砖瓦厂、矿场等,形成一批华西系列工厂。华西公司从成立到1939年,在短短几年时间里,发展为西南地区最大的一家工程技术和工矿企业。

1939年7月,官商合办的中国兴业公司成立,胡子昂参与主持实施了钢铁厂的扩建工程,使之成为抗战后方民营钢铁厂中最大的企业,为战时的军需民用提供了大量的钢铁和各种器材。1941年,胡子昂自筹资金150万元,在重庆开办了华康钱庄,亲任董事长兼总经理。1944年改为华康银行,并陆续在成都、武汉、上海设分行,成为重庆一家比较有影响的银行。在经营企业的过程中,胡子昂逐步认识到"实业救国"的道路并不能走通,积极参加爱国民主运动。1945年秋,胡子昂积极支持中国民主建国会在重庆的建立,以后又积极配合民建会的工作。1949年9月,胡子昂应中共中央邀请,由香港到北京,参加了第一届全国政治协商会议和开国大典。12月随刘邓大军挺进西南,回到重庆,任西南军政委员会委员、西南财经委员会委员、重庆市副市长。他将华康银行和自己在各企业的全部股票以及个人珍藏书画无偿上交国家。

文人学士

第一节　抗战时期的文艺界人士

　　"江山养豪俊"，从古至今，巴山渝水孕育了一代又一代中华英杰、文坛巨匠、教育家、学者和科学家。自唐宋时期就有李白、杜甫、白居易、刘禹锡、苏东坡等大家云集，留下千古诗文。抗战时期，重庆成为中国政治、经济、外交、军事及文化的中心，除早逝的鲁迅、皈依佛门的弘一法师和滞留南洋的郁达夫外，中国文化艺术界几乎所有泰山北斗和才子佳人都云集巴山渝水，在以重庆为中心的抗战大后方，在民族血脉的创痛和博动中，垒筑起中国战时文艺复兴式的高岗。在文学、艺术、诗歌、戏剧、电影、美术、音乐和哲学、史学、法学、教育、出版、新闻、经济学、社会学、伦理学、心理学、宗教学、民族学乃至自然科学诸领域，学派林立，大师汇聚。这些民族的精英，或寓居重庆，或短时停留，为抗战时期的重庆增添了厚重的人文华彩，他们是：

　　作家或诗人郭沫若、林语堂、茅盾、梁实秋、谢冰心、田汉、胡风、巴金、夏衍、柳亚子、孙伏园、张恨水、骆宾基、萧军、萧红、臧克家、艾青等；

　　戏剧家史东山、郑君里、于伶、陈鲤庭、老舍、陈白尘、洪深、曹禺、阳翰笙等；

　　著名表演艺术家金山、赵丹、项堃、舒绣文、白杨、张瑞芳、秦怡等；

　　美术家徐悲鸿、张大千、傅抱石、潘天寿、关山月、李可染、丰子恺、林风眠、吴作人、刘开渠、丁聪、尹瘦石以及美学家朱光潜、宗伯华等和音乐家贺绿汀、马思聪等；

　　翻译家曹靖华、朱生豪、伍蠡甫、梁宗岱等；

　　历史学家胡适、陈寅恪、顾颉刚、朱希祖、蒙文通、周谷城、翦伯赞、吕振羽、侯外庐、徐中舒、商承祚，以及思想史、哲学史家唐君毅、冯友兰、贺麟、杜国庠等；

　　佛学大师太虚法师、欧阳竟无及学者熊十力、梁漱溟、汤用彤等；

社会活动家陈独秀、许德珩、张君劢、章乃器、沈钧儒、史良、罗家伦等；

教育家黄炎培、马寅初、张伯苓、陈望道、晏阳初、陶行之、梅贻琦、潘菽等；

科学家吴有训、吴健雄、严济慈、吴大猷、竺可桢、李四光、童第周、侯德榜、梁思成等；

成千上万名中国知识文化艺术界名流及其子弟门生,为中华民族的独立自由,为中华文化的传承复兴及中外、中西文化的伟大遇合,留下一份分外丰厚精湛的文化遗产,并成为巴渝文化的重要组成部分。

一、张大千、张善子和徐悲鸿

(一)张大千

张大千(1899—1983年),生于四川省内江市。1938年,张大千经香港、桂林抵渝,与二哥张善子共同创作《忠心报国图》(又名《双骏图》),以骏马救孙坚的故事表达爱国激情。并与晏济元联合举办抗日募捐画展,出售作品80余幅,全部用于赈济灾民。1944年3月,在重庆召开的全国美术会第七届年会上,他与徐悲鸿、傅抱石等31人当选为中华全国美术会理事。同年5月19日,在重庆举行"张大千临摹敦煌壁画展览",在内地掀起了一股"敦煌热"。

(二)张善子

张善子(1882—1940年),抗战爆发后,张善子在重庆忘我地进行抗日宣传创作,创作了《怒吼吧,中国》《精忠报国》等画作。在日机疯狂轰炸和炮火声中,他完成了《怒吼吧,中国》,并在画面右上角题道:"雄大王风,一致怒吼,战撼河山,势吞小丑。"这幅国画长两丈,宽一丈二尺。画面中的28只猛虎奔逐落日,气势迫人,象征当时中国28个省区人民行动起来奋勇抗战,并以落日预示日本终必日落西山,宣扬了抗战必胜的信念。它融汇了时代精神、民族风格,突出了画家爱国的高尚情操。

1940年初,张善子在美国时,听说当时中国航空委员会顾问陈纳德将军将在美组建空军志愿队援华抗日。他心情激动,经过精心构思,作《飞虎图》赠与这位飞虎将军。《飞虎图》画面构思非常奇特,两只带翅膀的老虎勇猛敏捷、生猛恣意,带着虎虎英气在晴朗如洗的天空中飞翔。画面的底部是纽约市鸟瞰,市区鳞次栉比的高楼大厦重重叠叠,十分壮观。左下方落款为"大中华民国张善子写于纽约",下有"大风堂""善子"两枚印章。画面充满了一个艺术家的大胆想象和深刻的寓意,且这幅画的国画传统技巧也达到了相当高的水平,留白大气,疏密得当,以高度精炼的线条勾勒出一幅富有象征意义的历史画面。

张善子说:"多卖出一幅画,就多一颗射向敌人的子弹,多一份支援国家抗战的力量。"故张善子除在国内募捐外,还奔走欧美各地,举办了百多次募捐画展,筹得二十多万元美金,悉数献给祖国支援抗战。1940 年于重庆逝世,年仅 59 岁。

(三)徐悲鸿

徐悲鸿(1895—1953 年),江苏宜兴人。1937 年 10 月,徐悲鸿随中央大学内迁抵渝,便创作了《巴人汲水图》,表达他对山城人民挑水上山,吃水艰难之同情。此画在香港冯平图书馆展出,被誉为"五百年来罕见之作"。此外还有以沙坪坝生活为题材的《贫妇》,以及重要画作《风雨鸡鸣》《自画像》《月夜》等。1942 年,徐悲鸿在江北盘溪石家祠筹办中国美术学院,聘张大千、吴作人等为研究员,并创作《群马》《六马图》等作品,并参加了"文运会"主办的艺术展览会、中国美术学院筹备处研究人员第一届美术作品展、第三届美术作品展等,展出了《奔马》《灵鹫》《山鬼》等作品。且 1943 年在重庆中央图书馆举办了个人画展。

二、老舍、郭沫若、茅盾、巴金、梁实秋

(一)老舍

老舍(1899—1966 年),于 1938 年 8 月 14 日武汉沦陷前到达重庆。1940 年,抗日名将张自忠上将殉国,老舍为歌颂这位民族英雄,创作了四幕抗日话剧《张自忠》,在北碚中华图书公司《弹花》文艺丛书出版发行。

1941—1942 年,老舍创作了喜剧《面子问题》以及《谁先到了重庆》,在北碚同萧亦五、赵清阁合作四幕话剧《王老五》(又名《虎啸》),与赵清阁合写了剧本《桃李春风》,并完成了以抗日为题材的第一部长篇小说《火葬》。

老舍说:"在抗战中我不仅应当是个作者,也应当是个最关心战争的国民;我是个国民,我就该尽力于抗战;我不会放枪,好,让我用笔代替枪吧。"在抗战时期他除了完成上述作品,还写出了长篇小说《四世同堂》第一部《惶惑》和第二部《偷生》《民生世界》等;写出了长篇回忆录《八方风雨》,写出了散文、杂文、诗词、曲艺等各种作品数百篇,总共将近两百万字。

(二)郭沫若

郭沫若(1892—1978 年)。1938 年 12 月 27 日,郭沫若来到重庆,先后担任军事委员会政治部第三厅厅长和文化工作委员会主任,在中共中央南方局和周恩来同志的关怀下,一直站在抗日救亡的前列,领导国统区的进步文化人士开展抗日文化宣传工作和反独裁、争民主的斗争。

郭沫若积极投身于抗日文化宣传及社会活动。据不完全统计,从 1939 年到 1946 年 5 月 4 日,郭沫若在重庆参加抗日文化宣传及社会活动 115 次,其中发表演说 60 余次,内容涉及"战时文化工作";分析敌我情况之对比;慰劳抗日伤残战士;鼓励大学生和青年抱定民族复兴之决心,用真才实学贡献国家;文艺界抗敌协会的工作与任务;纪念鲁迅、高尔基、罗曼·罗兰;世界反法西斯的前途;中苏文协的活动;以及诗歌、历史剧的创作问题等。

"皖南事变"发生后,郭沫若连续创作了《屈原》《棠棣之花》《虎符》《高渐离》《孔雀胆》《南冠草》等历史剧,借古讽今,深刻地揭露了国民党顽固派的卖国投降政策,激励了革命人民的斗志。

1944 年 3 月 19 至 20 日,他在《新华日报》上发表了历史论文《甲申三百年祭》,深刻地总结了明末李自成农民起义失败的历史教训,对新中国的建立具有很强的启迪意义。1945 年 12 月,他同茅盾一起联名重庆文化界 312 人发表《文化界对时局进言》,在国统区进一步掀起民主运动的浪潮。

1945 年 12 月,昆明发生国民党军警镇压罢课师生的"一二·一"惨案,他发表了《祭昆明四烈士》《进步赞——为昆明"一二·一"惨案而作》的诗,对昆明大中学师生反独裁、争民主的行为大加赞赏。

从 1939 年到 1946 年 5 月,郭沫若在渝期间,一直高擎抗日爱国民主的大旗,以号召中华儿女抗战、反独裁、争民主,以暴露敌人的罪恶,争取反法西斯战争的最后胜利!

(三)茅盾

茅盾(1896—1981 年)。1938 年 12 月,茅盾同夫人一起到了重庆。他除复刊《文艺阵地》外,还写了《见闻杂记》,记录了他去新疆和离开新疆的亲身经历和所见所感。同时,他还以满腔热情创作了散文名篇《白杨礼赞》,极大地鼓舞了抗日军民的斗志,增添了民族自信心和自豪感。

1942 年 12 月茅盾再次来到重庆,直到 1946 年 3 月。在此期间,他积极参加大后方的进步文化运动:①担任"国讯文艺丛书"主编和中华全国文艺界抗敌协会、中苏文化协会的领导工作;②和郭沫若领衔同重庆文化界 372 人于 1945 年 2 月联名发表《文化界对时局进言》,要求废除审查制度,停止特务活动,保障人身自由等;③扶持文学新人,支持北碚兼善中学"突兀文艺社"的活动,并为他们撰写了《什么是基本的》一文。还将自己 50 岁的寿宴费用来举办"茅盾文艺奖金征文"活动;④对 1945 年 12 月,国民党军警在昆明制造的镇压罢课师生的"一二·一"惨案和 1946 年 2 月重庆毒打郭沫若、李公朴的"较场口事件"非常愤怒,分别撰文进行斥责,并呼吁各界人士组织起来,反独裁、反内战、争民主;⑤积极进行文学创作和翻译活动。主要作品有小说《霜叶红似二月花》、剧本《清明前后》以及揭露国统区黑暗统治的大量杂文。

(四)巴金

巴金(1904—2005 年),原名李尧棠,成都人。巴金出身于地主家庭,23 岁到法国巴黎留学,1928 年回国,积极从事文学创作工作,发表了《家》《春》《秋》等许多优秀作品并有大量的翻译作品,著述颇丰。

抗日战争爆发后,巴金于 1940 年来到重庆,任职于文化生活出版社,积极参加各种抗战文化活动。1941 年 3 月,在重庆张家花园会址召开的文协第三届代表大会上,巴金被选为理事;1943 年在重庆文化会堂举行的"文协"成立五周年纪念会上,又被选为外埠理事。

抗日战争期间,巴金始终坚持文学创作,发表了《憩园》《寒夜》《第四病室》等一系列作品,其中以《憩园》与《寒夜》最具代表性。1944 年 8 月完成的《憩园》以一幢名为憩园的豪宅为线索,讲述了新旧两代主人、两个家庭的故事。巴金对其主题是这样评价的:"高大的房屋和漂亮的花园的确常常更换主人,谁见过保持到百年,几百年的私人财产! 保得住的倒是在某些人看来是极渺茫、极空虚的东西——理想同信仰。"

1944 年秋冬之际开始创作的《寒夜》是巴金长篇小说中具有里程碑意义的优秀作品,它以"战时陪都"的重庆社会为背景,写了一个普通小知识分子汪文宣家庭中的种种矛盾以及充满阴郁、沉重、悲愤气氛的生活。描写了在国统区知识分子艰难的处境和艰苦的生活,揭露和控诉不合理的社会制度。整部小说都沉浸在一种悲凉、沉重的气氛中,也体现了作者对新生活的渴望。

(五)梁实秋

梁实秋(1903—1987 年),原名治华,笔名子佳、秋郎。北京人。梁实秋早年留学美国研究英美文学评论,1926 年回国后任教于多所大学,是著名的散文家、文学评论家和翻译家。

1928 年春,梁实秋任创刊的《新月》杂志主编,陆续发表了《论鲁迅先生的"硬译"》《文学与革命》《文学是有阶级性的吗?》《所谓文艺政策者》等文章,表现出自由主义文人与左翼文坛之间在思想意识上和文学观念上的严重对立,受到鲁迅等人的驳斥和批判。

1938 年,梁实秋随国民参政会到重庆,受聘担任教育部中小学教科书编辑委员会主任,主要负责高中、初中、小学的国文、历史、地理、公民四科的编撰。

梁实秋到北碚后,在国立编译馆任翻译委员会及社会组主任,兼任复旦大学外国文学系教授、国立社会教育学院电影专业外语教授。因住于雅舍,1940 年受重庆《星期评论》杂志所约,辟"雅舍小品"专栏,每期发表 2 000 字以内的小品文一篇,从 11 月开始到该刊停刊共发表 20 篇,颇引读者注意。文艺理论家朱光潜给梁实秋写信说:"大作《雅舍小品》对于文学的贡献在翻译莎士比亚的工作之上。"随后在重庆《时与潮副刊》、南京《世纪评论》、天津《益世报·星期小品》等刊物上发表了 14 篇。

抗战胜利后,梁实秋于 1946 年举家迁回北平,将所发表的 34 篇辑成《雅舍小品》,交商务印书馆印行,因纸价一日数涨,未能付样。1949 年后由台湾中正书局出版发行,多年畅销不衰。世界上凡是有华人的地方,就有《雅舍小品》流传。

三、陶行知、晏阳初、张伯苓

(一)陶行知

陶行知(1891—1946 年),安徽歙县人。1938 年 10 月,陶行知抵达重庆。次年 7 月 20 日,在重庆合川草街子的古圣寺,陶行知创办的育才学校正式开学,育才学校聘请了一大批专家学者前来讲学,用生活教育的原理和方法,指导和培养难童中的优秀儿童,通过实验来发展生活教育的理论。学校的第一批学生都是从各个战时儿童保育院中一个个通过面试选拔出来的,全部都是难童,共有 100 多人。

为了抵制国民党政府对育才学校的政治迫害和经济封锁,陶行知动员育才音乐组,戏剧组义演,绘画组举行画展,还组织育才师生学习南泥湾精神搞生产自救,垦地 30 多亩,建立了农场。1943 年 10 月 16 日,陶行知发表了《创造宣言》,鼓励育才师生向创造之路迈进。一批少年学生出现了"创造热"。他们写出了四个剧本,二十多支歌曲,研究报告、科学论文有十多种,还创作了许多美术作品。他们的戏剧、舞蹈,音乐节目能在当时重庆的舞台上演出,与白杨、赵丹等著名演员在舞台上同台献艺。

在重庆当时的国统区,育才成了共产党培养革命干部的学校,在党组织的直接领导下,先后有不少同学到了延安和中原解放区,李鹏就是其中的一个。四川各地的革命斗争,也有不少育才的学生参加,许多还为革命献出了年轻的生命。

1946 年 1 月,陶行知在重庆创办了社会大学。

在南方局的领导下,陶行知为民族解放和民主革命事业做了大量有益的工作。他积极参加创建中国民主同盟的工作,是民盟的领导人之一。1944 年 10 月,中国民主同盟成立,他当选为中央常务委员,民主教育委员会主任委员。主办《民主》星期刊,主编《民主教育》。

(二)晏阳初

晏阳初(1890—1990 年),四川省巴中县人。1920 年晏阳初在美国获得经济学学士和历史学硕士学位后回国,投身于平民教育。兴办平民学校,编著成人白话识字读本《平民千字课》,又于 1923 年在北京发起成立中华平民教育促进总会,投身乡村教育和建设事业。

1939 年初平教会迁到重庆。晏阳初于 1940 年建成私立中国乡村建设育才院,后扩建为中国乡村建设学院,设乡村教育、社会学、农学、农田水利学四个系。他任院长,为学院培育和树立了民主进步、团结互助、勤学奋发、艰苦朴素的校风。他实行民主办校,让学生成立自治、自习、自给、自力的"四自会",允许开设和讲授新经济、新哲学、社会发展史等课程。提倡学术自由,鼓励学生举办学术讲座、研究会、讲演会和讨论会。允许学生组织社团,自由出壁报。支持师生参加爱国民主运动,亲自慰问遭特务毒打的学生,赞许学生"反饥饿,反内战"的行为是正义行动。抗战胜利后,晏阳初开辟以江津、綦江、巴县、璧山、江北、合川、北碚等 10 县 1 区的华西实验区,作为坚持平民教育运动的基地,组织大批的知识分子和乡建学生,深入上述地区开展社会调查,兴办平民夜校扫除文盲,推广农业优良品种,帮助农民发展农业生产,组织织布生产合作社,建立妇幼保健站,为人民做了不少好事。

晏阳初一生从事平教事业,历尽艰辛,成绩斐然,享誉中外。1943 年 5 月 24 日,包括美国、加拿大和中南美洲的西半球国家几百所高等学术机构的代表在纪念哥白尼逝世 400 周年大会上，一致评选他与国际著名的大科学家爱因斯坦等并列为全球十位"现代具有革命性贡献的世界伟人"之一，被推崇为"世界的平民教育之父"。

自 1950 年起，晏阳初将在中国所实践的平民教育和乡村建设的经验，传播到其他发展中国家，先后在菲律宾、泰国、印度、加纳、危地马拉和哥伦比亚等国建立了乡村机构，1950 年受聘担任国际平民教育委员会主席，长期寓居美国。1985 年 9 月和 1987 年 7 月，两次回国考察。1987 年 10 月，美国总统里根在白宫亲自向他颁发了"扫除饥饿终身成就奖"。

(三)张伯苓

张伯苓(1876—1951 年)，天津市人。现代教育家，原名寿春，字伯苓。张伯苓早年入北洋水师学堂学习驾驶，1897 年毕业后服务于海军，不久离职回天津执教于家馆。1904 年，张伯苓赴日考察教育，回国后将家馆改建为私立中学，定名敬业学堂。1907 年，在天津城区南部的开洼地，即民间所称"南开"建成新校舍，遂改称南开中学堂，从此声名渐著。1917 年秋，张伯苓赴美国，入哥伦比亚大学研究教育，次年回国，着手筹办南开大学，1919 年秋正式开学。1923 年创办南开女子中学。1928 年创办实验小学。1937 年以前，南开已形成了从小学、中学到大学的完整体系，他先后担任校长四十余年，培养出了不少人才。张伯苓提倡教育救国，办学方针注重理工科教育。他反对学生介入社会政治活动，但也曾保护过进步师生。

"七七"事变后，南开被日军飞机炸成废墟，大学部先迁长沙，继迁昆明，与北大、清华合组成西南联大，张伯苓任校委会常委。1936 年迫于抗战形势的紧要和南开学校的生存发展，张伯苓亲自入川，在巴渝大地的嘉陵之津先后购地 800 余亩，创办了被千百万重庆人赞誉为"人才的沃土，院士的摇篮"的重庆南开中学。1938 年 7 月，张伯苓任国民参政会副议长，同年加入中国国民党，1945 年当选为中央监察委员。1946 年 6 月美国哥伦比亚大学授予张伯苓名誉文学博士学位。1948 年 6 月，他出任南京国民政府考试院院长，不久辞去。1949 年拒绝去台湾，留在大陆。新中国成立后，张伯苓称赞人民政府的各项政策，曾致电周恩来表示祝贺。1950 年 5 月，张伯苓从重庆到北京，受到周恩来总理欢迎。1951 年 2 月 23 日在天津病逝。

四、吴宓、马寅初

（一）吴宓

吴宓（1894—1978 年），陕西省泾阳县人，字雨僧，又字雨生。1911 年考入北京清华学校留美预备科。1917 年官费留学，获哈佛大学文学硕士学位。1930—1933 年在英国牛津大学、法国巴黎大学研究文学，通晓英、德、法、拉丁文。

吴宓回国后先在东南大学任教，后任清华大学国学研究所所长。他主编的《学衡》杂志是 20 世纪 30 年代国内主要文学流派之一，他曾反对新文化，宣扬复古主义。在红学研究方面，吴宓先生造诣精深，著述颇丰，曾用中、英文发表过《红楼梦新谈》《石头记评赞》《红楼梦之文学价值》《红楼梦与世界文学》《红楼梦之人物典型》等极有见地的文学论著，他是最早将《红楼梦》推介到国外的权威学者之一。吴宓还是我国比较文学的先驱，中西比较诗学的奠基人。

吴宓毕生从事教育，先后任教于东南大学、东北大学、清华大学、北京大学、燕京大学、北京师大、西南联大、武汉大学、四川大学、重庆大学及西南师范大学，一大批优秀的中外语言文学研究专家和教授如吕叔湘、李健吾、曹禺、许国璋、钱钟书、季羡林、杨绛、李赋宁、徐中舒等均受教于他的门下。

1949 年，他谢绝友人邀他去美国、中国香港、中国台湾讲学的劝告，决心留在大陆，遂来到重庆，任西南师范大学中文系、历史系、外文系教授达 20 余年，先后开设了"英国小说""欧洲文学史""世界文学""中国古典文学""世界古代史"等课程。

"文化大革命"期间，吴宓先生遭到残酷批斗和承受繁重的劳改任务，终被折磨致残。于 1978 年 1 月 17 日在泾阳家乡含冤逝世。1978 年 7 月 18 日，西南师范大学隆重为吴宓先生举行平反昭雪的大会，彻底恢复了他的名誉。

吴宓著作、译作颇丰，主要有《吴宓诗集》《中国文学史大纲》《世界古代史》《法文文法》《拉丁文文法》《外国文学名著讲读》等。1956 年他将珍藏多年的外文图书 1 000 余册（不少是绝版的珍本）捐给了西南师范学院图书馆。

（二）马寅初

马寅初（1882—1982 年），字元善，浙江嵊县人。马寅初早年留学于美国，获得哥伦比亚大学哲学和经济学博士学位，后回国任教，抗日战争爆发后，辗转来到重庆。

1938年，马寅初受聘于重庆大学，创办了重庆大学商学院，自任院长兼教授。他注重考察战时经济问题，提出"反对官僚资本主义，反对出卖民族利益的独裁统治"的观点。针对蒋介石、孔祥熙、宋子文等为代表的豪门权贵利用民族危机大发国难财的行径，马寅初同国内经济学者提出了实行"战时过分所得税"的主张。1939年在立法院会议上，马寅初提出了向发国难财者征收"临时财产税"的议案，并撰写文章宣扬自己的主张，怒斥帝国主义对中国的侵略政策，揭露不平等条约对中国经济的危害。

马寅初针砭时弊，仗义执言，刺中国民党的要害。1940年12月6日，蒋介石以派赴前方研究战区经济状况为名，将他逮捕监禁到集中营，一时引起后方各界人士广泛的同情与声援。1941年3月30日重庆大学师生冲破重重阻力，举行了"遥祝马寅初六十寿辰大会"。冯玉祥亲自题匾，在重庆大学建起了一座纪念性草亭——"寅初亭"。

马寅初先后被关押软禁达5年之久，抗战胜利后，迫于国内外舆论压力，蒋介石被迫释放了被关押和软禁长达5年之久的马寅初。出狱后，马寅初再次受聘为重庆大学教授，重登讲台，将自己的学术思想、政治主张传播给学生，呕心沥血，诲人不倦，并于1946年2月发表《新公司法和官僚资本》的演说，继续为打击官僚资本而奔走呼号。同年4月，马寅初离开重庆回到浙江杭州。

第二节 近现代文化名流

1891年重庆开埠，随着西方势力的入侵，民族资本的产生，西方文化的传播，在中西文化的撞击与交融中，激起近代重庆思想文化界的层层浪花，在重庆近代第一次思想解放的潮流中涌现了一批思想文化的名流。这些近代的思想文化名流在重庆传播了维新思想，促进了人们的思想解放。

一、宋育仁、卞小吾

（一）宋育仁

宋育仁（1857—1931年），四川富顺县人，巴蜀地区维新变法派的代表人物。1896年宋育仁到重庆办理商务、矿务。在思想上直接传播了维新思想，推动了维新思想在重庆的出现。1897年10月上旬，宋育仁在重庆创办《渝报》，明确提出

《渝报》"广见闻,开风气"的办报宗旨。

《渝报》创办栏目有 5 个。首为"谕旨恭录"及"折奏摘要",主要摘录各府州县官员兴学之折,如官书局议复开办京师大学堂折(光绪年二十三年十月下旬报),提倡教育改革,设立新式学堂,造就维新人才。次为"译文择录",采自《新学备要》《泰晤士报》等外国刊物,大力介绍英、法、德等西方资本主义国家的政治经济、学校教育、科技发展情况,主张学习西方。同时,还摘录部分国外刊物中对中国当前局势的论述,启迪国人面对现实,放眼寰球,重新认识世界和探索救国道路。三为"报局新论时务",宣传通经致用、维新改良。如《时务论》鲜明提出改良主义之政治主张,《守御论》强调以武力自强为后盾,修改外国侵略者强迫中国签订的不平等条约,维护国家主权。四为"中外近闻分录",为开阔国人眼界,引导国人关注世界形势起到了积极作用。五为"川省、渝城物价表"。如实详录各地待售物品售价,方便市民购物,也便于外地商人掌握重庆的有关经济信息。

《渝报》的特色在于发表时论文章和译文,疾呼救亡图存,鼓吹维新变法。该报受西方"务实"观念的影响,发表了许多介绍西方法制、经济的文章,使渝人了解洋人,比较认识自己的不足。如该报第一至四册连载英国人罗柏村的文章《公法总论》,破天荒地使重庆人知道了国际法的存在及其要义,在当时更使重庆人知道了"国家"的内涵而开始怀疑封建政治的"合理性",要求维新变法;乃至于更进一步接受民主思想,投身反清革命。"渝城物价表"的推出,推动了重庆的贸易和经济的发展,不仅反映了重庆人对经济总的务实观念,还表现出他们对近代商战的信息时效性和准确性开始高度重视。

《渝报》开阔了巴渝人士的视野,促使其跟上时代步伐去维新变法,因此受到了巴渝人士的欢迎,其发行量逐期上升,最多时达到 2 500 份。次年,宋育仁应聘离渝赴蓉,就任尊经书院(四川大学的前身)山长,《渝报》就此停刊。但它作为重庆当时的第一家近代报纸,其影响力长存。

(二)卞小吾

卞小吾(1872—1908 年),重庆江津人。《重庆日报》创始人。20 世纪初,正是清朝政权极度腐败,丧权辱国,全国上下革命情绪高涨,仁人志士积极酝酿民主革命的时候。1902 年,30 岁的卞小吾怀着一腔救国救民的热血,离开江津来到重庆,受到杨沧白、朱之洪等至交好友的欢迎。为了深入了解外地革命形势,杨沧白派卞小吾到上海北京等地,与汪康年、章士钊、蔡元培、吴稚晖等人会面畅谈革命之事,并常参加"爱国学社"在张园举办的讲演会。1904 年 2 月,在外考察了两年的卞小吾带着密购的《革命军》《警世钟》等革命读物返回重庆,受到革命党人的热烈欢迎。卞小吾认为,要在西南地区开展革命事业,应当"办报纸,以启迪民智;开学堂,以提倡新学;办工厂,发展民族工业"。于是卞小吾变卖祖传的遗产,获银 6 000 余两筹集办报经费。

1904 年 9 月,四川第一张日报《重庆日报》在重庆方家什字麦家院创刊发行。这是重庆新闻史上第一家鼓吹民主革命的资产阶级革命派的报纸。《重庆日报》一诞生,就以鲜明的反清色彩引起世人的注目。卞小吾亲自撰写社论,揭露世道黑暗,抨击贪官污吏,鼓吹社会变革。创刊之时,日发行量仅 500 份,及至翌年 4 月,已增至 3 000 多份,成为革命宣传的重要阵地。

1905 年,卞小吾又在重庆兜子背创办了四川第一个由资产阶级革命派创办的近代企业东华火柴厂。同年,他又创办了东文学堂,自己亲自主持授课,反对封建思想,倡导民主自由的风气。

卞小吾的一系列行为带动了重庆地区革命热情的高涨,同时也引起了统治者的不满和恐慌。1905 年,《重庆日报》转载了《苏报》一则消息——《老妓颐和园之淫行》,大胆揭露慈禧太后在颐和园筹备祝寿大典。文章刊出后,在重庆掀起了声讨统治者罪行的波澜。激怒四川总督锡良等人,1905 年 4 月 25 日凌晨,卞小吾被捕入狱,连夜秘密押送至成都,在狱中,卞小吾还写了《救危血》《呻吟语》等宣传革命的文章。1908 年 6 月 13 日深夜,被清政府买凶秘密杀害于成都。

二、吴芳吉、钟云舫、何其芳

(一)吴芳吉

吴芳吉(1896—1932 年),重庆江津人,自称"白屋吴生",世称白屋诗人。吴芳吉幼年聪颖好学,1910 年被选入北京清华学校留美预备班。1912 年,因抗议一美籍教师无故辱骂中国学生,愤而离校。

吴芳吉以执教为业,以诗闻名于世。他的诗作充满着忧国忧民的爱国情感。1914 年,《弱岁诗》19 首,历述数年目睹耳闻之列强侵暴,政治黑暗,兵匪横行,人民苦难及自己之坎坷遭际。在《红颜黄土行》中写道:"受尽人间苦,使我猛觉悟。我生不能立大节,虽死何足塞其责。"两年后之《戊午元旦试笔》又言:"三日不书民疾苦,文章辜负苍生多。"决心以诗歌为号角,唤醒民众。以诗歌为投枪,射向敌人。他的诗歌也表现出与人民共呼吸的爱国情感。如在《红颜黄土行》中大声疾呼"痛莫痛于亡国,哀莫哀于丧师",警示国人吸取朝鲜、越南亡国的教训,坚决抵抗外国法西斯入侵。在诗歌的创作手法上,他借鉴了西方文化改革旧诗,并使之具有民族风格,自成一体。吴芳吉在 1919 年秋担任上海《新群》杂志诗歌编辑时发表的《小车词》《婉容词》《两父女》等新歌,一时广为流传,名声大振。

从 1914 年起,吴芳吉先后在四川、湖南、上海、西安、沈阳等地担任中学、大学教师,教授国文。1931 年 7 月,吴芳吉回故里,任江津中学校长。"九一八"事变爆发后,他深夜得到消息就立即敲响学校大钟,集合师生声讨日本帝国主义的侵略行径,次日带领师生上街游行,宣传抗日救国。1932 年"一·二八"事变发生后,他多次到重庆讲演,朗诵他的抗日诗作《巴人歌》等,慷慨悲愤,声泪俱下。暮春,他在江津中学师生集会上演讲,朗诵他的《巴人歌》未竟,肺结核旧疾复发,晕倒在讲台上。5 月 9 日上午,得知国民党政府和日本签订了丧权辱国的《淞沪停战协定》的消息后,他愤怒至极,在旧居白屋与世长辞。

(二)钟云舫

钟云舫(1847—1911 年),名祖棻,号耘舫。重庆江津人。廪生。诗文俱佳,尤善楹联,清末著名楹联家。

钟云舫年轻时就是闻名遐迩的楹联高手。"过苦年,苦过年,过年苦,苦年过,年去年来今变古;读书好,好读书,书读好,好书读,书田书舍子而孙。"该联反复换位,一咏三叹,采用连珠、重言等手法,写出耕读之家穷困潦倒的心情。"几根穷骨头,撑起气运;两个大眼睛,看倒乾坤。"他写的楹联除了反映城乡耕读家庭清寒贫困的生存状况,还反映了最底层农民更为惨烈悲痛的生活境地。这些看似文字游戏却又令人回味的楹联,犹如一根根针砭时弊的风骨钢针。

钟云舫曾在县城设馆授学 20 余年,讲授数学、物理、化学和英语、法语,尤其对西学十分重视。钟云舫把希望寄托在青年身上,对江津首批出国留学的学生给予热情的鼓励,他撰写了《送龚农瞻东游序》等文章,鼓励和支持他们学习国外先进的科学技术、管理方法以及开放民主的思想。钟云舫的不少诗文洋溢着反帝反封建、救亡图存的热忱。他写于中日甲午战争之前 6 000 多字的《东西洋赋》是四川在清代洋务运动时期少有的介绍世界地理文化和科学普及的重要论文,有四川的《海国图志》之称。钟云舫存世联语 1 800 余副,尤以长联著称,享有"联圣"之誉。他撰写的《拟题江津临江城楼联》《题锦城江楼联》等长联,写景论史、言志述怀,句式参差错落,语言精练、对仗工整,在中国楹联史上有着非常重要的地位。其长联的代表作有 212 字的《成都望江楼联》;1 612 字的《江津临江楼联》或称《拟题江津县城楼门联》;890 字的《六十自寿联》;现悬于成都望江公园的《锦江城楼联》。光绪二十六年(1900年),他受江津县令构陷,被因于成都。光绪三十年(1904年),钟云舫在狱中以泪和墨、以血染纸,写下了传世不朽的长联《拟题江津临江城楼联》。在这副巨联中,他公然宣称要"抡起斧头,将这黑暗、愚昧、混沌的世界砍除,将一个玲珑、崭新、清平的新天地开辟"。这副长联显示了他作为楹联大师的才华,在中国楹联史上有不可替代的地位。

钟云舫有《振振堂集》《振振堂诗文联稿》等。

(三)何其芳

何其芳(1912—1977年),重庆万县人。1928年初,何其芳转入重庆读中学,在求学期间,他阅读了大量的中外诗歌。1930年秋,他在《新月》杂志发表近200行的诗《莺莺》。1932年在《现代》杂志发表《季候病》《有忆》等为诗坛瞩目的诗。1936年大学毕业后,他与卞之琳、李广田的诗歌合集《汉园集》出版。他的散文集《画梦录》也在这年出版,因其散文精美的文笔而获得《大公报》的文艺奖金。

1937年,抗日战争爆发后,他回到故乡万县,任教于师范学校,并继续进行诗歌、散文创作,后有散文集《还乡杂记》出版。1938年8月,他北上延安,在鲁迅艺术学院任教,曾任文学系主任。后随贺龙部队去晋西北和冀中革命根据地工作。

1944年至1947年,何其芳两次到重庆工作,担任中共四川省委委员、宣传部副部长、《新华日报》副社长等职,在大后方宣传党的文艺方针政策和解放区文艺取得的成就,并揭露国民党对进步作家的迫害。在重庆期间,何其芳曾为《新华日报》副刊和其他杂文副刊的需求,写了一些杂文。后将其编辑成《星火集续编》出版发行。

《星火集续编》共分四辑。第一辑针对当局严格的报刊审查制度,寓刺于曲笔中,揭露"陪都"在国民党统治下的黑暗现实;第二辑采用古代笔记体的手法写延安解放区的新生活,给国统区的民众吹进一股清亮的春风;第三辑通过对王若飞、冼星海、闻一多等的回忆,展现了他们爱憎分明、铁骨铮铮,抗战爱国,求民主、求解放的高尚品质和坚定的革命精神。第四辑通过《谈读书》《谈苦闷》《谈朋友》等随笔,发表了他对一些社会现象的看法,观点鲜明,极富启迪。《星火集续编》思想深刻,内涵丰富。它是作者继《星火集》之后,在大后方的暗夜里续燃的照亮人们前行的"星火"!

三、刘雪庵、陈子庄、钟惦棐

（一）刘雪庵

刘雪庵（1905—1985 年），重庆铜梁县巴川镇人。1929 年，刘雪庵到达上海，求学于陈望道创办的中华艺术大学，次年考入上海国立音乐专科学校。在校学习期间，刘雪庵便开始了音乐创作，早期的作品主要为抒情乐曲。

"九一八"事变后，他的创作道路彻底改变。他先后创作《出发》《前进》《前线去》等歌曲，以"心的颤动""灵的叫喊"，向千千万万同胞发出抗战号召。《中国空军军歌》《中国海军军歌》《我是军人》等歌曲，成为千万军人英勇抗战、奋勇杀敌的战歌。在抗战歌曲中，以《离家》《上前线》和《长城谣》最为著名，流传于抗战的前后方，成为当时家喻户晓的爱国歌曲。抗战期间，刘雪庵创作了《满江红》《保卫大上海》等抗战歌曲近 100 首，还创作了一些钢琴曲和不少电影主题歌曲和插曲。他的《中国组曲》是中国在国际音乐界影响较大的钢琴曲之一。他制作的电影歌曲如《十里街头》中的《思故乡》，为《中华儿女》《孤岛天堂》等电影所作的主题歌，因其较大的艺术感染力而受到群众的喜爱。

为郭沫若的历史剧《屈原》谱写全部音乐和插曲，是刘雪庵抗战期间的又一力作。成为《屈原》一剧的有机组成部分，在抗战时期广为流传，产生了巨大影响力。所谓"名歌六阕，古色古香，堪称绝唱"，就是对该剧音乐的高度评价。其中《桔颂》《惜诵》《招魂》等插曲在群众中广为传唱，具有较强的艺术生命力。

抗战后期至社会主义时期，刘雪庵仍以饱满的创作热情谱歌作曲，硕果累累。较有影响的有为毛主席诗词谱曲的系列歌曲如《七律·人民解放军占领南京》等，有《新青年进行曲》，还有钢琴曲《飞雁》，在新中国音乐史上占有一席之地。

刘雪庵在作曲的同时，还从事音乐报刊的创办和编辑，进行音乐理论研究，成绩卓著；先后担任《音乐杂志》《新夜报》等刊物编辑，并创办当时全国唯一具有广泛影响的抗战音乐刊物《战歌周刊》；并发表《音乐与个人》《电影歌曲应该注意的问题》《评〈秋子〉》等论文多篇，对音乐的民族化、大众化问题进行了有益的探索。

（二）陈子庄

陈子庄（1913—1976 年），著名国画大师。重庆荣昌人。早期作画号兰园，中期号南原、下里巴人、陈风子、十二树梅花主人，晚年号石壶。

陈子庄幼时受到父亲的熏陶，对绘画艺术产生了浓厚的兴趣，他一边牧牛、画画,一边拜师学武。14 岁时,陈子庄浪迹江湖,游览巴山蜀水,以教授拳术和卖画为生,后来结识国民党四川省主席王瓒绪,有机会向著名大画家黄宾虹、齐白石学习,1949 年底陈子庄赴成都随王瓒绪部队起义,参加中国人民解放军第十八兵团联络部工作。1955 年,任四川省文史馆研究员,国画组组长。1963 年任中国人民政治协商会议四川省委员会第三届委员会委员。陈子庄绘画艺术植根于数千年传统文化的土壤,他在 20 世纪 50 年代开始变化,逐步形成了自己的艺术思想体系和独特的"子庄风格"。

陈子庄善山水、花鸟、人物、书法、篆刻、诗词等,陆续出版过《陈子庄作品选》《陈子庄速写稿》《石壶画集》《陈子庄画集》和《石壶论画语界》等。他抱着"仰之弥高""钻之弥坚"的信念,潜心绘事,弘扬民族文化。他还坚持自己的主张,"因境生意,因意立法",对艺术进行不断创新。他的山水画之独出心裁,无处不在地表现着巴山蜀水的平和淡泊之美,而这种美感,又是画家自身气质心境的曲折反映与理想境界。正如画家自己所言:"我的画中,凡与众不同之处,都是从生活里找到的。"

1988 年,中国美术馆、中国美协、四川省美协为他举办遗作展(近三百幅),其作品始为世人所认识,遂声名鹊起,被誉为"中国的梵高""画坛怪杰"。传世作品有《翠鸟》《平林秋晚》《春雨》《幽壑密林》等。

(三)钟惦棐

钟惦棐(1919—1987 年),重庆江津人;著名文艺评论家、电影美学理论家。

钟惦棐幼时,进入江津一个半官半私的小学学习,在这里背诵了大量古籍名篇,具有较强的阅读和欣赏能力。1933 年他考入江津中学,擅长图画、音乐、手工等。1936 年赴成都,投考四川省立美术专科学校,虽以高名次考取,却掏不出半文钱缴纳学费。正陷入困顿时,遇见中学时的一位教师在成都《华西日报》做副刊编辑,他便开始学作文章,并画广告和设计刊头之类,换取稿酬度日。

1937 年 3 月,钟惦棐参加中共地下党领导的重庆救国会。同年 11 月,来到延安。1938 年从抗日军政大学毕业后又考进鲁迅艺术学院。1938 年加入中国共产党。1939 年担负美术理论教学工作,1949 年随中共中央华北局进入北京,参与筹建文化部艺术局,次年开始从事影评活动。1952 年调至中央宣传部,以《〈无罪的人〉为什么不是消极影片?》引起文艺界及观众注目,从此发表多篇影评。

1957 年 12 月,《文汇报》和《文艺报》同时发表了他的文章《电影的锣鼓》,被错划为右派。1978 年恢复工作,主持电影评论学会,主编《电影美学》,撰写 100 余万字理论、评论和美学论文,培养、扶持影评新人,培养研究生。有《陆沉集》等著作。

四、张森楷、向楚

(一)张森楷

张森楷(1858—1928年),重庆合川人。1877年,张森楷被录取为重庆府生员进入尊经书院学习。1879年,张先生转到锦江书院后弃经攻史,开始了《通史人表》的写作,他研究史学从此开始。

张森楷治学严谨,在研究史学的进程中凡遇到值得怀疑之事或文字有误,他必定要反复推敲勘正,务求其确切恰当。偶有所得又怕自己的结论已有前人谈到和论述过,或见到有些轶闻见解,他也从不轻易凭自己的主观意思定夺,于是便写下《读史质疑》等随笔札记求证于通才卓识之士。

张森楷一生献于史学,其著述据《合川县志·艺文掌录》所载,共有27种,计1 134卷。他所作的《通史人表》《二十四史校勘记》《史记新校注》均为巨著。张森楷据以校勘的国内和日本的旧本、孤本、影写本等《史记》将近30种;参校的版本20余种,引用经纬、雅言、子集、故训、由唐至清诸家旧说在200种以上,于此可见张先生治学精神之严谨。

张森楷不仅钻研通史,也十分重视地方史志的研究。在60岁左右,他还花了5年时间撰成《合川县志》77卷,为故乡的史料收集考证、整理及方志编撰尽了老骥之力。

1928年,张森楷逝世于北京。张森楷毕生潜心史学研究,其成果卓著,他不仅是国内公认的史学名家,更是重庆近代影响最大、成就最高的史学大家。他在史学研究方面的精神和治学方法为后来的史学研究者们树立了典范,成为治学者的楷模。

(二)向楚

向楚(1877—1961年),重庆巴县人。1897年向楚以优等成绩考入重庆东川书院。他在东川书院学习三年,对文字音韵研究颇精,所写诗古文辞深得书院院长赵熙嘉赏。1906年,向楚加入同盟会。辛亥革命和北伐讨袁中,向楚曾任蜀军政府秘书院院长、重庆民政厅总务处长兼讨袁军总司令部参议兼秘书、四川省政务厅厅长等职。之后,向楚弃官从教,曾在成都高师、成都大学、四川大学等巴蜀著名学府讲授文字、声韵学等课程。

1933年,巴县成立文献委员会重修县志,特发函聘向楚为县志主编。为了报答乡梓,向楚于 1933 年毅然告假返渝,主持编纂家乡县志。在编修巴县县志的过程中,由于向楚学识渊博,再加之他保存了不少辛亥革命前后的珍贵史料,使《巴县志》中的如《事记》《蜀军革命始末》等许多章节都得以顺利完成。《巴县志》中《疆域》《古迹》两篇经向楚亲自修改润色后,如同郦道元著的《水经注》一样,使山川草木都有了生命情感。向楚通晓巴蜀方言,故《礼俗篇》中还特撰《方言》一章。

《巴县志》历时两年之久,共 23 卷,附文 1 卷。其中《事记》《蜀军革命始末》《礼俗》《叙录》等篇章均为向楚亲自提笔撰写。向楚修志决不概袭旧制,而是根据需要,无论志书体例和内容都有所创新。因此,在重庆近代诸多的县志中,由向楚主持纂修的《巴县志》可说是独树一帜、别具一格,开创了民国时期重庆地方修纂地方县志的先河。

第三节　科技精英

一、侯光炯

侯光炯(1905—1996 年),江苏省金山县人。著名土壤学家,农业教育家,中国科学院学部委员。原西南农业大学名誉校长,一级教授,博士生导师。

1919 年,侯光炯考入江苏南通甲种农业学校,开始对农学产生兴趣。翌年,考入北京农业大学农业化学系。1928 年毕业留校任助教。

1931 年,侯光炯进入中央地质调查所,在土壤研究室和美国专家一起工作。在此期间,侯光炯对我国土地情况进行了大面积的深入调查,撰写论文多篇。

1935 年,侯光炯作为中央地质调查所土壤研究室的代表和邓植仪、张乃凤一起代表中国出席了在英国牛津召开的第三届国际土壤学大会,并宣读论文《江西南昌地区潴育性红壤水稻土肥力初步研究》,首次提出"水稻土"这一特殊的土类名称和水稻土形成的"三育"(即淹育、潴育、潜育)特征,受到与会科学家的重视。会后,侯光炯应邀去欧美各国进行访问和合作研究,1937 年回国后,任中央地质调查所土壤室主任。抗日战争期间,他初试成功的"土壤粘韧性测定法"可以方便地用于测定土壤矿质胶体的性质,从而受到国内外同行们的重视。

1946 年,侯光炯转入四川大学任教授,1952 年任西南农学院教授、系主任。他带领师生赴云南边陲,完成西双版纳橡胶宜林的考察规划,创造橡胶种植史上的奇迹,为橡胶北移的世界性突破作出了重要贡献。20 世纪五六十年代,侯光炯兼任中国科学院重庆土壤室主任,常带领师生和中国科学院重庆土壤研究室的科技人员,深入农业生产第一线,开展土壤肥力和农业土壤研究,从农民"看天、看地、看庄稼,定管理措施"中,发现土壤水、热、肥、气随太阳辐射热周期性变化规律和在土、植并析中发现这种变化与植物生长间存在不同程度的协调关系,从而提出"土壤生理性"的观点。同期还创立了"pH 八联""立体土壤图""土壤肥力短期坚定法"等新的研究方法。

此后,侯光炯继续在农村蹲点,从事水土保持、防灾减灾和高产研究、示范、推广工作,并侧重"土壤肥力生物热力学理论"的应用技术——"水田自然免耕技术"的研究。这种免耕与欧美免耕迥然不同,也破除了我国精耕细作传统,实行连续垄作、连续免耕、连续植被、连续浸润,以保持土壤水、热、肥、气与作物生长需要间的协调,从而获得高产、稳产,进而发展为大面积"生态治洪、免耕治土"的一整套技术。

侯光炯在土壤地理、土壤分析分区、土壤物理化学、土壤肥力、土壤改良及生态农业等学科方面做了大量研究工作,在理论和技术上都有很多新的发现和创造,尤其在创建中国农业土壤学科和坚持土壤科学直接为农业生产服务方面,为三高农业持续发展作出了巨大贡献。

二、任应秋

任应秋(1914—1984 年),重庆江津著名中医学家、中医教育家。

在少年时期,任应秋就精读经学、史学、中国古代哲学。17 岁毕业于江津县国医专修馆,开始医学生涯。其祖父聘请了当地著名老中医刘有余到家中为其教授中医典籍,并设立济世诊脉所,免费为当地群众看病。在以后 3 年时间里,任应秋学完了《素问》《灵枢》《伤寒论》等著名中医学理论著作,并有了一定实践经验。1937 年,任应秋就读于上海中国医学院期间,常跟丁仲英、谢利恒、曹颖甫、陆渊雷等名医佐诊。抗日战争期间,任应秋为躲避战乱回原籍行医。新中国成立后,任应秋任重庆中医学校教务主任并执教。1957 年调到北京中医学院,曾任科研办公室主任、中医系主任。

任应秋从事中医工作 50 余年,执教 3 余年,已刊行于世的专著 37 种,约 1 300万字。早年,任应秋所著《任氏传染病学》《仲景脉法学案》《中医各科精华一集·内科学》《中医各科精华二集·内科治疗学》《中国医学史略》《脉学批判十讲》等书,致力于"中医科学化"主张,1954—1966 年,他先后著成《伤寒论语译》《金匮要略语译》《阴阳五行》《五运六气》《中医各家学说讲义》等书,为中医学的普及与提高做了大量工作。1976 年后,任应秋又先后完成了《内经十讲》《中医基础理论六讲》《中医各家学说》《运气学说》《内经研究论丛》等著作百余万言,校点了金代张元素的绝版书《医学启源》。

任应秋提出了医学发展史上存在着 7 大医学流派,即医经、经方、河间、易水、伤寒、温病和汇通等学派。他认为历史上医学流派的肇始并非在金元,而当断于先秦,指出了医学流派的判定,当以师承授受与学术争鸣为依据。这些新的观点,在中医学界引起了反响,推动了对中医学的深入研究。

任应秋与秦伯未、于道济、陈慎善和李重人是我国中医学界的大师级人物,尊为"中医五老"。

任应秋先生曾任卫生部学术委员会委员,国家科学技术委员会中医专业组成员,中国中医研究院学术委员会委员。

第五编　巴渝风情

巴渝风情别具一格,是巴渝民间风俗的集中展现,而巴渝民间风俗形成于长期积淀的巴渝人的品格特征与生产生活实践。

民间风俗,既是一个地区或民族中广大民众所创造、传承、认同的生活文化,也是传统文化的组成部分。一方水土养一方人,千百年来,巴渝人形成了特色鲜明的民俗风情和审美情趣。巴渝人的性格、婚丧、节日娱乐等,构成了多姿多彩的巴渝民俗风情,演绎出丰厚的历史文化信息。而巴渝民风民俗主要体现在劳动生产民俗、岁时节令习俗、人生礼仪民俗、传统集会等方面,巴渝民俗风情是巴渝文化的组成部分。

巴渝人的品格

第一节 巴渝人的形成

一、古代巴人：善战尚武的民族

古代巴人以狩猎为生，春秋战国时代被楚人所逼，辗转湖北宜昌清江流域一带，逐渐迁入今川东丘陵地区。其后，巴人较长久地保持着山地农耕兼渔猎部落的生产方式，是中国历史上一支强悍而善战的部落。

在中国历史上，巴渝大地曾经是偏僻荒凉之所。这里人烟稀少，高山连绵，江河纵横，交通落后，封闭的地理环境使巴人长期与其他地区保持隔绝。在艰苦的生存环境中，古代巴人需要团结奋斗、勇猛顽强，才能生存。因此，古代巴人逐渐磨炼出强健的体魄、坚强的意志、直率的性格。"尚武"是其特点和文化品格。据史书记载，"其民质朴好义，士风敦厚，有先民之流……而其失在于重迟鲁钝，俗素朴，无造次辨丽之气""刚悍生其方，风谣尚其武"。早在武王伐纣之时，巴人即为其前驱，执仗而舞，锐不可当，为周朝的建立作出了重大贡献。

二、现代巴渝人：经过无数次"大移民"形成

1997年重庆直辖以前，巴渝大地隶属于四川，巴渝人属于"川东人"。当今的巴渝人是经过无数次的人口大"换血"而形成的，巴渝之地是一个"移民社会"。据有关史料记载，大规模的移民至少有6次：

第一次，秦灭蜀后，"移秦民万家"充实巴蜀。

第二次，从东汉末到西晋，因为战乱，境外移民大规模迁入此地。

第三次，从唐末五代，到南宋初年，因为战乱，大批北方人迁入此地。

第四次,元末明初,也是因为战乱,长江中游的移民大批迁入此地。

第五次,明末清初,因为战乱(传说是张献忠剿四川)造成四川人口锐减,田地荒芜,南方的移民大量迁入四川。民间流传现在的四川人的祖先大多是湖北麻城孝感人氏,故有"湖广填四川"之说。

第六次,抗日战争初期,大批长江下游的居民(时称下江人),为躲避战祸,为民族复兴,从其他省市大量涌入重庆。

由此可知,现代巴渝人来自四面八方,经过多次"大移民"形成。

在现代化社会没有到来之前,在巴渝之地生存与发展是极不容易的,巴渝人的祖先除了勇武顽强,还具有开朗乐观、因地制宜、因势利导、随机应变的品格。时至今日,它仍然是巴渝人的主要品格。同时,数次大移民之后,各种不同文化的交流与碰撞,使巴渝人的文化品格具有丰富性特征。

第二节　巴渝人的品格特征

马克思说,人创造了环境,同时环境也创造了人。人与自然、文化之间相互创造和被创造以其显著的事实表明,在一个自然文化圈内形成的某种地域文化生存形态,以一种"集体无意识",在不自觉中规范着人们的生活和思维程式,使生存其中的人们逐渐形成具有特定价值观念的文化心理结构。

"古今沿革,有时代性;山川浑厚,有民族性。"(黄宾虹《九十杂述》)由于巴渝大地特殊的地理自然环境及特殊的人员构成,使这一方人有着与其他省市人不同的品格特征。人们常说,"一方水土养一方人",巴渝大地的山川、土壤、气候,大致相同的语言、信仰、习俗、生活方式以至文化心态形成该地域的历史文化传统,影响和塑造着巴渝人的文化品格。

探讨巴渝人的品格特征,应注意其历时性,也要注意其共时性。从历时性来看,巴渝人的品格是代代相传,不断发展的;从共时性看,巴渝文化汇纳百川,与各地文化交流融合,在这种融合中,巴渝文化并未失去其明显的地区特点。因此,探讨的品格,只是众多的巴渝人所表现出的性格特征的类似性,即刚勇坚毅、不屈不挠;热情豪爽、重义守信;兼收并蓄,团结协作;开放求新、注重实效。这四个方面并非可截然分割,它们时常交叉联系在一起。

一、刚勇坚毅、不屈不挠

如前所述,巴渝地形总的特征就是巍峨险峻的高山和奔腾不息的大川(见第二编第三章)。自然条件有其得天独厚的一面,也有其险恶艰难的一面。古代巴人、巴族为了生存和发展,在异常艰苦、恶劣的自然环境和社会环境中挣扎、抗争,在漫长的历史岁月中,艰苦磨炼、百折不挠、绝处逢生。险恶艰难的自然环境和大山大江的磅礴气势孕育了巴渝人刚勇坚毅、不屈不挠的品格,这种精神在当时频繁的杀戮征战中得到发展。

据史书记载,称巴渝人"天性劲勇",班固说"巴渝之人刚勇好斗",左思《蜀都赋》说巴渝大地"刚悍生其方,风谣尚其武"。商朝末年,巴人参加武王伐纣的正义之师,是役"巴师勇锐,歌舞以凌殷人,殷人前徒倒戈。"如果说最初的"刚勇好斗"主要体现为尚武、勇悍、善斗,在历史的发展过程中,它又不断被赋予了新的内容。"勇"的最高形式莫过于不怕牺牲、从容赴死。在重庆历史上,视死如归的勇士不乏其人,甚至包括女性。东汉中叶,有巴女三人遭乱兵追逼,为免受辱,三女投嘉陵江而死,可谓刚烈坚贞。东周时,巴国将军蔓子,为了保全巴国城池,甘愿割下自己的头颅,让楚使带之回国复命。三国时,巴郡守将严颜,被猛将张飞所擒,张飞劝他投降,严颜义正词严,加以拒绝:"我州但有断头将军,无有降将军也!"张飞大怒,严颜又嘲笑说:砍头便砍头,为啥要暴跳如雷。至死不屈,视死如归。巴郡临江(今重庆忠县)人甘宁为孙吴大将,合肥一战,孙权被曹军所围,甘宁自告奋勇,挺身断后,掩护突围,身中数箭,仍拼杀不止,直至敌退。

常言道,无私才能无畏,"勇"常常与"无私""为公"联结在一起。巴人这种勇于牺牲的品格,更多的是与国家、民族利益联系在一起。南宋钓鱼城名将王坚之子王安节与元军交战,因受伤被擒,大呼:"我王坚之子,岂可降乎!"被元军乱箭射杀而殉国。南宋爱国状元冯时行不仅敢于直言主战,而且还敢于冒风险惩恶锄奸,解民疾苦,成为勤政爱民的"贤守"。明代御史牟俸,巴县(今重庆渝中区)人,为政清廉,因不忍灾民之饥,以德州、临清寄库银买米救济灾民,然后向皇帝奏请伏自行其是之罪。冯时行、牟俸之"勇",仍出于爱民、"为公"之大义。至于近现代,杨闇公为人民的解放事业,刑场上宁死不屈;罗世文、车耀先、江竹筠等一大批革命志士为反抗暴政,从容就义,无怨无悔。

相对"刚勇"之刚,"坚毅"则是一种韧性,一种坚强的意志和极大的忍耐力。巴渝先民在与险恶的自然环境作斗争的过程中,养成了吃苦耐劳、坚韧不拔的精神。这种精神与爱国主义、民族大义结合在一起,更得到了进一步的升华。南宋抗蒙之战,巴渝儿女英勇抗击蒙军成百上千次的进攻,在河山大半沦入敌手的情况下,他们仍坚持战斗了数十年。明末、清军入关南进,巴渝儿女据险抗清,使清军四进四出重庆城仍不能最后占领。抗日战争时期,巴渝人民默默奉献,坚韧不拔,直到胜利。在"抗美援朝,保家卫国"的战斗中,重庆铜梁籍战士邱少云,为了不暴露潜伏部队,在烈火焚身的情况下,纹丝不动,最后壮烈牺牲。上述种种,除了要有敢于献身的"大勇",还需要坚强的意志、坚韧的毅力,勇于牺牲和坚韧不拔结合在一起,才构成了重庆文化中古今传承的刚勇坚毅、不屈不挠的品格。

在当代社会,巴渝人吃苦耐劳、坚韧不拔的精神仍处处可见。长年居住在酉阳、秀山、黔江、石柱、彭水等山区的农民,他们坚韧地开垦着贫瘠的土地,肩挑背磨,发展生产。山城重庆,到处可见穿梭于大街小巷的苦力"棒棒",他们风里来、雨里往,一年365天,一如既往。

巴渝人的吃苦耐劳、坚韧不拔的精神还体现在经济领域的创业意识和开拓精神,他们进退有度,在全国各地遍布着重庆人的足迹:闯海南、走深圳,立足广州,抢占京城,他们在云南边陲开发货源,去哈尔滨黑河开创基业,赴新疆乌鲁木齐闯荡,还有人举家迁入欧洲,把餐饮业做到了异国他乡。

二、热情豪爽、重义守信

据古史记载,重庆府"民勤而力穑""地广民淳,俗尚俭朴,务农桑,重节义""其俗尚鬼信巫,锐气善舞"。"其人豪,其俗信鬼,其税易征,其民不偷,多劲勇,少文学,女不织,民淳、讼稀""州人淳实土风拙朴"。这些都较为准确地概括出了巴渝人的性格特点。具体来说,主要表现在以下两个方面:

(一)待人热情豪爽,遇事仗义行侠

巴渝人常常留给人们的印象是"民风淳朴""民知礼逊",为人纯正、善良、热情豪爽。这可以从传统的民风民俗中体现出来。过去许多地方保留着"富家好施舍"的习俗,许多人有钱后往往爱做一些修桥、补路、兴学、扶贫助困的善事。

重庆学者邓廷良在《丝路文化·西南卷》中,对重庆人、川东人的性格特征及其形成原因,作了如下的描述,"重庆人—巴人—的优点在于重群体讲义气,勇于走险,而行为能力极强。不过这些优秀品质,恰恰都是贫瘠的生活环境逼出来的。……艰难的生计,险恶的环境,炎热的气候,以及数千年来的传统,造就了巴人急躁、率直而又行为能力极强的气质……"在现代社会中,作为巴人后裔的川东人和重庆人,待人热情豪爽,遇事行侠仗义,直来直去,口中有话不藏肚皮,为朋友可

以两肋插刀,路见不平定会拔刀相助。为此,人们的评价是:"重庆人耿直!"

(二)重义守信、仁义耿直

巴渝是仁义之邦,巴渝儿女不仅在对待国家、民族利益上重大义、识大体,且在交友待人中,也是重"义"而轻个人利害。这种重义守信、仁义耿直的品格一直延续至今,并代代相承。

巴渝传统中关于深明大义的最早故事是"大禹治水"。禹治水至江州(今重庆市),遇涂山氏女娇,相互爱慕,结为夫妻,生子启"呱呱而泣",禹并未留恋美满幸福的小家,而以天下为重,离家治水,且"三过家门而不入"。大禹公而忘私,公而忘家,敢当天下大任,为天下苍生,百折不挠,万死不辞。涂山女重情重义,深明大义,顾全大局,忠于爱情,不惜以身殉夫。这些优美忠诚的品格,为重庆的地域文化和重庆人的性格熔铸,抹上了厚重的底色。

武王伐纣、西晋灭吴、隋灭陈,这些为着国家统一的战争中,都有大批巴渝儿女慷慨赴战、沙场献身。这种深明大义的实例比比皆是。如秦代寡妇巴清,为了国家安危,将积蓄的几万两白银捐给朝廷作为修筑长城费用。更有巾帼英雄秦良玉,为了维护国家的统一,率土家兵先后征讨杨应龙、奢崇明等叛逆;清军入侵,她数度举兵北上抗清,在明王朝大势已去后,她仍退守老家石柱,以 70 岁高龄而坚持囤粮练兵,继续高举"反清复明"的旗帜;在一系列征战中,她虽失去了丈夫和兄长,但却义无反顾,无悔无畏。

此外,还有前文提及的舍生取义的巴蔓子,以及在其主刘璋败绩后义不降敌自刎而死的严颜。一些慷慨之士虽不生于巴渝本土,但也濡染巴渝慷慨之气,重义守信。南宋钓鱼城的"气敌万人将"张珏被蒙古军俘获,自缢殉国。明清之际,农民起义军夔东十三家联明抗清,在清兵围剿中,其将领刘体纯义不降清,同全家自缢而亡;另一将领李来亨亦全家纵身火海。清末黔江秀才温朝钟举义抗清,起义失败,为不累及乡里,他挺身而出,慷慨就义。

在朋友之交中,重庆人也十分重"义"。清代璧山才子钟长春与江津才子钟云舫"以文会友",结成莫逆之交,后钟云舫因撰联嘲讽县令朱锡藩贪赃枉法,被朱陷害,打入大牢。钟云航家贫,无人出面申辩。钟长春得知后,拍案而起;"我若不管此事,天下要友何用?"于是变卖田产,筹钱营救。又如革命者邹容,与章炳麟结为忘年交,互以革命相激励,后章炳麟因《苏报》刊载邹容的《革命军》被捕入狱,邹容得知,奋起投狱,与章炳麟共患难。

"义"又常常与"信"联结在一起,所以有"信义"之说。巴蔓子对楚王言而有信,已为千年佳话。追溯到巴人先主,信义依然重于泰山。《后汉书·南蛮西南夷列传》道:"巴郡南郡蛮,本有五姓……皆出于武落钟离山",但他们"无有君长",于是约定"共掷剑于石穴",能中者即奉为君,五姓中只有巴氏子务相独中,后又约定驾船"约能浮者,当以为君",仍是务相的船"独浮",余皆沉。于是共推巴氏子务相为部落首领,称为"廪君",可见巴族在形成之初,就十分守信,言出必行。

巴渝人最看重立身做人,提倡要踏踏实实做事,堂堂正正做人,为人要忠厚善良,要"仁义",尤其要做到危难见真情。

前面提到的秦代巴清,虽富甲一方,但不以富凌穷,而以资财扶贫济困;隋代信州(今奉节)总管杨素伐陈,对俘获的陈兵"慰劳而遣之",不准部下有丝毫侵凌,可谓仁义之师。

抗日战争期间,一大批流离失所、无家可归的政界、工商界、文化教育界人士,以及成千上万的平民百姓,如潮水般涌入重庆,当时,重庆人大多十分清苦,但仍然节衣缩食,尽可能地安置他们,为其排忧解难,使他们在背井离乡的 8 年中,仍然能继续各自的事业而有所发展、有所成就。

现时的巴渝人仍保持着传统的仁义美德,同情弱者,扶危救困,帮助孤寡老人,支援灾区,资助贫困山区失学儿童,提倡"有福同享,有难同当"。

巴渝人尤重情义,信奉"受人点滴之恩,当涌泉相报"信条。历史上,凡对于"有功德于民"的人士,巴渝人要么作为传统教育的典范代代传颂,要么建祠以供奉之。如忠县的巴蔓子将军墓、严颜庙,云阳的张飞庙,万州的甘宁墓,奉节的白帝城。

巴渝人有一个特性:决不轻易地形成自己的见解,而是根据自己的亲身体验作出判断。这种"亲身体验",就是建立在自己对于事情的观察、接触、认识的基础上。在没有见到事实前,宁可信其无,而不信其有。他们信的是"眼见为实,耳听为虚",一是一,二是二,丁是丁,卯是卯,一点也不含糊。经过了漫长的历史,直到今天,重庆人都十分推崇这种说话算话、信守诺言的品质,因此,"耿直"一词成了当今重庆人的口头禅。其实这里的"耿直"除了有直爽之义,也含有说一不二、信守诺言的意思。

三、兼收并蓄,团结协作

由于巴渝人来自全国各地,是经过无数次的"大换血"构成的,因此,巴渝人的各类品格特征均具有兼收并蓄的特点,川剧、川菜就是兼收并蓄的产物。川剧兼收并蓄,在四川原有声调基础上吸收外来声调,成为我国地方戏曲中独一无二的昆

（曲）、高（腔）、胡（琴）、弹（戏）、灯（调）五种声腔并存的地方戏曲。重庆火锅取料广博、风格多样、口感丰富,更体现出巴渝文化兼收并蓄的文化特色。

巴渝的建筑吸取湖广、江浙等移民建筑符号,创造出筑台、跌落、错层、吊脚、架空、附岩、分层等巧妙的处理手法,靠山用山,靠水用水,化害为利建设城镇,近代巴渝建筑以海纳百川的胸襟吸收了西洋建筑艺术,丰富了巴渝建筑体式。

巴渝人不仅兼收并蓄,且多体现出团结协作的精神。古代巴渝艺术中就已有充分体现。巴渝舞最初是从战斗中产生的,《华阳国志·巴志》道:"巴师勇锐,歌舞以凌殷人",又说"武王伐纣,前歌后舞也",巴渝舞其实就是载歌载舞。这种在战斗中产生的歌舞是为着鼓舞士气,以排山倒海之气势压倒敌人,所以它绝非少数人可以完成,有打鼓的,打锣的,还有演奏其他乐器的,有"千人唱,万人和"的伴唱,也有成千上万人齐舞。不仅歌、舞、乐之间要很好协调配合,成千上万人载歌载舞,没有充分的团结协作精神是无法完成的。即使是歌唱,最初的巴歌也是在多人合唱的形式下进行,如《文选·宋玉对楚王问》:"客有歌于郢中者,其始唱'下里巴人'。"巴渝文化中这种团结协作精神,跟所处自然环境是有联系的,在生产力水平低下的人类古代,面对险恶艰难的自然环境,只有靠集体的力量去战胜它。

依靠团结协作去战胜自然力,这在长江、嘉陵江上拉纤的船工身上得到充分的体现。行进在激流险滩中,或掌舵,或执杆,或拉纤,在船老板的指挥下,和着号子的节拍,协力齐心、敢闯敢拼、勇往直前。这种团结协作精神发展到抗日战争时期达到了高峰,重庆作为抗日战争中心,与全市、全国人民同仇敌忾,团结御侮,感天动地。

四、开放求新、注重实效

开放求新、注重实效的品格,很早便在巴渝人身上形成。如秦代著名女实业家巴清,出嫁没几年就成了寡妇,她冲破世俗的束缚,继承丈夫开汞炼丹的事业,大胆革新管理,加强质量检查,奖勤罚懒,医治病者,安置老者,解雇失职者,使劳工恪尽职守,于是产量与销售收入倍增。

重庆的开放求新,与自然环境是有关系的。得天独厚的长江水道,使她成为盆地的门户。这个优势带来的影响,开埠后就更加突出。开埠后航运的繁荣始终使重庆与下江保持了开放的态势,其结果是:尽管重庆比上海开埠晚了近半个世纪,20世纪二三十年代的重庆还是具备了若干现代性的特征:柏油马路、四五层的立体式大厦、电影院、剧场、咖啡馆、西餐厅、汽车,以及光耀夺目、彻夜不息的霓虹灯,凡大都市所有者,重庆无不应有尽有。早在20世纪20年代末期,重庆市政府就多次派人到长江中下游各大都市和其他省市考察市政,城市市政体制和建设模式均仿效沿海城市,"颇有沪汉之风",亦"颇似香港""洋场十里俨然小上海也"。在这样的氛围下,重庆迅速地出现了以卢作孚为代表的"现代化之最早呼唤者"。卢作孚不仅创建了民生公司,扩大了与"下江"、沿海的交流,他还开拓创新,建成了四川第一条铁路,组建了四川最大的煤矿——天府煤矿,创建了西南最大的纺织厂——三峡织布厂,创立了中国当时唯一的民办科研机构——中国西部科学院,在四川率先架设了乡村电话网络等。抗日战争期间,担任工矿银行重庆分行经理的包玉刚大胆尝试,把银行业、保险业、仓库业连在一起,拓展了业务,极大地提高了效益。20世纪40年代,在渝任经济部长的翁文灏组织修建了国内第一条客运缆车——望龙门缆车,开创了山城轨道客运交通的新篇章。

巴渝人的务实精神,不仅表现在判断、见解上,更落实在他们的实践活动中。他们面对任何事情,总有一种始终如一的精神,做事有始有终,决不半途而废。这种人生态度和求实精神,使其在对人对事方面,形成了重实绩重实效的判断标准。巴渝人最信奉的是邓小平的那句名言:"不管黑猫白猫,抓住耗子就是好猫。"这句话以简单明了、形象生动的方式,表达了巴渝人的务实观。

巴渝民俗风情

民俗即民间风俗,是广大民众所创造和传承的文化现象。这个概念包含了三层意思:一是民俗的创造者为民间大众,二是民俗是一种传统文化,三是民俗存在于我们的生活当中。从民俗与人类的关系上看,民俗是人类的伴生物,它起源于人类社会群体生活的需要,在特定的民族、时代和地域中不断形成、扩展和演变,为民众的日常生活服务;民俗一旦形成,就成为规范人们的行为、语言和心理的一种基本力量。

巴渝民风民俗主要体现在以下几个方面:一是劳动生产民俗,二是岁时节令习俗,三是人生礼仪民俗,四是传统集会以及休闲娱乐。

第一节　劳动生产民俗

一、巴渝的劳动生产民俗

巴地农业经济,由于地理原因,差异性极大。水稻种植是巴渝人生产生活的一部分,黍类种植是山地的生产生活,此外,巴渝地区还因地制宜地种植麻、桑蚕、甘蔗、柑橘等。巴渝人乐观开放,喜好歌舞,在艰苦的农业劳动中,形成了具有娱乐特点的劳动生产习俗。

(一)农村劳动时的生产娱乐习俗

打闹草。重庆东南部地区广为流行的一种劳动习俗。因常在集体薅二道包谷草时动用,因此叫"打薅草锣鼓"、俗称"薅打闹草",或干脆叫"打闹"。青年男女要穿上好衣服,戴上新草帽,由两个闹手带队,薅草人"一"字排开,伴随着锣鼓点子,争先向前。闹手在阵前巡视,边唱边击鼓,所唱歌曲称作"号子"。其内容根据人们当时在劳动中的情绪变化而作相应的更换,有催人奋进的紧号,有幽默诙谐让人舒展的花号。人们在有节奏的锣鼓声中和"闹手"欢快的歌声中减轻劳累。

打锣鼓。盛行于重庆土家族聚居区。土家族人民世居深山,以耕作旱地为主,在挖地、播种、薅草薅秧等生产劳动中,常有"打锣鼓"的习俗。据当地人讲,打锣鼓实际是民间技工帮工时借以提高工效的一种集体生产方式。使用锣鼓的数目因人数多少而异,一般十五六人一面锣、一面鼓,俗称"对鼓";百人以上锣鼓更多,号称"万人锣鼓",打锣鼓又是一种生产竞赛形式。劳动时,参赛者在地头"一"字形排开,由歌师挑选技术、体力兼优的生产能手"打边",然后"起鼓"。打锣鼓有成套的唱腔,通常是九腔十八板,歌词内容多为当地民歌,也有歌唱历史人物、民间传说的长篇唱本。起鼓之后便唱"下田号子""连声号子"等。将要休息时,先打"哑鼓"暗示参赛者,面前的活必须马上做完,否则"住鼓"一响,若你还在那里干活,便被视作手脚不快而遭奚落,被称做"腌菜碟子""挖金蛤蟆"。休息后上场则唱"打烟号子""月歌子"等。歌师如发现参赛者松懈下来,便紧催锣鼓,叫做"照场",此时,"打边"者便大显身手,将距离拉开,其他人紧追不舍,如此一来,活路自然就"顶"上去了。

薅秧歌。又叫"薅秧号子",在重庆广大农村十分流行。稻田薅秧大多是早间集体劳作。待到晨露快干时,薅秧号子也就开始了。一人领,众人和,领唱者歌喉美妙,高音悠悠袅袅,低音婉转回肠,帮腔的合上弦整齐划一,气势磅礴,整个田间气氛热烈欢快,劳作的辛苦一抛脑后,活路进度自然而然加快了。薅秧歌的歌词内容大多表达淳朴农民对幸福生活的追求与向往以及对丰收的企盼。

(二)农忙时节的待工习俗

栽秧酒。农忙时节,为了及时抢收抢种,农民们常自发组织换工。这些活动中,都要用酒席待人。栽秧酒除了腊肉、豆花、白干酒等传统待客食品外,还特别讲究形式,主餐先要摆腰、心、舌、肚、咸鸭蛋等十二个"干盘子",然后有或蒸或炒或炖的几样荤菜,以及赶鲜的蔬菜。主餐之外,早晨要吃汤圆之类的甜食"过早",上午歇气时要吃糍粑、馒头之类食物"过午"。栽秧酒之所以被重视,一是由于稻米为重庆人的主要食物,水稻的栽插当然得郑重其事;二是由于对插秧的技术要求高,栽秧的人被称做"栽秧师傅",插得行距、窝距均匀的更被尊称为"杆子手",故要认真款待。

割谷饭。重庆农民十分重视稻谷的收获,在抢收稻谷的时节,能请到上好的帮工,那说明这家主人有人缘。通常,割谷饭分早、中、晚三餐,三餐又各有讲究,早餐常吃甜食,如糍粑、汤圆之类;中餐是主餐,主人必以猪肉、豆腐、白干酒、烟茶相待,还要摆腰、心、舌、肚、咸鸭蛋等"干盘子"。而晚餐常以鸡蛋挂面为主。割谷饭也兴"过午",和栽秧酒不同的是,割谷时节天气较大(炎热),因而"过午"常是食用醪糟酒。主人家多用清冽甘甜的上好的泉水,兑上醪糟饮用,既解渴,又提神。

(三)农业祭祀和禁忌

在农业生产中存在许多的祭祀活动,代代相传,也有种种禁忌,趋吉避凶,表现巴渝人战胜自然和自己的本能特征。

打春牛。一种迎春祭祀活动,非常隆重,虽是民间俗成,旧时往往由县官亲自主持。届时万民云集街头,旗锣头牌开道,衙役手持五色花纸包裹的春鞭,紧跟着的是4人抬的泥塑春牛,春牛后面是手执长鞭的人装扮的木神句芒,其后是五谷、三牲供品。

主礼官坐八人大轿,上贴斗大"春"字,轿两侧拉彩纤。玩狮耍龙,戏班表演同随前往市郊,到达市郊后,陈列香烛果品,主祭人朝服衣冠,行一跪三拜大礼,祈求风调雨顺,五谷丰登。然后依原来次序回到县衙。执鞭笞打春牛的人叫春官,鞭打时刻定在立春一刻,乐官击鼓,边打边说一些吉利话。春牛打碎后,人们就疯抢泥牛碎块,抢获者据说一年好运不断。此习俗主要流传在重庆巴县。

办秧苗会。这是为了祭祀稷神。高山河谷平坝地区插秧有早有晚,通常是河谷早,高山地区晚。插完秧,水暖田肥,绝大部分秧苗也已转青,农事已闲,大家就在田边空地合办"秧苗会",搭台奠位,烧烛祭香,供三牲礼,主持者往往是德高望重、农事经验丰富的老农。人们跳起模拟耕田、插秧、薅秧、获刈、舂簸之形的舞蹈,演戏娱神祈求来年的丰收。

嫁毛虫。这一民俗活动,是在农历每年的四月初八。这一天是浴佛节,相传这天是佛祖释迦牟尼的生日。重庆地区的善男善女都要到寺庙里礼佛,买野生动物放生。这一天,人们通常都用象征喜庆的两条红纸,写类似这样的对子:"佛生四月八,毛虫今日嫁,嫁往深山去,永世不回家。"写好后,架成十字,倒贴在天花板或者墙壁上。由于毛虫的繁殖能力极强,一旦成灾,它们就会迅速吃光大片森林、庄稼。毛虫的毒性大,还会蜇人伤人。"嫁毛虫"的习俗,表达了人们对"虫灾"的重视,想借用佛力来除虫的愿望。

开镰。在重庆地区,农人们在收割稻谷之前,普遍要向"土地老"和谷神烧纸焚香,感谢"土地"赐予丰收,也祈求收割时的好天色,以保谷物顺利归仓。这样的仪式通常在第一天割谷的凌晨四五点钟进行。割谷的农人们准备好香烛纸钱,携带上收割工具,在田头摆上酒菜之类的食物,点燃香烟钱纸,肃然而立,口中念叨着祈求上苍保佑之类的话语。仪式完毕,由年长者割下第一个草把,宣告这一季稻谷收割正式开始。整个过程被称做"开镰"。

封镰。一季稻谷收割完毕后,农人们常要举行"封镰"的活动仪式。这一活动通常在稻谷收割完毕后的半个月之内某天中午进行。那时男主人会将使用了一季的、被磨得铮亮铮亮的镰刀用红布包裹好,恭恭敬敬地放在堂屋神龛前的几案上,然后在旁边摆上一碗热气腾腾的新米饭,有时还要倒上一杯酒,再焚上一炷香,等着一炷香燃尽后,就把用红布裹着的镰刀高高地悬挂在堂屋的梁上。整个仪式表现了农人对农具的敬重与爱护。

农业禁忌是人们期望通过避免某些事象而达到促进生产的目的,不许在某些特殊的日子里从事生产劳动是农业禁忌的内容之一,土家族认为逢五(即"破五")不吉,所以每月的初五、十五、二十五都是"法定"的农休日。

农业生产中除了以禁忌生产的形式防止灾祸发生外,在具体的生产环节中,也存在不少需要回避的事象。比如:在重庆农村的一些地方,有悠久的"忌戊"的习俗,有的地方叫"忌铁"。按古代天干地支计时法,每逢戊日,农民就忌用农具,不能动土稼穑。同时,当地就以凑份子的方法筹集资金,组织祈禳活动,中午举办一次村民午宴。现部分农村虽然仍然保留了这一传统习俗,但其中的封建迷信成分已经消失。

三月三忌山。农历三月三,是重庆部分农村的忌山日。人们根据传统的生活经验,认为从三月初三这一天开始,各种禽兽开始交配繁殖,冬眠的蛇也是这一天才爬出洞来。因此,重庆农村就有了"三月三,蛇上山""三月三,螃蟹嫁女"的传统谚语。也因此,农村有了"三月三是动物节日"的传统说法,人不能去打搅动物,否则就会受到山神的惩罚。忌山这一天,人们就只能在家里庭院中活动,猎手渔民也挂枪收网休息。

二、巴渝的岁时节令风俗

巴渝地区最流行的岁时节令是汉族的风俗,它与中原地区的民俗在内涵上是一致的。岁时节令风俗有春节过年,清明祭祖上坟,端阳划龙船、吃粽子、喝雄黄酒、挂菖蒲艾草、洗药水澡,中秋吃月饼,重阳登高、赏菊、宴饮、赋诗等习俗,均与中原地区相似。但其中也有自身的特点,比如,春节贴春联的习俗起源于巴蜀,后蜀时,孟昶自吟"新年纳余庆、嘉节号长春"一联贴在宫门上,代替过去贴桃符、郁垒,这是我国春联之始。长期以来巴蜀不分,这种习俗由巴蜀而流传。清明上坟习俗起于西汉,巴渝之地流传至今。元宵灯会起源于唐代成都,后来巴蜀各地都有灯会,并流传至今,重庆铜梁灯会的纸扎龙灯以工艺精湛著称。

《铜梁县志·风俗志》记载铜梁龙灯盛会:"上元张灯火,自初七八至十五日,辉煌达旦,并扮演龙灯、狮灯及其杂剧。"铜梁正月玩龙,除夕即张灯结彩,迎春接福;正月初一至初八,走亲访友;初九夜,街头彩灯增多,掀开了龙舞序幕;正月十二白天龙出行,所有龙灯高举着,招摇过市不玩舞,也不放烟火,龙行之处,各家户铺门前烛焰闪烁,鞭竹炸鸣,谓之"接龙",然后所有龙灯区城隍庙、川主庙、火神庙、禹王庙、孔庙拜年;正月十三、四大舞龙,爆竹声声相连,大街两旁挤满了闪亮的笑容;正月十五夜大狂欢,倾城百姓看龙舞。

巴渝节令习俗最大的特点是喜好众人参加的游乐,并且其游赏习俗常常同各种艺术表演相结合。

三、巴渝的婚葬习俗

(一)婚姻习俗

在重庆地区,结婚被看成是年轻男女最重要的人生大事,也是其一生中最大的喜事,即所谓成家立业。旧时婚礼繁文缛节不少,从择偶到成婚,有一套相沿成俗的婚姻程序。即谈人户、相亲、订婚、结婚预酒、迎亲、婚礼等一整套繁文缛节,也就是"父母之命、媒妁之言"的封建婚姻的六礼程序,即:一纳彩(送礼求婚),二问名(询问女方名字和出生日期),三纳吉(卜吉、送礼求婚),四纳征(送聘金),五请期(议定婚期),六亲迎(新郎亲自迎娶新娘)。

在重庆大部分地区,旧时姑娘出嫁时有哭嫁的习俗,哭诉的歌词逐渐演化成有一定调式和韵律的曲子,实际上是边哭边唱,以唱为主,以哭为节拍,大体上是诉说父母养育之恩、兄弟姊妹的深厚情谊及离别之苦,或者对未来为人妇生活的一种担心。哭嫁之风现已在重庆大多数地方消失。但在黔江、石柱、酉阳、秀山的土家族中,哭嫁之风仍很盛行。

如今婚姻自主、恋爱自由,婚姻习俗已简化了很多,但相对于其他礼仪,婚礼仍是比较讲究的一种,男女双方共同主办,宾客陪伴,主婚人、征婚人讲话,亲朋好友参加婚礼。

(二)丧葬习俗

丧葬文化均来源于灵魂观念,人们臆造出一个虚幻的冥界,认为人死了之后,并不是生命的终结,而是人生旅途的一种转换,即从"阳世"转到了"阴世"。葬被看做是将死者的灵魂送往冥界必需的手续。

　　巴渝地区从来是多族同居,故而存在不同的葬俗。在水边生活的古代巴族,生前用独木舟在江河捕鱼、航行和水战,死后用实用的或仿制的独木舟为棺,这就是巴人的船棺葬。

　　三峡地区悬棺葬是利用岩壁裂缝或在岩壁凿孔架设棺木,离地面悬空放置,也有的是在岩壁上凿室放置,悬棺葬与古代的巴人和僚人有关。

　　重庆大部分地区丧葬习俗既具有民族传统特点,也有显著的地方特色。人死后,有停丧、报丧、守灵、赶丧、哭灵、丧酒、入棺、出殡(上山)、落土等一系列活动。重庆土家族、苗族等地区还有一些特殊丧葬仪式。如土家的"跳丧"是一个人边击鼓边唱,几个人绕着棺材跳舞;或者三个人分别拿小鼓、小镲、小锣绕着棺材边打边走边唱,其余若干人围在四周,燃着篝火跳舞。歌的内容是唱死者生前的经历和生者对死者的感情和劝慰丧家等。以歌代哭,寄托哀思,劝慰丧家。

　　在重庆黔江一带的土家苗族中有打绕棺丧葬习俗,相传源于巴人古风。有的地方叫这种习俗为"穿花"。死人入棺至发丧前,每晚举行半小时左右。祭祀道士执打击乐器,锣、鼓、小钹、钩锣、马锣,另加唢呐一支,吹奏"打安庆""道士气""将军气"等地方性曲牌。亲戚朋友,近邻以双数(不能单数)参加进"穿花"队伍,在棺材前穿来穿去,不断变化队形地走动,并同时做一些"狮子滚绣球""雪花盖顶""老龙脱壳"的基本动作,既娱亡人又娱吊丧者。此俗至今盛行。

　　重庆武隆一带出殡的旧俗有船形葬仪。武隆船形葬礼由道士主持、开路,大孝子举灵,棺材居中,尾随若干披麻戴孝一身素白的孝男孝女和送殡队伍。其特点是整个队伍周围用一根长绳圈住,长绳等距离地由人执握,形成一条船的形状。给人的感觉是整个出殡队伍都坐在一条船上直达墓地。据推测分析,这种葬仪形式脱胎于古老的"水葬"。

第二节　传统集会

　　传统集会,是指历史久远,具有浓烈的民俗文化氛围和地方特色、且有众多人参与的集会。举办这类集会,往往引来区域内外的众多宾客,因此,它们的影响巨大,吸引力极强,传播面也就相当广泛。重庆的传统集会具有鲜明的地方特色、浓郁的民俗风情,且场面壮观,娱乐性强。

一、宝顶香会

大足宝顶为巴渝有名的佛教圣地,每年正月中旬至二月初前后十五天均为宝顶香会会期。宝顶香会顶礼观音菩萨,农历二月初一、十五、十九日上山拜佛者最多。其中十九日的观音菩萨生日为香会正期,尤为热闹。宝顶香会虽为佛事,但也已融入娱乐、民俗等活动。

二、丰都庙会

丰都庙会又称"鬼城庙会"。重庆丰都县城是中国鬼文化的发祥地。1980年,丰都名山的古庙宇得到修复。从1988年起,为弘扬民族文化,丰都于4月18日创办了首届"鬼城庙会"。此后每年届时举行盛会。庙会期间,整个丰都县城被装饰一新,名山、双桂山旗帜飘扬、彩灯如海、香烟缭绕。海内外客商云集,各界人士踊跃参与,商贸活动、文化活动好戏连台。以"阴天子娶亲""城隍菩萨出巡"以及鬼城民间传统为内容的广场舞、街头游乐、舞台表演等民俗节目使人目不暇接。

三、土家牛王节

每年四月初八为土家牛王节。相传土家先民在一次战斗中失败,退到一条河边时遇山洪暴发,在后有追兵、前有洪水的危急时刻,一条水牛游来,土家先民就抓住牛尾渡过了河,逃离了险境。为感谢水牛的救命之恩和祝贺新生,以后土家人就把这一天作为纪念日。每年这一天,土家人就杀猪宰羊,打糍粑,已嫁姑娘也回到娘家,比过年还要隆重热烈。这一天里,耕牛也特别受优待,吃精料,不耕作。在部分土家人聚居地,还举行盛大集会,敬牛王,唱山歌,斗牛和其他传统民族体育赛事此起彼伏,充满了浓烈的民俗文化气息。

四、南川苗族火星节

火星节又称为"砍火星节""打牛节"。时间是每年农历八月二十八日。是时,居住在南川后山一带的苗族群众,男女老少都聚集在空旷的大坝里,众人把早已准备好的柴禾扔在坝中心,点燃熊熊篝火。人们以火为中心围成圆圈,气氛肃然。族长肩扛一株挂有红布条的小刺树,在人围外边走边念一些经文,随后把小树插在太阳出来的方向,用刀将树劈为两段,将断枝插在太阳落土方向的石岩缝里。随后,三个苗家壮年男人将一头牛拴在人群中的木桩上,一人举斧头突然猛敲牛的天灵盖,另一人待牛昏死后持刀放血。周围的人就帮忙剥皮割肉、烹煮,集体食用。打牛的习俗源于一个传说:本来,苗和汉是亲生两兄弟,汉是哥哥,苗是弟弟,都喜读经书。一天,兄弟俩为财主放牛,一不小心,牛把经书当草吃掉了。为了找回经书,两弟兄同心协力将牛打死,剖开牛腹,经书已经变成了牛的千层毛肚。从这之后,财主强迫兄弟俩各走一方,因此有了后来的苗族和汉族。为了纪念这个分开的日子,苗族人在每年这一天就集会砍火星打牛。在打完牛之后,全体聚会人员就围着摆上来的大酒坛,在坛中插竹管吸饮甜酒,并唱民族山歌,跳民族舞蹈,祈求祖先保佑消灾,庆祝人寿年丰。

五、秀山苗族赶秋节

重庆秀山县是少数民族聚居地。这里气候宜人,风光旖旎,风俗十分独特。

其他苗地的赶秋节在每年立秋日举行,秀山的赶秋节却是在每年四月初八举行。赶秋节这天,全境苗胞都停止农事,换上节日盛装,成群结队从四面八方涌向赶秋集会地点,人数常达数千之众。赶秋节有众多的传统文化体育节目供人们参与欣赏,打秋千、舞狮子、玩龙灯、上刀梯、跳传统舞,从早到晚,人群潮涌,锣鼓喧天,歌声此起彼伏。

秀山的赶秋节,相传源于古代两位苗族青年男女的浪漫爱情故事。所以赶秋节就成了青年男女们谈情说爱的传统佳期。他们通过听歌、对歌的方式来选择自己的意中人。

六、金佛山杜鹃花会

杜鹃花会每年四五月间在杜鹃花盛开的重庆南川金佛山举行。金佛山是全国重点珍稀植物保护地之一,这里的杜鹃花品种多达 30 种以上,乔木杜鹃花数量就在 50 万株以上,树龄 50 年以上的有 1.5 万株,全国最大的"杜鹃花王"也在这里。金佛山既有高大的乔木杜鹃,也有细小的灌木丛杜鹃,还有大量的其他植物,其数量之丰富,位列全国各大名山之首。在金佛山植物王国中,还生长着 500 余种野生动物。

在杜鹃花节期间,赤红、淡红、水红和黄、绿、紫、白等 7 种颜色的杜鹃,漫山遍野,五彩缤纷。其中弯尖、麻叶、金山、阔柄、黄花、喇叭等 6 个品种的杜鹃为金佛山所独有。花会期间,游人如织。

七、万盛踩山会

万盛踩山会是近年来万盛在传统苗族踩山会民俗的基础上,重新组织发展起来的新兴大型综合集会。时间定于每年的暑期七月下旬。历史资料表明,万盛苗民的传统踩山会已经有三百多年的悠久历史。现在组织的万盛踩山会,除了各种商贸洽谈、物资信息交流、自然风景游览之外,还集中展示了内容丰富、特色鲜明的民俗文化活动。其中有苗族婚仪、苗族传统服饰表演、打牛表演及"爬花杆"等具有民族特色的各类表演。

八、涪陵榨菜文化节

涪陵榨菜是世界三大名腌菜之一,涪陵一度是古代巴国的故都,其文化自宋代始就很发达。为了推动涪陵经济快速发展,1998年,涪陵人在"榨菜之乡"交易会基础上,创办了"涪陵榨菜文化节",文化节增加了体育比赛、大型街头游乐,具有涪陵民俗特征的民俗表演活动、参观活动。文化节期间,整座涪陵城流光溢彩,各种彩灯装饰街道,造型各异的塑像布满公园广场。参会团体尽显风采,文化活动好戏连台,具有浓烈的节日气氛。

九、观音会

重庆各地寺庙很多,民间对佛教诸神也礼拜甚殷,每年的二月十九日、六月十九日,九月十九日是重庆民间礼拜观音菩萨生日的日子,罗汉寺、华岩寺、慈云寺、真武寺、圣寿寺以及各区县的各大寺庙都有成千上万的善男信女会聚,城市空闲人员也赶去观光游览凑热闹,沿途卖供佛香烛的店铺也生意兴隆。在乡村,只要有庙宇的地方,无不举办观音会,寺庙的香客整日络绎不绝。

第三节　市民文化生活

一、饮食风俗

"王者以民为天,而民以食为天"。饮食是物质文化与社会风俗的重要组成部分,最能反映民族与地域特色。我国的饮食文化从来就以历史悠久、丰富多彩受到国外高度赞赏,故被称为全世界的"烹饪王国"。在这个著名的"烹饪王国"中,以川菜为代表的巴蜀饮食系列占有很重要的地位。而重庆的饮食习俗,又有其独特的地方。《华阳国志·蜀志》中记载:"尚滋味,好辛香。"这一传统习俗经过先民和历代厨师的发展,使重庆的饮食在调味方式上驰名全国、蜚声海外。故历来有"吃在四川,味在重庆"之说。而最能代表重庆饮食习俗的莫过于"麻、辣、鲜、香、脆"五味俱全的火锅和重庆乡土菜了。

(一)重庆火锅

1.重庆火锅的由来

重庆火锅出现于清末民初,当时长江和嘉陵江上的船夫,为抵御冬日凛冽的江风、露寒霜重,在一锅咸水里扔进一把把辣椒、花椒熬成卤汁,将屠宰房的牛羊下水放在卤汁中自烫自吃。这种原始的火锅逐渐被沿江一带的人们接受。民国初年时期的江北(另一说是南纪门)出现了一种专卖牛杂碎的担头小贩,担子一头挑着泥敷的小火炉,上架铁锅或洋盆(铝制面盆),锅(盆)中放置有若干小格的金属或木制的框格,里面装满了又麻又辣的卤汁;担子的另一头装着牛心、舌、肚、肝等。这些牛杂碎均是洗净略煮后切成小块的半成品,放在锅中小格中边煮边吃,这种价格低廉的锅子菜,热络鲜烫,麻辣刺激,很受行船走水、肩挑背磨下力挑夫的欢迎,并逐渐从河坎码头波及巴渝城区街头巷尾。1931年,重庆城内首次出现了一家专业火锅店,并将盛火锅卤汁的铁锅换成了赤铜小锅,每桌配置凳子,食客起坐食用十分方便。经过将近一个世纪的演绎发展,毛肚火锅步入了大雅之堂,遍布重庆城乡的火锅店成了山城重庆一道独特的风景线。

2.重庆火锅的文化特征

重庆火锅现已成为蜚声中外的风味食品,它那"麻辣烫"的风味显示了巴渝儿女粗犷豪放的性格,成为山城饮食文化的一道风景。重庆火锅,为何会经久不衰?为何受到食客的青睐? 这是由它的特点所决定的。

(1)平民性和包容性。重庆火锅来自民间码头,传统毛肚火锅的原料是"牛杂"和杂菜。重庆火锅的产生就具有了民间色彩和平民特性。重庆火锅在发展过程中也体现出其兼容性,火锅的原料除牛毛肚、牛脊髓、牛肝片外,如今还增添了生鱼片或鲫鱼、鸭肝、鸭肫、鸭肠、生鸡片、蟮鱼、血旺片等。素菜由原来单一的葱蒜,扩大到白菜、菠菜、豌豆尖、大葱、莴笋、韭黄、粉丝、土豆、藕片等。动物、禽类、海鲜、山珍、野味等原料都被重庆火锅包容。用料广泛、取材丰富给重庆火锅提供了广阔的发展空间,也体现出重庆火锅兼收并蓄的文化特色,反映了重庆文化的熔炉性特征。重庆火锅鲜香味美。在火力的作用下,火锅中的卤汁处于滚沸状态,食者边烫边吃,热与味结合,"一热当三鲜",加之汤卤调制十分讲究,所用原料特别新鲜,味碟品种越来越多。另外,口味大众化,重庆火锅原以麻辣为主,现在口味多样,不但保持着传统的香辛调料,还有牛骨、活鸡、鲫鱼、鸭、蛇等原汤,如啤酒风味、酸菜风味、海鲜风味等。目前,火锅的味碟已有几十种,其适应性更加广泛,适合大众化之口味。

(2)独特性和多样性。重庆火锅除了具有包容性特征外,仍具有自己的独特性,那就是调味独特、麻辣烫鲜。重庆火锅的卤汁是用带辣味的辣椒、郫县豆瓣;带麻味的花椒,以及辛辣味的老姜、蒜等调制熬煮而成。在调制火锅卤汁时,注意了烹调中的"五味"如同"五行"一样相生相克的道理,在熬制火锅汤汁时加入适量的冰糖、醪糟(酒酿)、黄酒、陈年豆豉等,所以一锅好的汤卤能给人品尝后滋生辣而不燥、麻而不烈,进口浓味、回味柔和的感觉。何况醪糟、黄酒、豆豉还有避腥、增香、助鲜的功能。火锅调料中的两个主角——辣椒与花椒它们也在相互作用:花椒之麻相对抑制了辣椒之辣,并且挥发出一股股浓浓的香气,刺激人们的食欲。

重庆火锅麻辣烫鲜,《扬州晚报》陆华先生曾在《重庆大写意》一文中写他吃火锅后的感受:"辣得泪涕交流,只觉得少时受了风寒,祖母让灌了几勺姜汤,浑身舒服。"一些外地食客终究禁不住这美食的诱惑,最终落入"陷阱"而不能自拔,发出了吃火锅上瘾的感慨。并总结出了品尝火锅的三部曲,头回望而生畏,二回三回吃出有味,四回五回闻香欲醉。

(3)广泛的参与性。火锅的最大特点就是炊餐合一。一般进餐方式是服务员把厨房烹调好的菜点送上桌后,食者仅被动享受。而火锅则要求吃客在进餐过程中,自己去掌握涮烫的火候,涮料的选择和味道的调剂。在这参与过程中,不论男女老少都领略到自己的烹调手艺,并从中享受到饮食的乐趣。著名美食家、老报人车辐先生曾生动地描绘了这样一幅全家人置办火锅的景象:"仿若过节日一般的快乐,全家动员备办佐料,平时在家懒得烧菜吃的家庭成员也精神抖擞,一齐加入战斗行业。"吃火锅不仅成了当前人们饮食消费的时尚,它强调自己动手的进餐方式更是体现了"重在参与"的时代精神。

"重在参与"是现代人实现人生自我价值的一种重要方式。重庆火锅配料、味碟、口感可自己掌握;用餐者可自选食品;炉灶的火力大小可任意调节,吃老吃嫩或吃爽吃脆任凭自愿;锅中汤卤或味碟中的众多调料,食客都可以按自己的口味需要随意增减和自由选择,不受任何约束;进餐的时间可长可短,无论时间长短只要炉火不熄,照样鲜烫可口、暖人肺腑;菜品可丰可俭,量力而行,吃多少就烫多少,这样方便随意的就餐方式为吃客实现"重在参与"提供了广阔的空间和时间,使人们悠然自得地在火锅桌上潇洒一回。食者也从亲手参与烹调中不仅饱享口福,而且产生精神上的满足和快感。特别是火锅自助餐的兴起,无论从深度和广度上都赋予进餐者更大的自由度。吃重庆火锅随意方便,其乐无穷,火锅之乐,在于意趣,正如清代诗人严辰咏道:"围炉聚饮欢呼处,百味消融小釜中。"

(4)风格的多样性。毛肚火锅是重庆火锅中最有影响最有代表性的风味饮食,它几乎成了重庆火锅的代名词。确实,火锅是在毛肚火锅的基础上发展起来的,但是在山城火锅业界不断开拓创新下,兼收并蓄其他火锅的优点长处,在坚持麻辣烫火锅主旋律的同时,又打破了麻辣味一统火锅天下的模式,形成了当今重庆火锅风格多样化的新格局。

传统的火锅是一锅一味,或红汤或清汤,截然分明。现在不仅有一锅两味的鸳鸯火锅(红汤、清汤),还发展到一锅三味(麻辣、清汤、酸菜)或"四味"的火锅(即再加上一种荔枝香辣味或鱼香味)。这种"一锅多味"的火锅为食客带来了丰富多样的口感,吸引了南北各地的广大顾客,使火锅具有更灵活的调味性和更广泛的适应性,是火锅调味技术上的重大突破。

从汤卤制作上看,由有渣火锅向无渣火锅方向发展。无渣火锅的出现是火锅汤料制作由粗放型向精细加工制作型转变的标志。

近年来涌现的火锅新品种五花八门,除传统的毛肚火锅、菊花火锅外,还开拓出牛尾牛鞭火锅、全牛火锅、甲鱼火锅、猛蛇火锅、海鲜火锅、羊肉火锅、山珍火锅、龙凤(蛇、乌鸡)火锅等数十种火锅品种。展现了当今重庆火锅取料广博、风格多样、口感丰富的新特点,体现了重庆饮食文化的多元化特征。

(5)开放性和创新性。20世纪三四十年代的火锅店,大多用的是红泥小火炉、赤铜小锅以及那些高矮木板凳和中间挖了个圆洞的小方桌。到了20世纪80年代,随着人们消费品位的提高,对进餐的环境越来越讲究,一些火锅专业店率先对火锅店进行了改造,注重进餐环境的舒适。高靠背椅配光亮精致的火锅桌,代替了过去的简陋桌凳;传统的炭炉、煤油炉换成了液化气灶具,并且专门配置了抽油烟机;锃亮的不锈钢锅顶替了赤铜小锅和面盆。有的将进餐环境布置得古色古香;有的以花墙装饰,点缀上串串葡萄和片片绿叶,给人以清幽静谧之感。以往被人们视为荒诞的"安上空调吃火锅"的说法也变成了现实,而且还配备了大彩电和音响,把享受美味和文化娱乐结合在一起。

火锅业界盛行装修热时,并未忘记营造能提高档次的文化氛围,体现中华饮食文化的深重内涵。有火锅新店立有高18米的"金龙抱柱",也有反映古文化的大型壁画。这种装修营造的气氛令食客发思古之幽情,感叹饮食文化的源远流长。还有火锅店将希腊神话雕塑请进了店堂,令人耳目一新,土生土长的"麻辣烫"与西方神话中的爱神、美神结为伴侣,让人们进餐时沉浸在一种中西文化交融的独特氛围之中。

火锅的调味也作了很大的调整,将酿造酱油的副产品豆母换成香鲜味较浓的陈年豆豉;以醪糟汁代替原有的冰糖;陈年郫县豆瓣与辣椒配合使用。这些味料经火锅师的调整和进行适当的组合熬制,使重庆毛肚火锅的风味大增,赢得了食客的赞赏。

同时,重庆火锅在食物结构方面注重营养平衡、滋补健体,重庆火锅发展到今天,在选料取材上从天上飞的,地上跑的(生长的),到水里游的(爬的)无所不包。涮烫原料范围的扩大,提供了人体所需多种营养物质,特别是火锅素菜品种的增加,使食物营养结构趋于合理,提高了火锅的营养价值。像家禽家畜的肉、水产中的鱼均含大量的蛋白质,而它们的各种内脏则含丰富的 B 族维生素,维生素 A、K及多种矿物质(无机盐);海产品中的海参、鱿鱼、贝类不仅蛋白质含量高,而且含多种人体不可缺少的微量元素;烹调火锅调料采用动植物油脂混合使用方法。基本构成了油脂中饱和脂肪、单不饱和脂肪和多不饱和脂肪的最佳比例(1:1:1),食用后人体内的脂肪酸基本达到平衡,从而提高了油脂的营养价值。

重庆火锅以其丰厚的文化蕴涵,使其越来越火,具有强大的生命力,不仅在全国各地风行,在日本、美国、丹麦等国以及港、台、澳地区也很受欢迎。

(二)重庆乡土菜

俗话说:"亲不亲,故乡人,美不美,家乡味。"特别是那些异乡游子,每当思乡的时候,不仅想到家乡的山山水水,父老亲朋,还有那梦魂萦绕的家乡菜故乡味。宋人戴复古的《秋夜旅中》写道,"旅食思乡味,砧声起客愁",把这种由乡味引发的乡愁意境写绝了。这说明了家乡美味在古今人们的心目中有着多么大的诱惑和魅力。正是在这一粥一饭中所蕴藏的乡土情结,才使得乡土菜成为华夏饮食文化的永恒主题。

乡土菜不仅仅指菜肴色、香、味、形、器等能用视觉、嗅觉感触到的东西,它还包括了"一个地方的历史、文化、乡情、民俗、口味嗜好、物产、气候等多方面的因素"。

人们常说,一方水土养一方人。险峻的巴山渝水造就了巴人民风淳朴、性格粗犷豪放,温湿燥热的气候养成了"尚滋味、好辛香"的嗜好。因此巴渝乡土菜在此种特定的人文环境中,也形成了其粗犷豪放、个性鲜明、味浓味厚、富于刺激的特色。

1.乡土菜的由来

重庆的乡土菜肇始于山村柴扉、市井陋巷,出自村姑渔人、家庭主妇之手。乡土菜有的是秉承家传,有的是心有灵犀偶然得之。像米汤菜、泡椒菜、酸菜、泡菜、竹笋菜、干菜系列等,仍保留着巴渝乡土菜拙朴自然的风韵。

随着城乡经济交往的扩大和深化,乡土菜逐渐从乡村野店、民间茅屋走向市场,先在一些街头大排档或市郊的农家乐中亮相。那些吃腻了大鱼大肉、山珍海味的人,一旦品尝到这些清新质朴的民间风味,恍然如沐春风,别有一番新鲜感觉。于是先在一些贩夫司机、游人食客中相互传颂,再经媒体曝光炒作,引起公众关注,其中名气较大者逐渐在食客中广为流传热销,引发食坛上一阵争相品尝的旋风。食客行家们把这些横空出世、左冲右突的食品比喻为江湖上闯荡的游侠怪杰,戏称为"江湖菜"。

乡土菜的种类繁多,有江津津福酸菜鱼、潼南太安鱼、璧山来凤鱼、綦江白渡鱼,歌乐山辣子鸡、南山泉水鸡、白市驿辣子田螺、青椒童子鸡等。这一大批名噪一时的特色菜,都是在乡土菜的基础上创新求变的经典之作。还有江津李市镇的三巴汤、鬼城丰都的八大碗、涪陵农村的水滑肉、万州的洋芋羹、巴县的泥敷鸡、黔江的烤羊肉等。民间家常菜如荷香粉蒸肥牛、手抓排骨、脆皮烧白、锅巴芋儿、老腊肉炒血豆腐等。

2.乡土菜的特点

(1)土俗古朴,乡土味浓。重庆乡土菜的"土",首先表现在它的原料选择上,从南川金佛山的特产黑竹笋、方竹笋到田间地头生长的侧耳根(即鱼腥草)、野香葱、野芹菜,以及干豇豆、蕨根粉、包谷杂粮等,莫不是土生土长,有浓浓的乡土气息。其次,它的烹制方法也很"土",像江津李市镇的三巴汤、鬼城丰都的八大碗、涪陵农村的水滑肉、万州的洋芋羹、巴县的泥敷鸡、黔江的烤羊肉等。究其原创手法,莫不是因陋就简利用土锅土灶煨焖煎炒,或泥敷炭烤出来的原汁原味,然后用大盘海碗端上桌来,看上去土气俗气,但吃进嘴里舒服,吞进肚里顺气。当今盛行包装之风,乡土菜免不了也要"梳妆打扮"一番登场,盛放在红泥紫砂、精制土陶或异形餐具之中,有的还在盘边略作装饰。但在这"洋气"的外表下,仍然会感受到其中土俗古朴、乡土味浓的特点。

(2)粗犷豪放、个性鲜明。古人说"文如其人",其实在烹饪中也可套用此话——"菜如其人"。重庆人的粗犷豪放是出了名的,重庆的乡土菜也如巴人一样,有着粗犷明快的鲜明个性。美食家曾评论,称"川西菜为婉约派,川东菜是豪放派"。重庆川菜中的辣子鸡,盘中的辣椒如山丘;花椒兔中的花椒似繁星陨落,满盘皆是;霸王蟹更是麻辣并重,霸气十足。吃进嘴里又辣又麻,尽管涕泪俱下,却连声喊道舒服安逸。即使是家中祖传的鱼香肉丝,也不用放什么青笋、木耳、胡萝卜丝,而是大把用葱、蒜、泡姜、泡椒这些增香调辅料,炒得个满屋飘香,虽不是"鱼香",却胜似"鱼香"。这些粗犷豪放,有着鲜明个性的佳肴,加上重庆人大块吃肉、大碗喝酒的豪爽个性,实有"红粉赠佳人,美馔酬壮士"之感。

重庆乡土菜也有"刚柔相济"的一面。就说温柔一点的泡椒菜,那满盘红艳艳的泡辣椒看起来吓人,但吃进嘴仅微辣而已,对味觉的刺激温柔而又热烈,令人回味绵长。至于像干豇豆炖排骨、泡菜蒸鲜鱼、泡豇豆炒海虾、酸萝卜炖老鸭等,更是以清醇鲜香、口感柔和见长。它们所表现出来的柔性中,富含一种亲切随和的家常风味情调。吃着乡土菜,仿佛置身于外婆家的餐桌上,使你沉浸于温馨亲切的氛围之中。

(3)随意自然,善变求新。乡土菜有着丰富的民俗文化及乡风食俗的底蕴,它大体由农家菜和市民的家常菜两大部分组成。所用原料绝大部分是"居家常有,不烦远求"的寻常之物,烹制上也无严格章法,讲究顺其自然,妙手天成。因此乡土菜给人的印象是朴实无华,随意自然,让你吃出如同在家里餐饮一样的感觉来。像传统的豆花、泡菜、腊排骨炖萝卜、酥肉炖红苕粉等,能让人百吃不厌。能引发潜伏在内心深处的返璞归真、回归自然的情结。

眼下人们推崇返璞归真、回归自然的生活方式,崇尚"绿色健康"的烹调方式和菜品,那些原汁原味的乡土菜再度受到人们的关注。瓦缸煨菜、苦笋菜、蕨粉菜、鲊酸菜、血豆腐、干豇豆、野山菌、野芹菜、侧耳根等逐渐成为餐桌上的新宠。

(三)重庆饮酒习俗

据有关史书记载,巴人善酿酒,其所酿"巴乡清酒"颇有名气,为其酒之代表。《水经·江水注》记载:"江之左岸有巴乡村,村人善酿,故俗称巴乡清,郡出名酒。"《郡国志》亦曰:"南山峡西八十里有巴乡村,善酿酒,故俗称巴乡村酒也。"巴人善酿清酒,说明其技术甚高,酿酒业发达,也说明所产粮食丰盛有余,且粮食品质较好。巴人自古善饮,这与巴人粗犷豪放的性格分不开,而善饮自然也促进了酿酒业的发达。

虽然巴蜀自古多美酒,其酒的数量和质量均长期居全国之冠,如全国名酒有五粮液、泸州老窖、剑南春、全兴大曲、郎酒、沱牌曲酒等。重庆人善饮,但更偏好啤酒。重庆人喝啤酒不仅仅是一种乐趣,是一道风景,也是一种饮食习俗。

啤酒由于不及白酒度数高且价格较为低廉,因此在重庆喝啤酒可以说是最寻常、最普遍的一件事了。特别是吃火锅、吃家乡菜更是离不开啤酒。一般人饮酒多讲究慢酌、慢饮、细饮,尤其是相聚共饮或个人独酌时,更是慢饮细品,但是在重庆喝啤酒却是另一种情景,人们喝啤酒豪放狂饮,体现了重庆人粗犷豪放、开朗乐观的性格特征。

中国有句俗话"无酒不成席",从古到今,重庆人一向注重友谊,友人相逢,无论是久别重逢,还是应邀相聚,一年四季,人们不论是春种秋收、婚嫁丧葬、做寿请客、过年过节,都要把酒叙情,喝个痛快。确实,重庆啤酒,始终伴随着市民生活。

二、重庆服饰

人类为了遮身蔽体、防寒御暑与审美求美,于是有了对自然人体装饰的服饰。服饰即为有关自然人体外部装饰的总称。从大的方面来说,重庆服饰同全国的服饰在多样性、历史性及兼容性方面有许多共通的东西,但就其地域的角度来看,它又有其独特的地方。

(一)五四前后

民国初年重庆男子的服饰,多沿清末习俗,主要为长袍、马褂。重庆开埠若干年后,随着西方文化的传入,重庆人的穿着打扮开始发生变化。青年人开始剪长辫,蓄短发,戴"西洋帽",城市人,除穿对襟长裤、团花马褂外,也有部分人崇尚西式打扮,开始着西装、打领带、穿皮鞋,至于符合国情的中山装更是深受国人喜爱。抗日战争时期,国府迁渝,民风日开,穿长袍、马褂者日渐稀少。重庆人仿效"下江人",留"东洋头",着中山服,西装者日渐增多,西洋帽、博士帽,也随之流行。

在农村,时兴穿土蓝布长衫子。农民以及下力人习惯在长衫外面,腰杆上捆一条白帕,没有白帕的也要拴一条细绳,以便在干活时把衣角捞起来拴在腰带上。头上习惯捆根白帕。据传,此风起源于三国时代。诸葛亮在蜀国为丞相,鞠躬尽瘁为百姓做了许多好事,当诸葛丞相死时,人民为他戴孝,加之古时有戴孝三年的大礼习俗,时间长了,忘了取下,并且捆着白帕,冬天能御寒,夏天能隔汗遮太阳,有许多好处,久而久之,形成风俗。直到现在,山区的农民还喜欢捆白帕,也捆蓝布帕、青丝帕。

妇女服装在清朝末年,仍保持着上衣下裙之制,成年妇女穿大镶滚,是一种右边开口,用纽门,衣服边嵌花的女式服装,下身穿嵌脚边花的裤子,头上戴揸子(一种宽边,成弧线由两块布组成的老年女士帽子),从额头抄至头后发髻处,固定在发髻上;中年妇女时兴穿枇杷衫(短半衫),上面和纽门的做法同大镶滚,只是衣脚要成枇杷叶形的弧形状,故名枇杷衫。民国以后时兴穿旗袍,旗袍质量可高可低,既可用布做,也可以用绸缎做,五光十色,绚丽多彩,各个阶层的妇女都爱穿。

(二)20世纪五六十年代

20世纪50年代,返璞归真,穿着简便,男士以中山装、学生装为主。服装色彩以蓝灰色为时尚。60年代中期,男女服装基本趋于一致。那时,全国学人民解放军,重庆尤其突出,草绿色军服在民间大为流行,青年学生以拥有一套绿军装为荣。那时的时髦打扮是头上戴一顶绿军帽,腰间扎上一根皮带,背上背一个绣上"忠"字的黄挎包,手握一本"红宝书",是那个特定时代青年人流行的服饰打扮。

(三)20世纪80年代以后

随着重庆的经济腾飞,人们的穿着打扮日益讲究,体现重庆人在服饰上的特点有:

1.重视服饰打扮

重庆气候湿润、山水钟灵毓秀,养就了重庆姑娘的容颜身姿,不知从何时起,重庆女士的秀丽就已名扬天下,取代了苏、杭美人的历史声誉。她们一个个杨柳细腰,霜雪肌肤,娇艳面容,爱打扮,追求时尚,重视服饰打扮。

就南方而言,上海、广州的女士也非常重视服饰打扮,但与重庆女士相比,她们既无重庆女士的富丽华贵,更没有她们大胆、勇敢。重庆人在服饰上绝无保守思想,巴黎、香港流行的服饰,很快就被仿制,并流行于重庆,穿在重庆女士的身上。重庆姑娘服饰时尚,成为重庆街头一道亮丽的风景线。

2.兼收并蓄,追新求异

改革开放以后,重庆服饰从来不排外,在服饰上喜欢追新求异,其发展趋势个性化、时装化,职业装、运动装、休闲装轮番流行,各领风骚。在服饰上,重庆人的热情开放、追新求异的时代风尚随处可见。

第六编 文苑英华

古代巴山渝水地理环境多样，山泽水厚杂错分布，崇山峻岭荆棘丛生，天地芳泽、云蒸霞蔚，山野丛林鸟兽出没，风雨晴晦朝夕不同。其地理自然条件比中原地区有更大的复杂性和多变性。在这神奇丰美的土地上，顽强、乐观的古代巴人励精图治，创造着生活，同时也创造着独特的文化艺术，从神秘的远古神话、雄健刚烈的巴渝舞到千古流传的竹枝词，如今，巴渝大地仍保留了"巴渝舞"的流风遗韵。

"自古诗人多入蜀"，唐宋时期，文人、画家纷纷入蜀，雄奇壮丽的三峡风光和文物风情感染骚人墨客，千百年来的沉吟低唱，积淀出瑰丽的三峡诗库。从唐至今，巴渝人在大足创造摩崖造像的石窟艺术群雕，成为中国石窟艺术代表作。巴渝人能歌善舞，善抒胸臆创造了兼收并蓄的川剧表演艺术和色彩纷呈的民间文艺。

巴渝文苑具有恒久的魅力和迷人的风采。

古风流韵

大江大河,大峡大谷。巴山渝水的奇丽山川,天地之间一派生命热忱,是充满浪漫激情和无羁想象的肥沃土壤。在这一背景上,酝酿了神话和巫风,演唱着风与雅的交响乐章,舞蹈着激情迸发的舞蹈,凸显出古代巴人神秘、尚武、重义、勤劳率真的文化品质和粗犷的文化风格。

第一节　远古神话

古老的巴族,过着艰苦的创业生活,生产状况落后,生活条件差,物产虽丰却不易开发,故生产和文化都比较落后,以至于人神杂糅之俗久存,巫术祭祀之风不衰。

巴人神话是远古巴人对其所接触的自然现象、社会现象幻想出来的具有艺术意味的解释和描述的集体口头创作。古代巴人创造的神话极为丰富,主要有巴族创世纪和族源神话(见第一编)、神女传说和巫传说。

一、巴族族源神话

《山海经·海内经》:"西南有巴国,太皞生咸鸟,咸鸟生乘厘,乘厘生后照,后照是始为巴人。"太皞即伏羲氏,"伏羲氏蛇身人首,有圣德"。巴人为太皞伏羲氏的一支。巴人初民的图腾为蛇。一种图腾的形成,总会伴有相应的神话传说。围绕巴人蛇图腾的神话传说有不少。《山海经·大荒北经》说:"西南有巴国,有黑蛇。青首,食象。"《海内经南经》说:"巴蛇食象,三岁而出其骨,君子服之,无心腹之疾。其为蛇青黄赤黑。一曰黑蛇青首,在犀牛西。"

巴人蛇图腾的神话传说反映出远古时期这里高山耸峙,森林茂密,适合蛇的生存。以大蛇为崇拜物的人群是巴人的最早祖先。揭开"巴蛇食象"的神秘面纱,可解释为以蛇为图腾的巴人在发展过程中,吞并了以象为图腾的另一个部落,此传说很可能是巴象两族残酷斗争的反映。

二、灵山十巫和巫载(zhǐ)国神话

《山海经·大荒西经》记载:"大荒之中有山名曰丰沮。玉门,日月所入。有灵山,巫咸、巫即、巫盼、巫彭、巫姑、巫真、巫礼、巫抵、巫谢、巫罗十巫,从此升降,百药爰在。"《山海经·海内西经》亦载曰:"开明东有巫彭、巫抵、巫阳、巫履、巫凡、巫相。"

远古时期,大巫山地区诸氏族部落的首领,同时又是一群巫师,是酋长兼巫师之类的人物;而且还是一批掌握了"不死药"的神医,又是神巫兼神医式的人物。他们或上达于天,宣达神的旨意,或奉命用仙药为人治病,如奉天帝之命用不死药救活无罪而被杀的窦窳。因为巫咸的缘故,灵山才得名为"巫山"。

巫载国是人类婴孩时期丰衣足食、和谐美满的东方伊甸园。《山海经·大荒南经》记载,虞舜时代,在三峡腹心——大巫山地区,已存在一个名叫"巫载"的方国(即今巫山、巫溪二县所在地域,秦汉时期皆属古巫县统辖)。帝舜派他的儿子无淫前去治理。"巫载民'盼'姓,食谷。不绩不经,服也;不稼不穑,食也。爰有歌舞之鸟,鸾鸟自歌,凤鸟自舞;爰有百兽,相群爰处。百谷所聚。"

这是一个鸾歌凤舞,百兽相群,百谷所聚,人与自然和谐相处的巫载国,被学者们称为远古时代极乐的地方。

灵山十巫和巫载国神话反映出巫山是中国原始巫教最早的发祥地。

三、廪君英雄神话(见第一编)

古代廪君与其余四姓比赛,取得了宗教首领而兼政治首领的地位。盐阳智灭盐水神的神话故事反映已进入父系氏族公社制的廪君巴部族与尚处于母系氏族公社制的盐水神女部落的一场战争。

廪君神话反映了古代巴人为寻找生存空间的迁徙、征战所表现的英勇和顽强。神话中塑造了一位英明的氏族首领廪君的形象。人们在这位亦人亦神的廪君身上赋予巨大的勇气和智慧,体现坚毅、豪爽的气质。

四、大禹治水(见第四编)

《蜀王本纪》记载:"(禹)涂山娶妻,生子名启。于今涂山有禹庙,亦为其母立庙。"《华阳国志》记载:"禹娶于涂山,辛壬癸甲而去。生子启,呱呱啼,不及视。三

过家门而不入室,务在救世——今江州涂山是也,帝禹之庙铭存焉。"大禹治水和禹娶涂山的英雄传说在江州地区广为流传,是沿水而居的古代巴人与自然抗争,与洪水搏斗的写照。

五、巫山神女

流传千载的巫山神女传说是巴渝神话中最令人震颤的艺术创造。巫山神女是我们民族文学中独具风采的东方美神和爱神。先人留下了两个巫山神女的传说。

源于战国时楚人宋玉的《高唐赋》和《神女赋》,说的是楚怀王游巫山高唐,梦见一美女,自称为"巫山之女,高唐之客"愿荐枕席。于是楚怀王幸之,离别时神女依依不舍,对楚怀王说自己"旦为朝云,暮为行雨",于是留下了朝云暮雨、云雨之会等千古传说。

另见《墉城集仙录》记载,西王母幼女瑶姬厌倦天宫生活,向往世俗人间。一次邀约其 11 个姊妹共游人间,正遇大禹在巫山治水。于是瑶姬帮助大禹治水。后见巫山行船艰难,百姓生计贫困,毅然决定留在巫山,12 天女便化成 12 座山峰。其中瑶姬变成了神女峰,为世人引航导船,保岁丰民安。

第二节　巴渝舞的兴起与演变

一、巫舞与巴渝舞的源流关系

在人类文化中,舞蹈的起源早于其他艺术门类。古代巴族最早的、流传到中古乃至近现代的文化遗产就是舞蹈。巴族的舞蹈出现在古代史籍中的就是《巴渝舞》,它可能产生于原始的巫舞。巫字在中国古代就有舞蹈义,《说文解字》释巫云:"巫(巫),祝也,女能事无形,以舞降神者也。象人两褒(袖)舞形。"远古时期在祭祀活动中以巫词、咒语、歌舞等形式营造氛围,沟通人神之间的联系,能与鬼神交往,代表鬼神说话,执行其意志的人称为巫觋(xí),巫为女性,觋是男性。《礼记》说上古时"王前巫而后史"。《周礼·春官宗伯》称:"司巫掌群巫之政令,若国大旱,则帅巫而舞雩。"当时的巫具有占卜、祭祀、祈禳、治病等多种职能。《山海经·中山经》有"其祠……干儛用兵以禳""骄山,帝也,其祠羞酒,太牢其(其当为具)巫祝二人儛,婴一璧"等记载,描述了远古祭祀时的巫舞之状。这是巫祝通天神的途径。

许慎所说"女能事无形"中的无形就是形而上的神灵,巫能通过巫舞使神降临。他认为"工"两边的⟨⟨、⟩⟩像人用两袖在做舞姿;有的学者则认为是两人对舞,工"象神坛之形,中有柱……祭时,巫歌舞于坛上,如《楚辞·九歌》所写者是也"(高亨《文字形义学概论》)。哈佛大学前人类学学者张光直认为:"巫文化将宇宙视为天地人神层次,巫借助于天地柱贯通上下层次……天地柱在世界各地转换形式很多,例如十字架、华表、印第安图腾柱等。"巫舞是原始图腾崇拜与巫术迷信的结合。近年来,世界范围内的巫文化研究(巫的英语为 shaman,中文译音为萨满,萨满文化即巫文化),使学术界基本形成了人类文明经过了"巫术——宗教——科学"的共识。

在巫文化的研究中,有材料表明《山海经》中的巫载国在巫山、巫溪境内,而《山海经》中"大荒之中有灵山",有学者认为就是今巫山;据《巫溪县志》记载,巫溪在上古时期是巫咸国所在地。这一地区应是巫文化的发祥地。20世纪90年代在巫溪县灵巫洞根据《山海经》所记"灵山十巫"雕绘的群像,栩栩如生的场面生动地反映出远古巫文化的风貌。据有关考证,巴渝地区的巫溪、巫山是原始巫舞盛行的地区,巫舞后来流传到楚国境内。一般认为屈原的《九歌》就是写巫觋祭祀鬼神的场面,汉代王逸的《楚辞章句》说:"昔楚南郢之邑,沅湘之间,其俗信鬼而好祠,其祠必作歌乐鼓舞以乐诸神。屈原放逐……出见俗人祭祀之礼、歌舞之乐,其词鄙陋,因作《九歌》之曲。"近代学者王国维称《楚辞》中"谓巫为灵"是"群巫之中必有象神之衣服形貌动作者。而视为神之冯(凭)依,故谓之曰灵。"(《宋元戏曲史》)唐朝诗人王维《相和歌辞·祠渔山神女歌·迎神》描述了伴箫鼓而起的巫舞:"坎坎击鼓,渔山之下。吹洞箫,望极浦。女巫进,纷屡舞。陈瑶席,湛清酤……"宋代朱熹《楚辞集注》称:"沅湘之间,其俗信鬼而好祀,其祀必使巫觋作乐,歌舞以娱神。蛮荆陋俗,词既鄙俚,而其阴阳鬼神之间,又或不能无亵慢淫荒之杂。原(屈原)既放逐,见而感之,故颇为更定其词去其泰(太)甚。"由此可看出战国时期湖南一带巫舞十分流行,据有关资料,这些地区直到解放前还保留着各种形式的巫舞和舞曲名。

目前所能见到的古代文献关于巴渝文化记载最丰富的是歌舞艺术,就是巴渝文化中最为耀眼的《巴渝舞》,从地域环境上分析,《巴渝舞》可能由原始巫舞发展而来。《华阳国志》中"巴师勇锐,歌舞以凌殷人。故世称之曰:'武王伐纣,前歌后舞'也"的描述,是对周朝初期巴人歌舞的记载。经考证,所谓"前歌后舞"是一种起威吓作用的远古图腾巫术舞蹈的遗迹,《汉书》《后汉书》等史籍上也有许多相关记述。透过流传至今的巫舞仍可触摸到巫文化的影子,当代戏剧家欧阳予倩在《唐代舞蹈总论》中说:"历史最长,从远古到现在还保存着的可以算是傩和巫舞。"

二、汉魏六朝时期巴渝舞的流传与演变

汉高祖刘邦十分赞赏刚劲雄健的巴人舞蹈,称巴渝舞为"此武王伐纣之歌也"。专门命乐工学习,谓之《巴渝舞》,后来进入皇室宫廷之中。颜师古注《汉书·西域传》称:"巴俞之人,所谓賨人也,劲锐善舞,本从高祖定三秦有功,高祖喜观其舞,因令乐人习之,故有《巴俞》之乐。"

《汉书·西域传下》"天子(指武帝)负黼依,袭翠被,冯(同凭)玉几,而处其中。设酒池肉林以飨四夷之客,作《巴俞》都卢、海中《砀极》、曼衍鱼龙、角抵之戏以观视之。"《汉书·地理志》中记有都卢国。颜师古注:都卢国人劲捷善缘高(攀爬)。可见当时的《巴渝舞》有很强的表演性,皇帝用之以娱国外宾客。

《汉书·礼乐》记汉哀帝时"郑声尤甚",哀帝下诏称"郑、卫之声兴则淫辟之化流",要求弘扬"郊祭乐及古兵法武乐"。于是丞相孔光、大司空何武上奏折请罢"郑声",奏中提到"郊祭乐人员六十二人……淮南鼓员四人,巴俞鼓员三十六人……",表明西汉时皇室已有专门从事《巴渝舞》的艺人、乐工。

西汉桓宽辑录的《盐铁论》中也有关于《巴渝舞》的描写:"文学曰:'贵人之家……中山素女(一为索女)抚流征(zhǐ)于堂上,鸣鼓巴俞作于堂下,妇女被罗纨,婢妾曳絺纻,子孙连车列骑,田猎出入。'"意味着《巴渝舞》在西汉时期不但盛行于皇室宫殿,也进入了贵族豪门之家。

《晋书·乐志》记述了《巴渝舞》的四支曲子由三国时期建安七子之一的王粲修改歌词并重新命名,《巴渝舞》在曹魏时改名为《昭武舞》,西晋又改《昭武舞》为《宣武舞》的过程。《巴渝舞》名称的演变从另一个侧面反映出其刚健、雄壮的风格。

作为综合艺术的舞蹈,与歌、诗密不可分。《巴渝舞》(即晋《宣武舞歌》)的歌词能令人仿佛看到短兵相接、激烈搏杀的战斗场面:"剑弩齐列,戈矛为之始。进退疾鹰鹞,龙战而豹起……剑为短兵,其势险危。疾逾飞电,回旋应规。武节齐声,或合或离。电发星骛,若景(影)若差。"(《宋书·乐志》)《宣武舞歌》的另外两篇也具有同样的风格,能让人感受到《巴渝舞》的激越、刚猛内涵。

《新唐书·礼乐志》记唐高祖李渊即位后在宫廷中专门使人学习《巴渝舞》:"高祖即位,仍隋制设九部乐:《燕乐伎》,乐工舞人无变者。《清商伎》者,隋清乐也。有编钟,编磬、独弦琴、击琴、瑟、秦琵琶、卧箜篌、筑、筝、节鼓皆一……,歌二人,吹叶一人,舞者四人,并习《巴渝舞》。"《巴渝舞》在唐代属于《清商乐》,其乐器编钟、编磬等是古代匏、土、革、木、石、金、丝、竹八种乐器中的"金、石"之类,从侧

面反映出其激昂雄壮的特色。《中国大百科全书》概括了《巴渝舞》的表演风格：
"汉代《巴渝舞》已成为表现军旅战斗、歌颂帝王功德的宫廷舞蹈。表演时，舞者身
披盔甲，手持弩箭，口唱賨人古老战歌，乐舞交作，边歌边舞。汉代表演时舞者36
人，南朝梁时改为12人，梁以后又减为8人。伴奏以铜鼓为主，配合击磬、摇鼗
(táo)、扶琴。"

官修史书展示出《巴渝舞》在宫廷中的表演自汉至唐七八百年间未曾中断。
文人笔下的《巴渝舞》则反映出其在宫廷及民间表演的状况。

三、历代文人笔下的巴渝舞

梁简文帝萧纲的《蜀国弦》中有"雅歌因良守，妙舞自巴渝。阳城嬉乐盛，剑骑
郁相趋"之句，诗中说妙舞来自《巴渝舞》，并与雅歌句相对。在《舞赋》中他写道：
"奏巴渝之丽曲，唱碣石之清音，扇才移而动步，鞸轻宣而逐吟。"《巴渝舞》几度出
现在南朝皇帝笔下，折射出它在当时宫廷中非常盛行。萧纲的《蜀道难》则描写了
《巴渝曲》在宫廷中的演奏情状："建平督邮道，鱼复永安宫。若奏巴渝曲，时当君
思中。巫山七百里，巴水三回曲。笛声下复高，猿啼断还续。"

古代诗歌中有不少关于《巴渝舞》在民间表演的描写，这时多由女子担当主
角，风格也有所不同。

南朝萧子显《美女篇》便描写了筵宴中巴人女子的歌舞："章丹暂辍舞，巴姬请
罢弦。佳人淇洧出，艳赵复倾燕。繁秾既为李，照水亦成莲。"

南朝文学家沈约《君子有所思行》有这样的描写："晨策终南首，顾望咸阳川。
戚里溯曾阙，甲馆负崇轩。复涂希紫阁，重台拟望仙。巴姬幽兰奏，郑女阳春弦。
共矜红颜日，俱忘白发年。"诗中写能歌善舞的巴姬奏出幽兰般的曲调。后世对巴
地女子擅长歌舞者称为巴娘。

唐朝诗人张籍诗《楚宫行》之三细致地描写了巴姬在宴饮中的舞姿："玉酒湛
湛盈华觞，丝竹次第鸣中堂。巴姬起舞向君王，回身垂手结明珰。愿君千年万年
寿，朝出射麋夜饮酒。"折射出直到唐朝巴地女子仍然保持着能歌善舞的传统。

《巴渝舞》在唐朝诗人笔下也有生动的表现。初唐诗人虞世南《门有车马客》
有"危弦促柱奏巴渝，遗簪堕珥解罗襦"。"危弦促柱"透露出当时的巴渝舞仍保持
着激越急促的强烈节奏。

韩翃《送巴州杨使君》曰："使者下车忧疾苦，豪吏销声出公府。万里歌钟相庆
时，巴童声节渝儿舞。"其中的"渝儿舞"就是《巴渝舞》。诗表现的是豪吏除尽时，
万民相庆，巴歌伴随着《巴渝舞》而起。中唐诗人张祜《送杨秀才游蜀》说："鄂渚逢

游客,瞿塘上去船。峡深明月夜,江静碧云天。旧俗巴渝舞,新声蜀国弦。不堪挥惨恨,一涕自潸然。"这首诗告诉我们在唐朝中期《巴渝舞》这一种古老的舞蹈(旧俗)仍非常流行,时时可见。

古代巴人创造的《巴渝舞》不但流传久远,影响也十分广泛,自从得到汉高祖刘邦的赞赏后,其名称便固定下来,受到官方重视,被视为国家典仪铿锵有力的艺术表演形式,载入历代历史文献之中,表明其具有极高的地位与艺术魅力。翦伯赞在《中国史纲要》中指出:"西汉初年,盛行楚歌、楚舞,巴渝舞也传入了长安宫殿。"当时盛行的歌舞类艺术形式很少,巴渝舞因其雄健、威武的风格被官府所接受。在民间,善舞的巴人女子常在筵宴酒席间以歌舞助兴,到唐朝仍有此遗风,使巴渝舞得以长期流传,后来逐步演变成巴渝地区各民族风格各异的舞蹈。有研究表明土家族流行的摆手舞、傩舞、踢踏舞等就是由《巴渝舞》演变而来,是古代巴文化的遗存。

第三节　从巴渝歌到竹枝词

一、巴歌巴曲的兴起与流传

古代巴人先民不但创造了《巴渝舞》,巴渝地区的歌谣同样流传了数千年。这就是见于古代文献中的巴歌、巴曲、巴歈、巴渝曲。

最早关于巴人歌谣的记载是"阳春白雪"与"下里巴人"的故事。刘向《新序·宋玉对楚威王问》记:"客有歌于郢中者,其始曰《下里巴人》,国中属而和者千人。其为《阳陵采薇》,国中属而和者数百人。其为《阳春白雪》,国中属而和者,数十人而已也……是以其曲弥高,其和弥寡。然则《阳春》所从来亦远矣。"其意是《下里巴人》通俗易唱,因而应和者甚多,或许正因为此而广为流传,长期传唱。

《华阳国志·巴志》描述巴地歌谣风格:"民质直好义,土风敦厚,有先民之流。故其诗曰:'川崖惟平,其稼多黍。旨酒罚谷,可以养父。野惟阜丘,彼稷多有。嘉谷旨酒,可以养母。'其祭祀之诗曰:'惟月孟春,獭祭彼崖。永言孝思,享把孔嘉。彼黍既洁,彼牺惟泽。蒸命良辰,祖考来格。'"书中还记载:"汉安帝时,巴郡太守连失道,国人风之曰:'明明上天,下土是观。帝选元后,求定民安。孰可不念?祸福由人。愿君奉诏,惟德日亲。'"这些歌谣以古朴的风调反映出当时巴郡的社会面貌,是"诗可以怨"的体现。

魏晋时被称为竹林七贤之一的刘伶在他现存的唯一一首诗《北芒客舍》中写道:"泱漭望舒隐,黮黤玄夜阴。寒鸡思天曙,拥翅吹长音。蚊蚋归丰草,枯叶散萧林。陈醴发悴颜,巴歈畅真心。缊被终不晓,斯叹信难任。何以除斯叹,付之与瑟琴,长笛响中夕,闻此消胸襟(一为焜衿)。"这位蔑视礼教,放浪形骸的诗人在孤独寂寞与悲凉忧愤中感到唯有巴歌能够抒发内心的真实感情。刘伶是生活在中国北方的落拓文人,由此可以看出巴歈远不是在西南"蛮夷"中流传。

唐代郭震(字元振)《春江曲》:"江水春沉沉,上有双竹林。竹叶坏水色,郎亦坏人心。"诗拟女子口吻,直白真切,大胆泼辣,具有后来竹枝词的民歌风格。

《水经注·江水》"渔者歌曰:'巴东三峡巫峡长,猿鸣三声泪沾裳。'"这是我们能见到的为数不多的那个时代的三峡民歌。北宋诗人黄庭坚《竹枝词二首·跋》说:"《古乐府》有'巴东三峡巫峡长,猿鸣三声泪沾裳',但以抑怨之音和为数叠。惜其声今不传。余自荆州上峡入黔中,备尝山川险阻,因作二叠与巴娘,令以《竹枝词》歌之。"他认为这首民歌原不止两句,可惜失传,而自己依其句意另写二首,赋其名为《竹枝词》,使当地巴娘歌唱。其一为:"撑崖挂谷蝮蛇愁,入箐攀天猿掉头。鬼门关外莫言远,五十三驿是皇州。"诗句语浅意明,着意保持着民歌特色。

唐代许多诗人笔下都能见对到巴歌、巴曲的描写。

孟浩然《同曹三御史行泛湖归越》:"秋入诗人意,巴歌和者稀。泛湖同逸旅,吟会是思归。白简徒推荐,沧洲已拂衣。杳冥云外去,谁不羡鸿飞。"把"巴歌"喻为应和者稀少的"阳春白雪",而不是"下里巴人"。

杜甫《社日两篇》中"南翁巴曲醉,北雁塞声微……"诗中描写当地某翁在秋收的喜悦中听到巴曲而陶醉。他的《暮春题瀼西新赁草屋五首》之二:"此邦千树橘,不见比封君。养拙干戈际,全生麋鹿群。畏人江北草,旅食瀼西云。万里巴渝曲,三年实饱闻。"写巴渝曲流传邈远,诗人在巴地三年滞留中,时时都能听到此曲。

巴歌、巴曲、巴舞频繁地出现在唐朝诗人笔下,表现出当时巴人歌谣具有相当的感染力和影响力,在文人心目中有较高地位。

清代诗人王士祯在巴渝大地留下不少诗篇,其《舟出巴峡》颇具神韵:"曲折真成字,沧波十月天。云开见江树,峡断望人烟。新月数声笛,巴歌何处船。今宵羁客泪,流落竹枝前。"意味着清初巴渝江上还萦绕着竹枝词歌声。

二、竹枝词的流传与风格演变

《太平寰宇记》曾描述巴渝风情:"其民俗聚会,则机鼓,踏木牙,唱《竹枝》为乐。"竹枝词便是由巴歈、巴曲发展而来,早在唐玄宗时期就采入教坊(当时的音乐机构),崔令钦《教坊记·曲名》载有"竹枝子"名。后来孟郊《教坊歌儿》有生动的反映:"十岁小小儿,能歌得朝天……去年西京寺,众伶集讲筵。能嘶竹枝词,供养绳床禅。"表明竹枝词已成为演唱于宫廷中的带有地方特色的歌曲。《乐府诗集》说:"《竹枝》本出于巴渝。唐贞元中,刘禹锡在沅湘,以俚歌鄙陋,乃依骚人《九歌》作《竹枝》新辞九章,教里中儿歌之,由是盛于贞元、元和之间。禹锡曰:'竹枝,巴歈也。巴儿联歌,吹短笛、击鼓以赴节。歌者扬袂睢舞,其音协黄钟羽。末如吴声,含思宛转,有淇濮之艳焉。'"清朝郎廷槐编著的《诗友诗传录》说:"《竹枝》本出巴渝……若太加文藻,则非本色矣。"反映出竹枝词原本具有文辞通俗,不重藻饰,质朴清新的民歌本色。

王士禛指出竹枝词与绝句的区别:"竹枝咏风土,琐细诙谐皆可入,大抵以风趣为主,与绝句迥别。"(《诗友诗传续录》)正因其"咏风土""琐细诙谐"与"风趣"特色,使《竹枝词》既能传唱于农夫牧童、歌姬村妇口中,又成为文人雅士喜爱的诗歌形式。

中唐时期流寓巴渝地区的诗人多与竹枝词有不解之缘。白居易《九日登巴台》中有"黍香酒初熟,菊暖花未开。闲听竹枝曲,浅酌茱萸杯。"他写到的竹枝词还有:"南浦闲行罢,西楼小宴时。望湖凭槛久,待月放杯迟。江果尝卢橘,山歌听竹枝。相逢且同乐,何必旧相知。"(《江楼偶宴赠同座》)"巴童巫女竹枝歌,懊恼何人怨咽多。暂听遣君犹怅望,长闻教我复如何。"(《听竹枝赠李侍御》)唐诗中提及竹枝词的还有很多,如:刘禹锡"山城苍苍夜寂寂,水月逶迤绕城白。荡桨巴童歌竹枝,连樯估客吹羌笛"(《洞庭秋月行》)。这是诗人们在巴山渝水间听竹枝、闻巴歌时的真实感受。

流行巴渝峡江地区的竹枝词深深地触动了文人们的心灵,激起他们学习、创作竹枝词的热情,诗人们也吟起了竹枝曲。白居易《题小桥前新竹招客》中有:"谁能有月夜,伴我林中宿。为君倾一杯,狂歌竹枝曲。"刘禹锡《杨柳枝》之三:"巫峡巫山杨柳多,朝云暮雨远相和。因想阳台无限事,为君回唱竹枝歌。"正因为众多诗人吟唱不辍,才推动了这一诗歌新形式的发展。

鲁迅指出:"唐朝的《竹枝词》和《柳枝词》,本是巴渝一带民间歌曲,原都是无名氏的创作,经文人的采录和润色之后流传下来的。"(《且介亭杂文·门外文谈》)刘禹锡无疑是对竹枝词贡献最大的诗人,他以自己的创作实践使这一形式得以发展。其《竹枝词二首》至今脍炙人口:

楚水巴山江雨多,巴人能唱本乡歌。今朝北客思归去,回入纡那披绿罗。(之二)

这首诗质朴平实,含蓄隽永,显示出清新、明丽、通俗的民歌色彩。刘禹锡在《竹枝词九首·序》中说:余来建平(今巫山县),里中儿联歌《竹枝》,吹短笛,击鼓以赴节……聆其音,中黄钟之羽,卒章激迁如吴声……含思婉转,有淇、澳之艳音。昔屈原居沅、湘间,其民迎神,词多鄙陋,乃作《九歌》,到于今荆楚之民鼓舞之。故余亦作《竹枝》九篇,俾善歌者飏之,附于末,后之聆巴歈,知变风之自焉。"称自己效仿屈原,对文辞粗鄙的《竹枝》加以润饰改造,使其趋于雅致。他的《竹枝词九首》:"江上朱楼新雨晴,瀼西春水縠纹生。桥东桥西好杨柳,人来人去唱歌行。"所状民风、民俗,生动活泼,清新自然,而又文辞雅致。

在唐代,吟咏竹枝词成为文人的时尚。后逐渐由活泼明丽、欢快乐观的民歌演变为寄托幽怨牢愁、哀愤忧伤情感的文人抒情诗,进而发展为泛咏山川风物、历史时事的组诗体裁。中唐前期诗人顾况的《竹枝词》"帝子苍梧不复归,洞庭叶下荆云飞。巴人夜唱竹枝后,肠断晓猿声渐稀"已带有凄婉苍凉、哀怨伤感的情绪。白居易《竹枝词四首》风格也开始变化。

瞿塘峡口水烟低,白帝城头月向西。唱到竹枝声咽处,寒猿暗鸟一时啼。(之一)
竹枝苦怨怨何人,夜静山空歇又闻。蛮儿巴女齐声唱,愁杀江楼病使君。(之二)
江畔谁人唱竹枝,前声断咽后声迟。怪来调苦缘词苦,多是通州司马诗。(之四)

诗中的"声咽""苦怨""调苦"已脱尽初始民歌风调,瞿塘峡口、蛮儿巴女仍显露着巴渝地域特色。"怪来调苦缘词苦,多是通州司马诗",通州司马即与白居易齐名的元稹,显现出文人创作的竹枝词当时已在民间广为传唱。

晚唐时,竹枝词竟使诗人们唱而伤感,闻而垂泪,温庭筠"衣泪潜生竹枝曲,春潮遥上木兰舟"(《西江贻钓叟塞生》),其风格已有明显的变化。竹枝词渐渐成为文人寄情抒怀、交往酬酢的又一种诗歌形式,如武元衡《送李正字之蜀》:"……剑壁秋云断,巴江夜月多。无穷别离思,遥寄竹枝歌。"竹枝歌成了诗人们情感连接的纽带。

经文人润饰,竹枝词的风格也渐从下里巴人走向阳春白雪。刘禹锡"日暮江头闻竹枝,南人行乐北人悲。自从雪里唱新曲,直到三春花尽时"(《踏歌词四首》之四)。"雪里唱新曲"格调表明已接近阳春白雪。随着时间的推移,竹枝词也逐渐走出巴渝江峡,流行于湖湘吴越乃至更为广泛的地区。从刘禹锡《堤上行三首》"江南江北望烟波,入夜行人相应歌。桃叶传情竹枝怨,水流无限月明多",杜牧的"楚管能吹柳花怨,吴姬争唱竹枝歌"(《见刘秀才与池州妓别》),可看出无论是歌者、词意或风格已不同于当初。宋朝以后竹枝词远传东部江浙地区,胡仔《苕溪渔隐丛话》称:"欲尝舟行至苕霅(zhá),夜闻舟人唱吴歌,歌中有此后两句(指刘禹锡'东边日出西边雨,道是无晴却有晴'),余皆杂以俚语,岂非梦得之歌,自巴渝流传至此乎?"

在五代北宋时期有《竹枝》词牌,宋朝黄庭坚、杨万里、范成大等都模仿其初始风格创作过竹枝词。

元代文人吟竹枝词成为时尚,郎廷槐说"(刘禹锡)后擅其长者,有杨廉夫(杨维桢)焉。后人一切谱风土者,皆沿其体"。杨维桢创作《西湖竹枝词》组诗,"和者百家","苏小门前花满株,苏公堤上女当垆。南官北使须到此,江南西湖天下无","劝郎莫上南高峰,劝郎莫上北高峰。南高峰云北高雨,云雨相催愁杀侬",清新活泼,宛然唐人韵致。

周知堂说宋朝时将刘禹锡的《竹枝词》收在乐府类:"观小引所言,盖本是拟作俗歌取其含思宛转,有淇濮之艳……由此可知以七言四句,歌咏风俗人情,稍涉俳调者,乃竹枝正宗,但是后来引申,咏史事,咏名胜,咏方物,这样便与古时的图赞相连接,而且篇章加多,往往凑成百篇整数。"(《过去的工作·关于竹枝词》)清代朱彝尊、纪晓岚都有《竹枝词》组诗传世,题材范围、描写地域大大拓展。在都城北京,竹枝词非常流行,康熙年间有《百戏竹枝词》,清末有反映义和团运动的《都门纪变百咏》等,都蔚为巨制。

三、近现代诗人笔下的竹枝词

巴渝歌发展为竹枝词,又经过历代诗人的改造和身体力行的创作,演变为一种独特的诗歌形式,盛行于文人学士中,长期流传于我国广大地区,直到近现代仍有不少文人创作竹枝词。清末黄遵宪《日本杂诗》,堪称鸿篇巨制,梁启超《台湾竹枝词》描绘当地风情民俗,语言平易,生动真切,有刘禹锡遗韵:

韭菜花开心一枝,花正黄时叶正肥。愿郎摘花连叶摘,到死心头不肯离。(之二)
相思树底说相思,思郎恨郎郎不知。树头结得相思子,可是郎行思妾时。(之三)
绿阴阴处打槟榔,蘸得蒟酱待劝郎。愿郎到口莫嫌涩,个中甘苦郎细尝。(之六)

诗人着意保持着《竹枝词》民歌风调,描绘出台湾青年大胆直率、热情奔放的鲜明性格。遵循"歌咏风俗人情"的风格,可谓"竹枝正宗"。

现代作家郁达夫有《日本竹枝词十二首》(亦名《日本谣》),写岛国风情,别有韵味:

灯影星光绿上楼,如龙车马狭斜游。两行红烛参差过,哄得珠帘尽上钩。(之一)

百首清词句欲仙,小仓妙选世争传。怜他如玉麻姑爪,才罢调筝更数钱。(之二)

纨扇秋来惹恨多,薰笼斜倚奈愁何。商音谱出西方曲,肠断新翻《复活》歌。(之七)

黄昏好放看花船,樱满长堤月满川。远岸微风歌婉转,谁家篷底弄三弦。(之十一)

诗人自注"之七"云:"《复活》乃俄文豪托尔斯泰所著小说,也有谱成歌者,里巷争唱之。"组诗形象展现了1910年代日本的社会风貌。

郭沫若少年时所作成都《商业场竹枝词》刻画细腻,清新可诵:

蝉鬓疏鬆刻意修,商业场中结队游。无怪蜂狂蝶更浪,牡丹开到美人头。(之一)

楼前梭线路难通,龙马高车走不穷。铁笛一声飞过了,大家争看电灯红。(之二)

两诗语言通俗,描写真切,以汽车、电灯等新生事物入诗,正切合《竹枝词》语言特点,生动呈现出20世纪初成都的市井百态。

竹枝词流传到近现代,几乎无事不可咏,无物不可状,仍具有其艺术生命力。这既是唐代诗人对巴渝文化的贡献,也是巴渝诗对中国诗歌的巨大贡献,是珍贵的文化遗产,竹枝词为后来诗歌发展发挥了积极作用,在中国文学史上为巴渝文化留下了灿烂篇章。

第四节　巴渝乐府、汉画像石和汉代石阙

一、巴渝乐府

汉代巴郡的文化主要表现在民歌的兴盛上。继《诗经》《楚辞》之后在中国文学史上大放光彩是汉乐府。汉代巴郡的诗歌主要是巴渝乐府民歌和文人歌咏巴渝自然风光的诗作。

1.巴渝乐府民歌

乐府民歌的创作基调是"敢于哀乐,缘事而发"(《汉书·艺文志》),巴渝民歌也不例外。如《伤三贞诗》曰:

关关黄鸟,爰集于树。

窈窕淑女,是绣是黼。

惟彼绣黼,其心匪石。

嗟尔临川,邈不可获。

汉安帝永初年间(公元107—113年),广汉、汉中地区羌族人民起义,烽火延及巴郡。有叫义、叫姬、叫华的三个女人,早年丧夫,不肯改嫁,故称"三贞"。她们遭逢乱世,害怕俘虏见辱,遂一同投水自尽。在她们投水处,据说有黄鸟哀鸣,往返回旋。国人伤怜,便作了这首诗哀悼。

乐府诗歌来自民间、描写民生疾苦、真实地揭露封建社会种种矛盾的。巴渝人爱憎分明,他们对贪官污吏疾恶如仇,对为民办事的清官则有发自肺腑的赞扬。如《刺巴郡守诗》,《华阳国志》记载:孝桓帝时,河南李盛仲和,为巴郡守,贪财重赋,国人刺之曰:

狗吠何喧喧,有吏来在门。

披衣出门应,府记欲得钱。

语穷乞请期,吏怒反见尤。

旋步顾家中,家中无可为。

思往从邻贷,邻人言已匮。

钱钱何难得,令我独憔悴。

这首乐府民歌是汉桓帝时(公元147—167年)巴郡人民苦于重赋,讥刺太守的诗,有如杜甫的史诗"三吏",但这首诗歌却比杜甫的"三吏"早了600多年。作品"缘事而发",用第一人称白描的手法,描写了一位贫苦农民遭受官吏勒索的情景,深刻地反映了巴郡守横征暴敛的凶残和劳动人民的贫困及怨愤,具体细腻,真切感人。《刺巴郡守诗》是巴人乐府诗歌的代表之作。

东汉安帝时,巴郡广汉人陈纪山担任司隶校尉,为人严明正直。《巴人歌陈纪山》曰:

筑室载直梁,国人以贞真。

邪娱不扬目,狂行不动身。

奸轨辟乎远,理义协乎民。

据《后汉书·陈禅传》,西南责掸国(今缅甸)王尝献杂技表演,艺人"能吐火,自支解,易牛马头",安帝和满朝文武官员看得津津有味,可是陈纪山拒绝观看。他的行为自属迂腐荒唐,但忠贞耿直,却令人钦敬。巴人的歌赞,就是着眼于纯正廉洁、直谏不阿的品格。

有太山人吴资曾任巴郡太守,在他任职期间,风调雨顺,屡获丰收。因他忧念

农时,体恤民情,巴人感激这位清官,作《巴人为吴资歌》称颂:

> 习习晨风动,澍雨润乎苗。
>
> 我后临时务,我民以优饶。

后来吴资调迁离任,老百姓为他送行,人们依依不舍,望着其背影远远离去,惆怅徘徊。

> 望远忽不见,惆怅尝徘徊。
>
> 恩泽实难忘,悠悠心永怀。
>
> ——《巴人为吴资歌》

汉末政治窳败,地方官吏各自为政,滥施淫威,巴郡"民人思治",作《思治诗》:

> 混混浊沼鱼,习习激清流。
>
> 温温乱国民,业业仰前修。

作品首联是一个比譬,说混浊沼泽里的鱼翘首张嘴,急切寻索清流;而处乱世的百姓,温顺和善,就像混浊沼泽里喁喁求生的鱼一样,殷切地仰慕前代贤哲,希望能出现这种仁人志士,一扫妖雾,澄清玉宇,使他们能得以安居乐业。

巴渝乐府民歌源远流长,它植根于民间,记风俗,抒民情,其语言以五言为主,朴实凝练,叙事言情表现出鲜明地方色彩。

2.文人创作的巴渝乐府诗歌

在汉代乐府诗歌创作中,文人们曾积极地参与府诗歌创作并对汉乐府的发展作出了重要贡献。文人创作的巴渝乐府诗歌大多数是模仿乐府民歌歌咏巴渝自然山川。内容上以歌咏巫山神女和三峡风光为主,其中以《巫山高》古题乐府诗居多。

《巫山高》是汉鼓吹铙歌十八曲歌辞之一。《乐府诗集》有多家诗人以《巫山高》命题为诗,这些诗作的"巫山"意象,沿袭宋玉的《高唐赋》《神女赋》之巫山神女朝云暮雨之情旨。

此后,到南朝时,王融、范云等人的《巫山高》改变了古题乐府的主题,描写三峡自然景观又掺杂神女故事。以后以《巫山高》为题描写巫山风光,咏叹巫山神女的诗歌较多。

> 巫山高
>
> 想像巫山高,薄暮阳台曲。
>
> 烟霞乍舒卷,蘅芳时断续。

> 彼美如可期,寤言纷在瞩。
>
> 忱然坐相思,秋风下庭绿。

王融的这首《巫山高》写得十分优美。诗人想象在夜色将要降临的时候,来到高峻的巫山,来到阳台之侧,轻烟一样的云彩在身边翻卷舒张,风中传送着蘼芜时有时无的芳香,那美丽的巫山神女好像邀约相见,蓦然梦醒,神女的音容笑貌仿佛还在眼前,诗人在飒飒的秋风里怅惘地坐着,久久地回味梦中的情景。

范云的《巫山高》:

> 巫山高不极,白日隐光辉。
>
> 霭霭朝云去。溟溟暮雨归。
>
> 岩悬兽无迹。林暗鸟疑飞。
>
> 枕席竟谁荐。相望空依依。

梁·元帝萧绎的《巫山高》:

> 巫山高不穷,迥出荆门中。
>
> 滩声下溅石,猿鸣上逐风。
>
> 树杂山如画,林暗涧疑空。
>
> 无因谢神女,一为出房栊。

《乐府解题》说:"古词言,江淮水深,无梁可渡,临水远望,思归而已。若齐王融《想象巫山高》,梁范云《巫山高不极》,杂以阳台神女之事,无复远望思归之意也。"显然王融、范云等人《巫山高》诗歌描绘了三峡风光,又写巫山神女传说。按《乐府诗集》所收虞羲、刘绘、梁元帝、费昶、王泰、陈后主等南朝诗人同题之作,亦皆咏巫山神女事,与古辞抒写远道之人思归情绪者不同,可见其时诗人已将《巫山高》作为一般诗题对待。但诗歌的作者较少有亲临其境,其诗歌或系想象之作,但他们依据文献资料合理想象,抒写了雄奇壮丽三峡风光和巫山神女的美丽传说,对后世的三峡山水诗产生了深远的影响。

二、汉画像石

画像石、画像砖是汉代特有的艺术门类。画像石是雕刻而成的祀堂或墓室建筑装饰,画像砖是模印烧制而成的墓室建筑装饰。它们虽以砖石为质地,但构图与造型都是绘画式的。

巴渝人创造的画像石棺是比较突出的,仅璧山一县,从马坊、云坪、广普、定林、丁家等乡发现的画像石棺已超过 15 具。这些画像石棺以平面减地浅浮雕的技法为主,辅以阴线刻表现细部。主要题材有伏羲女娲、车马迎谒、门阙建筑、四神雀鱼等。有的构图别致,启人深思,如璧山县广普乡新民村蛮洞坡出土的石棺,一端伏羲女娲作人首人身,胯下有首尾完整的蛇相交叠,与常见的人首蛇尾者殊异,反映了一种地方变异。亦有少数石棺非出自崖墓,如马坊小河坝一处画像石墓为券拱石室结构,除画像石棺外,墓内壁尚有圆雕石刻俑及浅浮雕角力、四神等图形。除璧山外,其他县也有重要的画像石棺崖墓。大足新义双墙村 M3 在两具原生石棺上用两排方格分割石面,其内填以舞人及朱雀等石刻画像,墓内壁凿出仿木结构斗拱及顶棚,江津平安村崖墓也发现有浅浮雕子母阙等图形的画像石棺。

巴渝南边的綦江、江津等地崖墓壁画像石中,阴线刻技法占突出地位。在綦江横山乡二蹬岩崖墓壁发现有半裸的七人联手而舞的画像,是流传到汉的巴渝舞的一种形式。

重庆是我国汉画像石的重要分布地区之一。汉代画像石不仅以各种形象资料展示了汉代社会风貌,而且以其简练质朴、流畅传神的特点在中国美术史上占有重要地位。

三、汉代石阙

"阙"是宫殿、祠庙和陵墓前的一种建筑物,因左右分裂,中间形成缺口,故称"阙"(古代"阙""缺"通用)。"阙"是中国古建筑中一种特殊的类型,是最早的地面建筑之一。

江北盘溪的"无名阙"是重要的汉代石阙,通高约 3.56 米,由盖、身、座构成,四周刻有力士、虎及女娲托月等图案,距今已 1 700 余年历史。

忠县的丁房阙、无名阙、乌杨阙也是汉代重要的石阙,无名阙现仅存右阙,为重檐庑殿式结构,通高 5.65 米,由 9 块石料砌成,分台基、阙身、腰檐、阙楼和顶盖等构件,阙身系一整石琢成,右侧浮雕白虎,丁房阙为国内罕见的庙前阙。双阙相距2.46 米,左阙为子母阙,右阙为单阙,左右二阙形制不一。左阙基座埋于地下,地表以上由阙身、腰檐、阙楼、阙顶等 11 块石构件组成,高 6.26 米,阙身为一整石,刻有浮雕,庑殿顶。右阙地面以上由 9 块石构件构成,高 5.55 米,形式大致与左阙相同,但腰檐、阙顶未刻细部。丁房阙是我国目前已发现的汉阙中最高的双檐汉阙。

由此可见,巴渝人石雕艺术在汉代就有相当的水准。汉代石阙不仅在艺术史上有很高的价值,而且在建筑史上也有极高的价值。

巴渝地区思想文化的发展

第一节 巴渝巫文化与《易经》

一、巴渝初始巫文化的形成及其基本形态

　　一个地区文化的繁荣,既体现在文学艺术、民风民俗、器物创造、科技发明等方面,也反映在思想领域的建树,而思想学说以其思辨特色代表着一定时期的理论思维水准,影响着这一地区的社会政治制度、社会形态、思想意识,以及人们的风俗习惯、行为方式等,由此折射出文明进步程度。在中国古代,以孔、孟为代表的儒家思想成为2 000多年封建社会主流意识形态,而初始巫文化与儒家学说存在着一定渊源关系。

　　巴渝地区几千年文明发展中,产生了特色鲜明的巴渝舞、巴渝歌,也曾有过繁荣的思想文化时期,出现过一批有影响的思想家和学者,其思想渊源可推至上古时代。一般认为,远古富有神秘色彩的巫文化发祥地在巴渝地区,原始巫文化蕴涵丰富,对中国古代宗教民俗、文学艺术、先民精神世界、社会风俗,以至于邦国政治制度都产生过重要影响,而且是巴文化的母文化。巫文化中的占筮术,与儒家"易学"相关,构成中国上古初始哲学思想的基础,影响深远。

　　巫文化形成于巫溪、巫山地区,有材料表明《山海经》中巫载国(称"载民之国"或"载国")就在重庆的巫山、巫溪境内。据巴文化研究学者董其祥考证:"'巫载'即'巫诞',即《世本》所云:'廪君之先,故出巫诞(按:巫诞一作巫诞)',其地在今四川(按:现为重庆)东部三峡地带。巫诞所在之地即巴族先民所生息之地。"《山海经·大荒西经》:"有灵山,巫咸、巫即……十巫,从此升降,百药爰在。"学者袁珂称:"灵山,疑即巫山。"有研究者考证,灵山是重庆巫溪宁厂古镇宝源山。

　　《山海经》中所称巫咸国，有资料显示也在重庆巫溪境内。《山海经·海外西经》："巫咸国在女丑北，右手操青蛇，左手操赤蛇。在登葆山，群巫所从上下也。"袁珂注："巫咸国者，乃一群巫师组织之国家也。"《巫山县志·沿革》："唐尧时巫山以巫咸得名。"袁珂所言"'巫载民'疑亦诸巫所组成的国"，揭示出远古时期巴渝地区之巫山、巫溪是巫咸国所在地及其国家的性质。

　　鲁迅认为《山海经》"盖古之巫书也"，也有人认为，"《山海经》既然是一部巫书，必为群巫所集体创作"。群巫就是"灵山十巫"。《山海经·海内西经》"开明东有巫彭、巫抵、巫阳、巫履、巫凡、巫相，夹窫窳（yà yǔ）之尸，皆操不死之药以距之。窫窳者，蛇身人面，贰负臣所杀也"。有学者推测"巫相"就是巴人的先祖廪君，廪君名务相，故说"'务相'实际就是'巫相'"，廪君是"最有名的巴人巫师"，并认为"务相首先是作为一名巫师存在的"。但据历史材料显示，廪君事是在更晚的战国时期。

　　巫文化是多层面的文化形态，既与原始巫舞、盐文化相关，又蕴含着"灵山十巫"创造的占星术和占卜术。巫文化的主要载体巫觋被称为上古时期的智者，在当时具有很高的地位。当代学者李泽厚指出，当时"与物质劳动同精神的分离相适应，出现了最初的一批思想家，他们就是巫师"。巫觋都是与鬼神打交道、沟通人神关系、代替上天发号施令的神职人员。"他们的专业和职能就是在人们和超自然物（鬼怪）的世界之间起媒介作用。"《说文解字》称："巫，祝也，女能事无形，以舞降神者也。"袁珂解释"灵山十巫"称："'十巫从此升降'即从此上下于天，宣神旨、达民情之意。灵山盖山中天梯也。诸巫所操之主业，实巫而非医也。"他又指出，"能够缘着天梯自由上下于天的人……只有神人、仙人和巫师这三种人了。"《山海经》中的"灵山十巫"均为巫师。上古时代，科学未产生，人们都试图借用超自然的力量趋吉避凶，于是预决未来的卜筮术应运而生，其操弄者多是巫师。有学者指出后来的"演算八卦以预测吉凶祸福，更是巫师垄断的专职"。

　　中国古代的《世本·作篇》和《吕氏春秋·勿躬》都有"巫咸作筮"的记载，有学者认为"灵山十巫"中的巫咸就是一名善于筮占的预言家，并称他是"筮占的发明人"。关于巫咸记载甚多：有人说他是黄帝时期的人，《路史·后纪三》称"神农使巫咸主筮"；有人认为他是商代人，汉朝王逸注《离骚》称："巫咸，古神巫也，当殷中宗之世。"三国时蜀汉谯周《古史考》说："庖牺（伏羲）氏作卦始有筮，其后殷时巫咸善筮。"《太平御览》引《世本》："巫咸，尧臣也。"《尚书·君奭》《史记·殷本纪》记有巫咸被伊陟推荐给商王太戊（殷中宗）为大臣一事，他"治王家有成"。南宋王应麟《困学纪闻》谓"星家有甘石、巫咸三家，太史公谓殷商巫咸"，认为巫咸即占星家,而占星术与"易学"的产生及发展有密切关联。上古时期的占筮术源于巫文化,而巫文化萌芽于巴渝东北的巫山、巫溪,折射出的古代占卜术与巴渝巫文化有一定关联。

二、儒家经典《易》与巫文化的关联

历代将儒家思想源头活水的《易》视为"为卜筮之书",而利用占筮术预测决事正是远古时期巫的职能之一。许地山《道教史》说"预言"是"巫底职能"。通常认为占筮术起源于巫术,"但当它发展到《周易》时,已经在卜筮之书的形式下'蕴藏着深邃的哲学和社会政治思想'"。卜筮术与《易经》哲学思想直接关联。文字学家唐兰指出:"八卦的起源,是用算筹(卜算子)来布成爻(古文作ㄨ,象三爻)……这种方法由巫发明,所以'巫'字古作_巫,本也是两个算筹交加的形式……春秋时,南方的巫力量很大。"学者刘大杰指出:"《易经》是一本巫书,非一人所作,是由那些巫卜之流编纂而成的……为巫术时代精神生产的文献。"表明《易经》夹带着原始巫文化元素。

古代巴人中卜筮之术亦颇盛行。《山海经·大荒北经》称巴人始祖为太昊,即历史上盛传创造八卦的伏羲氏,川渝地区尚保留着许多伏羲石刻遗存,重庆江北盘溪、沙坪坝等地都出土过伏羲石刻像。有学者指出,"战国秦汉以来民间普遍流传的伏羲创作八卦的故事绝不是无稽之谈"。据有关考证:"巴人占卜的历史非常悠久,在近来三峡库区的考古发掘中,便发现有商周时候巴人用来祭祀的卜骨。"从《易经》与原始巫文化占筮术的渊源,可知"易学"同巴地巫文化存在着某种关联,在其后的封建王朝中,易学曾一度盛行于巴渝地区。

学者南怀瑾说:"历来传统学者,认为中国文字与文化学术的起源,都在伏羲画八卦,为有书契的开始,《易经》就是从八卦的演变,进为文化学术思想的一部书。"作为多层面文化形态的巫文化,从宗教文化大背景看,中国道教萌芽于巫文化,其发展、演变明显受到巫文化的影响,道教思想蕴含着巫文化成分。巫文化的卜筮之术演变成《易经》中抽象的哲学意识,折射出文明的进化与汉民族理论思维发展过程。历史学家顾颉刚说:"孔子的时代及其以后,巫的地位才下降。巫的地位下降了,孔子才可能成为圣人。"在人类文明史上,文明总是在各种形态的文化相互碰撞、不断交融中发展的。汉朝大一统政治格局形成以后,汉武帝奉行"罢黜百家,独尊儒术"策略,儒家学说成为官方的正统哲学,成为左右国家政治、规范人们行为的强势文化,儒家思想影响日益扩大,包含"易学"在内的儒家经学成为集封建社会意识形态大成的正统学术,在中国历史上影响长达数千年。

第二节 儒家思想在巴渝地区的传播

一、文翁与川渝地区的文化传播

巴渝地区地处四川盆地,南部、东面、东北方向都是绵延起伏的崇山峻岭,地理环境的限制和经济文化相对落后,在大山阻隔、交通不发达的上古时代,巴渝地区与黄河流域的中原文化交流较少。在百家争鸣的战国时期,没有思想禁锢的先秦诸子学说难以扩散到巴渝之地;两汉之际,曾经在中国思想史上有重要影响的今文经学、古文经学的兴起与争论在巴渝地区没有文献记载。但儒家学术文化思想在这里仍有表现,《华阳国志·巴志》称汉武帝时"自时厥後,五教雍和,秀茂挺逸。英伟既多,而风谣旁作。故朝廷有忠贞尽节之臣,乡党有主文歌咏之音。"虽然《巴志》所记之人的著述没有流传下来,但反映出当时巴地文士辈出,文教隆盛,民风淳朴,社会安宁。两汉是古代巴地本土文化逐渐融入中原文化的时期。《三国志·蜀书·秦宓传》称"蜀本无学士,文翁遣相如东授七经,还教吏民,于是蜀学比于齐、鲁"。文翁是西汉景帝末蜀郡太守,《汉书·循吏传》称其:"仁爱好教化……乃选郡县小吏十余人,遣诣京师受业博士……蜀地学于京师者比齐鲁焉。"他在巴蜀地区的文化传播之功,一直为后世传颂。

二、蜀汉、西晋时期川渝地区的经学

汉末刘备率众入川并建立蜀汉政权,是中原文化与川渝文化的一次大碰撞、大交融。刘备曾受学于经学大师郑玄及卢植,而郑玄、卢植都是经学家马融弟子,《华阳国志》称刘备曾"周旋陈元方、郑康成之间",在其夺取四川以后,中原人士为巴蜀文化注入新质。川渝本籍文士也以开放的胸怀吸纳了中原文化。

《三国志·蜀书·许慈传》称:"先主定蜀,承丧乱历纪,学业衰废,乃鸠合典籍,沙汰众学。"古巴国人士著述颇有可称者有谯周,《三国志·谯周传》说他是巴西西充国人(古属巴国),并称他"研精《六经》,尤善书札",《三国志·杜琼传》称其为"通儒";谯周著有《古史考》《蜀本纪》等。《谯周传》中的巴郡人文立,《华阳国志》称其"少治《毛诗》《三礼》,兼通群书"。从学术流派上看,川渝之地是以今文经学为主。《三国志·周群传》称"巴西阆中人"周群擅长"观气","故凡有气候,无

不见之者,是以所言多中"。这类与谶纬相关的观气术显示他是一位潜心于今文经学的儒者。刘备入川以后,古文经学得以崇扬,他虽然曾与著名经学大师过从,但一生戎马倥偬,未致力学术;在四川建立政权后,由于王业偏安,蜀地狭小,经济落后,人才匮乏,故对蜀汉文化建树不大,魏蜀吴三国之中,唯蜀国不设史官,《三国志·后主传》评曰:"国不置史,注记无官,是以行事多遗,灾异靡书。诸葛亮虽达于为政。凡此之类,犹有未周焉。"

当时川渝研治儒家典籍的学者,虽未形成足以影响举国政治的学术流派,但他们吸纳了正统儒家学说,对儒家思想在川渝地区的传播、扩展发挥了积极作用,是西汉之后蜀学的又一次振兴。清乾隆时期的王尔鉴《巴县志》称:"蜀自文翁兴教,礼乐文物,比于齐鲁会城下,首推渝郡",意味着川渝州郡的儒家文化传播与中原地区已无明显差距。

在与经学密切相关的史学领域,蜀汉、西晋时期,巴郡境内成就颇为可观,除了谯周,还出现了经史兼通的著名史学家陈寿(巴地南充人),《华阳国志·后贤志》称其"少受学于散骑常侍谯周,治《尚书》《三传》,锐精《史》《汉》"。所著《三国志》被列为前四史,"中书监荀勖、令张华深爱之,以班固、史迁不足方也"(《华阳国志·后贤志》)。《三国志》代表着当时最高的史学水平,在史学界具有重要地位。陈寿另著有《益部耆旧传》。

汉末之际,巴蜀之地学术颇为繁荣,标志着中原文化与本土文化经过碰撞而被接受、吸纳,互相融合,儒家正统思想已深入川渝沃土之中。

第三节　杜甫的民本思想与刘禹锡朴素辩证法观点

一、杜甫诗所展现的儒家民本思想

有唐一代,国力强盛,文教兴隆,对巴渝地区文化发展有重要影响的是杜甫、刘禹锡两位客籍诗人。伟大的文学家、思想家杜甫所作巴渝诗歌中对人民苦难的反映、对民生的关注、对人民倾注的同情所体现的博大胸怀,正是儒家以"仁政"为核心的民本思想,这一时期的作品是他思想内涵最为丰富、艺术成就最为辉煌的篇章。

民本思想源于儒家典籍,《尚书·夏书》有:"皇祖有训,民可近,不可下,民惟邦本,本固邦宁。"西汉董仲舒《春秋繁露》发挥了这一思想:"天地之精所以生物者,莫贵于人。"杜甫在巴渝地区所作的许多诗歌都彰显出"天地之间,莫贵于人"的思想。

杜甫是一位儒学奉行者,他的诗歌常出现对儒家"经术"的重视:"子建文笔壮,河间经术存"(《别李义》),"相门韦氏在,经术汉臣须"(《赠韦左丞丈》);他还嘱咐儿子"应须饱经术"。他在夔州所作的不朽诗篇中,有对统治者沉重赋税使人民不堪重负的揭露:"城郭悲笳暮,村墟过翼稀。甲兵年数久,赋敛夜深归"(《夜二首》);有对"安得务农息战斗,普天无吏横索钱"(《昼梦》)的渴望;也有对穷困妇女乃至广大人民不堪税赋的深切同情,"已诉征求贫到骨,正思戎马泪盈巾"(《又呈吴郎》),"征戍诛求寡妻哭,远客中宵泪沾臆"(《虎牙行》),"戎马不如归马逸,千家今有百家存。哀哀寡妇诛求尽,恸哭秋原何处村"(《白帝》)。这些诗歌与他之前的"朱门酒肉臭,路有冻死骨""安得广厦千万间,大庇天下寒士俱欢颜",之后的"渔父天寒网罟冻,莫徭射雁鸣桑弓。去年米贵阙军食,今年米贱大伤农。高马达官厌酒肉,此辈杼轴茅茨空。楚人重鱼不重鸟,汝休枉杀南飞鸿。况闻处处鬻男女,割慈忍爱还租庸"(《岁晏行》)一线相连。正是这一忠实践行的儒家思想,弘扬了"仁者爱人"的"人文关怀",使之成为伟大的现实主义诗人。

二、刘禹锡的哲学观点

中唐时期流寓巴渝的刘禹锡不但是一位改造了"竹枝词"的文学家,也是目光深邃、见解超卓的哲学家,他在夔州(今奉节)任刺史三年,其哲学观已形成。刘禹锡的"天人交相胜"说继承了荀子《天论》中"制天命而用之"的思想,并加以发展;他对讨论了千余年的"天人关系"进行了总结。他提出"人定胜乎天者,法也"的观点,认为天的规律是强者制服弱者,人的主要作用在于"法制",并强调人理胜过天理,天不能干预人世的治乱兴衰,人也不能影响天的寒暑阴晴,"兴废由人事,山川空地形"(刘禹锡《金陵怀古》)是这一观点的精辟表述。他阐明了宇宙存在的物质基础是"气"的朴素唯物主义观点;北宋哲学家张载"清气成天,浊气成地"观点就继承了他的学说。刘禹锡在夔州所写《因论》七篇,虽不是哲学专论,但"能注意到客观事物中广泛存在着的祸福、大小、利钝、声实等相互对立的矛盾因素,并考察它们之间的变化情况,表现了一定的朴素辩证法思想",其中如《儆舟》就明显反映出对事物矛盾变化的辩证观点。他的唯物主义宇宙观、辩证观点超越了当时的哲人。

作为一个见解深刻的哲学家,刘禹锡不少诗篇蕴涵着丰富的哲理,"芳林新叶催陈叶,流水前波让后波""沉舟侧畔千帆过,病树前头万木春""请君莫奏前朝曲,听唱新翻杨柳枝""莫道桑榆晚,微(为)霞尚满天"等都是常被人们引述的充满哲理的诗句。他的哲学思想在中国思想史上具有重要地位。

第四节　涪陵易学——南方的学术圣殿

一、涪陵易学的形成与流传

有宋一代,理学盛行。北宋时期,著名理学家周敦颐、程颐曾在巴渝地区讲学授徒,研究经典。程颐被贬谪到涪州(今涪陵)后,数年中完成了《周易程氏传》,其理学思想体系成为封建社会意识形态的重要构成,对中国哲学、儒家思想的发展影响巨大,对涪陵《易经》学的形成也发挥了重要作用。北宋之际,巴渝地区的易学已有一定规模,并成为中原易学向南方传播的中间站。

涪陵易学的代表人物谯定是本籍人士,曾问学于程颐。《宋史·谯定传》说他"少喜学佛,析其理归于儒。后学《易》于郭曩氏,自'见乃谓之象'一语以入。郭曩氏者,世家南平,始祖在汉为严君平之师,世传《易》学,盖象数之学也。定一日至汴,闻伊川程颐讲道于洛,洁衣往见,弃其学而学焉。遂得闻精义,造诣愈至,浩然而归。其后颐贬涪,实定之乡也,北山有岩,师友游泳其中,涪人名之曰读易洞。"谯定初学所从者郭曩"世家南平",南平在今重庆綦江、南川地界,《谯定传》称"郭曩氏……蜀之隐君子也"。郭曩所师承的始祖为西汉成都著名卜者严君平。后谯定在家乡讲《易》授徒,形成涪陵学派,《谯定传》曾记:"袁滋入洛,问《易》于颐,颐曰:'《易》学在蜀耳,盍往求之?'……定《易》学得之程颐,授之胡宪、刘勉之,而冯时行(重庆人,南宋状元)、张行成则得定之余意者也。"《宋史·艺文志》载有其弟子张行成《元包数总义》二卷、《观物外篇衍义》九卷、《翼玄》十二卷等及张浚《易传》十卷等书目。《宋史·刘勉之传》说因谯定"邃《易》学,遂师事之"。《宋史·胡宪传》称其"学《易》于谯定",二人是继承谯定学说的学者。清朝黄宗羲、全祖望所撰《宋元学案》梳理出其流派的传衍脉络。清末经学家皮锡瑞称:"宋学至朱子而集大成,于是朱学行数百年。"而朱熹曾从刘勉之、胡宪受业,可视为谯定再传弟子。谯定在学术史上地位颇为显赫。其后本籍的夏(huán)渊(涪陵人)、度正(《宋史》称其为合州人)继其业,求学于朱熹,归来阐扬其学,《宋史·度正传》说他"著有《性善堂文集》"。阳枋、阳岊(铜梁人,《宋史》无传)为夏渊、度正弟子,其学术流变,脉络清晰。阳枋曾编有《文公语录四书》《伊洛心传录》《朱文公易问答语要》《文公进学善言》等,但均失传。涪陵在南宋后期成为川渝地区学术中心,涪陵易学盛极一时,学者辈出,远承上古《易》学思想,中受理学浸润,下启朱熹学说,是巴渝学术在中国学术思想史上地位极高的时期。

二、明代易学大师来知德

明朝中后期,梁平县来知德为当时著名易学大家,所著《易经来注解图》是其数十年潜心研究之作,被称为"来易"。《明史·儒林传》称:"来知德,字矣鲜,梁山人。幼有至行,有司举为孝童。嘉靖三十一年(1552年)举于乡……其学以致知为本,尽伦为要。所著有《省觉录》《省事录》《理学辨疑》《心学晦明解》诸书,而《周易集注》一篇用功尤笃……盖二十九年而后书成。万历三十年(1602年),总督王象乾、巡抚郭子章合词论荐,特授翰林待诏。知德力辞,诏以所授官致仕。"《宋元学案》卷五十三称来知德"著《错综图》……先生之言,与程子、阳明有异同者二端",又引其自述:"某少壮之时,妄意圣贤,山林中近三十年,所著有《易经集注》《大学古本》《入圣工夫字义》《理学辨疑》诸书,与程、朱、阳明颇有异同。"来知德是一位颇有成就的巴渝学者。

第五节　"叱咤风云"的《革命军》及其在近代思想界的影响

一、《革命军》的思想意义

20世纪初,重庆出现了一位名满海内外的青年革命理论宣传家邹容,1903年,18岁的他发表了石破天惊的《革命军》,以振聋发聩之声"响彻在千年专制古国的上空",革命元勋、国学大师章太炎为之作序。该书如"彗星般的耀眼光焰突地照亮了一个黑暗的世纪,翻印销行量达百余万册,占当时所有革命书刊的第一位"(李泽厚语)。

《革命军》是一篇划时代的战斗檄文,是20世纪初中国思想界的重要文献。作为思想文化界的先锋,受欧洲启蒙主义思想和近代西方政治学说的启迪,邹容以一往无前的大无畏勇气,用激情四射、晓畅通俗的文字,发出了推翻清朝专制政权、建立共和体制的强烈呼唤。

《革命军》开篇即提出"扫除数千年种种之专制政体"和革命之潮流不可阻遏:"革命者,天演之公例也;革命者,世界之公理也;革命者,争存争亡过渡时代之要义也;革命者,顺乎天而应乎人者也。"

更为可贵的是,邹容认为,革命的目的并不仅仅在于推翻清朝专制政府、建立共和制,还肩负着改造国民性、重新塑造国民健全人格的任务。章太炎指出《革命军》更深远的意义在于"其所规画,不仅驱除异族而已,虽政教、学术、礼俗、材性、犹有当革者焉"(《序〈革命军〉》)。

《革命军》告诫国人既不能做满人奴隶,也不能做洋奴:"内为满洲人之奴隶,受满洲人之暴虐,外受列国人之刺击,为数重之奴隶,将有亡种殄种之难者",这就是"今日倡革命独立之原因也"。因而"吾愿我同胞,万众一心,肢体努力,以砥以砺,拔去奴隶之根性,以进为中国之国民"。学者李泽厚称《革命军》"是五四运动和鲁迅作品的先导"(《中国近代思想史》)。

《革命军》构想的全新人格是:"一曰养成上天下地,惟我独尊,独立不羁之精神;一曰养成冒险进取,赴汤蹈火,乐死不辞之气概;一曰养成相亲相爱,爱群敬己,尽瘁义务之公德;一曰养成个人自治,团体自治,以进人格之人群。""惟我独尊"并非目中无人、妄自尊大,而是藐视专制的自信及国人所缺乏的不阿附权势的"独立不羁之精神";"冒险进取,赴汤蹈火"昭示着一往无前的奋斗精神;"相亲相爱,爱群敬己"凝聚着儒家仁爱与西方人道主义思想;"个人自治,团体自治"即个体与群体的和谐相处。在今天看来,这些主张仍具有积极意义。

《革命军》明确提出:"人人当知平等自由之大义……生命、自由,及一切利益之事,皆属天赋之权利。"人人"当有政治法律之观念"。受西方政治体制和美国革命的启发,他提出了"先推倒满洲人所立之北京野蛮政府",建立"中华共和国"的设想:"中华共和国,为自由独立之国","全国无论男女,皆为国民……凡为国人,男女一律平等,无上下贵贱之分;各人不可夺之权利,皆由天授;生命、自由,及一切利益之事,皆属天赋之权利"。这对长期受封建思想桎梏、处于茫昧中的国人来说,如此鲜明地提出建立民主共和国的纲领、策略、方式(推翻清朝政府),具有强烈的震撼力。

二、《革命军》的深远影响

孙中山曾高度评价《革命军》的巨大影响力:"邹容著有《革命军》一书,为排满最激烈之言论,华侨极为欢迎,其开导华侨风气,为力甚大。此则革命风潮初盛时代也。"

鲁迅指出:"便是悲壮淋漓的诗文,也不过是纸片上的东西,于后来的武昌起义怕没有什么大关系。倘说影响,则别的千言万语,大概都抵不过浅近直截'革命军

马前卒'邹容所做的《革命军》。"(《坟·杂忆》)

"青山遮不住,毕竟东流去",20世纪初的中国,革命潮流势不可挡,1911年辛亥革命爆发,各地"传檄而定",清室迅速土崩瓦解。章太炎指出:"革命成功的原因有二:一、远因,排满思想潜伏已久;二、近因,党人鼓吹甚力。"作为思想界首义的《革命军》居功至伟。100余年后重新审视《革命军》,其超越时人的进步主张仍令人钦敬,它所蕴含的文化启蒙意义仍具有重要价值。

邹容作为一位年轻的民主革命思想家、宣传家,彰显出巴渝人敢为人先、一往无前、刚强无畏的性格,传承了"以天下为己任"的传统文化思想,凝聚着"天下兴亡,匹夫有责"的使命精神。《革命军》是时代的号角,是近代革命史上划时代的篇章,为巴渝文化在中国近代思想史上留下了影响深远的精神财富。

瑰丽的三峡诗歌

　　"自古诗人多入蜀",古代文化发展的唐宋时期,文人、画家纷纷入蜀,雄奇壮丽的三峡风光和文物风情,感染了骚人墨客,杨炯、沈佺期、陈子昂、孟浩然、张九龄、岑参、高适、王昌龄、王维、张说、李白、杜甫、白居易、刘禹锡、司马光、欧阳修、苏洵、苏辙、王十朋、范成大、陆游、杨慎、王士禛、张问陶等众多文化名人,他们为官、流放、旅行在巴山渝水之间,创作了数量丰瀚的三峡诗篇。千百年来诗人们的沉吟低唱,积淀出瑰丽的三峡诗库。骚人墨客卓越的文学创作,不仅将巴渝文学推向了前所未有的高峰,而且从多方面引领着唐宋文学风骚。

第一节　唐代诗人的三峡诗歌

一、陈子昂游三峡

　　初唐诗人陈子昂初次出蜀之时,写下《度荆门望楚》,诗云:

> 遥遥去巫峡,望望下章台。
> 巴国山川尽,荆门烟雾开。
> 城分苍野外,树断白云隈。
> 今日狂歌客,谁知入楚来。

　　诗中洋溢着年轻的诗人对巴楚风光的新鲜感受,诗歌寓情于景,雄奇险绝三峡的山水,引发了诗人睥睨自雄的豪情壮志。

二、李白的三峡诗

　　一生好入名山游的盛唐诗人李白一生中三次游历三峡,三峡奇丽的山川景色与随诗人的人生际遇而来的情感融为一体,给我们留下许多动人的诗篇。

青年时代的李白意气风发,于开元十四年(公元 726 年)"仗剑去国,辞亲远游。泛长江,渡黄河,游遍神州名山大川,访求高人贤士。"李白上成都,朝峨眉,由嘉州东南清溪驿买舟东下。他的《峨眉山月歌》:

> 峨眉山月半轮秋,影入平羌江水流。
> 夜发清溪向三峡,思君不见下渝州。

这首脍炙人口的七绝,咏诵巴蜀山水,深得民歌天真自然的风致。

李白途经渝州、涪州、忠州、万州、夔州,山佳地胜使他沿途流连,巴人的歌谣也使他击节赞赏。根据三峡船家女的歌谣,他写成清明澄澈,婉转流畅的《巴女词》:"巴水急如箭,巴船去若飞。十日三千里,郎行几岁归?"

诗人在出蜀经过三峡的途中,登上瞿塘峡赤甲山,写下了《自巴东舟行经瞿塘峡登巫山最高峰晚还题壁》,诗中描绘了巫山险峻:

> 江行几千里,海月十五圆。
> 始经瞿塘峡,遂步巫山巅。
> 巫山高不穷,巴国尽所历。
> 日边垂藤萝,霞外倚穹石。
> 飞步凌绝顶,极目无纤烟。
> 却顾失丹壑,仰观临青天。

面对月色,松树和猿鸣,诗人发出了"辞山不忍听,挥笔还孤舟"的感慨。

安史之乱后(公元 757 年),李白因入永王李璘幕府而获罪,被判流放夜郎。当年的翩翩青年如今已成罪人。入冬,李白二度上三峡,世态炎凉,岁月磨难,凄苦悲愤的心情与三峡险峻,行舟艰难相融在一起,写作《上三峡》:

> 巫山夹青天,巴水流若兹,
> 巴水忽可尽,青天无到时,
> 三朝上黄牛,三暮行太迟,
> 三朝又三暮,不觉鬓成丝。

乾元二年(公元 759 年),李白逆水行舟至三峡夔州白帝城时,突遇皇帝大赦天下,他返舟东下江陵,踏上三过三峡的航程。在一个朝霞满天的黎明,趁着新发的春水,李白逸兴遄飞,写作《早发白帝城》:

> 朝辞白帝彩云间,千里江陵一日还。

> 两岸猿声啼不住,轻舟已过万重山。

欢快心情与三峡壮丽的景色、猿群的啼声融为一体,清新欢快,生机勃发,成为千古绝唱,从此传遍天下。

三、杜甫的夔州诗

杜甫一生颠沛流离,55岁时(公元766年)暮年漂泊,途经四川云阳,作五律《长江二首》:

一

> 众水会涪万,瞿塘争一门。
>
> 朝宗人共挹,盗贼尔谁尊。
>
> 孤石隐如马,高萝垂饮猿。
>
> 归心异波浪,何事即飞翻。

二

> 浩浩终不息,乃知东极临。
>
> 众流归海意,万国奉君心。
>
> 色借潇湘阔,声驱滟滪深。
>
> 未辞添雾雨,接上遇衣襟。

这两首诗极力描写了长江瞿塘峡之险峻和波浪掀天的场面,以及江流浩荡、百川归海的气势。触景生情,诗人那种爱国忧民和盼望国家统一的情感,亦从诗里行间流露出来。

大历元年(公元766年),杜甫到达夔州。此地依山临江,气势雄伟。诗人在夔州朋友的帮助下,安居下来,并在此地居住了一年又十个月,"他乡阅迟暮,不敢废诗篇",杜甫倾力作诗,将巴渝的壮丽山川、名胜古迹同自己蹉跎岁月的感慨结合起来,诗笔悠悠,他创作了437首诗,占其现存诗歌的三分之一。三峡造就了半个杜甫,而杜甫的夔州诗也成为三峡诗苑中的最高峰。《秋兴》其一:

> 玉露凋伤枫树林,巫山巫峡气萧森。
>
> 江间波浪兼天涌,塞上风云接地阴。
>
> 丛菊两开他日泪,孤舟一系故园心。
>
> 寒衣处处催刀尺,白帝城高急暮砧。

《秋兴》这组诗,融铸了夔州萧条的秋色、清凄的秋声、诗人暮年多病的苦况、关心国家命运的深情,悲壮苍凉,意境深阔。

杜甫的夔州诗题材广泛,有忧国忧民之诗,有记写往事之作;夔州的山川、气象、风物、三峡民众成为杜甫抒写的重要内容。

入天犹石色,穿水犹云根。　　　(《瞿塘两崖》)

地与山根裂,江从月窟来。　　　(《瞿塘怀古》)

高江急峡雷霆斗,古木苍藤日月昏。　(《白帝》)

三峡的风光奇险壮阔,万象纷呈,杜甫笔下的雄奇词句,与他悲凉的心情相映衬,成为苍凉幽迥的蜀中山水图。杜甫还在《雷》《雨》《云》《秋风》《热三首》等诗中抒写三峡气象万千。杜甫夔州诗,最为有名的是七言律诗《登高》:

风急天高猿啸哀,渚清沙白鸟飞回,

无边落木萧萧下,不尽长江滚滚来。

万里悲秋常作客,百年多病独登来。

艰难苦恨繁霜鬓,潦倒新停浊酒杯。

长江的急风、高天,两岸的猿啼、飞鸟、落木,无不饱含着诗人的悲秋之情。杜甫将自己流浪漂泊、贫病交加的境遇寄情于三峡的秋色之间,流露出对人生的感伤和对自然规律的怅然,成为中国诗史上罕见的气态恢宏,苍劲悲凉的名作,从而形成杜甫诗歌"沉郁顿挫"的最高境界。

夔州的名胜古迹很多,杜甫多次登上白帝城楼。徘徊于先人的遗迹,怀想蜀汉君臣风云际会的历史,触目生悲,留下了《八阵图》《白帝城最高楼》《古柏行》《白帝》等名篇。

功盖三分国,名成八阵图。

江流石不转,遗恨失吞吴。

《八阵图》怀古绝句,与其说是在写诸葛亮的"遗恨",毋宁说是杜甫"伤己垂暮无成"的抑郁情怀。

杜甫隐居夔州,亲近百姓,有时还耕田东屯,他题写了流水、树栅、种菜、伐木、督耕、刈稻等生活场面,表现了对劳动人民的深切同情。杜甫还将三峡风土和民众疾苦联系在一起,写出现实主义的诗篇《负薪行》和《最能行》。

晚年的杜甫,丰富的阅历、激愤的沉思、执着的追求和忧国忧民的思想,融合着纯熟的诗歌技巧,在三峡雄奇的水山与奇异风物的撞击下,产生了夔州诗。对杜甫来说,夔州诗是他一生中创作的第二个(也是最后一个)高峰,对于巴渝诗作来讲,则是巴渝大地古今诗作的最高峰。

四、白居易的忠州诗

中唐诗人白居易,因直言相谏得罪权贵,唐元和十年(公元815年)因"武元衡"事件而贬谪江州司马。唐元和十四年(公元819年)春,改任忠州(今忠县)刺史,于三月二十八日乘船抵达忠州。到元和十五年(公元820年)夏天白居易离开忠州返京,其间共作诗120多首,这些诗歌反映了忠州地区独特的山川风物、人情世故,表达了他在任职期间丰富而复杂的人生经历和思想感情。

唐代的忠州比较荒凉,白居易被贬离长安以来,辗转千里,备尝艰辛,在其《夜上瞿塘》中描绘瞿塘峡的雄伟险峻和行舟难,并将人生境遇寄寓其中。

> 瞿唐天下险,夜上信难哉。
>
> 岸似双屏合,天如匹帛开。
>
> 逆风惊浪起,拔稔暗船来。
>
> 欲识愁多少,高于滟预堆。

在他的诗作中还表达了对三峡自然风物的眷恋,白居易尤为喜爱三峡的荔枝,曾召画匠将巴峡的荔枝绘成图画,自己写诗,并作《荔枝图序》。白居易在忠州学习三峡格调清新、意味深长的民歌竹枝词,仿作了《竹枝词》四首。面对贫穷的三峡民众,他写下了《征秋税毕题南郡亭》,表达了他对三峡民生的关注。在抒写三峡忠州高山峡谷、林峦雾雨、盐火畲烟时,也表露出思乡的感伤:

> 山束邑居窄,峡牵气候偏。
>
> 林峦少平地,雾雨多阴天。
>
> 隐隐煮盐火,漠漠烧畲烟。
>
> 赖此东楼夕,风月时翛然。
>
> 凭轩望所思,目断心涓涓。

在茫茫的雾雨中,隐约可见山中煮盐的火光和烧山的烟气,白居易触景生情,想到分别四年的京城长安和老家,倍加惆怅。

在《春江》一诗中,以江船、绿草、春水、沙岸、砂石,耳听暮鼓、莺声,寄寓了自己对仕途升迁,世态炎凉的感怀。

五、刘禹锡的巴渝竹枝词

刘禹锡自从永贞元年(公元805年)因参加王叔文集团的"永贞革新"被贬为

朗州司马,又因言获罪被贬连州,长庆元年(公元 821 年)冬迁至夔州刺史。刘禹锡在夔州三年,勤政爱民,务实办事,倡教兴学,并得三峡旖旎风光的慰藉,夔州地区的山水名胜、富有特色的巴语巴歌,不但滋养了他的诗歌内容,也丰富了他的诗歌形式。

刘禹锡所作的十一首"竹枝词"堪称其夔州诗的代表,大致可分为五类。

第一,描写爱情的。著名的如:

杨柳青青江水平,闻郎江上唱歌声。东边日出西边雨,道是无晴却有晴。

《竹枝词二首》(之一)

此诗刻画一个初恋女郎在江边听到情人唱歌时那种乍疑乍喜的复杂心情和聪明可爱的性格,被人们广为传唱。

第二,描写劳动情景的。如:

山上层层桃李花,云间烟火是人家。银钏金钗来负水,长刀短笠去烧畬。

《竹枝词九首》(之九)

这里描写的是一幅优美的春耕时节深山人民劳动生活的图景:佩戴银钏宝钗的姑娘们在往田里挑水,手握长刀、头戴斗笠的男人们在烧荒种田。

第三,描写山水风情的。

两岸山花似雪开,家家春酒满银杯。昭君坊中多女伴,永安宫外踏青来。

《竹枝词九首》(之五)

该诗描绘出一幅山花茂盛如雪,家家春酒满银杯,昭君坊里和永安宫外的游女相约踏青的田园风情图。

第四,慨叹人世艰难的。如:

瞿塘嘈嘈十二滩,此中道路古来难。长恨人心不如水,等闲平地起波澜。

《竹枝词九首》(之七)

诗从瞿塘峡的艰险借景起兴,感慨世路维艰,凶险异常,愤世嫉俗之言油然而出。

第五,寄托乡思的。如:

山桃红花满上头,蜀江春水拍山流。花红易衰似郎意,水流无限似侬愁。

《竹枝词九首》(之二)

巫峡苍苍烟雨时,清猿啼在最高枝。个里愁人肠自断,由来不是此声悲。

《竹枝词九首》(之八)

刘禹锡借助《竹枝词》,抒发了内心的苦闷与悲哀,寄托了作者遭贬后的乡思旅愁以及个人的身世之感。

刘禹锡所写的一批竹枝体诗歌,七言四句,通俗生动,以《竹枝词》为名,开创一种新的诗风。"竹枝词"这种描绘民风民俗为主的民歌体诗歌形式就流传四方。巴渝的竹枝词也由于刘禹锡的借鉴和创新得以保存下来。从此,竹枝词成为我国文学作品中独具特色的诗歌形式。

第二节　宋代及明清文人的三峡诗歌

宋代大家欧阳修、苏洵、苏辙、黄庭坚、王十朋、范成大、陆游及明清的杨慎、王士祯、张问陶等都曾游历渝州,文人学士在巴渝大地留下了不少优美篇章。

一、苏轼游历三峡

嘉祐四年(1059年)冬,蜀中苏轼同苏辙一起陪父苏洵奉诏赴京。由嘉陵江、长江东下往江陵,途经三峡时作诗文《屈原塔》《昭君村》《入峡》《巫山》《出峡》等,此番东坡得诗78首,内容为"山川之秀美,风俗之朴陋,贤人君子之遗迹"。青年苏轼的才华初露,并初步展示了苏轼卓然独立的人格。

船至忠州,苏轼与苏辙登岸,在《望夫台,在忠州南数十里》一诗中,诗人根据望夫石的民间传说,将"山头孤石"人格化,紧扣"望夫"中心,将女主公希望有人"坐待山月出",欣赏她高窈伶俜的身影的重重心事尽情展示,写得自然贴切,凄婉动人。

山头孤石远亭亭,江转船回石似屏。

可怜千古长如昨,船去船来自不停。

浩浩长江赴沧海,纷纷过客似浮萍。

谁能坐待山月出,照见寒影高伶俜。

船至三峡,苏轼又作《入峡》诗,写峡中所见,尽展三峡秀丽风光,并借题发挥,以孤栖鹘自况,表达了作者不顾"雀鹤"之类的小人,要横飞远飏、振翅高飞、超凡脱俗的思想。

船出三峡，若洞天大开，尽展楚天辽阔景象。苏轼有《出峡》诗一首，其中有句云"吾心淡无累，遇境即安畅"，表现了"出峡喜平时"的开朗心境。

诗人于三峡中写得最长的一首诗是《巫山》，这首诗也是古人写三峡诗中最长的一首，共 78 句。

> 瞿塘迤逦尽，巫峡峥嵘起。
>
> 连峰稍可怪，石色变苍翠。
>
> 天工运神巧，渐欲作奇伟。
>
> 块轧势方深，结构意未遂。
>
> 旁观不暇瞬，步步造幽邃。
>
> 苍崖忽相逼，绝壁凛可悸。
>
> 仰观八九顶，俊爽凌颢气。
>
> 晃荡天宇高，崩腾江水沸。
>
> ……

巫峡两岸崇山峻岭、云雾纵横，一时恍若仙境，那隐入云端的神女峰让苏轼产生了无尽的遐想。

在夷陵（今湖北宜昌），苏轼同父苏洵、弟苏辙一起游了"三游洞"。唐时，白居易及弟白行简和元稹同游此洞，人称"前三游"，此时苏轼父子三人同游，人称"后三游"，父子三人均有诗作。

二、黄庭坚的黔州诗

北宋绍圣元年（1094 年）十二月，黄庭坚因参修《神宗实录》被责"疵诋先烈，变乱事实"，遂贬涪州（今重庆涪陵区）别驾，黔州（今重庆彭水县）安置。1095 年，时年 50 岁的黄庭坚，出洛阳、入夔门，于四月辗转到达彭水，寓居彭水县城开元寺怡思堂。从到元符元年（1098 年）以避亲嫌迁戎州（今四川宜宾）止，黄庭坚在黔州贬所共四年，给我们留下了三十余首诗，其中有两首《竹枝词》。

一

> 三峡猿声泪欲流，夔州竹枝解人愁。
>
> 渠侬自有回天力，不学垂杨绕指柔。

二

> 浮云一百八盘萦，落日四十八渡明。
>
> 鬼门关外莫言远，四海一家皆弟兄。

元符三年(1100年),黄庭坚于白鹤梁长江枯水处题"元符庚辰涪翁来"七个大字,盛名远播。次年奉诏还京,挥毫写下《西山题记》,展现其书法的独特风格,经镌刻于高笋塘石壁,又称为《西山碑》,此碑反映了黄氏书法的最高境界,享有"海内仅存,黄书第一"的美誉。

三、范成大游历巴渝

南宋诗人范成大中年入蜀任封疆大吏,其入蜀、出蜀皆途经巴渝地区,范成大写了《吴船录》,描写途中所游历的景物,民俗文化、风土人情。范成大受巴渝雄壮独特山水的激发与熏陶,创作四十多首记录所见所闻所感的优秀诗作,或录民情,或记农事,或写景记游,或怀古考证,沿袭了其重在纪实、雅好志述的诗风,展现了婉峭、清新等多样的艺术风格。

范成大秉承其一贯的诗风,其《夔州竹枝词》有描摹当地风土人情、人民艰苦生活的诗篇,也有表达他爱国热情的作品。如《夔州竹枝词》九首之一:

> 白帝庙前无旧城,荒山野草古今情。
>
> 只余峡口一堆石,恰似人心未肯平。

诗人通过凭吊白帝城,寓情于景,对霸业未成人心不死的感叹,表达了自己对祖国统一的恒久渴望。

四、陆游的夔州诗

1153年,才华横溢的陆游省试获第一名,却在复试中因名列权奸秦桧孙子之前,又喜论恢复,被除了名。直到秦桧死去,才起复作了几任芥末小官。后在隆兴府通判任上被罢黜回乡达五年之久,直到46岁时,才出任夔州(奉节)通判。

1170年,陆游"残年走巴峡",自山阴入蜀,留下了《入蜀记》。陆游在夔州期间创作的诗歌,现存有60首,主要抒发其思乡怀亲、登临感怀的情绪,以及对地方风物的描绘,鲜明地体现了陆游在夔州期间的思想感情和创作特色。

陆游饱览三峡两岸的名胜,为三峡的雄壮所感,凭吊屈原、李白、杜甫等前贤遗迹,并与忧国忧民的情怀交融在一起,挥笔写下了《夜登白帝城楼怀少陵先生》,道出自己胸怀伟大抱负却难以实现的抑郁之情:

> 拾遗白发有谁怜,零落歌诗遍两川。
>
> 人立飞楼今已矣,浪翻孤月尚依然。
>
> 升沉自古无穷事,愚智同归有限年。

此意凄凉谁共语,夜阑鸥鹭起沙边。

位于夔州东南的诸葛亮八阵图遗迹,引发他在《思夔州》中发出"略无人解两公心"的慨叹。

夔州当时非抗金前线,无法建功立业。病体缠身的陆游,心情忧郁,创作不少思乡之作,如《试院春晚》"此生飘泊何时已,家在山阴水际村",《夜坐庭中》"岁月背人去,乡间何日归"等系列作品。病中的陆游仍旧心系国事,在《久病灼艾后独卧有感》中写下"诸贤好试平戎策,敛退无心竞著鞭"的诗句,把希望寄托于当时爱国抗金的诸贤。

曾任夔州知府的南宋学者王十鹏,也借夔州山水名胜抒发自己的人生感叹,在《赤甲山》中抒发对汉王朝的依恋和赞扬,对公孙述的鄙视,登臣龙山,追思诸葛亮、杜甫等先贤,抒发自己对自然山水的依恋。

五、明清文人的诗歌

明清以来,杨慎、王士性、王士禛、张问陶等文化名人出入三峡,为三峡留下宝贵的文化财富。

明代大臣、文学家杨慎曾途经三峡,经行夔州(今重庆奉节),留下诗文《竹枝词》(九首):

一

夔州府城白帝西,家家楼阁层层梯。
冬雪下来不到地,春水生时与树齐。

二

日照峰头紫雾开,雪消江面绿波来。
鱼腹浦边晒网去,麝香山上打柴回。

三

江头秋色换春风,江上枫林青又红。
下水上风来往惯,一年长在马船中。

四

最高峰顶有人家,冬种蔓菁春采茶。
长笑江头来往客,冷风寒雨宿天涯。

诗中,夔州吊脚楼民居、打渔人、樵夫、多情女子组成了多姿多彩的三峡风情画面。

清代王士祯,字贻上,号阮亭,别号渔洋山人。为清初名著一时的"神韵派"领袖,曾先后出任国子监祭酒、兵部和户部侍郎、都察院左都御史等职。王士祯曾典试四川,得以西游巴蜀,在自然山水的触发下,写下了一些泳坛三峡、雄浑豪放的作品。其《白帝城》诗:

> 赤甲白盐相向生,丹青绝壁斗峥嵘。
> 千江一线虎须口,万里孤帆鱼复城。
> 跃马雄图余垒迹,卧龙遗庙枕潮声。
> 飞楼直上闻哀角,日落潮头气不平。

诗人伫立白帝城、遥望赤甲山和白盐山,咏史怀古声调悲壮,颇有杜诗风味。《晚登夔府东城楼望八阵图》:

> 永安宫殿莽榛芜,炎汉存亡六尺孤。
> 城上风云犹护蜀,江间波浪失吞吴。
> 鱼龙夜偃三巴路,蛇鸟秋悬八阵图。
> 搔首桓公凭吊处,猿声落日满夔巫。

诗歌即景感怀,面对"失吞吴",王士祯吊古伤今,英雄早成遗迹,而江流、猿声,落日依旧。诗歌浸透了历史的沧桑凝重,一扫此前王诗迷蒙玄远、清幽淡泊的旧套,变得意境开阔,铸句雄奇,风格苍劲,气概非凡,成为他诗风由含蓄转为雄放、由空灵转为苍劲、由淡远转为凝重的里程碑。

清代诗人张问陶,号船山,也称"老船",其诗被誉为清代"蜀中诗人之冠",清中叶"性灵派"的得力干将。1792年,张问陶取道三峡进京,写下了34首夔州诗。清代夔州诗群名家辈出,佳篇妙句不绝于缕,然对夔峡山水体验最深刻的诗人,首推张问陶无疑。其描写三峡最有名的是《瞿塘峡》:

> 峡雨濛濛竟日闲,扁舟真落画图间。
> 便将万管玲珑笔,难写瞿塘两岸山。

诗歌写细雨朦胧,将瞿塘峡荡涤得青翠欲滴,一叶扁舟摇曳,简直就像跌落到美丽的画图间。这是张问陶惯有的心灵感悟。诗歌后两句,也成为千古名句。

他在《大溪口守风四首》中也写出了这样的诗句:

> 伏枕千峰底,江声午夜寒。
> 雪花鱼复垒,风力虎须滩。

　　重峦叠嶂高耸云霄,滔滔长江汹涌澎湃,一静一动,谐趣盎然。漫天飞舞的雪花在夔州上空飘扬,尖利呼啸的北风肆虐着浪高水急的虎须滩。悬崖绝壁巍峨挺拔,把蓝天逼成了一抹细线。诗人徜徉山水,恣意遨游,早已抛却俗累,沉醉自然。

　　世界上没有哪个大峡谷像三峡这样富于诗意、诗情和诗作。千百年来,三峡雄伟壮丽的自然风光、巴渝的文物风情、感染了骚人墨客,他们将自己的人生境遇,他们的理想,怀古、伤今的情怀寄于三峡的山川景物,并与大自然融为一体。得江山之助,三峡成就了诗人的创作,也为巴渝文化留下了璀璨瑰丽的诗库,千百年来诗人的沉吟低唱,已深深积淀到巴渝文化之中。

独特的造型艺术——
大足石刻及大佛造像

源于古印度的石窟艺术自公元3世纪传入中国后,分别于公元5世纪和公元7世纪前后(魏晋至盛唐时期)在中国北方先后形成了两次造像高峰,但至公元8世纪中叶(唐天宝之后)走向衰落。于此续绝之际,位于长江流域的大足县境内摩崖造像异军突起,从公元9世纪末至13世纪中叶建成了以"五山"摩崖造像为代表的大足石刻,形成了中国石窟艺术史上的又一次造像高峰,从而把中国石窟艺术史向后延续了400余年。此后,中国石窟艺术停滞,其他地方未再新开凿一座大型石窟,大足石刻也就成为中国晚期石窟艺术的杰出代表。

第一节　中国石窟艺术的丰碑——大足石刻

大足取大丰大足之意,是重庆的远郊属县,境内丘陵地貌,山峦起伏,石岩绵延,山谷幽深。从初唐永徽元年开始,至晚唐,历五代,终成于宋末蒙军大举进攻四川之时,乃至明清至今,巴渝人在这里雕凿、建造、护持,培修了摩岩造像的石窟艺术群雕,成为中国晚期石窟艺术的代表作。

一、大足石刻产生的历史背景

作为一种艺术现象,大足石刻的出现绝不是偶然的,它的出现有着深刻的历史背景。

(一)晚唐人才荟萃,以及南北文化、中外文化的交流

中国各大石窟寺,多出现在当时社会的政治、经济、文化和宗教活跃的地区。

晚唐"安史之乱"以后,社会活动中心转向安定的长江流域的一些地区,位于长江上游的四川,未经历战乱之扰,经济有长足的发展。这里土地肥沃,气候适宜,农产丰富,民不乏食,交通方便,朝野官员及文人艺士多适居于此。长安商人、僧侣取道巴蜀,或顺长江至江浙以至出海,或经云南,至印度缅甸、越南诸国。外国商人、僧人、学者也往往取此道入长安。中原文人、商人、僧人为避唐"安史之乱"、黄巢起义和五代十国之乱以及宋、辽、金长年累月的战争而往往入蜀。唐玄宗、唐僖宗先后逃难入川,随驾的工匠艺人多留川,这就使巴蜀成了人才荟萃之地,南北文化、中外文化交流之所。同时,巴蜀文化艺术的丰厚沉积使得当地的工匠具有了娴熟的艺术造型能力。因此,巴渝不仅成为文化繁荣的地区,而且也成为石窟建设的重点地区。

(二)大足的经济发展为大足石刻的出现奠定了基础

大足地处四川盆地东南,古今都是成渝便道通邑。自晚唐迁昌州来治,至宋末蒙军兵及昌州之前,没发生过大的兵事、灾患。王小波起义,烽烟也很少辐射昌州。大足400年州治,300多年安定,人丁兴旺,生产发展,手工业发达,场镇经济兴盛。北宋熙宁、元丰时,昌州的人口密度、场镇数量、年商税额,超过合州、渝州(重庆),处于四川领先的州县行列。两宋大足安定,士大夫、富商、庄园主集居,从而加快了大足的经济发展和文化交流,为大足石刻大规模的开发提供了安定的社会环境和厚实的经济基础。

(三)佛教的传播与普及为大足石刻提供了大的宗教背景

唐代是中国佛教发展的鼎盛时期,佛教成为普遍的社会信仰,上自皇帝,下至庶民,无不受其熏陶。佛教的中国化和庶民化在唐代基本完成,并对唐人社会产生了巨大影响。佛教的普及、儒释道三教合一的思想以及宋代市井文化的兴起为大足石刻提供文化宗教背景。

(四)大足的地理条件、地质环境

大足丘陵起伏,石岩绵延,地面分布着大量利于雕刻的岩石,为石刻艺术提供了极为方便的条件,使石刻艺术家巧妙利用悬崖边上的原生岩石雕刻成石窟艺术作品成为可能。

（五）南北石刻高手和大足僧人赵智凤等石刻艺术家的创造

正是在这样的经济、文化环境里，大足自成为昌州治前后近四百年中，石刻造像几乎未间断。帝王崇佛，朝野官员带头造像，昌州刺史韦君靖于唐景福元年率先在北山造像，冯戢于南宋绍兴年间捐资建北山"多宝塔"；土绅者雇工造像以求赐福，南北石刻高手竞相献艺，安岳文氏世家石刻高手至少 6 代人，连续一百多年为大足石刻献身；来自西川的伏氏工匠至少三代人为大足石刻献艺半个多世纪；祖籍河南的胥安等 6 位匠师以及许多被湮没的无名大师，为大足石刻造像献艺献身。

影响最大的是南宋大足僧人赵智凤，他于淳熙至淳祐年间，清苦 70 余年不间断，在他的家乡宝顶山营建了 5 里 13 处的宏大石刻密宗道场。加之历代官绅士庶争相效仿，故使宗教石刻造像、古刹大寺遍布全县。

与此同时，大足石刻历经沧桑，大足历代有识地方官员、志士仁人、史学家，保护、培修、研究、宣传等劳动创造的积累和延续，才使沉睡青山千年无闻于世的大足石刻艺术显露于世，成为与敦煌莫高窟、云冈石窟、龙门石窟齐名的石窟艺术宝库。

二、大足石刻群的组成

大足石刻艺术的创造者们以巨大的创造才能共造像 50 000 余尊，唐、宋、明、清各代石窟有 75 处。儒、释、道"三教"并臻，以佛教为最。佛教题材约占 80%，道教题材约占 12%；其他宗教题材约占 5%；其余为儒家和历史人物。伴随着造像出现的各种经传、榜题、颂词、记事之石刻铭文超过 15 万之多。在宗教石刻造像中，以北山、宝顶山、南山、石篆山、石门山五处最为著名和集中，其中北山摩崖造像和宝顶山摩崖造像规模最大。

（一）北山摩崖造像

北山摩崖造像位于距县城西北 2 公里处的北山之颠。唐代昭宗景福元年（公元 892 年），昌州（今大足县）节度使韦君靖在北山修建储粮屯兵的永昌寨，同时开始凿造佛像。经五代、两宋，相继在佛湾、营盘坡、观音坡、北塔寺、佛耳岩等处造像近万躯。摩崖造像以佛湾为中心，分布于北山之四周。在高约 7 米，长约 300 米的石岩上，龛窟相连，密如峰房，编号为 290 个龛窟，造像共 4 360 余躯，以释迦佛、阿弥陀佛、药师佛、地藏、观音、普贤、文殊为多，其中有不少是不可多见的杰作。如心查窟、数殊手观音、地藏变相窟、水月观音窟、光月天女窟、孔雀明王窟、四洲弥勒大对经变窟、观音弯相窟等。

转轮经藏窟普贤坐于大象背负的双层仰莲台上,头戴方形宝冠,肩披帛带,脸颊圆润,面相清秀,颈项细长,指如玉笋,给人以娴静、端庄、温柔、秀雅之感,颇具东方女性之特征。莲座下牵引大象的象奴,犷悍剽武,面容粗犷。这种一刚一柔的对衬手法,使象奴与普贤在气质上形成鲜明对比,从而更加成功地衬托出普贤的清秀文雅,隽逸超凡,为北山石刻之最。

北山造像以雕刻精细、技艺高超、俊美典雅而著称于世,展示了中国公元8世纪至14世纪,民间佛教信仰及石刻艺术风格的发展变化。

(二)宝顶山摩崖造像

宝顶山摩崖造像位于距大足县城东北15公里处。此地峰峦叠嶂,岩谷深幽,古柏参天,寺宙宏伟。宝顶山摩岩造像是南宋大足名僧赵智凤数十年如一日,清苦70余年连续施工营建的一座规模宏大、内容完备的密宗道场,为世所罕见,其"声势之盛,倾动朝野",距今已有800余年历史。

宝顶山石刻造像以大佛湾为中心,艺术价值最高,保存最完好,其中以大佛湾石刻造像规模最大,在三山石岩相连的一个马蹄形山湾内,在长约500米、高15~30米的崖壁上,雕刻大小造像万余躯。另有记载宝顶山造像由来和佛教密宗史实的碑刻7通,宋太常少卿魏了翁等题记17则,舍利宝塔2座。

大佛湾石刻造像依山势崖形雕刻,佛像构思新奇,雕刻技艺娴熟,世俗色彩浓郁。内容多属佛经故事,主要造像有"护法神""六道轮回""广大宝楼阁""华严三圣像""千手观音""释迦涅槃圣迹图""父母恩重经变像""地狱变像""圆觉道场"等,一组组表现佛教人生观、世界观、修持方法以及儒家伦理、理学心性的大型高浮雕巨龛相连,气势磅礴,形成一个逻辑严密的体系。有人称它"几乎将一代大教收罗毕尽"。其构图严谨有序,图文相间,表现手法朴实无华,自然生动。

宝顶山最负盛名的是形体匀称的千手观音像。造像采用纵横交错,上下重叠,反侧相承,深涉错落的布局,在88平方米的石崖上,雕出了1 007只手。这些手纤细修长,千姿百态,金碧辉煌,构成了一幅犹如孔雀开屏的绚丽画面。

释迦涅槃圣迹图,又称卧佛,是大足石刻中体魄最宏伟的一尊造像,在大佛湾内占据了最显赫的位置。他横卧于佛湾东岩,长达31米,为半身像。其造型比例恰当,体形丰圆壮硕。整个卧佛只表现了上半身,双脚隐入岩际,右肩陷于地下,左肩在五色祥云之中,以示释迦牟尼横卧于天地之间。

地狱变相龛刻阴森恐怖的十八层地狱,尖刀、锯解、油锅、寒冰、沸汤等酷刑惨不忍睹,直令人触目惊心。六道轮回图反映了地狱投胎六道轮回的景象。

宝顶山全部造像经过周密造材,精心布局,前后衔接,图文对应,内在逻辑性强,注重哲理演绎,把佛教的人生观、世界观、认识论、修持方法与儒家的伦理学的心性融为一体,在这里佛教艺术从内容到形式都中国化了。

除北山宝顶是以佛教为主的摩岩造像外,还有南山石刻、石篆山石刻、石门山石刻等摩崖造像,以及遍布全县的石窟、寺观、随造像出现的铭文等,共同构成了大足石刻艺术。

三、大足石刻艺术的特色和价值

(一)融三教之大观,聚风雅而独秀

大足石刻以艺术的形式来表现儒、释、道三教融合的思想灵魂,把儒家仁义忠孝观念融入佛理,同时引佛教教义以明儒家经典。如,宝顶石刻中表现的《父母恩重经》就体现了佛教与儒教的融合,佛教用自己的教义来体现儒家的孝道。《父母恩重经》刻画出了父母含辛茹苦抚养儿女的 11 组雕像,包括怀胎、生产、哺养和送别等,具有浓厚的儒家说教色彩,教导人们要回报父母的恩情,懂得孝顺。佛教与儒教融合而成的雕塑,扣人心弦;特别是在"远行纪念恩"中,展示了三口一家离别场景,传递了人性最普遍的善——爱、关心与亲情。这幅组图深刻地体现了儒家艺术观——"画者,成教化,助人伦"。赵智凤"刻石追孝,心可取焉",借佛寓儒,匡济世风,堪为一代高僧。

(二)石窟艺术的民族化和世俗化

石窟艺术是一种外来的艺术形式,是从印度经西域传入我国的。我国早期的石窟造像,灌注了一定的本民族传统艺术的新血液,但在艺术风格及表现技法上都并未抹去外域艺术的风貌。但晚唐后崛起的大足石刻与龙门石窟的艺术已完全中国化、世俗化了,它在思想内容具有儒、释、道三教合流,援儒入佛的特点,并突破了宗教雕塑的旧程式,有了创造性的发展。其造像具有神像人化,人神交融的特点,同时宗教艺术让位于世俗艺术,以宝顶大佛湾为例,许多变相虽然表现宗教教义,但是,它给人的最直接的感觉就是充满浓厚的人间烟火味的场面,似乎纯粹是与宗教无关的世俗生活的再现。"养鸡女""饮酒人"无疑是大足石窟世俗化的典范。

(三)对中国石窟艺术的创新与发展

大足石刻吸收、融合前期石窟艺术精华,在总体设计、艺术形式、造型技巧、审

美情趣诸方面都较之前有所突破。

大足石窟的创造者在石窟造像上有总体设计,形成有教有理,有行有果的石窟群,是因地制宜进行艺术创作的典范。大足宝顶大佛湾造像大部分造像与地形选择有关,是以"苍天为室,以大地为纸"绘制出的巨幅历史长卷画,并采用圆雕、高浮雕、浅浮雕、浮雕、阴刻的雕刻艺术,以高浮雕和浅浮雕为主要表现形式,适应其"绘画性"创造的需要。同时,对雕像作半身处理,增添了雕刻艺术意境。大足石刻构图严谨、布局合理、主题鲜明、造像秀美集中、装饰雕刻处理巧妙,集中国石窟艺术之大成,将中国石窟艺术推上了一个新的高峰。

(四)科学与艺术相结合的艺术创造

大足石刻充分运用工程技术进行石刻艺术雕刻,其表现在地形选择、峡谷排水、龛窟支撑、力学运用等方面。在地形选择上,大佛湾造像堪称一绝,在这马蹄形的大峡谷中,造像刻在峡谷东、南、北三面悬崖上,岩崖顶巅突出为檐,以遮挡雨水,防止侵蚀。其排水工程也是匠心独运,雕刻者根据地形,结合造像内容,巧妙安排排水。如"圆觉洞"通过老僧持钵接水解决排水,而形成"只听山水响,不见水山流"的绝妙佳境;在"牧牛图"中,雕刻家在顺着山岩曲折而下的排水沟旁,刻了一头牛正抬头饮水,不着痕迹地处理排水,而且把动的流水和静的石雕融为一体,创造出一种静中寓动的境界。在龛窟的支撑上,匠师的处理也极有创造性。宝顶大佛湾释迦涅槃圣迹图,顶上岩石据算有六十余吨重,为解决其支撑,匠师在涅槃像的中部刻一缕香烟绕上云天,云天中现释迦家眷,这样既表现造象内容,又利用香烟青云作了石檐支撑。此外,雕刻家在建筑力学的运用上也很有创见,如"宝顶大佛湾""华严三圣像"中文殊手托的石塔,重约千斤,单凭"手"显然是不能撑持其重的,雕刻家便利用其手腕上的袈裟,斜着下垂至膝部,将重力引向了地下,使其"手"托之塔历八百余年不坠。大足石刻的创造者充分而巧妙地运用了科学技术,使大足石刻艺术经历一千多年的漫长岁月,至今仍少有断崖残壁的龛窟、断头折臂的神像,从而保藏了一份中华民族不可多得的石窟遗产。

由此可见大足石刻不仅具有高度的艺术价值、历史价值,而且具有很高的科学价值和观赏价值,它为我们继承和发扬民族优秀文化提供了成功例证,其垂范后世的意义将永远在人类文化史中闪闪发光。1999 年 12 月 1 日,大足石刻被联合国教科文组织列入《世界遗产名录》,被认为符合下列三条标准:第一,大足石刻是天才的艺术杰作,具有极高的艺术、历史和科学价值;第二,佛教、道教、儒教造像能真实地反映当时中国社会的哲学思想和风土人情;第三,大足石刻的造型艺术和宗教哲学思想对后世产生了重大影响。

大足石刻成为继莫高窟之后我国第二处列入《世界遗产名录》的石窟。巴渝人的艺术天赋和融合外来文化的创造才能,在这里得到充分的体现。

第二节　精彩纷呈的大佛造像

除大足石刻艺术以外,自唐以降,巴渝人在丘陵起伏的山冈上,利用自然的山势,雕凿大量佛像,其中 10 米以上的大佛就有多座,计有"潼南金佛""大足卧佛""江津跌佛""潼南马龙山卧佛""合川涞滩大佛"及"合川钓鱼城卧佛"6 尊,几近全国大佛的 1/3。以佛身高(长)为序,全国大佛中的前五位中,重庆的大佛就占了三位:"潼南马龙山卧佛"36 米,名列全国第二;"大足卧佛"31 米,居第三;"潼南金佛"27 米,居第五位。

重庆的大佛造像工艺绝伦,精彩纷呈,各领风骚。

一、潼南马龙山卧佛

该大佛造像位于距潼南县城约 40 公里的马龙山山顶北侧,又称马龙山卧佛,为全国第一大卧佛。释迦牟尼卧姿造像长达 36 米,头长 9 米,耳比人高;卧佛独占了山峰的半壁岩面,却只刻了佛的上半身,下半身与山一体,佛像头枕莲台,右肋而卧,双目微闭,神态安详隐于祥云白雾之中,众仙和护法诸神肃然而立,给人以气势磅礴、深邃莫测之感。

马龙山卧佛始凿于 1929 年,完成于 1931 年,为中国的近代石窟艺术填补了一项空白。

二、潼南金佛

潼南金佛位于潼南县城西北约 2 公里处的潼南大佛寺内。佛为释迦牟尼坐像,肃穆而慈祥。大佛依山而凿,历经唐、宋两代 300 多年而凿成。这座释迦牟尼坐像,头饰螺髻,两耳垂肩,双眉修长,脸颊丰满,嘴露微笑,全身饰金,体态庄严,气势雄伟。

"潼南金佛"是全国最大的一尊金饰大佛,开凿于唐,完成于北宋,金饰于南宋,佛像历经 200 余年,风格统一,比例精确;大佛金饰距今已有 800 余年,依然还是"岩悬绣阁云常住,江映金身影不流"。

三、大足卧佛

大足卧佛位于宝顶大佛湾正中显赫的部位,为"释迦涅槃圣迹图",长 32 米,高 6.8 米,佛头长 6.5 米,眼阔 1 米,口宽 1.5 米,耳心可供二三人当床睡觉。左臂长约 20 米,显露的半身就长达 31 米。佛的表情十分安详,慧眼微闭,怡然自得,毫无苦楚;衣纹豪放流畅,显得气度非凡。众弟子躬身肃立,各执香花水果,整齐列队于佛前,垂眉致哀,戚戚生悲。

大足卧佛最精美之处,就在于这佛像既不像活人那样的生动,也不像逝者那样的呆滞;正如佛经所描绘涅槃时那样"月一样安详,海一样平静",似睡非睡地躺在那里。大足卧佛是我国最精美、最生动、最具有强烈艺术感染力的一尊大佛。

四、合川涞滩大佛

涞滩摩崖造像位于重庆市合川涞滩镇二佛寺内。这是一处佛教禅宗摩崖造像的聚集地,共有大小造像 42 组(龛)1 700 余尊,集中分布在寺内二佛大殿北、南、西三面岩壁上。造像内容以高达 12.5 米的释迦牟尼说法像(即涞滩大佛)为中心,采用分层雕刻,虚实相间的方式创造了佛祖、菩萨、罗汉、比丘等众多形象。

主像释迦牟尼石身坐像建造于崖壁间的二佛寺大殿后壁山崖,崖壁高 15 米、宽 25 米。以释迦牟尼说法龛为代表,展现了佛祖释迦灵山说法的场面。释迦造像构图宏大,雕刻精美,通高达 12.5 米,头围 6.32 米,肩宽 3.6 米,手掌大 2.13 米,两足距离 6.27 米。涞滩大佛嘴角后收,面带微笑,双唇略闭,似说非说,这里展现的正是释迦牟尼说法的"说即不说"的禅定之境。显示了较高的艺术水准。

涞滩摩岩造像始建于唐,兴盛于宋。合川涞滩大佛仅次于乐山大佛,因而自称"二佛",所在寺庙叫"二佛寺"。

五、江津石门大佛

江津石门大佛位于重庆市江津石门镇大佛寺内,为明代所造。江津石门大佛为跌佛。跌者,盘膝打坐也。石门大佛为脚踏莲花观音造像,大佛依山凿成,佛像通高 13.5 米,坐北向南,俯视长江,是全国同类观音造像中最大的一座,所以被誉为"万里长江第一大佛"。观音菩萨造像端庄娴静,慈眉善目,头戴宝冠,胸饰缨络,脚踏莲花,身披袈裟,全身贴金绘彩,微闭的嘴角上露出丝丝慈祥之意,把佛教经典中观音大慈大悲、普度众生的善良心性表现得惟妙惟肖。观音造像属高浮雕近圆雕型石刻,是我国晚期石刻大佛的代表作之一。

六、合川钓鱼城卧佛

　　钓鱼城卧佛位于重庆北部的合川市钓鱼城山上,"镶嵌"于崖壁凹处,是创作于唐代的一尊巨型石刻。佛像悬空,身长 11 米,肩宽 2.2 米,头部两耳间距 1.8 米,双脚宽 1.2 米。它背北面南,头西脚东,袒胸露肌,面形丰满,端庄慈祥,情态自然,是一尊构图严谨,比例匀称,既大刀阔斧、雄伟壮观,又精雕细琢、神态逼真的摩崖造像。

川剧与民间文艺

巴渝人自古就好歌舞善表演,从巴渝舞及战国秦汉时期出土的大量铜器纹、画像石、画像砖、陶俑中都能得到印证。川剧与丰富多彩的民间文艺是巴渝人对这一文脉的承传。

第一节　川剧:兼收并蓄的表演艺术

巴渝人喜好说唱表演的风尚为戏剧的产生和发展提供了土壤。在一定的环境和条件下,巴渝人兼收并蓄,融汇各地方戏曲的精华,创造了具有巴渝特色的川剧表演艺术。

一、川剧:移民剧种活动的融合

清代前期,各省移民大量入川,大大加强了四川与外省的经济文化交流。由于川内移民众多,五方杂处,为不同剧种的活动和发展提供了良好的环境。

明末清初,随着各省移民入川,诸多声腔戏班也相继来到巴蜀。外来的声腔戏班原本各自演出,后来,由于陕西、山西、湖南、湖北、江苏、浙江等省会馆为了同时看到别的好戏,也请其他剧种的戏班同台演出。各种不同剧种同台演出,不但满足了观众的需求,也促使了移民剧种的融合。

此外,清朝末年,成都、重庆等大中城市新建起一批较为正规的茶园、戏园,高、昆、胡、弹、灯等剧种的班社纷纷进行联合经营与同台演出,各剧种班社间的艺术得以交流,并大胆吸收不同剧种的剧目和演唱方法、技巧。经过一段时间的实践,在声腔、语言、表演、音乐及舞台美术等方面逐渐融汇在一个统一的艺术范畴里,形成了共同的艺术风格。

由此,不同的剧种同时存在,又相互交融,并与巴蜀本土的戏曲相结合,逐渐形成了内容丰富、普及面广的川剧。

二、川剧:五腔并存的戏剧艺术

川剧腔调来源广泛,兼收并蓄,在原有声调基础上吸收外来声调,成为我国地方戏曲中独一无二的昆(曲)、高(腔)、胡(琴)、弹(戏)、灯(调)五种声腔并存的地方戏曲。五种声腔中,昆腔来自江东的昆曲,高腔来自湖广的弋阳腔,胡琴来自湖北汉调与陕西的二黄,弹戏来自北方的灯戏和民间小调,这些从外省传入的声腔,受到四川的语言和民间音乐曲调的同化而嬗变为现今的演唱形式,虽然五腔并存,可不同的是用同一种方言、同一套打击锣鼓伴奏,并有同一风格的表演程序。川剧五种声腔中,以曲牌体的高腔音乐最具创造性,其帮、打、唱相结合的结构形态使戏剧与音乐的结合达到了前所未有的高度,成为我国戏曲高腔音乐发展的杰出代表。

川剧剧目丰富,传统剧目和创作剧目有六千余个,以《黄袍记》《九龙柱》《幽闺记》《春秋配》《东窗修本》《五子告母》《神农涧》《情探》等为代表,其中不少是宋元南戏、元杂剧、明传奇与各种古老声腔剧种留存下来的经典剧目,具有很高的文学和历史价值。新中国成立后整理改编的《柳荫记》《彩楼记》《绣襦记》《白蛇传》《拉郎配》《打红台》及改革开放时期改编、创作的《巴山秀才》《变脸》《死水微澜》等均产生了较大的社会影响,显示出川剧深厚的传统文化底蕴。

川剧分小生、旦角、生角、花脸、丑角五个行当,各行当均有自成体系的功法程序,尤以文生、小丑、旦角的表演最具特色,在戏剧表现手法、表演技法方面多有卓越创造,能充分体现中国戏曲虚实相生、遗形写意的美学特色。

川剧作为地方戏剧中的一个大型剧种,生活气息浓郁不拘一格,富于变幻,形式活泼、诙谐风趣、曲调多样、文辞优美、演技丰富。特别善于采用托举、开慧眼和传奇绝妙的变脸、吐火、钻火圈、藏刀等绝技来塑造人物,使其舞台呈现多彩而神秘的艺术特色。

川剧形成后,由于各地移民来源的不同,各地土著文化的风尚不同,逐渐形成了不同的流派,川剧界称为"河道"。清末民初,四川境内形成了四条"河道",即资阳河、川北河、下川东、川西坝。盛行巴渝的川剧流派就是下川东,又称下河道、重庆河。

川剧的"四条河道"也就是四种艺术流派:以重庆为中心,演唱高、昆、胡、弹、灯的"多声腔派"或称"五腔共和派";以成都为中心,演唱胡琴为主的"川西派";以自贡为中心,演唱高腔为主的"资阳河派";以南充、保宁为中心,演唱弹戏、灯戏为主的"川北河派"。同一个剧目在不同的河道,其表演路子、发声、吐字、行腔、锣鼓点子、韵味、音色都各具特色。

三、重庆川剧的巴渝特色

重庆依山而建,雄关叠叠,于是重庆川剧便有了巴山之雄劲;重庆傍水而居,诗意翩翩,于是重庆川剧也就有了渝水之诗情。重庆川剧以海纳百川的气量,博取兄弟剧种、姊妹艺术之优长,采撷民俗民风、南腔北调之精美,兼收并蓄,拿来消化,形成了大俗大雅大气的巴渝特色。

1.五腔和鸣、高腔奇特

民国时期以来,川剧各条河道的戏班汇聚重庆这个"戏窝子",特别是抗战时期,作为陪都的重庆,更是群贤毕至,名人荟萃,冠盖麇集,商贾云涌,初露头角的川剧艺人来到重庆拜师学艺;川剧名角自然也都想到川剧这个"风水宝地"来走红,在推举自我的同时,带来了特有的剧目和独有的声腔,重庆川剧呈现了"高、昆、胡、弹、灯"五腔和鸣的异彩。高腔戏在重庆川剧中占有重要地位。奇特高腔戏善于融合多种艺术元素和演唱技法,食古为今,化洋为中,变俗为雅,为我所用。《红梅记》《绣襦记》《荆钗记》《琵琶记》《白兔记》《玉簪记》等可为代表剧目。重庆川剧的锣鼓善于汲取四条河道之长,多姿多彩,变化多端,特具煽动力与魅惑力。

2.善用特技,渲染舞台气氛

重庆河川剧以重庆为中心,其影响也涉及黔北和鄂西部分州县。长期在重庆演出的川剧著名戏班有泰和班、义泰班、普益班、欲民班、群乐班等。川剧艺术家们创造不少川剧特技,既有神奇绝妙的变脸,也有吐火、踢慧眼、缠头发等使人眼花缭乱的表演形式。这些特技不是技巧的卖弄,而是彼时彼地剧本情节的需要,此时此地人物性格的外化。这是重庆川剧考究之处。特技的运用,渲染了舞台气氛,烘托了演出效果。

3.名角荟萃,名家云集

川剧最为辉煌的时期在重庆,川剧艺术家也多在重庆走红并达于巅峰。重庆川剧生旦净末丑的名家名角,灿若星斗,行行出状元,代代有魁首,各领风骚。在巴渝的川剧表演艺术中,造就了张德成、周慕莲、袁玉堃、许倩云等一大批知名度高、造诣深厚的老一辈川剧艺术家,曾在全国产生过重大影响。重庆川剧作家作品,如冉樵子的《风筝误》《刀笔误》《意中缘》,李明璋的《谭记儿》《夫妻桥》《和亲记》,赵循伯的《荆钗记》《闹齐庭》,李净白的《绣襦记》《金貂记》,许音遂的《哪吒闹海》《冲霄楼》,李行的《官星高照》《战洪州》,隆学义的《貂蝉之死》等剧目,风格各异,具有较大影响。

4.剧社和剧团的磨砺与辉煌

重庆川剧,新中国成立前经历了班社制、科班制的兴衰;新中国成立后经历了西南川剧院、重庆实验川剧院、重庆市川剧院、四川省川剧院、胜利川剧团、群众川剧团等的整合、磨砺与辉煌。这些剧社和剧团曾名噪一时,展现了重庆川剧的雄风。

5.推陈出新的现代戏精品

重庆川剧的现代戏善于突破程式化,摈弃话剧加唱的模式,融化传统,注入生活,再回到戏曲。代表作《金子》以女主人公金子的人生轨迹为主线,通过对爱恨情仇交织中人性的深入刻画,围绕爱恨情仇的感情旋涡与复仇、反复仇的剧烈碰撞,凸显金子善良美好的品质和人性之美,折射了人性的变异与回归。《金子》创作改编自曹禺先生的名著《原野》,采用川剧中擅长的表现手法——悲剧喜演,喜剧悲唱,悲中有喜,喜中藏悲。剧中幽默诙谐的丑角串场,独树一帜的帮腔艺术,神奇诡异的"变脸""藏刀",凸显了巴渝风味和川剧的高级幽默,整部戏富有渝派川剧的魅力。

《金子》屡获大奖、金奖,荣列 2003 年国家舞台艺术精品工程"十大精品剧目"第二名;并走出国门,载誉法兰西,凸显《金子》编、导、演、音乐、舞美全方位精益求精的魅力,成为中外文化交流的艺术彩凤。

巴渝文化以博大胸怀打造了重庆川剧的璀璨往昔,也将会以创新精神熔铸重庆川剧的瑰丽未来。

第二节　民间文艺

巴渝人具有能歌善舞、善抒胸臆的传统,在长期的社会劳作过程中,创造了川江号子、民间故事、民歌、民间吹打乐、雕刻、版画、龙灯等独具特色的民间文艺。

一、民间文学:走马镇民间故事

走马镇民间故事流传于重庆市九龙坡区走马镇,它起源的确切年代无从稽考,但走马场建立于明末清初并很快得以兴盛,故事应与之同步发展。走马是重庆到成都的大道上的一个驿站,各路客人在这里交流旅途的见闻和故事,久而久之,就融进了当地的记忆中。山歌故事、野史趣闻代代口耳相传,造就了今日的"民间故事之乡",其产生形成至少已有四五百年的历史。

在悠久的传承历史中,走马镇民间故事不断得到充实和发展,内容丰富,类型多样,数量巨大,讲述者众多,主要包括神话仙话、风物传说、动植物传说、民俗传说、生活故事等种类,这些故事的内容十分广泛,蕴藏着厚重的远古文化信息,诸如巴人龙蛇图腾的传说,乃至古代巴文化的重要遗存等。

走马镇民间故事还具有讲述时机和场合的多样性、构成的多源性、本土文化与外来文化的共存性等特征。

二、民间音乐

巴渝民间音乐资源十分丰富,各种号子、民间小调、民间器乐曲、曲艺音乐、戏曲音乐、婚丧音乐、寺庙音乐等散存于全市城乡,尤其是民歌活动和民间器乐活动,更是与广大群众的生产、生活紧密相连。江北县的小河锣鼓、大湾吹打,綦江的刘家乐班,巴县的小观梆鼓,永川、万盛的民间吹打及璧山的丁家唢呐等,都很有特色。

(一)川江号子

川江号子是一种最富特色的民间说唱艺术,它产生于川江船工们的拉纤、摇橹和推桡等劳动生产之中。巴渝人能歌善舞的习俗与直率豪爽的性格也是川江号子产生的重要因素及具体显现。

川江号子主要流传于金沙江、长江及其支流岷江、沱江、嘉陵江、乌江和大宁河等流域。这一带航道曲折,山势险峻,水急滩多,全程水位落差较大,特别是经险要的三峡出川,船工们举步维艰。正是在这种特殊的地理环境下川江号子应运而生。船工们在与凶滩恶水的殊死搏斗中,为了十几人、几十人甚至上百人能协调动作,保证一齐用力,以确保木船逢凶化吉,顺利前行,他们高喊号子,或协调用力,或鼓舞情绪,或消除疲劳。川江号子一领众和,曲调丰富,有的高亢激昂,雄壮浑厚;有的舒缓悠扬,欢快活泼。川江号子有数百支曲牌,经常唱的有莫约号子、桡号子、数板号子、抓抓号子、龙船号子等。唱的内容有民间传说、戏文故事和两岸景物。如《跑江湖》片断：

> 手提搭帕跑江湖，哪州哪县我不熟；
> "隆昌"生产白麻布，"自流贡井"花盐出；
> "合川"桃片"保宁"醋，"金堂"柳烟不马虎；
> "五通"锅盐红底白口，"嘉定"曾把丝绸出；
> "宜宾"糟蛋豆腐乳，"柏树溪"潮糕油嘟嘟；
> "牛屎鳊"的矿糕当烛用，"泥溪"板姜辣呼呼；
> "内江"白糖"中江"面，"资中"豆瓣能下锅，
> "南溪"黄葱干豆腐，"安定桥"的粑粑搭鲜肉；
> "泸州"有名大曲酒，"爱仁堂"的花生胜姑苏；
> "永川"豆豉"古蔺"笋，合江的猪儿粑和罐罐肉；
> "江津"广柑品种多，太和斋米花糖猪油酥，
> 好耍要算"重庆府"，买不出的买得出；
> "朝天门"坐船往下数，"长寿"进城爬陡坡；
> "梁平"柚子"垫江"米，"涪陵"榨菜露酒出；
> "石柱"黄连遍山种，"丰都"出名豆腐肉；
> 脆香原本"万县"做，其名又叫口里酥；
> ……

这里描述了峡江两岸的风土民情、古迹物产。

在《白龙滩不算滩》里船工这样唱道："联手们，白龙滩，不算滩，捏起桡子使劲扳。千万不要打晃眼，努力闯过这一关。扳到起，要把龙角来扳弯，众家兄弟雄威显，拉过流水心才欢。龙虎滩，不算滩，我们力量大如天。要将猛虎牙拔掉，要把龙角来扳弯。"反映船工们不畏困难、战滩斗险的大无畏精神。

川江号子包括上水号子和下水号子。上水号子又包括撑篙号子、扳桡号子、竖桅号子、起帆号子、拉纤号子等，下水号子又包括拖扛号子、开船号子、平水号子、二流橹号子、快二流橹号子、幺二三交接号子、见滩号子、闯滩号子、下滩号子等，因此形成数十种类别和数以千计曲目的川江水系音乐文化。

川江号子是长江水路运输史上的文化瑰宝，是船工们与险滩恶水搏斗时用热血和汗水凝铸而成的生命之歌，具有传承历史悠久、品类曲目丰富、曲调高亢激越、一领众和和徒歌等特征。川江号子体现了川江各流域劳动人民面对险恶的自然环

境不屈不挠的抗争精神和粗犷豪迈中不失幽默的性格特征,蕴涵着巴渝人坚忍不拔、团结协作、对外开放的文化精神。同时,在音乐内容和形式上,其发展也较为完善,具有很高的历史文化价值。

民间流传的川江号子经过艺术加工登上舞台,那同心协力战胜激流险滩的号子,那高亢豪迈、节奏鲜明的旋律,深得人们的喜爱。1987 年重庆船工歌手陈邦贵、蔡德元应邀在法国阿维尼翁艺术节上演唱《川江号子》获得极大成功,被誉为中国的"伏尔加船夫曲"。

除了船工号子外,巴渝人在体力劳动过程中,还创造了一人独唱的石匠开山号子、二人对唱的轿夫号子、搬运号子、榨坊号子、挑担号子、打墙号子、抬工号子、连枷号子、抬灵柩号子。这些号子与劳动节奏配合协调,演唱形式多样,代代口耳相传。

(二)巫山民歌

巫山民歌是源于巫山、流传于三峡地区的一种古老民歌。早在新石器时期,巫山民歌便随"大溪文化"而形成。春秋战国时期传唱到楚,楚国郢都有人唱《下里巴人》,"国中属而和者数千人"。巫山民歌滋养了我国历代文学,如屈原的《九歌》《九章》,刘禹锡的《竹枝词》等都深受其影响。巫山民歌深情、豪放,内容大多取材于生活,有反映男女爱情的对唱,如《挑二歌》;有反映时事、社会生活的叙事性长歌,如《壮丁歌》;也有反映劳作的《抬工号子》等。

(三)黔江民歌

黔江自古就是块比较闭塞的地方,但这里的歌声却穿过大山的阻隔飘向四面八方。黔江民歌以其悲壮豪迈的气势,慷慨激昂的词曲,自由洒脱的旋律,历经几千年而不衰,成为渝东南少数民族人民的骄傲。

黔江(指原黔江地区)民歌比较著名的有:《一把菜子》《木叶情歌》《摆手舞曲》,酉阳的《麻秆点火》《送郎》,黔江的《红绸情歌》《小南海渔歌》《山路十八弯》,石柱的《太阳出来暖洋洋》,以及三峡库区的《三峡情》等。

(四)山歌·木洞山歌

山歌在重庆广大农村流行,是农民在劳动中自我抒发情感的歌曲。农民在茶山采茶、砍柴、割草、放牛、挑担、打夯、薅秧、筑路时独唱、对唱的歌曲就属于此类。山歌曲调质朴,乡土气息浓郁,高腔多抒情,平腔常叙事,内容主要反映不同形式的劳动和爱情生活。

三峡地区山高水险,往往流行一种节奏舒缓而高亢悠扬的山歌,如《采茶歌》:"三月采茶茶发芽,姊妹双双去采茶,大姊采多妹采少,不论多少早还家。"

山歌,由于演唱对象的特殊性和演唱环境的复杂性,其表现手法为第一人称无拘无束地抒发胸臆。

木洞山歌是巴南区木洞镇民众传唱的山歌歌种,它的渊源可以追溯到上古时代的"巴渝歌舞",中经战国时代的"下里巴人"、汉代的"巴子讴歌"、唐代的"竹枝",直至明清演化形成木洞山歌。

木洞山歌的主体是被称为薅秧歌的禾籁。禾籁只在木洞及其周边地区流传,属中国民歌的稀有品种。禾籁地域特色浓郁,曲调曲目丰富。主要有高腔禾籁、矮腔禾籁、平腔禾籁、花禾籁和连八句等多种样式。这些样式中又包括若干子样式,如高腔禾籁还包括依呀禾籁、也禾籁、锣鼓腔、依依腔、呀呀腔、四平腔、噢嗬腔、鸣哦腔、悠呵腔等。

木洞山歌的重要歌类还有儿调。其曲词体式和曲调特征与唐代以来巴渝民间流传的竹枝歌颇为相似,是竹枝歌在木洞地区的"嫡传"。木洞山歌曲目有《山歌好唱口难开》《走进深山雨要来》《木洞新气象》《赶场》等。

木洞山歌还有劳动号子、风俗歌、表演歌等多种样式。有数以千计的曲目,民间歌手颇多。

(五)吹打乐·接龙吹打

吹打乐是指吹管乐器与打击乐器合奏的音乐,具有"刚、粗、热"的音乐特征。

流传于巫山的吹打套曲,由鼓、锣、丢锣、中子、唢呐等乐器演奏,代表作有《喜相逢》。忠县吹打乐是忠县的民俗器乐,在各种民俗活动中演奏,并按地域分为前乡和后乡吹打乐。丰都有七星锣,演奏时将七个音阶高低不等安放在一个圆形圈架上,周围六个人,中心一个,是为"七星"。涪陵八牌锣鼓流传于涪陵地区,八牌锣鼓乐器古朴、小巧,一般有五种,脚盆鼓、马锣、碗锣、钹、包包锣,另有一面大锣。涪陵八牌锣鼓一般由五人演奏,演奏的曲牌相传有400多支。

接龙吹打乐系重庆市巴南区接龙镇的民间器乐乐种,至迟在明代末年就已正式形成。经过四百多年的传衍,接龙吹打有了很大发展。它有吹打乐、锣鼓乐、吹打唱三大类别和丫溪调、下河调、青山调、昆词、教仪调、将军锣鼓、伴舞锣鼓7个品种,拥有乐曲983首。接龙吹打的曲牌主要有《大号牌》《朝排》《将军令》《水龙吟》《南锣》《六幺令》《风入松》等。接龙镇吹打乐队使用的乐器,种类繁多,除以唢呐、锣、鼓为主外,另有碰铃、笛、琴、号等,还有二胡、提琴等弦乐器。乐手们使用的乐器均为自己购置或制作。在乐器中有一支十分罕见珍贵的唢呐,形似大的花瓶宝塔状,其喇叭口的直径就有 1.1 米,是已故民间吹打乐艺术家王文君亲手制作的。

接龙吹打乐曲目丰富、乐班乐手众多,理论研究与艺术实践同步发展的接龙吹打乐在巴渝吹打中独树一帜,颇具特色。

此外,江北县的小河锣鼓,大湾吹打,綦江的外家乐班,巴县的小观榔鼓,永川、万盛的民间吹打及璧山的丁家唢呐等,都很有特色。

三、民间戏剧

(一)秀山花灯

秀山花灯流传于重庆市秀山土家族苗族自治县,它起源于唐宋,并延续发展至今,是一种集歌、舞、戏剧和民间吹打于一体,以歌舞表演为主的综合性表演艺术。

秀山花灯的表演形式:其一,"耍灯",俗称"跳团团"。由一旦(幺妹)、一丑(花子)演唱民间小调歌舞,有时增至三人、四人或六人穿梭表演。其二,"单边灯",又称"单边戏",有一定的故事情节,有生、旦、丑等简单人物角色,大多是以民间曲调演唱的花灯小戏。音乐包括曲调和打击乐两部分,曲调有"正调""杂调"之分,传统曲目有《黄杨扁担》等 500 余首,打击乐曲牌有"懒龙过江""猛虎下山"等 40 余个,花灯戏又名单边戏,有《花子醉酒》等 30 多个剧目。

过去,秀山花灯表演大多是在正月初二至十五夜晚。节庆之时,村村寨寨几乎都有花灯表演队,其曲调达 500 余首,动作 120 余种,打击乐牌 20 余种,单边小戏20 余出。表演花灯有一套完整的程序,包括祭灯、启灯、开财门、观灯、送寿月、闹红灯、拜年祝贺、谢主、辞神、烧灯等。

(二)梁山灯戏

灯戏不仅是重庆、四川极富地方特色的民间小戏,而且是川剧的重要声腔之一。由于其演出多与春节、灯节、社火、庆坛等民俗活动结合在一起,所以形成小戏多、喜戏多、闹戏多的特点,一般场面大、情节复杂、人物众多的戏基本不演。

梁山灯戏因其起源于梁山县(今重庆市梁平县),所以称之为"梁山灯戏"。梁山灯戏综合了"玩灯"的舞蹈动作与"秧歌戏"的说唱表演形式,外地人称"梁山调",本地人叫"端公调""包头戏"(新中国成立前,女角由男性扮演,俗称"包头")。它来源于群众的生产生活实践,吸取了梁平民间文艺的精华。

梁山灯戏的唱腔音乐主要有胖筒筒类的灯弦腔、徒歌类的神歌腔和俚曲类的小调,其中"梁山调"灯弦腔比较独特。梁山灯戏的表演特点为"嬉笑闹"与"扭拽跳"。其剧目相当丰富,总数在两百种以上,最具代表性的有《吃糠剪发》《送京娘》《湘子度妻》《请长年》等,这些剧目大都改编自民间戏曲或民间故事。灯戏表演采用方言,唱词通俗自然,生动活泼,极富生活气息。此外,由于灯戏的娱乐性很强,情节夸张,矛盾突出,嬉闹诙谐,所以演员们表演起来往往动作夸张,带有舞蹈的特性,深受当地群众的喜爱。

梁山灯戏在发展的过程中,其主要声腔形成了一个自南岭到秦岭峨眉至武夷山纵横几十万平方公里,跨越影响四川、湖北、湖南、江西、闽西、陕南、豫西南、皖南、黔东、桂北、粤北等11个省区数百个县,渗透几十个戏曲剧种的"梁山调腔系",这在地方戏曲声腔中是首屈一指的,也是全国稀有剧种中极为罕见的。

四、民间舞蹈

巴渝人自古以来就擅长歌舞。据《宋玉对楚王问》中的故事记载:有人在国都领唱"阳春白雪"时,"国中属而和者,不过数十人",但唱"下里巴人"时,"国中属而和者数千人"。这里的"下里巴人",就是指居住在山下平坝地区的巴人唱的民歌。

重庆先民这种能歌善舞的习俗一直沿袭下来,在今天的"川江号子""川剧坐唱""车幺妹""彩龙船""摆手舞""玩菜龙""肉莲湘"等民间娱乐活动中,我们也能看到其"天性劲勇""能歌善舞"的性格特征。

巴渝民间舞蹈在内容上有自娱性的,有祭祀性的,有反映宗教信仰的,有风俗民情性的;在形式上有模拟舞蹈、面具舞蹈、道具舞蹈和歌舞等。驰名中外的铜梁龙是巴渝民间舞蹈的杰出代表。铜梁龙气势磅礴、雄浑大度、威武壮观,其玩舞和套路颇具巴渝风格。此外,还有遍布巴渝乡村的龙舞、狮舞、鼓舞、灯舞、绸舞、扇舞、绢舞、高跷、连箫、彩船,等等。

(一)巫舞

重庆地区流传的一种古老舞蹈,又名"跳端公"。这种舞由巫师一人表演,不分场所。其传承方式是由巫师设坛授徒,代代相传。神歌唱本都由手抄。巫舞动作原始古朴,"手诀"有一百多个,其中保留了远古时代的生殖崇拜,手势多象形。《踩花罡》《神枪舞》《祭五方神舞》《祭五猖神舞》《大鹏金翅鸟》《踩八卦》《跑城穿花》等都保留了巴文化和楚文化、巫文化的印记,其舞程序与楚辞《九歌》中的程序相近。

（二）土家摆手舞

摆手舞又名"社巴"，是土家族最有影响的大型舞蹈，带有浓烈的祭祀色彩。歌随舞而生，舞随歌得名。摆手舞流传于重庆土家族聚居区的酉阳、秀山、黔江、石柱、彭水等地。摆手舞源于古代巴渝舞，用以祭祀祈禳。"相约新年摆手舞，春风先到土王祠""红灯万盏人千迭，一片缠绵摆手舞"，就是描写其舞盛况。

摆手舞分单摆、双摆、大摆手、小摆手数种。跳摆手舞击大鼓、鸣大锣，气势宏浑壮阔，动人心魄。舞蹈时双手呈同边摆动，踢脚摆手，翩跹进退，成双成对，意境生动。

大摆手 3~5 年一次，有数县上万人参加，历时达 7~8 天。舞蹈中有复杂的军事狩猎内容，还摆出套路阵法。小摆手则本村本寨，每年举行，以农耕为内容。舞蹈时人们围成多层圆圈，一个领舞，众人随跳，即兴性很强。

摆手舞的基本动作有单摆、双摆、回旋摆，其形式多模仿军事、狩猎与农业劳动，舞姿优美、节奏明快。跳摆手舞是以摆手歌相伴，歌曲内容包括创世纪故事、民族迁徙、生产劳动、古代英雄故事，对研究土家族历史、地理、军事、社会、经济、民俗、语言、文学、宗教等都有重要的价值。

（三）龙狮舞和铜梁龙舞

狮舞，又称"狮子舞""狮灯""舞狮"。狮子在中华各族人民心目中为瑞兽，象征着吉祥如意，从而在舞狮活动中寄托着民众消灾除害、求吉纳福的美好意愿。

狮舞普遍流行于重庆各地，历史悠久。重庆地区的狮舞分为地狮与武狮，地狮只限于地面表演，依锣鼓点子作搔痒、舔毛、抖身、睡觉、打滚、抢球、腾跃等动作；武狮则是高台表演，需高超舞技，舞狮人攀缘高台做出各种惊险动作，最后以摘取悬于高梁上的红色"利市"结束。狮舞非常讲究程序，并有着戴面具的"罗汉"相伴。

重庆龙舞有三种形式：滚龙灯、站龙灯、草把龙灯。前两种龙头用篾扎纸糊，龙身为篾扎布饰，分青、黄、赤、白、黑五色，一般长有九节、十一节、十三节。

滚龙灯以滚舞为特点，基本动作有起伏、盘旋、翻卷、腾跃，表演龙抢球、穿四门、龙翻身、龙摆尾、龙盘柱等传统招式。站龙灯因每节龙身有烛火装饰，所以只做起伏动作，往往行于黑夜，让人观赏升沉起伏、时隐时显的龙行情状。草龙灯用草制作，一般用于斋醮、求雨活动，用完后即行焚毁。重庆地区的三种龙舞均有舞无歌。

铜梁龙舞系流传于重庆市铜梁县境内的一种以龙为主要道具的舞蹈艺术形

式。它兴起于明,鼎盛于清,在当代重放异彩,饮誉全球。

铜梁自古喜玩龙,最早是稻草龙,后玩布匹做的彩龙。民国时期,民间艺人设计制作了大蠕龙,龙身各节用竹篾作肋骨,用皮纸或绢绸作皮。蠕龙浑圆结实。伸缩随意,加上鳞甲彩绘,玩舞时以烟花点染,显得气势雄壮,声威逼人。随着大蠕龙的崛起,铜梁龙走向成熟。后经民间艺人多次创新,铜梁龙的造型生动、线条流畅、轻盈美观,最长制作二十七节,龙饰精美,在欢快的民间音乐和激烈的民间烟火中,演员头戴红簪缨,身穿黄打衣,腰系黑色英雄带,足蹬红缨快靴,个个威武雄壮,意气风发。精美奇特的龙制品和宏大严谨的舞蹈融合,珠联璧合,浓重的古朴之风与浓烈的现代文化意蕴融为一体,舞起来气势恢弘,劈波斩浪、倒海翻江、昂首云天,契合了改革开放的时代精神。

铜梁龙舞包括龙灯舞和彩灯舞两大系列。龙灯舞主要包括大蠕龙、火龙、稻草龙、笋壳龙、黄荆龙、板凳龙、正龙、小彩龙、竹梆龙、荷花龙十个品种,其中以大蠕龙最有特色。彩灯舞主要包括鱼跃龙门、泥鳅吃汤圆、三条、十八学士、亮狮、开山虎、蚌壳精、犀牛望月、猪啃南瓜、高台龙狮舞、雁塔题名、南瓜棚十二个品种。

九州方圆千龙舞,独领风骚铜梁龙。铜梁龙多次获奖,并远渡大洋,在戛纳、巴黎一展雄风。

五、民间美术

巴渝民间美术异彩纷呈,有梁山木板年画、綦江农民版画和黄桷垭农民油画、永荣矿务局工人画及江北合川的儿童国画等。

(一)梁山木版年画

梁山木版年画与川西北的绵竹年画、川南的夹江年画齐名,统称西南三大年画。梁平年画约有三百年历史,是由农村的副业造纸与木刻手工艺相结合的产物,始于造纸业积聚的梁平屏绵铺一带,逐渐发展到袁驿镇各地。梁山年画属木刻传统年画,系多层线版套色印制而成,十分精美别致,内容多以民间故事、历史戏曲为题材,喜庆吉祥、扶正压邪。画面色彩鲜艳,人物夸张变形,富有装饰性和趣味性,从形式到内容全都充满了浓郁的民族地方色彩。

梁平木版年画的内容大体可分三类:一是门神,主要有《将帅图》《立刀顿斧》《加官晋爵》《扬鞭》《五子登科》等作品;二是神话传说,主要有《老鼠嫁女》《麒麟送子》等作品;三是戏曲故事,主要有《四郎探母》《踏伞》《钟馗嫁妹》等作品。梁平县也生产各种类型的花笺、花纸和门画。在年画等绘制技法上,不仅继承了传统水印木版年画的工艺流程和川派雕刻技术,也吸取了徽派、金陵派的雕版套色技术,还运用西洋绘画中的焦点透视,巧施阴阳(明暗画法)区分远近;其构图饱满简洁,人物夸张变形,色彩对比强烈,动静处理得当,造型古朴粗犷,富有装饰性和趣味性,从形式到内容都充满了浓郁的民族地方色彩。

梁平木版年画为梁平"三绝"(竹帘、年画、灯戏)之一。

(二)綦江农民版画

綦江地处渝黔交界,居住有 17 个民族,民族间的民间艺术源远流长,形式多样,丰富多彩。綦江农民版画源于明清年间的木版年画,是一种用刀子先在木板上雕刻出图画,再采用人工拓印而成的纯手工之作,作品构图明快,色彩艳丽,大都取材于广大农民群众的生产生活实践,具有浓郁的民族民间风情和生活气息,是巴渝传统民间艺术的特色代表。綦江农民版画题材以反映农民生活为主,表现形式借鉴了石刻、木雕、泥塑、剪纸、挑花、刺绣、蜡染等古老的民间工艺,表现手法大胆、浪漫、稚拙、率真,线条简练、概括,色彩鲜艳、厚重,版画艺术充满了生动、活泼、亮丽、质朴、稚拙、幽默等特点,具有浓厚的乡土气息。它与传统中国画创作论所主张的意境创造、气韵贯通、色彩主观意向等要素一脉相承。

六、民间工艺

巴渝民间工艺品种繁多,有棕编、针织、刺绣、草编、陶艺、纸扇、花卉、剪纸、竹木根雕等。

(一)梁平竹帘

梁平竹帘产生于宋代,清代始在帘上作画。竹帘选料精细,工艺考究,以当地修长挺直、节稀质密、生长两年以上的上等慈竹为原料,经过除青、开片、抽丝、搓揉、清毛等工序,理出细如发、轻如棉的竹丝。然后以真丝为经、竹丝为纬,精工编织出薄如蝉翼的素帘,再加油饰、绘画、镶边定型而成,前后共 90 余道工序。现有花色品种 100 多种,如通景屏、对联、条屏、窗帘、帐檐、灯罩等。竹帘上既有描绘祖国山川秀色、古典名著、民间传说、神州故事中的神态仙姿奇绝异境,也有再现白帝城、张飞庙、石宝寨、双桂堂等名胜古迹,其工艺精细、外观典雅、风格独特,具有浓郁地方特色和民族风味。

（二）荣昌折扇

折扇古称聚头扇，又名卷扇。相传是明朝永乐年间从朝鲜传入我国，于清朝乾隆时期由广东引入荣昌。折扇生产自乾隆初发展迄今已有 260 余年，它与苏州绢绸折扇、杭州书画折扇齐名，同为我国三大名扇。

荣昌折扇生产起自明嘉靖三十年（1551 年），历经 450 多年而不衰。经历代艺人刻苦钻研、精工创制，采用新材料、新工艺创制出全棕、香木、胶质、羽毛、绸面带尾舞蹈、绢扇六大类，现在已发展为十一大类，340 多个花色。荣昌折扇由于制作考究，工艺精湛，故尺幅之间，满目珠玑，仪态万方，逐步发展成为具有独特风格的民间传统工艺品，"其精雅宜士人，其华灿宜艳女"。

（三）万州草编

万州草编工艺品有上百年历史。选用粗细均匀、光滑明亮的麦秆、稻草、玉米壳等作原料，经染色、手工编织粘贴，再经缝制而成。其制作工艺精湛、造型别致美观。在棕编工艺上，朱光萍的棕编艺术可谓其中的集大成者，作者以大胆的想象、奇特的构思和宏大的气势创造了棕编艺术美。

此外，城口漆器、谭木匠工艺、堰兴剪纸等也很有特色。

第七编 交通与建筑

一个民族是否兴旺,有无发展前景,注注取决于他们是否具有超越现实、跨越规矩、独辟蹊径的民族创新精神。

《易传》曰:"天行健,君子以自强不息"(乾卦),"地势坤,君子以厚德载物"(坤卦)。这两句话对铸造中华民族的精神起了至为重要的作用,在漫长的历史岁月中,巴渝人以自强不息精神和厚德载物情怀,孜孜追求,不断奋斗,崇尚创新,在交通、建筑等方面,夹带着历史的沧桑,在悠悠岁月中创造了特色鲜明的交通文化,演奏了雄浑的封闭与冲出封闭走向开放的奏鸣曲。同样,也在"建筑这部石头的史书"上,记录了巴渝的历史和文化,创造了富有巴渝特色的文明成果。

封闭与开放：通衢交通

巴渝封闭性的地理特点是大自然所赋予的客观存在。巴渝地形以山地为主：东南西北，群山拥蔽，仅长江直撞巫峡，夺路而出。地理上的封闭与文化上的开放是一个巨大的矛盾，巴渝交通的发展的历史，在一定程度上可以视为巴渝人以不屈不挠的精神、以开放的姿态开拓与外部联系的通道的历史。重庆交通文化是一首雄浑的封闭与冲出封闭走向开放的奏鸣曲。

什么是交通文化？交通文化作为一种具有特殊内容和表现手段的文化形态，是人们在社会活动中依赖于以交通、交通资源、交通技术为支点的交通活动而创造的物质财富与精神财富的总和。交通文化属于亚文化的范畴。

作为物质形态的交通文化是形成交通文化的基本实体，包括交通工具、交通设施，承担着人的空间流动和物质、能量、信息的社会流转的基本职能。作为精神观念的交通文化是一个民族的性格、传统与作风，在交通活动中的再现。

第一节 冲出封闭的世界：艰难的古代交通

重庆地处四川盆地东部，其北部、东部及南部分别有大巴山、巫山、武陵山、大娄山环绕。崇山峻岭阻隔了重庆与外界的联系。古代巴渝陆路艰险，仅水路与外界有限相连。

一、水上交通

（一）巴渝先民的舟辑船筏：水上交通是古代交通的主要形式

大约 4 000 多年前，远古巴人曾经生活在现在的重庆、湖北、四川境内。他们很早就制造独木舟，驾舟捕鱼，漂流四方，死后用类似的船棺下葬。船形符号常见于巴人的众多器物中。

古代巴人用制作独木舟的方法制作船棺,船棺是他们死后的家,他们是典型的江河民族,生与死都与水连在一起。1954年,铜罐驿镇冬笋坝发掘出了约有3 000年历史的战国墓葬群,并出土十余副船形棺。

长江河流两岸的峡谷峭壁间,仍存留着许多高不可及的悬棺和船棺。我们自然会想到舟船的主人。

《华阳国志·巴志》中记载的三过家门而不入、全身心倾注于治水的大禹,便是沿岷江经长江而至中国东部的。这个部族的人们和长江沿岸的土著曾整治江道,使巴蜀与外界相联系。

巴渝先民利用水利之便,从事舟辑船筏,生息繁衍,开拓航远。史书记载,巴人务相能让自己的土船浮于水上,于是被立为廪君。又因巴人有盐而国兴,失盐则国衰,廪君就率领部众乘土船与盐水女神争夺盐资源。由此可见,当时的水路是较为发达和畅通的。

巴蜀铜器上的图语中,水陆攻战图中的画面,显示出巴人水战船队的规模,已经不是用整木挖制的独木舟,而是能容纳许多士兵的战船。

与水上交通发展相联系的是交通工具的发展,即木船的制造。千百年来,无数舟船航行于川江,舳舻千里。水上运输工具的发展也经历了先秦时期独木舟→土舟→方船→轻舟→大舟方船,西汉的楼阁船到晋代王濬的大连舫,隋代杨素的无牙船,宋代的马船等,显现巴渝先民的勤劳和智慧。长江三峡就是一个古今舟楫的自然博物馆。明清以来,航行于川江的舟船更是形制多样,"中元棒"、麻秧子、舵笼子、敞口船"倒栽葱""半头船""歪屁股"……这些具有川江文化名称的木船,是巴渝人与自然的一个个碰撞后征服川江不同河段的杰作,也凸现出巴渝人面对自然险恶的诙谐个性。

古人云,"自三峡浮江而下,可济中国"。巴渝人在异常艰辛的情况下,开发和利用长江水系,形成了西通西蜀、东连荆楚、遥接吴越、北达中原的经济大通道。

(二)纤夫用人力之躯挑战激流险滩

从四川宜宾到湖北宜昌1 000多公里的长江江段俗称川江,川江自古以来险滩密布,礁石林立,水流湍急,航道异常艰险。在葛洲坝水电站建坝之前,仅重庆至宜昌之间660公里航道上就有险滩311处,像青滩、泄滩、崆岭滩等有名的"鬼门关"就有37处。在千百年的木船航运时代,江上木船的动力来自船工的身体。纤夫是险滩唯一的征服者,每当逆江而上或者船过险滩的时候,船工们就得拉纤,巴渝纤夫脚踩江水和砾石,身背纤绳,拉着船只输物济人,渡过一滩又一滩。

早在宋代,嘉陵江上的拉纤运米便为一大景观,郑刚中《思耕亭记》称:"(嘉陵江)米舟相衔,旦昼犯险,率破大竹为百丈,有力者十百为群,背负而引滩,怒水激号呼相应,却力不得前,有如竹断舟退,其遇石而碎与泊俱人者,皆蜀人之脂膏也。"历代川江拉纤多以锣鼓指挥。最为壮观而惊险的是三峡拉纤,有时拉一船的纤夫多达200人,4根纤绳,船头有长年敲锣,高声呼喊,指点引导,船下岸上有专门的伙掌头引道。纤头手执竹枝前后跑动监督不力者,捡挽者飞奔向前捡挽,船上篙工点篙不断,纤夫号子响成一片,雄壮震谷。三峡纤夫用人力之躯挑战激流险滩,抒写了人与自然抗争的悲壮图画。

纤绳和纤藤把江边的岩石磨出深深的沟痕,纤夫在巨石间留下了他们的足迹——纤路、纤桩、纤痕。

上水船拉纤是川江航运的重要环节,一代又一代的巴渝纤夫们坚毅的脚步,背负纤绳,在长江、嘉陵江、乌江、涪江沿岸的砾石头上刻下了深深的勒痕。乌里发亮的纤痕,是历史的长绳在川江上留下的巴渝人开拓船运的绝唱。

二、空中交通:深谷绝壁的栈道

这里所指的空中交通,并非航空,而是深谷绝壁的栈道。

北周时,为了水陆联运,开始筑路,设立驿站,其中最为艰苦的是凿石架栈。栈道是巴渝人在高山峡谷险绝之处开凿的交通设施。栈道一般由栈、阁、栏、道、桥五部分组成。栈是主体结构,就是在悬崖峭壁之上先凿孔,如距谷底较高,就凿两排石孔,上孔插入横木,下孔插入斜撑,横木为梁,斜撑为柱,梁上铺檩,檩面覆盖木板。阁,是在栈上隔一定距离就架设在顶棚有门窗的小屋,称为阁,用于躲避风雨和歇息之用。栏,是在栈的外边加上护栏,以利人马行走安全。道,指梁上的檩条与木板,这一部分最易损坏,要经常换。桥,指遇见深涧或深沟之处要架长檩,作成桥状。栈道分成木栈和石栈两大类。木栈分成标准式、悬崖斜柱式、无柱式、步式、木笼式五种。石栈有凹槽式、标准式、堆砌式等形式。

巴蜀大地上的栈道早已闻名世界,而大多数的栈道形式在川江流域都有存在,据历史记载,早在北周时期巴渝先民就在三峡两岸开凿了堆砌式栈道。

瞿塘峡栈道堪称中国最完整的凹槽式栈道遗址,西起奉节白帝城,为蜀古国通楚的通道之一。瞿塘峡凹槽式栈道凿于明代成化年间,是四川参政吴彦华组织修凿的。清代光绪年间夔州知府汪鉴组织人员将此道加宽,并拓展至巫峡内,使纤夫和轿子可并行。在石壁上题刻的"天梯津立隶"和"开壁奇功",记录了开凿的艰难。

大宁河栈道则是中国最长的木栈道遗址,东迄巫山县大宁河口,连绵三百里。江岸悬崖有 6 888 个栈道石孔,全是在悬崖山岩中凿成。石孔为方形,按水平方向排列,孔距 2.7~3.5 米,每孔边长 0.24 米,孔深 0.5 米。有的段落分上、下两层,相距 2.7 米上下,甚至还有三层的。大宁河栈道始修于汉永平七年(公元 64 年),当时用于人旅交通,到唐代,刘晏又对栈道加以利用,在栈道上凿孔安架,以竹管引输盐卤,使大宁河的盐业资源得以发挥效益,后栈道用于军事用途,并成为重要交通通道。大宁河栈道从巫溪宁厂镇蜿蜒山谷,绵延伸展到湖北省的竹溪和陕西省的镇坪,以及城口县境,在渝、鄂、川、陕交界区域,形成了一个穿梭交错、规模庞大、工程艰巨的古栈道网络。

无论是大宁河栈道还是瞿塘峡栈道,都可以说是古代道路建筑史的壮举,交通史上的奇观。战国时期,就有"栈道千里通于蜀汉"的记载(《战国策·秦第三》),西汉初年更是"栈道千里,无所不通"(《史记·货殖列传》),要达到如此发达的境地,是与巴蜀先民千余年来的艰苦开创和精心维护分不开的。在秀山花垣河西岸、梅江河两岸仍保存着明代开凿的凤鸣山、大龙和黄花三条古栈道遗址,城口有崩溪河栈道遗址。

人类各大文化区域间的连接与交流,离不开交通道路。而大的文化区域之间,往往有着天然的险阻。栈道技术的大规模运用,使得巴渝人穿越险峻山区的能力大大增强,凿穿了阻碍巴渝与周边一些大文化区域交流往来的天然地理屏障。

三、陆路交通

(一)石板路、干道、驿道

巴渝境内多山,不可能像平原地区那样修建宽广的车马大道,但巴渝人因地制宜,在陡峭的山岩上开山凿石修建石板路干道。所谓石板路,即大小道路,一律就地开山取材,用石板培修。除省的官道干路以外,县有县道,乡有乡道,小场则通小路。明清以来,石板路即成为巴渝最具地方特色的交通道之一,各类道路形成陆路交通网络。

省道干线均为两丈宽,主要在驿站的基础上建立起来的。驿道是自古相沿的官方交通路线,政府的紧急公文由驿站递送,重庆境内的驿道四通八达,其中比较有代表性的驿道有:

唐代涪陵荔枝道:"这条荔枝道从今涪州荔枝驿(或就在涪陵荔枝园)北上乐

温县地,沿溶溪河谷行至梁山驿、高都驿,经通州(达州)循下蒲江翻大巴山,又取洋水至西乡县,取子午道到长安。"(西南师范大学蓝勇《四川古代交通路线史》)全长 2 000 余里。唐代涪州荔枝的飞递长安,加快了川陕交通的发展,也成为中国交通史驿运的一项创举。明清时,荔枝道被毁。荔枝道被毁之后,主要由洋渠道发挥作用。洋渠道即从重庆水陆兼程到合川,再水路到渠县、通川县,最后达长安,从明清到民国,这条古道为川(渝)陕重要商道。

大足驿道: 大足处成、渝之间,居四川盆地东南,无舟楫交通之利。故大足古来交通多靠陆路,著名的交通要道东大路自成都经简阳、资中、内江、隆昌、邮亭铺、永川、来凤驿、白市驿至重庆,全长 1071 里,是川内四大驿道干线之一;其小川东道自东大路简阳分路,经乐至、安岳、大足、铜梁、璧山至重庆,全长 815 里, 比东大路近 250 余里。唐宋时期,此路穿越昌州(大足)、普州(安岳)可达东川首府(三台),是成渝间邮递、军事、商旅的交通要道。

长寿的驿道: 长寿的驿道西起成都龙泉驿,东至巫山小桥驿,长 967.5 公里。这条驿道由江北进入长寿沙溪,纵贯县境西北部,至土桥交垫江澄溪,县内长 100 公里。

垫江驿道: 垫江驿道南通长寿,北达万县,东接忠县,全为石板路面,宽 3~5 市尺,是官方传递公文、书简、运送官物及商贾运输物资,沟通长江流域自南到北必经的陆路。

梁平驿道: 梁平境内有东大道、新东大道、西大道、新西大道、大南路、小南路、大北路、小北路等步道,可通往万县、垫江、大竹、达县等地。

奉节驿道及人行大道: 奉节不仅有神奇壮丽的古纤道,而且还有驿道和铺路,到清朝时,奉节有马驿 3 个,用人传递的铺递 15 个,驿道铺路总长 331.5 公里,以县城为轴心,东至巫山,西至云阳,北至巫溪,南到湖北利川。

巫山驿道: 巫山县境的东西大道,历为连接成都至京师驿道,其作用除传达号令,运送使客,押解囚犯,转运军需贡物外,还供驿运挑夫、背夫、骡马队行走。县驿有小桥驿,东至湖北巴东县 100 里,西至奉节县 160 里。

巫溪的驿道、盐运道和民间小道: 巫溪被称为"巴夔户牖,秦楚咽喉",加之有天然盐泉之利,自古就是四方行旅、官差、商旅的出入要道。人们在深山峡谷之中凿山开道,铺路架桥,开辟了各种道路。境内的县道大都依山傍水形成谷道和岩道,其中许多地段为栈道。其北路自古为通达秦楚的驿道和盐运道,长 240 里。其西路(至云阳),大部分地段为平缓土路,宽 4~6 尺,可驮运,长 280 里,为境内外盐、茶、桐油、药材及百货进出要道之一。其西南路(至奉节)是境内外盐、茶、桐油、药材及百货进出要道之一。

干道、驿道是水上交通的有力补充,也为后来的公路建设奠定了基础。

(二)廊桥和石拱桥

巴渝之地河川纵横、峡谷交织,巴渝先民们依据地形的自然走势,建造了各种类型的桥梁飞跨江河、峡谷。其中,廊桥和石拱桥最富特色,廊桥因其能躲避风雨,故民间又习惯称为风雨桥。

涪陵市龙门桥,横跨梨香溪上。清光绪元年始建(1875 年)。桥为三跨石拱桥,跨度 35.2 米,长 174 米,宽 8.7 米,高 27 米。桥上石雕精美,工艺精湛,尤以镂空石龙为最。涪陵市神仙桥,清乾隆 42 年(1777 年)修建,距今 200 多年。神仙桥系利用河流两岸及河中一块天然长石为基脚的双孔拱石桥。顶高 11 米,两端引桥各为 15 米,系顺天势落脚山岩,天然而成。

秀山县客寨桥建于元代。桥长 58 米,宽 6.4 米,高 8.3 米,为石磴木梁铺板桥。桥上为三垂檐穿斗木构架长廊,是土家族、苗族人民祭祀、过河、乘凉的场所。秀山县柳挡河桥。桥长 18.9 米,宽 4.8 米,高 7.45 米。廊桥为石桥木穿斗梁结构,重檐悬山式屋面。屋面中部起双重檐,坡顶楼阁,通高 9.9 米。

此外,合川思居宋代石桥、万县石拱桥、涪陵安澜桥、石柱县廊桥、南川廊桥都很富有特色。

(三)背篼、轿子和滑竿

巴渝地区山高水险、山路狭窄,与石板路相应的运输工具是背篼、轿子和滑竿。山区小道不便车马行驶,巴渝人用背篼装载物品负重登山,同时,还可解放出双手帮助攀缘。背篼的主要材料是竹子,竹子韧性、弹性皆好,不怕日晒雨淋。巴渝地区竹类资源非常丰富,取之不尽,用之不竭。巴渝人利用各类竹类资源编制样式繁多的背篼,有圆形、方形、喇叭形、座椅形等。

轿子主要采用竹类制作而成,制作简单,使用方便,适应巴渝狭窄的山路、石板路和栈道。富商巨贾、达官贵人常常以轿代步。码头、闹市、旅店、妓院等地均有轿行设立。轿子的款式除篾席涂漆作轿壳的"鸭篷轿"外,亦有凉轿、藤轿等多种。

比之轿子,滑竿则是大众化的交通工具。滑竿制作简便,用两根三米多长的滑溜溜的斑竹捆扎而成。竹竿两头有短竿连接以供肩抬,滑竿中间有竹片编成的软扎,滑竿前系有一脚踏的木板,天冷时软扎上有布垫或毛毡,夏天撑有凉篷。滑竿比轿子使用更广,城郊乡镇、穷山僻壤,只要人能通行,均可用滑竿来往。客人坐上边,挑夫一前一后,简单、方便、普及。

四、古代巴渝的交通文化

(一)巴渝人开辟长江通道对政治经济文化的影响

巴渝人在异常艰辛的情况下开发和利用长江水系,带动了巴渝经济的发展,维护了国家政治的稳定,促进了巴渝与中原文化及各地文化的交流和融合(前章已有所叙)。

长江通道在军事上亦十分重要。战国中后期,秦军曾4次从巴蜀出发,由水路征伐楚国。《华阳国志》载,秦将司马错"率巴蜀众十万,大舶船万艘,米六百万斛,浮江伐楚,自巴涪水取楚商于地为黔中郡"。这里既包括了从岷江、长江顺流而下,也包括了溯乌江(巴涪水)而上,有10万之众的军队,还包括了600万斛的军粮,这种水运的规模就是在近代也是相当大的。

三国时期战争频繁,外地移民经长江水运进入巴渝。建安十九年,诸葛亮、赵云率荆州兵万人经三峡入蜀。西晋灭吴之时,晋军起兵成都,顺江而下,摧毁吴军在三峡的拦江铁链,进入长江三峡,"兵不血刃……威逼建业,吴军望旗而降"。长江三峡航运线成为战争的重要交通干道,在军事上起了不可忽视的作用。

(二)古代交通活动形成的交通文化特征

第一,大山大水阻隔了重庆与外界的联系,在漫长的社会演进中,巴渝人突破地理的封闭,艰辛卓绝地开辟了水上与陆上的通道。在交通设施上,巴渝人除了利用长江水系外,开拓陆上交通设施,逢山开路逢水架桥,开凿修建栈道、干道驿道廊桥、石拱桥及制造相应的交通工具。由此,在千帆竞发的川江,在浸满纤夫血汗的纤痕中,在高亢的川江号子中,还有那深谷绝壁的栈道上,在崇山峻岭的石板路干道上,巴渝的交通渐渐舒展,在古代交通活动中,巴渝人将天堑变通途。

第二,在古代的交通活动中,彰显了巴渝人坚韧与艰辛、顽强与坚定、勤奋与乐观的品格与作风。千百年来,一直潜移默化地影响着重庆人的思维方式、人格品性,并传承到以后的交通活动中。

第三,巴渝古代交通促进了历代的社会经济文化的发展,民族的迁徙和融合,谱写了一页页民族交流的和谐篇章。

第二节 川江航运的被开放：交通的近代化

鸦片战争以后，重庆开埠，从而刺激了公路、铁路的建设，以及最初的航空，但由于特有的地形条件，重庆近代交通仍以水运为主。轮船运输业的兴起是水上交通近代化的显著标志。

一、长江航运的发展

(一)外轮闯进川江

19世纪末，西方列强沿着长江向内地扩展，他们先后强迫宜昌、重庆开埠，打开了四川的大门，进而控制了川江航运。1898年，英商立德乐的七吨小轮船"利川"号闯进了川江。随后，在1898—1911年，先后有26艘洋轮闯入川江。第一次世界大战后，英商隆茂洋行和美商大来轮船公司进入川江。1921年起，英商太古公司、怡和公司、白理洋行、亚细亚洋行、美商捷江洋行、花旗洋行、日商汽船会社、天化公司、德商德太洋行、法商夹江轮船公司、聚福洋行，纷纷进入重庆。

(二)中外商轮的激烈竞争到民生公司统一川江

外轮开辟了川江轮运，同时也刺激了川江民族航运业的发展。为了抵制外国人对川江航运权的控制，1908年，官商合办的"川江行轮有限公司"创立，次年，它的第一艘商轮"蜀都"号开航。这是巴渝人在川江航运史上具有划时代意义的事件。

1926年，重庆合川人卢作孚在重庆创办了民生公司。面对垄断川江航业的太古、怡和、捷江、日清等外国在华航业大资本，民生公司以颇有生气的管理机制与竞争活力，很快打破外资垄断川江的局面，开创了"分享川江航运垄断"的先例。

民生公司的航线，由渝合线驶入渝涪线，同年又增开渝叙嘉线。第二年，增开渝合潼线、渝涪万线。

在"化整为零、统一川江航业"的战略下，民生公司发展迅速。到1937年全面抗战爆发前夕，民生公司的轮船已达46艘，1.8万余吨位，职工3 991人，承担起长江上游70%以上的运输业务，开拓了近3 000公里的内河航线，成为国内最大的民族资本航运企业。

二、陆上交通的开拓

民国以后,重庆交通发展的重要标志之一,是公路、铁路的修建。重庆陆路交通近代化在艰难中开拓。

(一)重庆保路运动

陆路交通近代化的一个重要行动,是 1903 年修筑川汉铁路计划的提出。拟议中的川汉铁路东起汉口,经重庆而达成都。1911 年,清政府宣布铁路国有化,企图侵吞民间股银,出卖国家路权,由此引发了声势浩大的保路运动。6 月 13 日,在同盟会的领导下,重庆几千群众召开大会,抗议铁路国有政策。6 月 28 日,重庆保路同志协会成立,到会的 4 000 余名群众一致谴责清政府倒行逆施,"名为国有,实为外有",表示愿"拼死以争,誓死必争"。接着,铜梁、长寿、大足、荣昌、永川、綦江等地相继成立了保路分会。此外,重庆还成立女子保路同志会,会员五六百人。

清政府调集武昌军队入川镇压,直接导致了武昌起义。

(二)城区公路的修建

1927 年,重庆开始修建第一条城区公路中干道,由通远门外七星岗,经观音岩、两路口、上清寺至曾家岩,1929 年 3 月正式建成,全长 3.5 公里。1932—1937 年,中干道由七星岗延至朝天门,全长 7 公里。1930 年 7 月建成菜园坝到南纪门(麦子市)的南区干道,长 2.87 公里,1933 年 4 月至 1935 年 6 月建成陕西街至麦子市段,与南干道衔接,长约 4 公里。南干线全长 6.87 公里。1937 年,南、中干线直达半岛最东端朝天门线路正式投入使用,此后,又修建了数条连接南北的经纬线。城区公路的修建,扩展了重庆旧城,促进了交通和经济的发展,对重庆向近代化城市迈进具有重要的意义。

(三)打通外界的成渝、川黔、川湘公路

1921 年,重庆开始筹建成渝公路。历时 4 年,建成了成都到简阳段,总长 68 公里。1927 年,"渝简马路局"成立,统筹渝简路的修筑。1932 年,成渝公路竣工,全长 450 公里。这是四川第一条公路干线。

1935 年,川黔路开筑。川黔路(四川段)穿越贵州山地,开山、筑桥涵、防护等土石工程巨大而艰巨,牺牲惨重。1935 年 6 月,川黔路重庆至贵州松坎段全线竣工。该路完成土石方 260 万立方米,桥梁 47 座。1936 年,由成都经重庆到达贵阳

的川黔路全线通车,全长 979 公里,这是重庆乃至四川的第一条对外交通干线,对重庆交通中心的进一步形成和发展有深远的影响。

1935 年 11 月到 1937 年 1 月,经过艰苦异常的开凿,蜿蜒于崇山峻岭中的川湘路全线通车。这也是一条重要的公路。

(四)铁路的拟建和开拓

1930 年 1 月,北川铁路公司建成修筑北川铁路水岚垭至文星场段。1934 年 4 月,北川铁路全线通车,全长 60 公里。这是一条用于煤炭运输的矿区铁路,也是重庆乃至四川的第一条窄轨铁路。

1935 年,重庆提出了三年建成成渝、宝成、成会、川黔、川康、长渝铁路为干线的铁路网计划,1937 年 3 月,成渝铁路正式开工,因抗战爆发,成渝及其他拟建的各铁路线被迫搁置。

三、航空发端

1929 年,重庆建成广阳坝机场,这是重庆最早的机场。1930 年一架单引擎螺旋桨小飞机揭开了重庆航空飞行的第一页。

重庆民用航空业开始于 1931 年。中国航空公司在重庆白象街设立办事处,并正式开通汉口至重庆的航线。1933 年又再经重庆延至成都。1935 年,又从重庆开辟了经贵阳达昆明的航线。

四、交通文化在近代的发展

第一,在交通设施上开拓了公路、铁路以及最初的航空,在交通工具上有了很大的发展进步,包括轮船、汽车、飞机的运用。这些交通工具由人力、畜力等自然力转变为利用机械力,这就使巴渝人获得了超越自然限制的交通能力,从而使大规模的工商业活动、跨地域的大市场及大范围的人口流动成为可能,并由此改变了人们的生活方式、行为习惯、社会流动及思想观念等诸多方面的影响,促进了重庆社会经济的进步。

第二,"利川"号的逆长江而上,同"民生号"的沿嘉陵江、长江而下直至经营国际海洋航运,构成一个有趣的历史螺旋,这个历史环节严肃地告诉我们,开放,即使是如此这般蒙受耻辱的开放,只要我们抓住机会自强不息地抗争、进取,一定会有所作为。在近代长江上游封闭的内陆,卢作孚以民生公司为纽带,用川江航运的商业语言表述了一个探索国家出路的巴渝地方精英的思考和抗争。

第三，卢作孚在封闭的内陆，不仅以川江航运的商贸层面构架起与长江中下游交往的通道，而且在这种交往中，带来了文化层面的交往和交融。这种交流与交融正是巴渝文化开放和兼容特征的一种显现。这也是巴渝人的性格、传统与作风在交通近代化中的展现。

第三节　战时陪都的开放：大后方交通中心

抗战爆发，重庆作为国民政府陪都，成为联系西南西北各省和国际通道的枢纽，成为大后方的交通中心。

一、水运：民族生命航运之路

（一）抗战时期川江水运的发展和贡献

1938 年 10 月，汉口航政局迁往重庆，改名为长江区航政局。重庆成为大后方新的水运中心。衰落木船业重新繁荣发展，非常简陋的重庆港口设施得以加强。

抗战时期，长江中下游一些轮船公司陆续迁到重庆，但由于它们的船体大等原因，不适宜川江航行。重庆的航运企业则得到很大发展。除了民生公司以外，另有合众轮船公司、强华轮船公司，以及外来的轮船招商局和三北公司等航运企业。到1945 年，重庆的轮船公司已达 15 家，总吨位 73 682 吨，比抗战前增加了 2.12 倍。

木船业也得到又一次大发展。1939 年，川江木船为 1 045 只，1942 年为 11 696只，到 1944 年达到鼎盛，木船 16 436 只，总吨位 26.66 万吨，木船的数量数倍于轮船。木船担负着维持重庆市生存和运转的米、盐、糖、煤、茶、棉花、杂粮、食油、布匹、五金、百货等生活必需品的运输任务。

为保证川江航线的运输，川江和嘉陵江上还设置了 44 个机器绞滩站，治理了17 处险滩。同时，为满足内迁厂矿的原料供给和产品销售和生活消费的需要，在原有河段上还开辟了新的航线。

港口码头建设也大大改观，抗战 8 年中，重庆港内的轮船锚泊地由过去的几个发展到长江上从窍角沱到黄桷渡，全长 3 公里，嘉陵江上从朝天门到大溪沟，全长 1公里的新规模。同时，有关部门还根据地理位置划分了专门码头，以利于管理。到1944 年，港区内已有 44 条趸船。

有关部门还根据山城的特点，在各码头上修建了石梯道，修建了沿江仓库。抗战时期修建的嘉陵码头、朝天门码头至今仍在发挥重要作用。

(二)宜昌大撤退:中国实业界的敦刻尔克

1938 年秋,民生轮船公司抗战时期,川江水运在战时交通体系中发挥了重要的作用,著名的中国"敦刻尔克大撤退"——战时内迁工作主要就是由川江航运完成的。

1938 年 10 月武汉失守,宜昌吃紧,时任交通部次长的民生公司总经理卢作孚以超凡的指挥艺术和爱国热情,用 22 艘轮船和征用的 860 只木船,冒着日机轰炸的危险,用 40 天时间,赶在枯水期前,为抗战首都抢运了几乎所有的物资和大量移民,将 10 万余万吨物资和数万人员经三峡转运入川,创造了中国航运史的奇迹,堪称中国西南"敦刻尔克"大转移。卢作孚的民生轮船公司几乎损失殆尽,却从川江上运来一座新的城市。从 1937 年开始,中国所有的政治、经济、文化机构几乎迁到了重庆,重庆千百年未变的城市格局迅速由市中心的半岛向长江南北两岸扩展。

敦刻尔克大撤退是依靠一个国家的力量,由一个军事部门指挥完成。宜昌大撤退则完全依靠的是卢作孚和他的民生公司。因此,亲历了宜昌大撤退的晏阳初说:"这是中国实业史上的'敦刻尔克',在中外战争史上,这样的撤退只此一例。"

二、抗战陆路的跃进发展

(一)公路交通

抗战时期,国民政府以重庆为战时首都,建设抗战战略后方,重庆的公路交通得到极大发展,重庆成为全国公路交通中心,由此带动了当时的汽车运输业的发展与繁荣。

1938 年,汉渝公路开始修筑,自重庆小龙坎,经大竹、达县、万源、达西乡,与汉白路相接,全长 952 公里,1941 年底完成,这是重庆经川东北方向与陕西相连的重要陆上通道。公路以重庆为中心,向长沙、贵阳、成都、昆明延伸,并与中缅、中印、中苏等国际公路相连。还开辟了重庆到广州、宝鸡、兰州、乌鲁木齐、昆明、成都的客运班车及水陆联运。与此同时,还修筑了一大批公路支线,与附近的地区连片成网。

长江航运被日军切断以后,公路成为重庆与西南、西北各省和国际交通路线的主要渠道。汽车运输繁荣,云集重庆和四川的汽车多达五六千辆,承担着战时后方艰巨的运输任务。

战时重庆,通过川黔、川湘、川鄂、川桂、川滇、汉渝等公路干线,连接大后方,形成了大后方公路交通运输网,这个公路交通运输网是战时中国的交通命脉,它们担负着最重要的进出口战略物资的运输,包括军品、器材、汽油、棉纱、布匹、药材、米、盐等,对坚持抗战,建设后方经济起着重大作用,并具有重大军事战略意义和国际意义。

(二)爬坡上坎的客运缆车

重庆主城区位于长江、嘉陵江交汇处,两江三岸主要靠木渡和轮渡联结,沿江码头,坡高坎陡。抗战时期,重庆成为战时陪都之后,人口徒增,当时靠渡船联结的沿江码头至公路高差均在 50 米左右,过河、爬坡十分不便。巴渝人在人口流量数极大的望龙门码头创建了第一条爬坡上坎的客运缆车,由迁渝的著名地质学家翁文灏主持修建,桥梁专家茅以升兼任总工程师,于 1945 年 5 月 16 日正式通车载客。

望龙门缆车全长 178 米,上下高差 46.9 米,备有客车厢 2 辆,每辆可乘坐 50 名乘客,运行初期,日运量 5 000~7 000 人次。

数十年后,重庆先后在渝中区两路口、朝天门南侧、储奇门、临江门、朝天门北侧、南岸区龙门浩和长寿县岩关兴建了爬坡缆车 7 条,线路最长的是长寿岩关的缆车线,长达 284 米;载客最大的是两路口缆车线,日运客量达数万人次。

三、空运:战时中国的航空中心

1938 年,中国航空公司迁至重庆。民国时期,修建广阳坝、珊瑚坝、九龙坡、白市驿、大中坝等五个机场。1945 年,先后开辟了重庆至香港、重庆至昆明、重庆至成都、重庆至宜昌、重庆至乐山、重庆至贵阳、重庆至宝鸡至兰州、重庆至南郑、重庆至新疆哈密、重庆至赣州的西南、西北、东南航线。欧亚航空公司也在渝设立航空站,以重庆为中心,相继开辟了重庆—成都—汉中—兰州—宁夏,重庆—昆明—河内,以及重庆到香港的 8 条航线。抗战时期,重庆作为大后方的航空中心,为抗战时期的运输作出了巨大的贡献。

太平洋战争爆发后,中国香港、缅甸等地相继沦陷,严重地威胁着中国西南国际运输线的安全,1943 年,中国航空公司开辟了重庆—昆明—丁江—印度加尔各答的空中航线。这条航线高 2.8 万英尺,飞越喜马拉雅山,被称为"驼峰"运输线。自我国陆上国际交通断绝后,这条航线是战时唯一通向世界的国际航线,它创造了当时航空史上的奇迹,对支撑中国抗战的大局,发挥了重大的作用。

同时,国际航线的开辟,使重庆与世界主要国家建立了空中联系,对重庆政治、经济、军事、文化的发展产生了不可估量的影响。

四、战时陪都时期交通文化的发展

第一,在国民政府的领导下和国际合作反对法西斯的共同目标的推动下,重庆水陆交通以及航空交通运输跃进式发展,在交通设施建设上,水、陆、空并进形成了完整的立体的交通网络体系,成为战时的交通中心。

第二,在战时陪都的交通活动中,承传了巴渝人坚韧、顽强、勤奋、乐观、开放兼容的品格与作风。同时战时重庆的交通为挽救民族危亡立下不朽功勋,彰显了"危时柱国、勇于担当"的精神特质。抗战胜利后,被日机炸沉在长江中的"民生"号不再是一条船的名字,它成了一份怀念、一种精神,在长江的每一条船上延续。

第三,立体的交通网络体系,支撑着重庆工业结构和整个经济结构的发展变化,重庆从一个农副产品集散港埠变成中国最为重要、最为集中,大后方唯一门类齐全的综合性工业区。陪都交通的开放和发展带来了重庆城市的近代化,对抗战时期重庆的政治、经济、文化、教育等方面都产生了重要的影响。

第四节 国际化大都市的开放:当今交通的跨越式发展

新中国建立后,重庆的交通有了很大的发展,尤其是铁路、公路的建设和航空的发展。

直辖后,重庆的交通以空前的规模和速度向前发展。如今,重庆已成为拥有铁路、公路、水路、航空等多种运输方式的水、陆、空立体交通枢纽,同时,重庆还有独具特色的过江索道、码头、登山缆车,轨道交通、虹跨渝水的桥梁,重庆现代交通丰富多彩。

一、陆上交通

(一)铁路建成快捷大通道

铁路从1825年诞生以来,逐渐成为工业国家经济产业与社会生活发展变革的重要推动因素。铁路建设在新中国建立乃至重庆直辖后得到了很大的发展,推动着重庆经济与社会生活的发展变革。

"新中国第一路"——成渝铁路。新中国建立后,在百废待兴的困难情况下,历经几个时代没有建成的成渝铁路,于 1950 年 6 月 15 日开工修筑,1952 年 7 月建成通车,全长 505.061 公里。新中国圆了川人半个世纪的铁路梦。成渝铁路被誉为"新中国第一路"。它西连宝成、成昆铁路,东接襄渝、川黔铁路,并与长江水道相通,是西南铁路网中的重要铁路干线。成渝铁路的修建推动了重庆经济的发展,重钢、铁钢、九龙坡电厂、西南铝加工厂、中梁山煤矿、永荣矿务局等一大批工厂、矿山先后在铁路沿线建立起来。

宜万铁路:百年圆梦。宜万铁路的前身是"川汉铁路"。宜万铁路也是中国铁路建设的百年梦想。由于这条铁路沿途要穿越地质条件极为复杂的喀斯特地貌山区,山高壁陡,河谷深切,集西南山区铁路艰险之大成,为世界所罕见,因而宜万铁路也被称为"中国史上最难修的铁路"。

"一环八射"的铁路网络连接四面八方。8 条铁路穿过一个城市,在全国城市中都绝无仅有。这 8 条铁路包括:成渝、渝黔、襄渝、达万、渝怀、渝遂、渝兰(在建)、宜万铁路。

重庆新建铁路超过去 100 年,铁路建设"四小时周边、八小时出海"。通过"四横四纵"铁路网,形成以重庆为中心,联系华东、华中、西北和西南,并向欧亚大陆桥延伸的快捷大通道。

(二)高速公路架起快速通道

1989 年重庆的第一条高速公路——全长 22.9 公里的重庆机场高速公路建成通车。接着,重庆人在极其艰苦的条件下开山凿路,1995 年实现了西南第一路——成渝高速公路的全线贯通,成渝高速公路建成后,使重庆到成都的里程比老成渝公路缩短了 98 公里,比成渝铁路缩短 165 公里。交通的便捷极大地促进了成渝两地及沿线地区的经济文化交流。

"二环八射"高速公路体系:二环即环线高速公路和西部通道重庆绕城高速公路,八条射线分别是重庆至成都、重庆至遂宁、重庆至南充、重庆至邻水、重庆至武汉、重庆至长沙大通道、重庆至贵阳、重庆至泸州八条高速通道。约 2 000 公里的高速公路,连接所有县级以上行政区域、重要港口、机场和铁路枢纽,并与相邻省份主要干线公路合理衔接,2 000 公里高速公路共建设桥梁 1 420 座,打通隧道 187 座,单洞超过 3 公里的特长隧道 36 座,特大桥 64 座,"渝道难"的历史从此被改写。

(三)集交通、环境治理于一体的滨江路

重庆地处长江、嘉陵江两岸,沿江一带为自然坡岸,地形崎岖不平,一些地区危岩严重。从 20 世纪 80 年代末,重庆人采用开发和建设相结合的方法建设滨江路,这是集防洪、交通、环境治理、沿江开发于一体的综合性工程。90 年代以来,滨江路建设工程在长江、嘉陵江沿岸经济发达的渝中区、江北区、沙坪坝区、南岸区、巴南区、涪陵区及江津市展开。

全国临江而建的城市不在少数,对滨江带的打造各有特色,但就滨江路而言,重庆无疑是全国第一。目前重庆主城建成、在建和规划的滨江路有 10 条,总长度为 140.31 公里,包括长滨路、嘉滨路、南滨路、北滨路、沙滨路、牛滴路(嘉滨路牛角沱至滴水岩)、九滨路、大渡口滨江路、北部新区滨江路、巴南区滨江路。长江、嘉陵江两江滨江路具有公路交通、码头建设、危岩治理和防洪等多种功能。滨江路不仅成为城市外环快速通道,而且改变了重庆两江河坝的面貌,带动了滨江路沿线经济文化的发展。

(四)普通公路的发展——"四小时重庆"和"八小时邻省"

普通公路建设的成就巨大,各区、县(市)将至少有一条二级或以上的公路通往重庆主城区,或与高速路相接,初步形成以高速公路为主骨架、省道一级和二级公路为主干线的放射状快速公路网。2003 年 12 月 26 日,"8 小时重庆"工程全面通车,主城区最远的 4 个县城——城口、巫溪、巫山、秀山(均距 600 公里左右),通达重庆主城区都不超过 8 小时。2012 年建成"四小时重庆"和"八小时邻省",30 年公路增长 5.8 倍。

县际和农村公路:到 2012 年使乡镇通畅率达到 100%、有条件的行政村通达率达到 100%,公路里程达到 11.5 万公里,公路密度达 139 公里/百平方公里,居西部第 1 位;一二级公路里程达到 8 000 公里;等级公路比重提高到 67%。到 2020 年实现县与县之间连接公路全部高等级化,农村公路实现乡乡、村村通水泥路或柏油路。

(五)城市轨道交通

重庆的山地城市特点注定其不能采用如北京、上海等平原城市所采用的纯地铁交通形式。于是轻轨作为一种新型的快速交通系统成为地铁的补充,城市轻轨与城市地铁相连,构成了重庆的轨道交通。相比平原城市的轨道交通体系,重庆的

轻轨交通既有长距离的爬坡俯冲,如过山车一般的刺激体验(大坪路段),也有依偎半山腰,欣赏对岸江景山色的闲情雅致(牛角沱线路);既能在上天入地之中,感受城市变化之快(较场口线路),也能在横跨长江之上,感受江面的宁静自得(朝天门大桥线路)。城市地形的种种限制条件,恰恰赋予了重庆轻轨交通独特的形态。

二、水运:直挂云帆济沧海

坐拥黄金水道,心怀一个成为长江上游航运中心的梦想。为了这个梦想,重庆人民凭借自己的勤劳和智慧,以长江黄金水道建设为重点,在加快长江航道干线建设的同时,全面推进乌江、嘉陵江内河航道建设和港口建设,古人泛舟的水运航道正改变新景象,集装箱船舶、汽车滚装船、化危品船舶、高级旅游船、万吨级船队可直达上海。

三、空中走廊

1950年,新中国首批开辟天津经过北京、汉口到重庆,从重庆到成都、贵阳、昆明的航线。抗美援朝时期中国民航的大部分飞行员和设备集中在重庆,使重庆成为解放初期新中国重要的民航基地。1990年,江北国际机场的建成和启用,使重庆民航进入高速发展时期。如今,江北国际机场经过扩建提高了吞吐能力,成为西部地区第四大机场,西南地区三大航空枢纽之一。目前,与重庆通航的国内外城市达80多个,航线130余条,覆盖全国各大区域(含香港、澳门),各省会城市。

2003年,直接服务于三峡库区的万州机场建成通航,黔江舟白机场也于2009年建成。到形成由重庆江北国际机场、万州五桥机场、黔江舟白机场组成的"一大两小"的机场布局,构筑全市的空中快速通道。

四、虹跨渝水的桥梁

重庆江河纵横,山高峡深,地形地貌结构复杂。重庆主城两江环绕,被两江分隔的重庆人建起了一座又一座的大桥,重庆的桥梁建筑具有十分重要的特色。

重庆最古老的桥可追溯到北宋约1050年的荣昌施济古桥,现多不复存在。1929年才有城市桥梁,20世纪40年代末期才开始修建钢筋混凝土梁式桥,最大跨度仅16米。新中国成立后,重庆的桥梁建设获得极大的发展。全市大小桥梁已达8 000多座,以长江、嘉陵江上的桥梁最为壮观。

(一)重庆的长江大桥

长江干流自西南向东北横穿重庆全境,在重庆市境内的长江上建有 29 座长江大桥:巫山长江大桥、奉节长江大桥、云阳长江大桥、万州长江二桥、宜万铁路万州长江大桥(铁路桥)、万州长江大桥、忠县长江大桥、石忠高速公路忠县长江大桥(在建)、丰都长江大桥、涪陵李渡长江大桥、涪陵长江大桥、涪陵石板沟长江大桥、长寿长江大桥、渝怀铁路长寿长江大桥(铁路桥)、鱼嘴长江大桥、广阳坝长江大桥、重庆大佛寺长江大桥、重庆朝天门长江大桥、重庆长江大桥、重庆菜园坝长江大桥、重庆鹅公岩长江大桥、重庆李家沱长江大桥、重庆鱼洞长江大桥、重庆马桑溪长江大桥、白沙沱长江大桥(铁路桥)、地维长江大桥、江津长江大桥、江津观音岩长江大桥、重庆长江大桥复线桥。

(二)重庆的嘉陵江大桥

嘉陵江是长江水系中流域面积最大的支流,古称阆水、渝水,因流经陕西省凤县东北嘉陵谷而得名。

在重庆市境内的嘉陵江上,建设的大桥有嘉陵江牛角沱大桥、北碚铁路大桥、朝阳桥大桥、嘉陵江东渡大桥、马鞍石大桥、黄花园大桥、高家花园大桥、沙溪庙嘉陵江大桥、石门大桥、东阳大桥、渝澳大桥、碚东嘉陵江大桥、嘉华大桥、嘉悦大桥、白果渡大桥、水土嘉陵江大桥、新北碚铁路大桥、合川云门大桥等。

(三)重庆其他河流上的大桥

重庆除了长江、嘉陵江以外,还有乌江、涪江、渠江、綦江、御临河、龙溪河、赖溪河、芙蓉江、安居河、大宁河、小江、任河等河流。在这些河流上也建有不少的大桥。

龙门大桥,为拱式桥,是我国第一座无衡重转体施工桥梁,此桥建在大宁河龙门峡口,距河床 104 米的绝壁上,从船上仰视一桥飞架,似一道彩虹。

磁器口大桥位于沙坪坝区磁器口,横跨清水溪,是沟通磁器口东、南两岸的陆上交通要道。

安斜张桥是中国第一座试验性斜张桥(现称斜拉桥),位于重庆市云阳县云安镇,跨越汤溪河,又名汤溪河大桥。三峡大坝蓄水,2006 年 10 月云阳县云安斜拉桥被成功爆破拆除。

万安桥俗称大桥,民国十八年(1929 年)竣工落成,是较大型的石拱钢筋混凝土桥,该桥解放前后历经多次维修加固,为万州城区第一公路大桥。

涪陵乌江大桥位于重庆市涪陵,桥址为 V 形河谷,水深流急,大桥全长 351.83 米,桥高 84 米,主跨为 1 跨 200 米钢筋混凝土箱形拱式桥,于 1989 年建成。

(四) 中国"桥都"

虹跨渝水的桥梁,使重庆成为"中国桥梁之都",其主要特点是:

(1)重庆桥梁数量多。重庆是全国跨江桥梁数量最多的城市,重庆主城区长江和嘉陵江上共有 22 座桥,都是特大型桥。放眼全重庆,桥梁总数已达 8 000 多座。

(2)重庆桥型多。有拱桥、悬索桥、斜拉桥、梁桥和组合桥。桥梁专家称,在重庆能见到世界上所有类型的桥梁,重庆就是一个"桥梁博物馆"。据统计,重庆的斜拉桥数目最多,有特大斜拉桥 14 座,其中包含了两种索面多种塔型。其次便是钢构桥和拱式桥,重庆长江大桥复线桥以 330 米跨径成为钢构桥中的世界第一。重庆的拱式桥也各具特色,有跨径 400 米以上世界级的拱桥 4 座。其中万州长江大桥是世界最大混凝土拱桥,巫山长江大桥是世界最大钢管混凝土拱桥,重庆的悬索桥和梁式桥虽数量不多,但鹅公岩长江大桥、忠县长江大桥均在我国十大悬索桥之列。

(3)重庆桥梁建设技术和创新。重庆的特大桥具有五项世界第一——长江大桥复线桥是最大跨径连续钢构桥,菜园坝长江大桥是世界最大跨径公轨两用结构拱桥,朝天门大桥是世界最大跨径拱桥,万县长江大桥是跨径最大的钢筋混凝土拱桥,巫山长江大桥是世界最大跨径钢管混凝土拱桥。

长江大桥复线桥 2006 年 9 月 25 日建成通车,创造五个"世界第一":复线桥与重庆长江大桥,形态相似的双桥过江,共同构成全世界第一座"姊妹桥";钢混结构的主跨长 330 米,是同类桥梁中的"世界第一跨";主跨钢箱梁的整体制造为世界第一;主跨钢箱梁整体浮运世界第一,从湖北武汉一直逆水上行 1 200 公里抵达重庆市;主跨钢箱梁整体吊装全世界第一。

菜园坝长江大桥,又名珊瑚大桥公路桥,全长 3.3 公里,主桥为 420 米跨径的中承式钢管混凝土拱桥,宽 27.5 米。朝天门长江大桥工程全长 4.881 公里,大桥主体工程全长 1 741 米,主桥为 932 米,有两座主墩,主跨达 552 米,比世界著名拱桥——澳大利亚悉尼大桥的主跨还要长,为目前世界第一大跨径拱桥,成为重庆市的标志性建筑。

万州长江大桥是目前世界上最大的混凝土拱桥,主跨 420 米,全长 856.12 米,桥宽 24 米,桥高 147 米,桥面距江面高 140 米,1997 年竣工,入选《世界名桥大全》,

它以单孔 420 米的跨径在同类拱桥中雄居世界第一。

巫山长江大桥又名巫峡长江大桥,公路桥,2005 年 1 月 8 日正式竣工通车。巫峡长江大桥紧紧"扎根"在两岸的峭壁上,遍身橘红色,远远望去,巨大的拱形桥梁就像一道迷人的彩虹,与周围景致浑然一体。它被称为"渝东门户桥""渝东第一桥"。巫山大桥属中承式钢管拱桥,主跨跨径 492 米,居同类型桥梁世界第一,该桥已被列为世界百座名桥。

桥梁建设和巴渝经济文化的发展血脉相连,一座座形态各异的桥梁串起了两江四岸的城市和乡镇。桥梁成为重庆经济腾飞的跑道,成为人民文化交流与交融的彩虹。

五、打造国际物流大通道：一江两翼连通三大洋

所谓的"一江两翼三洋",是指要通过长江黄金水道和重庆至兰州、重庆至昆明这两条铁路,连通大西洋、印度洋和太平洋,从而将中国传统的"丝绸之路""茶马古道""郑和下西洋"三条通道"编织"在一起,规划建设国际物流大通道。

"一江"是指重庆沿长江黄金水道到上海,连接太平洋;"一翼"指从重庆出发沿兰渝铁路到新疆由阿拉山口出境直抵荷兰鹿特丹港的铁路通道,连接大西洋的西北翼;另"一翼"是沿渝滇铁路滇瑞、滇缅铁路到缅甸南部的印度洋港口的西南翼。

"一江两翼三洋"是以交通资源的开发与整合,以交通设施、交通工具的更新与发展为基础的重庆交通活动的重大战略,是重庆打造内陆开放高地的一个非常重要的基础性骨架,亦是重庆作为内陆城市向国际贸易型城市转变的重要途径。

六、现代交通文化的发展

人畅其行,物畅其流,商贾期待,百姓渴求。在从古至今巴渝人交通活动中,可见巴渝人在交通设施和交通工具等物质形态的开发建设创造,以及在交通活动中所表现出的精神文化形态的发展变化。

第一,重庆已成为拥有铁路、公路、水路、航空等多种运输方式的立体交通枢纽,同时,重庆还有独具特色的码头、车站、登山缆车、扶梯、轻轨等城市公共交通,交通设施、交通工具的发展,各种交通资源的开发与整合,使重庆突破封闭走向开发,巴渝人的交通活动绚丽多彩。

第二,巴渝人在交通活动中显示出"封闭与冲出封闭走向开放"的文化特征。支持这个特征的是四大要素:①刚勇坚毅;②开拓开放;③危时柱国、勇于担当;

④兼容创新。

第三,交通设施和交通工具的发展产生了多方面的社会文化效应,不仅促进了重庆"大都市连绵带"的城市发展模式的形成,促进了重庆城市化的进程,同时也带来了巴渝文化特征的变化:

(1)重庆作为内陆城市,其山地文化、码头文化的封闭性和半封闭特点逐渐减弱,现代都市文化的特征逐渐显露。

(2)交通的发展,使巴渝文化与周边文化及外来文化交往和交融更加频繁。重庆人更是敞开胸怀,兼收并蓄,接受和融合外来文化,巴渝文化呈现开放性和互融性的勃勃生机。

(3)随着对外交往的增多,巴渝优秀的民族文化不断地通过各种渠道传到域外,并融入中国文化和世界文化之中。

多元与兼容:建筑百态

　　建筑,是指供人们进行生产、生活或其他活动的房屋或场所,它除了具有实用价值外,还反映了一定历史时期的文化。建筑是人类创造的最值得自豪的文明成果之一。建筑一直贯穿在人类历史之中,与人类文化有着纵横交错的关系。重庆作为一个历史文化名城,有着几千年的文化底蕴,在"建筑这部石头的史书"上,记录了巴渝的历史和文化。

　　巴渝建筑是巴渝物质文明与精神文明的综合产品,其本身就是一种文化的表达与传递。作为一种文化现象,巴渝建筑具有地域性、人文性和时代性。

第一节　巴渝建筑的地域性特征

　　梁思成先生在谈论中国建筑文化时说:"历史上每一个民族的文化都产生了它自己的建筑,随着这文化而兴盛衰亡,世界上现存的文化中,除去我们邻邦印度的文化,可算是约略同时诞生的兄弟外,中华民族的文化是最古老、最长寿的。我们的建筑也同样是最古老、最长寿的体系。"既然所有的建筑都紧紧地依附于它的文化,中国是一个多民族,地域广阔的国家。由于地理位置、民族、气候条件的不同,东西南北建筑各呈异彩。

　　常言"一方水土养一方人",同样,一方水土也造就一方建筑。建筑是一个地区的产物,世界上是没有抽象的建筑的,只有具体的地区建筑,它总是扎根于具体的环境之中,受到所在地区的地理气候条件的影响。

一、从广义上讲,巴渝建筑首先受地域的地形与气候这两个基本自然要素影响

　　重庆位于四川盆地东部边缘,长江支流众多,地形地势复杂多样。这里山水相

依、山崖错落,地面狭窄,又加之地基多为泥质页岩(人称"石谷子"),建房不需深埋基础;重庆气候湿热,风力不大。在这样的地形与气候条件下,人们利用杉木楠竹,悬虚构屋,取"天平地不平之势",陡壁悬挑,"借天不借地"沿着山崖层层修建吊脚楼。吊脚楼高悬地面即可通风防潮,又能防毒蛇、防水;建筑墙体材料多采用竹笆夹泥,中间是竹子,外边敷上泥巴;屋顶多使用小青瓦,这样可以减轻建筑重量,减少吊脚承受的压力;建筑的上下左右,各个楼层悬收自如,阳台凹廊里出外进,屋檐及挑檐互相参差,屋顶的变化形态任意安排,横向组合平面在山势起伏变化下呈现出较强的竖向力度感。吊脚楼这种建筑形式的出现,是与巴渝地域地理和气候环境完全结合在一起的。

自古以来,巴人背倚山川,逐水而居,据说巴人的祖先廪君蛮、祖先盘瓠便是"起高栏为居止之"。忠县蜀汉墓出土的干栏式陶屋十分形象地展示了这一特点,据《华阳国志》记载,至汉晋时期的江州,吊脚楼民居依山而建,已经房屋累居。

吊脚楼属于栏式建筑,依山就势,重重叠叠连成一片,远远看去,它们有的层层出挑,有的高低错落,轻健而不失雄伟,顺势而上,起伏迭宕,于绿影中傲山视水,尽享大自然的恩泽。元稹写给白居易的诗《酬乐天》有句:"平地才应一顷余,阁栏头大似巢居。"元稹自注说:"巴人多在山坡架木为居,自号阁栏头也。"阁栏就是干栏,也就是吊脚楼。抗战时期曾在重庆寓居8年的作家张恨水在《说重庆》一书中,将重庆吊脚楼称为"世界上最奇怪的建筑"、后来中国科学院院士、中国建筑大师齐康赞吊脚楼为"世界一绝"。

吊脚楼是巴渝最富有特色的民居建筑形式,在临江门、千厮门、南纪门、望龙门、十八梯、石板坡、七星岗、华一坡等坡地,以及长江、嘉陵江流域的长寿、涪陵的某些地区,如酉阳龚滩、石柱西沱镇等地较有气势。随着岁月流逝,重庆主城区沿江一带坡地的吊脚楼逐渐被拔地而起的高楼所替代,但在沿江一些城镇,吊脚楼仍是重要的建筑形式。

二、从狭义上讲,巴渝建筑的地域性主要受具体的地形、地貌条件的影响

巴渝的山地占总面积的四分之三,在这种地形地貌条件下,巧用地形、智取空间成为巴渝山地建筑的营建特色。巴渝建筑不拘泥于中轴对称的法式,而是随坡就坎,随弯就曲,巧妙利用"错层、错位、吊层、吊脚、挑层、抬基、贴岩(坎)"等建筑手法,创造出层层叠叠、错落有致、别具一格的民居群,大致有穿斗式、捆绑式和土石墙搁拎式,各式建筑组合丰富,灵活多变而又用料精省。建筑色彩清明素雅,与大自然融为一体。

西沱镇位于长江两岸,在汉时已为繁忙的水码头,是川鄂等山区物资土特产进出的必由之路。西沱镇垂直于等高线而建,各式吊脚楼、附岩建筑依山就势,重重叠叠,紧紧围绕一条蜿蜒的曲轴作为建筑的脊梁骨,犹如龙脉随山势自然伸展,建筑各抱地势,空间变幻无常。西沱镇在利用自然,变不利为有利,灵活巧妙结合地形,布置建筑、改善环境、组织空间等方面,充分显示了巴渝人的智慧和创造力。

云阳张飞庙傍山临水,以横轴为主,自由展开,别开生面,建筑形态有机附着于环境形态。忠县石宝寨,利用江边弧石玉印山之"绝空四面壁",营建"江楼十二翼",造成"玉宇落天梯"名胜。巧用地形达于极致。石宝寨被列为世界八大奇异建筑之一。

民谚对联曰:"一条石路穿心店,三面临江吊脚楼。"如今巫溪宁厂镇、酉阳龚滩、綦江东溪、江津中山等古镇,保留着古代木构吊脚楼的传统样式。屋宇重叠、柱脚下吊、廊台上挑,古道盘旋、榕树蔽阴,具有山地建筑特有的空间层次感。建筑造形与山地空间环境之间达到自然平衡。

三、建筑的地域性还表现在巴渝的历史、人文环境中

重庆位于长江与嘉陵江交汇处,地处大巴山的分支山脉,俗称山城。重庆借两江之便,上接四川盆地内部,连接西南地区;下可与长江中下游联系,沟通中原。因而自古就成为商旅咽喉重镇,为兵家必争之地。

历史上四大筑城人,即战国张仪、三国李严、南宋彭大雅、明初戴鼎造就出因地制宜、随山就水的重庆城,它承载历史长河中的战火硝烟记忆,也造就出重庆城特有的"九开八闭"的十七座城门。明代戴城是重庆史上筑得最好的城,高峻、神秘、美丽。

除通远门外,重庆十七座城门门门通水。城门外泊船的地方称作码头。登上这些码头,穿过一道道城门,南来北往的客货便进了重庆老城。《巴县志》记载:"自轮船起,万轮停泊,起卸货物,城门狭甚,不利交通,于是拆毁当冲要各城门,而别建码头。"历600年沧桑变迁,如今只剩下通远门和东水门两座城门。

朝天门码头位于渝中区半岛尖端,长江与嘉陵江的交汇处,原有两排大石梯比箭而上,气势磅礴,大有朝天之势,黄葛树附壁高悬,是具有鲜明地域特色的自然景观和人文景观交汇区。此外有太平门码头、东水门码头、千厮门码头、临江门码头、金紫门码头、储奇门码头等。各地船帮运输的物资不同,有相对固定停泊地点。菜园坝为粮食码头,南纪门为蔬菜码头,金紫门为水果码头,临江门为糖码头,储奇门为山货、药材码头。

石头垒砌的城墙具有防御功能,石头垒砌的码头有交通运输功能。山城和码头建筑是巴渝的历史、人文环境的产物,显示了巴渝山地文化和码头文化特征。

第二节　巴渝建筑的人文性特征

建筑具有双重性,它既是物质的财富,又是精神的产品;它既是技术产物,又是艺术的创作。建筑是人类物质文明与精神文明的综合产品,其本身就是一种文化的表达与传递。巴渝建筑无疑是巴渝文化内涵和地域文明的浓缩与凝固。

一、巴渝建筑显示了巴渝文化的抗争性和坚韧性

四合院民居反映了北京人的大气和安稳,石库门建筑表现了上海人的精细和开放,简陋的吊脚楼最能体现重庆人坚韧顽强的精神和不屈不挠的意志。千百年来,巴渝先民在艰苦的自然条件下,因地制宜、依山建造出一栋栋吊脚楼房,你挤着我,我靠着你,互相拉扯以一种团队精神挑战悬崖峭壁。就是这样的吊脚楼,遇上洪水、大水掩埋,遇上滑坡、泥土冲埋,年复一年,人们总是不断地与大自然抗争,把吊脚楼修建得更加牢固。

吊脚楼民居建筑是与自然环境的抗争的产物,而巴渝人构筑的山城防御体系是顽强地抵抗蒙古大军的历史见证。

在13世纪的欧亚历史上,被称为"一代天骄"的成吉思汗及其子孙,凭借强悍的骑兵出尽风头,所到之处,无不跪拜称臣。此时正是中国的南宋。余玠临危受命担任川蜀地最高统帅,经过八年努力,先后建各类山城20座,构筑了一个规模颇大的"如臂使指、气势联络"的山城防御体系。其中重庆就有15座山城,它们是重庆城、多功城、钓鱼城、宣胜城、龙岩城、三台城、皇华城、赤牛城、金石城、绍庆城、铁城、白帝城、瞿塘城、大宁城、天赐城。

其中,钓鱼城最富特色。钓鱼城顽强抵抗蒙古大军,"独钓中原"36年,鏖战200多场,"上帝之鞭"蒙古大汗蒙哥就此折断。钓鱼城与滑铁卢一起,被史学家并称为"改变世界历史的两大古战场"。

巴渝构筑的山城特点鲜明:第一,因山为垒,因险筑城,占有良好的战略位置和地形条件;第二,山顶上有一定数量的平地可耕种,水源不缺;第三,大多山城都在原来的州县治所附近;第四,大多山城都在江河之侧,既能依恃山水之险,又便于水运往来交通。

南宋时修筑的几十座山寨,创建了山城防御体系,在抗元战争中发挥了重要的作用。山寨建筑充分体现了巴渝人的创造力,显现了巴渝文化的抗争性和坚韧性。

二、巴渝建筑兼收并蓄,显示了多元与兼容的特性

自古以来,巴文化与周边的蜀文化、楚文化代有交流融合,自秦汉以来,又不断地与中原文化交融。重庆开埠,抗战陪都,中外文化在这片土地上交融,各种方式的跨文化交流促进了巴渝文化的发展。多元性与兼容性是巴渝文化的显著特色,这种特点也反映在建筑中。巴渝建筑不断与北方中原建筑文化、各区域建筑文化以及西方建筑交流溶汇,形成多元兼容的特征。

(一)合院建筑

巴渝的合院建筑是在中原的合院建筑影响下的一种建筑类型。为了适应巴地的山地地貌,它在结构构建方式、空间组合方式等方面都作了相当的调整,形成具有山地特征的天井式建筑,它既具北方封闭的四合院特色,又兼容南方的敞厅、敞廊和风火墙。合院建筑满足各种复杂的社会功能,如,宫殿、佛寺、道观、文庙、武庙、官衙、住宅。有的大型四合院民居还带有花园、楼阁、家庭戏台等建筑。

1.四合院民居

旧时富绅之家的合院民居多是四合天井、九柱长五间、七柱三间、三重堂、四重堂;一般平民往往住三火头、四火头或者一正两横、一正一横。

如,巴南"彭氏民居"位于重庆巴南区南温泉,俗称"彭氏庄院"或"彭家大院",始建于清道光二年(1822年),迄今186年历史。彭氏民居四面由5~7米高的围墙环抱,构成履合四廊式四合庭院,是全国少有的保存比较完整的合院式建筑。

龙潭古镇天井建筑群,150余堵封火墙把古镇隔离出200多个古朴幽静的四合院,包括禹王宫、万寿宫、祠、庙宇、天主教堂、经院、书院等,公共建筑均以巨木作梁柱,院落间常见青砖花墙盖瓦,以石灰粉檐。古镇沿街一面全为店铺,开间大小不等,但庭院幽深,内有二、三重天井,后面作主宅或仓库,部分富裕商家内设亭阁花园,水榭戏台,廊廊回环,很有气派,其中有著名的赵世炎的故居。

位于渝中区桂花园的"状元府",又称骆家花园,始建于1911年,由商贾骆昂为纪念晚清四川状元骆成骧(1895年状元)所建。骆成骧在1895年中会试后,接受光绪帝策问,他提出整军练兵、惩治贪官、厉行节俭、兴修水利之策,光绪帝深为欣赏,钦点为状元。正堂中供奉了其排位,所以称为"状元府"。该建筑为三重堂古

建筑,复合四合院结构,由进厅、穿堂、后厅和厢房组成,均为单檐悬山顶,占地面积2 250平方米。其后厅的撑拱、雀替、驼峰等具有典型的川东建筑特色。

2.佛传胜迹

佛教自东汉时期传入巴蜀地区,至隋唐佛教在巴渝地区已经很兴盛,至明清又有发展。佛教寺庙、古刹分布在巴渝名山和乡镇。大型的庙宇建筑以合院建筑为基本形制,带有庭院,依山就势而建。在建筑上富有特色的佛教寺庙有:

双桂堂:又名"福国寺""双桂禅院",清初顺治十年(1653年)由破山禅师创建,位于梁平县城西南方10公里处。整座寺庙坐东朝西,占地112亩。寺内殿堂林立,规模宏大,蔚为壮观。关圣殿、弥勒殿、大雄殿、文殊殿、破山塔、大悲殿、藏经楼,位置从前到后,地势由低到高,一一平行排列在中轴线上,均衡而对称;客堂僧寮分布两旁,天井海坝点缀其间,主次分明,虚实相生,自成体系;回廊曲巷,长亭短榭,巧妙地连接成一个结构恢宏的宫殿式建筑群,宛转幽深,引人入胜。大雄殿是三层青瓦结构的大殿,殿内殿外,匾额对联繁多,台阶石柱底部都有雄狮、大象、麒麟等石雕,阶梯上也有狮舞彩带浮雕,与大殿上端的宝顶翘角、中间的飞檐画栋相呼应。整个大殿气宇轩昂,结构雄伟,风格朴实浑厚,恢宏磅礴。梁平双桂堂建筑既有清代皇家建筑的对称分布特色,又有江南院庭的婉约细致。

华岩寺:坐落于九龙坡区华岩乡内。华岩寺地处丘陵,依山傍水而建,建筑面积为8 000多平方米,占地30余万平方米,是一处历史悠久、规模宏大的丛林古刹。华岩寺分大寺和小寺,大寺由大雄宝殿、接引殿、藏经楼、天王殿、观音堂、圣可祖师堂组成,内有16樽木浮雕,为各寺院所少见。大寺殿堂建筑也是传统庭园式砖木结构建筑群。

此外在潼南县城西北约2公里处的潼南大佛寺、合川城东北45公里的涞滩镇渠江边的合川二佛寺以及江津石门大佛寺、北温泉温泉寺等寺庙建筑也很有特色。

3.道教宫观

道教是植根于中国传统文化土壤的民族宗教。道教于东汉末年传入重庆,道教早期重要派别"五斗米道",创始人张道陵,曾任巴郡江州令。南岸老君洞曾为汉末天师道的道场,万州太白岩石有晋代道教遗迹"绝尘龛",亦为唐代大诗人李白访道之处。道教建筑分为"观"和"宫",部分主祀民俗神的建筑称"庙"。

重庆著名的道教胜观老君洞道观,坐落于南岸区黄桷垭龙门浩东南约2公里处。老君洞背靠涂山湖,海拔458米。相传此地一度曾为天师道场,后人为纪念太上老君李聃,故命名"老君洞"。其间林木葱郁、浓荫蔽日,老君洞道观合院殿宇九重,按"玄"字形分级依山势而筑盘旋而上,直达山顶。殿宇悬山穿斗,飞檐翘角。山巅崖壁有石刻"老子骑青牛过函谷关",所刻青牛,四蹄腾空,形象生动。

(二)移民会馆、祠堂建筑

重庆移民会馆和移民宗族祠堂多为清代"湖广填四川"大移民时期的产物。

会馆的主要功能是为了维系地缘,即同乡关系;祠堂则主要是为了维系血缘(宗族)关系。会馆具有同乡行业帮会的商业特征,联谊同乡,为进行工商业和文化活动提供住宿场所。会馆是集楼、阁、堂、馆于一体的多功能的公共建筑。重庆会馆主要有湖广会馆、江南会馆、陕西会馆、浙江会馆、福建会馆及江西会馆、山西会馆、广东会馆、云贵会馆等,合称"八省会馆",分布在繁华的下半城东水门一带。各省会馆一般是祀神的庙宇式建筑,如湖广会馆禹王宫,主要供奉大禹;广东会馆南华宫,主要供奉六祖慧能;福建会馆天后宫,主要供奉本籍尊崇的神祇和先贤,供奉天妃;江西会馆万寿宫,主要供奉许真人;陕西会馆三元宫,主要供奉关云长。

重庆移民会馆建筑布局、建筑形态、装饰雕刻,明显反映出移民原籍的文化和传统,同时又结合了客地的地理特征和地域文化。营造者巧妙利用山地的自然坡度、江河岸线的景观特点,使得修建的会馆和祠堂形成了顺应地势、依托山水、错落有致、鳞次栉比的建筑特色。

其中,规模最大的湖广会馆位于渝中区下半城白象街、东水门一带,系广东会馆、湖广会馆、江南会馆、江西会馆等明末清初古建筑群的统称,湖广会馆建筑面积近万平方米,距今已有300多年历史。湖广会馆既有四合院落形态,又不完全拘泥于中轴线对称;三个会馆既自成一体,又彼此之间互有关联;根据各自的规模与所处地形,因地制宜,在高差几十米的坡地上,形成山地特有的爬坡退台式建筑,共同构成了纵深秀进的院落空间、一气呵成的整体气势、丰富多彩的建筑景观。在建筑风格上,既结合了重庆本土的山地文化特色,又融入了外来的建筑文化特征。精致的雕刻装饰题材广泛、内容丰富,主要表现的是儒家伦理,戏曲故事、花草图案和吉祥珍宝等,木雕和石雕有透空镂雕、深浮雕、浅浮雕等,雕刻艺术令人叹为观止。

清代重庆地区有会馆约390处,除了重庆城区外,场镇中也有不少会馆建筑,其中大足县63处,铜梁县62处,江津县59处,云阳县54处,这些几乎遍布每个乡镇、街区的会馆,成为一代又一代湖广先民"填四川"的"加油站"。它们相安于一场一镇,构成了巴渝场镇杂而有序的空间景观,会馆将移民的建筑符号融入巴渝城镇建筑,显示了巴渝建筑兼收并蓄的特色。

(三)近代殖民风格的建筑

自重庆开埠前后,近代欧美风格建筑陆续出现。这类建筑绝大部分由洋人建造,传承了英国和法国的建筑特色,建筑有柱、连续拱券、圆弧形门窗和复杂的欧式装饰线脚。

外来宗教建筑:1844 年法国天主教会在五四路 92 号(原塞家桥),开始修建真元堂,以在重庆传教。按《重庆建筑志》记载,真元堂建成后逐渐发展成 9 栋 88 间房屋的建筑群,气势雄伟。这里曾是重庆教区主教府。建筑为典型的欧式风格,与同一时期的仁爱堂、法国水师兵营是同样风格的建筑,均为具有拱券外廊的欧式建筑。教堂历经教案毁坏、重建,后又经历日军大轰炸,大部分建筑被损坏,1910 年曾作中英联络处。抗战开始后,作为中英军事联络处,所以又有"中英联络处"的称谓。现仅存一座供传教士居住用的三层欧式建筑。

1864 年法国传教士范若瑟在渝中区建成的若瑟堂,坐北朝南,仿哥特式,砖木结构,经堂平面为三廊式巴西里卡形,面积 500 平方米,钟楼成正方形,长、宽各 7 米,高约 30 米。

荣昌县天主教堂为哥特式建筑,是目前西南地区最大且保存最完整的教堂。

洋行建筑:1891 年,重庆开埠后,外国人在重庆修建洋行、领事馆、教堂、医院等,其中法国水师兵营是典型代表。兵营模仿欧洲中世纪城堡式的建筑风格,是一栋带内庭和回廊的合院式建筑。西式的拱形柱廊,配以中国传统建筑、雕刻艺术,临街的城堡式的大楼旁边,却是飞檐翘角中国红的中式大门。这种中西结合显得很十分生硬。

白象街 142 号的汪全泰号,1850 年由美国大来银行所建。建筑为巴洛克式风格,砖木结构中轴对称,正立面砖砌柱间开有大窗,窗台为青砖叠涩出挑,倒锥形砖砌,木质门窗及雕花窗格;正立面每层有砖砌花式线脚,屋顶为砖砌火焰形尖拱等。

到 1911 年,重庆先后建起英美德法日洋行共计 50 家。建筑代表作有 1886 年建于南岸龙门浩的英商隆茂洋行,两层独立式住宅别墅属典型的西洋式建筑,砖墙厚 50 厘米,室外有回形外廊。靠长江立德乐别墅为一楼一底中西式砖木结构建筑,总建筑面积 800 平方米。

外国领事馆建筑:通远门内五福宫的英国领事馆、法国领事馆、仁爱堂修道院以及德国领事馆(后为渝中区人民政府所在地),多为砖木混合结构,廊柱花窗显示欧式建筑风格,这里逐渐形成了重庆的领事馆所在地。

(四)折中建筑

当巴渝文化与西洋文化相处一体的时候,双方兼容与冲突并存,融合与对立并重,产生某种微妙的平衡,折中建筑便是兼容的产物,是某种程度上的"中西合璧"和"川洋结合"的体现。抗战前,折中建筑形式主要运用在自来水厂、电厂、大学、医院、博物馆、图书馆和银行等基础设施以及农业建筑上。

重庆第一个自来水厂,蓄水池采用钢筋混凝土结构,打枪坝水塔造型仍因袭西方古典主义风格。重庆大学理学院是仿教会建筑的中式房屋,砖木混合结构,平面呈"山"字形,屋顶有老虎窗,设阁楼层,屋角起翘,既古典又西化,流露出当时民建思潮的端倪。北碚"中国西部科学院"(今重庆市自然博物馆北碚陈列馆)、四川乡村建设学院办公楼(今市 28 中图书馆),义林医院(现重庆市外科医院)等,都是较典型的"折衷主义"建筑,西方砖石结构、中式屋顶和装饰。

(五)近代金融建筑

重庆较现代的近代建筑包括聚兴诚银行、重庆美丰银行、川康平民商业银行、重庆川盐银行(现为重庆饭店)、重庆四川饭店(现为建设银行)、中国银行等金融建筑。美丰银行造型是中国古币,全钢筋混凝土结构,外墙用黑色花岗石贴面,显露出金融资本的雄厚敦实。这些新型金融建筑集中在小什字附近,在重庆形成最早的金融区。建筑风格主要表现为西方古典复兴与折衷主义式,同时又加入了中国传统建筑的造型元素,采用了钢筋混凝土这一新型材料和近代贴面材料,采用了供热、通风、电梯等新设备和新的施工技术,在建筑功能和建筑结构的处理上显得相当成熟。

(六)抗战陪都建筑

1937 年 11 月 20 日,国民政府迁都重庆,大批的机关、工厂、学校、医疗、科研、交通与金融等机构迁入重庆, 各级军政机关在市区大兴土木,根据重庆本土地形特点和抗战时期疏散要求,形成大分散、小集中的布局特点,初步形成了重庆"梅花点状"的近代城市形态。其建筑特点是:抗战时期建筑具有沿江沿路与向近郊山林分布的选址特性;西式建筑体量与重庆山地空间相融合;简化建筑装饰并以体量来突出建筑造型美感;建筑风格包含中式、西式、中西合璧和现代主义风格等类型。

工业建筑:抗战爆发以后迁渝的工厂,大多在两江沿岸和川黔公路沿线征地建厂。工业建筑是重庆建筑近代化、现代化的最有力的推动,也显示重庆因商而兴,继而在战时条件下因工而盛,工商相互促进的过程。如李家沱的恒顺机器厂(现名重庆水轮机器厂),厂房建筑为砖木结构,大坡屋顶,形体简洁非常现代化。厂区里的周恒顺住宅则较为精美,西式四坡地上开老虎窗,颇有英国乡村别墅的味道。

公共建筑:重庆作为抗战时期全国的政治文化中心,修建了许多公共建筑,如国民政府办公楼,是一座筒瓦屋顶的中国"宫殿式"建筑。此外,国民政府军事委员会大礼堂、国民政府外交部、国民参政会、中央南方局及八路军驻渝办事处(今红岩村革命纪念馆)等建筑,其显著特点是从当地传统建筑出发,运用新的设计手法建设。

青年会电影院位于老重庆最繁华的地段,极具现代建筑风格,是战时重庆相当时髦的公共文化建筑。两路口中国滑翔会跳伞塔,曾经是抗战飞行员培训基地,健儿们由此飞上蓝天同日机血战。抗建堂被誉为"中国话剧的圣殿"。南开中学图书馆建筑明显受到西方现代主义建筑思潮的影响。

官邸建筑:选址布局方面具有因地制宜、注意隐蔽,群体布局强调防御性和多种功能的合理组织,具有鲜明的时代特征。

如,蒋介石的林园官邸,1、2号楼分别为蒋介石和宋美龄居住,是颇具国际风格的小别墅。这里见证了蒋介石和毛泽东的一次激烈交锋,留下了国共谈判中的一段奇谈。而蒋介石的另一别墅是位于黄山主峰的云岫楼,为中西式三层砖木结构建筑。云岫楼周围壁崖陡峭,只有前后狭窄石梯相通,道路两旁苍松蔽天,浓荫覆地。在此曾经召开许多重要的军事、政治会议,是当时军政要务的重要决策地之一。坐落在附近的宋美龄住的"松厅"别墅,因周围松林拥抱,浓荫蔽日,得名"松厅",为中西式砖木结构建筑。松籁阁又名"国母楼",位于黄山主峰东南侧的小山坡,与云岫楼遥相对望,是抗战期间蒋介石为孙中山夫人宋庆龄准备的寓所,一楼一底黄色中式别墅融合了亭台楼阁建筑风格。

位于两路口新村5号的宋庆龄旧居,西式砖木结构建筑。这里不仅是宋庆龄女士的生活居所,还是保卫中国同盟的办公地点。

周公馆依岩垒石而建,是一栋带有大小两个天井的砖木结构、两楼一底、中西合璧式的建筑。1939年初到1946年,周恩来曾在此居住。

桂园位于渝中区中山四路,原为张治中先生的公馆,主楼为砖木结构。1945年8月在此签订双十协定。

特园是由两栋相连的三层小楼建筑组成,布局典雅,错落有致。特园是著名爱国民主人士鲜英的公馆,因为鲜英字"特生",故名其宅为特园。在抗战胜利前后曾是中共和各民主党派活动的重要场所之一。

陈诚公馆：古木蝉鸣的小型花园，呈半圆形的楼梯，凸于西立面，顶部为一个半圆形大露台，既有中式楼宇的古朴，又有西洋公馆的气派，是中西文化交融的经典建筑。很多影响近代历史的重要会议、决策以及重要的事件都在这里发生。

怡园宋子文公馆：呈哥特式风格，房间内部扶梯上祥云图案清晰可见，别墅内共有大小厅室 26 间，面积近九百平方米。作为国共谈判地点之一，"怡园"见证了美国调停国共关系等历史事件。

孙科住宅园庐：一楼一底二层小型建筑，坐西朝东，中西式大圆顶，这栋在重庆城难得一见的圆房子，当年曾是孙科的舞厅。中西式大圆屋顶有如伞盖，周边为扇形房间，用于跳舞换衣服专用。别出心裁的圆庐设计正是投合了女主人的喜好。

风格迥异的官邸建筑，反映了当代建筑的多元性。

防空洞：抗日战争时期日军实施的"重庆"大轰炸，使重庆修建的防空工事一度"名噪一时"。防空洞构成了重庆的地下城。它们中的许许多多，当年支撑陪都重庆挺过了日军飞机轰炸的艰难岁月，庇护过百万生灵。

外国使馆建筑：抗战时期，苏、美、英、法等 30 多个国家在重庆设有使馆或通讯机关，如苏联大使馆、美国大使馆旧址、英国大使馆旧址、土耳其大使馆和澳大利亚大使馆、法国领事馆、加拿大使馆、韩国临时政府旧址等。1942 年 12 月 8 日，太平洋战争爆发。国民政府正式对德、意宣战，封闭了重庆的德国大使馆。这些风格各异的使馆建筑，见证了战时中国的外交丰富的内容和辉煌的篇章。

抗战时期的建筑承载了丰富的历史文化内涵，极具历史、文化价值，这些建筑为重庆乃至中国近代建筑的精彩一笔，也为重庆近代城市风貌奠定了基础。

由上述可见，第一，每一座建筑后面都有一段历史，每一大类型的建筑都是一种文化内涵的表达，是见证重庆城市历史的"活化石"；第二，巴渝建筑文化的发展和进步，既包含了巴渝建筑文化与中原等地建筑文化的融合，也包含了巴渝建筑文化与西方建筑文化的融合，显示了重庆建筑多元与兼容的特性。

第三节 巴渝建筑的时代性特征

巴渝各个历史时期的建筑形式都有较强的历史烙印，体现了建筑的时代特征。建筑是一个时代的写照，是社会经济科技文化的综合反映，而当今科学技术日新月异，新材料、新结构、新技术、新工艺的应用，使建筑创作进入了一个新的时代。

一、标志性建筑：大礼堂

20世纪50年代初，重庆是新中国西南政治经济文化中心，"重人民当家作主之威"的时代特色，产生了宏大壮丽的公共建筑重庆大礼堂。为人们所熟知的世界著名经典建筑，如美国的白宫、英国圣保罗等穹顶建筑都以气魄宏大、金碧辉煌的形象应和着大国的尊严。大礼堂也是一座穹顶建筑，其外观汲取明清皇家宫殿庑殿式三重檐的建筑设计风格，三重檐形制仅在天坛建筑中使用。建筑家张家德在建筑中寄寓了对人民坐江山的情感的最高赞美，等同于对苍天的膜拜。

大礼堂是我国第一座大跨度的穹顶建筑，它充分利用角钢铆接组成大跨度空间结构，融合了西方和东方建筑精髓，在高度55米的大厅中间没有一根柱子。大礼堂通过传统建筑造型集锦式的处理手法，吸收了天坛和天安门等经典的传统建筑艺术形象并加以组合。南、北两翼配楼两对塔式四角亭、八角亭也采用钢筋混凝土结构及琉璃瓦屋面装饰，有些部位做的砖木结构，仿天坛的36根红柱及配楼走廊一部分红柱用板条包成，中心大厅入口处门楼上仿天安门造型，大礼堂和南、北两翼配楼招待所建筑面积1.85万平方米。

大礼堂主体建筑依山就势呈辐射状朝下次第展开，一层一层宽阔低缓，不断延伸，衬托出主楼非凡的气势。大礼堂整个建筑由红柱，白栏杆，绿色琉璃瓦和黄墙组成，雄伟壮丽。大礼堂屋顶曲线优美、柔和，整个建筑比例严谨、沉稳、踏实，体现出庄重的美。至今仍为重庆市的标志性建筑之一。

大礼堂的主要特点是：宏大、精美、奇巧。1987年，英国皇家建筑学会与伦敦大学编印出版的《比较建筑史》第19版精装本，首次介绍了1949年后建成的新中国著名建筑43项，其中重庆人民大礼堂因其卓越的建筑成就列在第2位。

1997年，在人民大礼堂前建设了占地2.42万平方米的人民广场，大礼堂更为雄伟壮丽。

二、中国三峡博物馆

三峡博物馆位于人民大礼堂的正西端，是21世纪初重庆的标志性建筑。三峡博物馆和人民大礼堂是两个不同时期标志性建筑的历史对话。三峡博物馆与人民广场、人民大礼堂保持三位一体的景观，使用的是最现代的建筑语言：玻璃、水泥、石材、钢，这与人民大礼堂的古色古香形成历史与现实的鲜明对话。

中国三峡博物馆在建筑设计上充分考虑了历史文化元素的完美融合。弧形外墙和对面大礼堂的圆形传统建筑，形成一种向心力的呼应和整体吻合：弧线代表着水利大坝，而圆形代表着古建筑的文化特征。大面积的蓝色玻璃象征着水，古朴的砂岩外墙则代表着山，充分体现了重庆山水之城的特色。

三、旧城改造中的历史韵味

朝天门：原为老重庆 17 座城门中规模最大的一座，称"古渝雄关"。1997 年，直辖后的新重庆在此修建了朝天门广场，集水、陆交通枢纽和旅游观光、市民休闲等功能于一体，是中国最大的屋顶公共广场，成为重庆的标志性建筑之一。

洪崖洞历史风貌区：山地传统聚居地的空间重塑。洪崖洞是清代巴渝十二景中的"洪崖滴翠"，时至今日，山崖依旧，树林掩映。洪崖洞地区属河岸坡地貌，地处嘉陵江南坡侵蚀岸。设计和建造者以最具巴渝传统建筑特色的"吊脚楼"风貌为主体，依山就势，沿江而建，将独特的建筑形式和空间相结合，将民俗文化、码头文化等要素交织在一起，极具有重庆历史韵味，又具备当代特色。传统建筑再造适应了现代生活，使传统建筑形态焕发出新的活力。

重庆石板坡危旧房改造：位于长江大桥与石黄隧道上方的石板坡，危旧房改造后，数十栋黑瓦白墙的民居立在半山腰上，建筑限高 12 米，新建筑突出吊脚楼风貌，一幢幢民居散发出古色古香的气息。

四、各类建筑百花齐放

从建筑的本质上讲，建筑要以人为本，是为人的生产生活服务的。从这一目标出发，扩展新城，改造旧城，重庆的建筑以巨大兼容性和包纳性，运用现代建筑理念，采用现代技术和材料，融汇中西，建设公共建筑、商业建筑，在广袤的荒地、河滩、山岩上建立起现代化的大学城建筑群、现代化的工厂、住宅小区、移民新城，城乡统筹发展中的农民新村，体现了强烈的时代感。

公共文化建筑：奥林匹克体育中心（2004）是以主体育场为核心，东西主轴为骨架的环抱式布局的建筑群体。其造型具有现代风格，轻巧晶莹的弧形挑棚形成高低起伏的建筑天际线，给人以气势磅礴、雄伟壮观之感。

重庆大剧院：位于江北嘴两江汇合处临江地段，根据两江相望的地理位置和山城的非凡地貌，设计以"孤帆远影"为主题，整个大剧院犹如一艘整装待发的巨轮，寓意从过去驶向未来。建筑物表面选用的是一种浅绿色的有机玻璃，具有强烈的个性和清楚的肌理，有巨大的可识别性。长江流域最具魅力的标志性建筑。

重庆科技馆：外观采用石材与玻璃两种材质。外墙石材使用多种颜色交叉层叠，像坚硬的岩石，隐喻"山"，占整个外墙的 60%；近万平方米的玻璃幕墙，则清澈通透,隐喻"水",恰到好处地彰显出重庆"山水之城"的特征。这些公共建筑提升了城市形象、提高城市品位。

商业建筑:申基索菲特大楼时尚感超强,具有现代建筑的美感。纽约·纽约——这座扁扁的插入云霄的楼,体现了重庆独特的美。世贸大厦如一颗繁华都市之中一颗最为璀璨的"西部明珠"。北城天街靓丽、时尚。

综上所述,巴渝建筑的地域性、文化性、时代性是一个整体的概念,三者又是相辅相成的,不可分割的:巴渝建筑的地域性本身就包括巴渝地区人文文化和地域的时代特征;文化性是巴渝建筑地区海纳百川、多元兼容文化和时代特征的综合表现;时代性正是巴渝建筑地域特征,传统文脉与现代科技和文化的综合和发展。

第八编 教育与传媒

文化的本质是人化,人化的重要途径是教育。重庆从传统走向现代的过程,从地域表现形态和文化空间转换上看,就是从乡镇走向城市的过程。在这个过程中,重庆教育和传播媒体也以自己的形态发展。从两万年前的旧石器时代,巴渝境内原始人教育后代制造并使用劳动工具进行采集和狩猎活动等原始教育的开始,到重庆现代教育的兴盛;从重庆开埠以后近代报业的勃兴,到现代四大媒体及互联网和信息产业在重庆的蓬勃发展,重庆的教育与传媒教化重庆人、传播新思想、新文化,促进了巴渝社会经济的发展和进步,成为巴渝文化的重要组成部分。

教　育

教育是人类文化传播和延续的重要事业。巴渝文化虽然在某些方面其起点不及中原文化,但巴渝人兼收并蓄,注重教育、注重文化。随着巴渝经济的发展和外来文化的影响,巴渝出现了教育发达、人才辈出的局面。

第一节　官学的兴办和书院的兴盛

一、文翁兴学

西汉景帝时期,蜀郡太守文翁兴学治蜀,启迪民智,他从郡县小吏中选派聪敏有才者进京师太学学习,学成后回来委托他们担任郡中高级职务;另一方面,文翁在成都城南修建一所郡学,设礼殿,招收所属各县子弟学习,并形成制度。文翁大力倡导教育,为四川和巴渝带来了良好的崇学之风,蜀郡、巴郡文化大兴,学徒鳞萃,可与当时文化发达的齐鲁地区相比。

北宋治平元年(1064年),江津知县郑锷"肇佐学治,以饬文教",在江津治西修建孔庙,创办县学。这是重庆由地方政府创办的第一所官学。

二、官学的兴办

南宋时期,重庆府于高宗绍兴(1131—1162年)年间,在治西(今渝中区临江门一带)始建孔庙。并同时创办重庆府学,与庙合一。其建筑的主体是祭祀孔子的大成殿。殿前有两座碑亭。左碑镌刻孔子赞,右碑镌刻颜、曾、思、孟四子赞。左右并两庑,奉祀先贤。后有奎星阁、尊经阁(藏书处)。庙左有明伦堂(府学礼堂)讲学、学署、仓圣阁(粮仓)、礼器库,另有灵星门、御书楼,崇圣、名宦、乡贤、节孝等祀及雁塔、泮池、蟠泉。孔庙具有祭祀、教学、藏书、教化、彰贤等多种功能。至明朝,重庆府所属合州、涪州、大足、铜梁、荣昌、长寿、永川、璧山、安居乡等大多数州县相继建立孔庙,创办了县(州)学。

官学和孔庙合一,体现了崇儒尊孔的文教政策,使学校成为地方官员和学校祭祀先贤的场所,有着深刻的教化作用。官学设施齐全,有讲堂、学习堂、藏书室、办公室、饭馆、宿舍等。巴渝官学经过百多年的经营和发展,学校教育制度已相当完备。

三、巴渝易学

易学是研习《易经》的一门学问。北宋时期,巴渝地区的易学已有一定规模,并成为中原易学向南方传播的一个中间站。宋初理学早期学者、易学大师陈抟(普州崇龛人,今潼南县光辉乡)在巴蜀传学,对后人影响很大。其后,易学大师周敦颐在合州生活四年,公余之时传道授业,播扬易学,"士之从学者甚众"。其中最倾心相随者张宗范在合州城郊建亭作为讲习之所,周敦颐书题其名为"养心亭"。亭内供奉周敦颐、张宗范像,以亭为祭祠,故曰"濂溪祠"。明嘉靖十年,后人在合州南津街建濂溪书院,可见周敦颐及其濂学在合州的流韵。

1097年,大理学家程颐谪居于涪陵北岩,标点并注释《易经》,完成《伊川易传》一书,遂使涪陵易学突兀而起。涪陵成为宋代易学的研究中心。他的门人、涪陵学者谯定,深得其传,治《易》深达,后学甚众,形成涪陵学派,影响及于有"东南三贤"之称的理学家朱熹、吕祖谦和张栻,故谯定有"程门大宗"的盛誉,涪陵易学至此隆盛。晏(huàn)渊受此风熏陶,又东出夔门,求学于朱熹,将朱熹易学融入涪陵易学之中,丰富了涪陵易学的内容,使其更有正统色彩。巴川(今铜梁)学者阳枋,师从晏渊,又吸取朱熹易学思想,曾主持北岩书院,扩大了涪陵易学的传播。涪陵及其北岩以易学见重于当时和后世。

四、明清书院

书院是我国古代教育中的一种独特的办学形式。"书者,五经六籍之名也。"(《史记》)"院者,取名于周桓也。"(《玉海》)最初官办的书院是藏书和修书的地方,并非讲学的场所。"书院"之名起于唐代,一般分官办和私办两种。至宋代,书院聚徒讲学,其教育功能得以充分显示。书院的教学内容高于一般启蒙教育,以传习儒学为主,同时教授生员(学生),学习时文。

宋朝时期,江津知县冯忠创办了五举书院,这是重庆最早的书院。继五举书院后,江津县人于北宋大中祥符(1008—1016年)在县治西建南山经堂。明朝时,重庆书院有一定发展,重庆府创办了凝道书院、来凤书院,江津县创办了楼清书院、梅溪书院、楼山书院,长寿创办了凤山书院,綦江创办了文明书院,合州创办了合宗书院。

明清之际,除府、州、厅等官学外,巴渝大地书院林立。书院对巴渝地区的教育、学术的发展和人才的培养产生了重大的影响。

巴渝书院的兴盛,对于巴渝文化的发展具有重要的意义:

第一,它推动了巴渝教育的发展,传播了文化,为巴渝地区创造了很好的文化教育氛围。

第二,它受政府和科举的影响小于官学,因而给教育者和受教育者提供了一个较好的学术天地,涌现了许多热心教育的官绅和卓有眼光的教育家。如康熙丰都进士翰林院检讨易简,出掌渝州书院;乾隆永川举人李天英,其诗文为袁枚、蒋士铨、王文治、翁方纲所推崇,他主讲东川书院时,"一时登甲、乙科者,多出其门"。

第三,巴渝的书院还为搜集和保存文化典籍作出了重要贡献。巴渝书院藏书甚多,为提高教育质量、繁荣学术提供了条件。如重庆渝州书院名声大、经济实力又较雄厚,既可得到赐、赠书籍,又有较多经费购书、刻书,所以书院的书室实际上成了全府最大的图书馆。学者们经常往来讲学,又使书院成了全府的学术中心。

第四,书院的兴盛,促进了重庆教育的发展。宋朝,重庆府所辖州县先后中进士 208 人,元朝不重科举,统治近百年间,重庆府中进士仅 9 人。明朝一代,重庆府科举中进士 318 人、举人 1 295 人。清朝 267 年,重庆府中进士 98 人、举人 1 117 人,中武进士 20 人、武举人 336 人。

第二节　新式学堂和留学运动

一、新式学堂

洋务学堂和新式学堂的兴办,标志着巴渝教育进入一个新的阶段。19 世纪末,重庆开埠,受维新思潮的影响,重庆的一些有识之士效仿欧美和日本模式,积极倡办新式学校。1892 年,洋务派代表人物、川东道黎庶昌在巴县城区创办川东洋务学堂,开设中文、英文、算学三科,这是重庆至四川最早兴办的新式学堂。1897 年,川东副使在渝兴办"中西学堂",带来了川东各县办学堂之风,这一时期相继创办了弹子石小学堂、中西学堂、西文学堂、算学学堂。

　　1901 年,重庆开始推行"新政",经过维新思潮启蒙的近代巴渝人已具有求新的文化习性,新式学堂挟维新思潮的余风,在改书院、办学堂的运动中兴办起来。1904 年,官立重庆府中学堂正式建立,紧接着巴县、江津、合川、永川、铜梁、璧山、江北等州县也相继创立了官立中学堂。同时,为保证兴学运动的顺利推行,一些学务机构和组织陆续出现。根据清廷学部颁布的"忠君、尊孔、尚公、尚武、尚实"的教育宗旨,重庆各地相继成立了劝学所,总理全县学务,这是各州县教育局的前身。1906 年,重庆商绅成立重庆教育会。重庆教育会募资创办了重庆第一个图书馆——巴县图书馆。以后各县又相继成立教育会。这些洋务机构和组织对巴渝近代教育的兴起和发展起了很大的促进作用。

　　巴渝近代教育从 1904 年兴办,很快在 1908 年达到高峰。"渝城地居冲要,得风气之先。"据不完全统计,清末,重庆地区共设中学堂 14 所,职业学堂 26 所,师范学堂 1 所。川内各地兴办的学校,以重庆"为占多数"。清末,重庆近代教育已初具规模,学校教育门类较为齐全。

(一)普通教育

　　重庆近代教育初步发展的明显特征是学堂的普及。小学有初等、高等两种。据学部总务司 1908 年所列"重庆府普通学堂学生统计表"(无潼南县)统计:重庆地区共有小学堂 1 137 所,学生 38 624 人。小学的发展比中学快。1905 年创办的聚奎高等小学堂,是新学的代表。1900 年,永川知县创办"达用学堂"。1903 年,重庆知府张铎将"东川书院"改置"重庆府中学堂"。清末,重庆府有中学堂 14 所。

(二)师范教育

　　1900 年,达用学堂附设师范班,重庆开始有了师范教育。1903 年,长寿、璧山、江津、巴县设立了培养小学堂师资的师范传习所。1906 年,由川东道尹张铎倡议,士绅杜成章赞助,创办了官立川东师范学堂,这是重庆第一所正式的师范学堂。同年,创办了重庆师范学堂、涪陵官立师范学堂。到 1911 年,在原重庆市区内先后出现了 20 余所师范教育机构。这些师范教育机构为巴渝的近代教育培养了大批师资。

(三)专门教育和高等教育

　　顺应时尚需求和巴渝社会经济的发展,清末,巴渝人创办了许多专门学校。1890 年重庆商务总会创办"重庆商业学堂",1910 年重庆府又成立"重庆联合县立中等商业学校"。较为著名的还有 1905 年创办的巴县医学堂。1905 年以后,还出现了实验工学团。1906 年,重庆知府高曾爵在巴县城区来龙巷创办重庆公立法政专门学堂,这是重庆最早的高等学堂。接着相继创办官立法政学堂、川东公立法政学堂等 7 所高等学校,为"新政"培养不少专门人才。到辛亥革命前,总计有各类学堂 45 所。

(四)幼儿教育和妇女教育

1906 年,曾先杰在巴县城区创办幼儿园,这是重庆幼儿教育的开始。1903 年,重庆为"振兴女学"成立了"女学会",建立了巴县女子学堂、私立树坤女子学校,各地县先后设立女子学校。巴渝人创办的近代学堂替代了书院,成为巴渝近代教育的中坚,极大地促进了巴渝社会经济的发展,并为资产阶级民主思想的传播创造了条件,具有十分重要的影响和意义:

第一,结束了以科举取士为目的、以四书五经为主要内容的封建主义教育体制。大量引进西方近代知识文化,使诸如数学、格致(生理卫生、动植物)、物理、化学等近代科学知识和外语、体育、音乐、美术等课程进入学校。在教学上,有的学堂还开始采用西方的教育方法,这一根本变革显示了重庆教育的重大进步。

第二,近代学堂的创办,培养了一大批思想进步、"富于政治感觉"的青年学生。这些学生成为巴渝最先觉悟的社会力量,为留学运动的兴起打下了基础。

第三,近代学堂的教育推动了巴渝工商业的发展。近代学堂的学生走出校门,面对西方国家日益严重的经济入侵,他们改造农务、设厂开矿,如今可考者就有重庆果品公司、重庆磁器厂等。

第四,近代学堂在辛亥革命中起了积极作用。由于革命思想的传播,许多学校都有较深的革命基础。重庆府中学堂聚集了杨沧白(学堂第二任监督)、张培爵(学堂教导主任)等革命志士,使之成为重庆同盟会的活动基础和重庆辛亥革命的中心。同时,启迪了一代先进的青年学生,使他们踏上资产阶级民主革命的征程,成为重庆辛亥革命的重要力量。

二、留学运动

为寻求救国救民的真理,在清末,中国掀起了一股出国留学热潮。居于祖国腹地的巴渝学子怀抱一腔热血,毅然背井离乡,踏上了远渡重洋留学的征程。重庆学生的留学运动有两条主线,其一是留日学生运动,其二是留法勤工俭学。

（一）留日运动

1901 年,四川首次选派官费留学生,重庆就有陈崇功、胡学伊、龚秉权等入选。1904 年,重庆府为了解决创办新式学堂缺乏经验和缺少人才的困难,选派了曾吉芝、李映同、杨霖、邓鹤丹等一批秀才举人到日本学习师范,他们进入了日本专为中国留学生开办的东京弘文学院。随后官费、自费留学生接连不断,居四川之冠。据估计,到清末,重庆府及其所属各州县的留日学生至少在 150 人。这些留学生,多数为宣传、组织资产阶级革命、发展民族资本主义、传播新思想新文化起了积极作用,著名民主革命先驱邹容就是其中的杰出代表。

（二）留法勤工俭学

在 1919—1920 年的留法勤工俭学热潮中,中国有 1 579 名学生赴法,其中重庆地区有 129 名爱国青年分三批集体赴法。

1919 年,重庆商会汪云松、温少鹤以及社会名流杨希仲、曾吉芝等筹集经费数万元,创办了留法勤工俭学预备学校,校址在重庆夫子池内。第一批计划招收公费生 60 名,自费生若干。所开课程有法文、代数、几何、物理、中文及工业常识等,学制一年。经考试和体检,1920 年 8 月,邓希贤（邓小平）、傅汉霖、周文楷等 84 名学生由重庆出发,经上海乘邮船驶往法国南部城市马赛。

除了通过留法学校学习去法国外,在此之前,另一批学生通过留法勤工俭学会的介绍和帮助,直接赴法学习,共 35 人,其中包括聂荣臻、钟汝海、刘宗华等人。

更值得一提的是,在留法勤工俭学运动中,巴县的张雅南、李鸿鸣等十名女生接受了新思潮的影响,在女权运动的热心倡导者郑疏秀女士的帮助下,和男青年一样远渡重洋到法国勤工俭学,以探求妇女解放的新途径,充分显示了重庆妇女对科学民主的强烈要求。在这三批赴法的 129 名勤工俭学学生中,巴县 47 人,江津 45 人。除此以外,在北京、上海、成都求学的重庆学生,经华法教育会代办出国手续到法国留学的也不少。在此期间,通过不同渠道到法国留学的重庆学生还有很多。

留学运动在巴渝乃至中国教育史、文化史上都意义深远。其价值不仅反映在教育上,而且已经远远超出了教育领域。

第三节　民国时期的教育

一、民国教育

重庆的现代学校脱胎于近代学堂,在清末民初动荡的岁月中艰难成长。

民国时期巴渝人创办的高等学校有 4 所:1929 年由李奎奄、沈懋德、吕子方等倡议兴办,刘湘任校长的四川省立重庆大学;1933 年由刘湘创办,甘绩镛任校长的四川乡村建设学校;1927 年开办,由伍应桓任校长的省立陶业专科学校;1930 年创办了世界佛学院汉藏教理院。还有私立专科学校 3 所:艺术专科学校、美术专科学校、法政专科学校。1914 年创办四川省立第二师范学校。

兴办的中学有:启明学校、私立精益初级中学校、成德女子中学、私立宏育中学校、私立文德女子中学、巴县县立女子初级中学校、私立南岸初级中学校、巴县渝南私立初级中学校、巴县渝东私立初级中学校、私立赣江中学校(江西同乡会创办)、私立兼善初级中学校(卢作孚创办)、重庆市市立初级中学、私立通惠中学校(温少鹤倡办)、私立巴蜀中学校(王缵绪创办)、私立南渝中学校等。

兴办的职业学校有:巴县乙种农业学校、川东联合县立甲种工业学校、重庆公学、宽仁高级护士职业学校、商会职业学校、仁济高级护士职业学校、四川省立第一成年妇女补习学校、私立实用商业学校、巴县县立三里职业学校、私立达德高级会计职业学校、私立适存高级商业职业学校、重庆市立商业速成学校等。

私立小学有:私立达育学校、私立广业小学校、私立志诚女校、私立储材学校、私立育德女校等。

1926 年,重庆城区有初级小学 16 所,高级小学 9 所,中等学校(含职业学校) 20 所。经过 10 年,重庆的教育有了大的发展。据 1936 年统计,重庆市有大专院校 7 所,普通中学 17 所(其中公立 2 所,私立 15 所)。职业学校 7 所、师范学校 2 所、小学 33 所。巴县有普通中学 5 所,职业学校 2 所,师范学校 1 所,县立小学 32 所,县立初级小学 365 所。

民国时期,留学欧美的人数逐渐增多。除留法勤工俭学者外,其次是留学美国、德国、英国和苏联等。据统计,留学美国 30 人、英国 12 人、德国 17 人、比利时 3 人、苏联 13 人、意大利 1 人。

二、战时重庆教育

抗战爆发后,随着国民政府西迁重庆和沿海工厂的内迁,中国文化教育的重心由西向东转移,上海、北平、天津、南京等地的大批公立、私立学校迁入重庆地区。一时间,机关林立、车水马龙,人口猛增、人才济济、学者云集、名流荟萃,呈现出"学校如林,庠序盈门"的繁荣景象,形成了重庆教育发展的新局面。

除成都的华西坝外,被誉为抗战时期大后方的"文化四坝"中的沙坪坝、北碚夏坝、江津白沙坝都在重庆,重庆成了抗战时期的全国教育中心。

(一)高等教育

抗战时期是重庆高等教育的鼎盛时期。内迁的高校和新建高校在重庆这块沃土上成长壮大。

从1937—1944年,全国各地有31余所高等院校和专科学校相继迁入重庆。它们分三批迁入:第一批(1937—1939年),抗战初期,从江浙经武汉迁入重庆,主要有国立中央大学、中央政治学院、国立复旦大学等22所。第二批(1939—1942年),太平洋战争爆发,原由华北东南各省迁到云南、广西的高等学校转而迁入重庆,主要有国立上海医学院、国立交通大学、国立北平铁道管理学院等10所。第三批(1944—1945年),贵州独山失守,桂、黔高校迁入重庆,主要有国立贵阳医学院、国立东方语言专科学校等6所。

抗日战争时期内迁重庆的高等学校一览表

序号	院校名称	何时何地内迁	内迁何地	说 明
1	山东大学	1937年10月,青岛	重庆万县	1945年返青岛复校
2	山东医学专科学校	1938年,青岛	重庆万县	1946年返青岛复校
3	上海法商学院	1943年,上海	重庆万县	后改名辅成学院
4	国立北平师范大学劳作部	北平	重庆万县	
5	江苏省立教育学院	无锡	重庆璧山县	后并入重庆国立社会教育学院,1945年返无锡
6	北平铁道管理学院	1945年,北平	重庆璧山县	两校迁至璧山后合并更名正则艺术专科学校,抗战胜利后分别迁返
7	杭州艺术专科学校	杭州	重庆璧山县	
8	北平艺术专科学校	北平		

续表

序号	院校名称	何时何地内迁	内迁何地	说　明
9	国立女子师范学校		重庆江津	该校为内迁师生新办
10	乡村建设学院		重庆巴县	该校为内迁师生新办
11	私立朝阳学院	1941年夏,北平	重庆巴县兴隆场	1938年迁蓉,后迁渝
12	国立社会教育学院	南京	重庆璧山县	由广西辗转迁来的江苏省立教育学院预期合并
13	蒙藏学院	1938年,南京	巴县界石	后改为国立边疆学院
14	国立中央大学	1937年10月,南京	重庆沙坪坝	
15	中央政治学院	1937年7月,南京	重庆南温泉	
16	国立交通大学	1941年春,上海	重庆九龙坡	
17	私立复旦大学	1938年春,上海	重庆北碚	后改为国立复旦大学
18	私立武昌中华大学	1938年秋,武昌	重庆南岸	
19	私立上海医学院	1940年夏,上海	重庆歌乐山	
20	国立音乐学院	1939年冬,上海	重庆复兴关	后改为国立音乐学院分院
21	江苏省立医政学院	1939年1月,镇江	重庆北碚	该院与私立南通学院医科在湖南衡阳合并为国立江苏医学院
22	国立中央工业专科学校	1938年2月,南京	重庆沙坪坝	
23	私立东吴大学法学院	1938年2月,上海	重庆	三校先后合并,改名东吴、沪江、之江法商工学院夜大学
24	私立沪江大学	1942年2月,上海	重庆	
25	私立之江文理学院	1944年夏,杭州	重庆	
26	国立药学专科学校	1938年2月,南京	重庆歌乐山	
27	私立武昌艺术专科学校	1939年春,武昌	重庆江津	
28	中央国立体育专科学校	1940年冬,南京	重庆北碚	先迁昆明后迁渝
29	私立武昌文华图书馆学专科学校	1938年7月,武昌	重庆江北	
30	吴淞商船学校	1939年夏,上海	重庆江北溉澜溪	
31	私立两江女子体育专科学校	1938年8月,上海	重庆南岸	

注:参见周勇主编《西南抗战史》,重庆出版社2006年版,第480-483页,此表系不完全统计。

这些高校,包括了9所大学、1所大学研究所、10所独立学院和11所专科学校。位居国内各大学之首的中央大学,从南京迁至沙坪坝松林坡,设有文、理、法、农、医、工、师范七个学院,成为当时国内学生最多、系科最完备的大学。国立中央政治学院由南京迁至北碚夏坝,设文、理、商、农四个学院,此外,国立扶轮学校,原址南京,校长陈桂森。1939年先在歌乐山新开寺,后迁化龙桥,国民党军政部陆军大学,原址南京,抗战初期迁山洞建校,后迁南京。

同时,重庆亦新建了几所高等学校,它们是国立女子师范学院、国立社会教育学院、育才学院、相辉文法学院。1940年由中国地政学会创设的地政研究所、国立体育师范专科学校,重庆大学附设体育专科学校、私立求精商业专科学校、汉华农业专科学校,还有私立重辉商业专科学校和私立中华商专学校都是抗战后期成立的。

战火中的重庆,还聚集了一批中央级的文化、学术机构。1928年有著名教育家蔡元培先生创办的中央研究院,其院部于1938年2月迁至重庆曾家岩隐庐,在诸下属研究所中,先后有气象、动植物、物理、地质、心理、医学等研究所设于重庆。

连同原有和新办的20余所高等院校和专科学校,重庆共有高等院校和专科学校60余所。其间,既有综合大学,又有理、工、农、医、法、军事、教育、经济等各类专门学院和专科学校,还有宗教学院,重庆成为了全国高等教育和科学研究中心。

随着大批高等院校和科研机构迁渝,全国著名的专家学者云集山城,诸如著名教育家晏阳初、陶行知、陈望道、黄炎培,著名哲学家张君劢、牟宗三、徐复观、唐君毅、梁漱溟;著名农业专家吴干纪,著名地质学家李四光、丁道衡,著名冶金专家胡庶华,著名数学家严济慈,著名气象学家竺可桢,著名经济学家陈豹隐、马寅初,著名建筑学家梁思成、刘敦桢、罗竞忠,著名社会学家孙平文,心理学家潘菽,物理学家吴有训,工程学家税西恒等,群星灿烂,不可胜数。他们讲学、兼课、办学,为国家培养了大批文化科技人才,有力地推动了重庆的科技进步和民主思想的发展。

(二) 中等教育

抗战时期,沦陷区的部分中学迁来重庆,同时各种私立、省立、市立中学及职业中学纷纷设立。1946年,重庆已有公私立学校148所。日机对重庆的轮番轰炸,给重庆的教育,包括中等教育带来了巨大损失。重庆中学教育采取防御疏散措施,保住了学校,维持了正常的教育秩序,保证了教育质量。

这一时期重庆中学,特别是私立中学发展迅速,出现了一批各具特色的名牌学校,如:私立南开中学、私立树人中学、省立重庆中学、私立清华中学、私立广益中学、私立求精中学、私立巴蜀中学、私立育才中学、私立民建中学、私立蜀都中学、私立南华中学等。1943 年评选出南开中学、广益中学、清华中学、树人中学等 8 所中学为优良中学。

1.张伯苓创办南开中学

1937 年"七七"事变后,日寇对南开狂轰滥炸,南开高等学府化为灰烬,其人员流亡到昆明,与北大、清华合并为西南联合大学,其中学部师生流亡到重庆,改南渝中学为重庆南开中学,张伯苓亲任校长,严守南开"允公允能"的校训,将南开中学办成抗战时期全国五大重点中学之一。

著名心理学家刘兆吉教授任学校教务主任;著名诗词学家唐圭璋、物理学家魏荣爵、生物力学家冯元桢、文学家杨敏如等在校任教。他们按高质量、高标准培养人才,为新中国造就了一大批高级科技专家。据统计,南开中学从抗战到全国解放初期为止,其毕业生为中国科学院院士者计有 25 人,居全国各中学首位。其中抗战期间毕业者有地质学家马杏垣,泥沙运动及河床演变专家钱宁,高分子材料专家徐僖,计算机专家夏培肃,核物理学家朱光亚,生物化学家邹承鲁,导弹火箭专家梁思礼,物理冶金、晶体学专家郭可信,化学家陆婉珍,物理化学家楼南泉,化学家张存浩,草原学家任继周等 12 院士。

2.陶行知创办育才学校

1938 年,陶行知归国来到重庆,于次年自筹经费,在合川县草街子古圣寺创办了一所新型的学校——育才学校。

育才学校是以难童为培养对象的中等专门学校。学校根据学生的兴趣爱好和才能,因材施教,在学习文化科学知识的基础上,把学生分别编入音乐、戏剧、绘画、文学、社会、自然、舞蹈等专业组学习。著名音乐家任光、贺绿汀、李凌,著名戏剧家章泯、水华、舒强、刘厚生,著名舞蹈家戴爱莲,著名美术家陈烟桥、张望,著名诗人艾青、力扬等承担育才学校各组领导与教学工作。历史学家翦伯赞、文学家田汉、诗人何其芳等到校兼课或讲学。陶行知还倡导"教学做合一",强调理论结合实际,学以致用。除了课堂讲授基础知识外,还要求学生到工厂、农村从事调查、见习、实习活动,在校内举办讨论会、辩论会、演讲会以及其他丰富多彩的文艺活动。

(三)初等教育

抗战时期,国民政府推行国民教育,小学教育和扫除文盲教育发展较快。据不完全统计,至 1945 年,全市共办幼儿园(班)59 所;其中小学附设幼儿园(班)45 所,社会群团、厂矿企业、教会办有 10 所,另有实验幼儿园 4 所。

1944 年,全市有私立小学 284 所,学生人数比 1940 年增加 7 倍,还有 5 万文盲进入扫盲短训班学习。为了收容和教育前方逃难到后方来的难童,战时儿童保育会还在重庆地区创办了 10 余所战时儿童保育院。

为了适应抗战的需要,重庆还建立了商业、造纸、印刷、电讯、机械、汽车驾驶等职业学校。同时为适应国民教育发展的需要,从 1942 年开始,连续举办了六届"推进师范教育运动周",号召有志青年做中小学教师,并于 1943 年新办市立师范学校 1 所。

这一时期,重庆开展了多种形式的教育实验。各种社团活动十分活跃,学术空气浓厚。在重庆的教育文化中心沙磁文化区学术活动频繁,中国科学教育社、中国地质学会、中国医学会、工程师学会、教育学会、体育协会、经济学社等众多学术团体,经常在此召开学术会议,促进重庆教育的发展和科技的进步。

第四节　现代教育的发展

新中国成立以来,经过多年发展,重庆教育已形成"三大优势":一是每十万人高等教育在校生高于全国和西部平均水平,二是每十万人高中阶段在校生高于全国和西部平均水平,三是初中毕业升入高中阶段教育比例高于全国和西部平均水平。

一、高等教育

重庆是中国高校最集中的八个城市之一,也是西南地区高校最多的城市。有重庆大学、西南大学、西南政法大学、重庆医科大学等全国知名高等院校。

重庆大学创建于 1929 年 10 月,是中国现代教育史上创办较早、校名一直沿用至今的大学之一。抗战时期先后云集了大批著名专家学者,文有吴宓、艾芜,理有何鲁,工有冯简、李四光,商有马寅初、周均时等,1942 年被确定为国立综合大学,1949 年发展成为文、理、工、商、法、医六大学院的国际国内知名大学。经过 1952 年全国院系调整,重庆大学成为以工科为主的多科性大学,1960 年被确定为首批全国重点大学。1996 年成为首批进入"211 工程"重点建设项目的高校之一。

2000 年 5 月 31 日,分属于教育部的全国重点大学——重庆大学、建设部的全国重点大学——重庆建筑大学、中国建筑工程总公司的全国示范性普通高专重点建设学校——重庆建筑高等专科学校合并组建成新的重庆大学。经过国家"211工程""985工程"的重点建设,重庆大学的师资队伍、学科建设、科研成果跃上新的台阶。

曾在重庆大学任教或学习的著名学者有李四光、马寅初、潘序伦、何鲁、冯简、柯召、吴宓、吴冠中等。使重大得以汲取名校名家之文化滋养,不断为国家培养输送高级专门人才达40余人。

西南大学始建于1906年,由国家教育部直属重点大学原西南师范大学、国家农业部直属重点大学原西南农业大学于2005年合并组建而成。

西南大学前身为原西南师范大学和原西南农业大学。原西南师范大学是6所国家教育部直属的重点师范大学之一,为我国四大著名师范学府,也是西部地区规模最大、实力最强的师范院校。原西南农业大学是1978年国务院批准的改革开放以来首批全国重点大学,是西部地区规模最大的农业大学,

西南师范大学和西南农业大学身出一体,同为一源,组成两校的主体均为1906年创办的官立川东师范学堂以及建于1940年的国立女子师范学院。2005年,由国家教育部正式批准合并为西南大学。新成立的西南大学,已成为由国家教育部直属,国家教育部、国家农业部、重庆市共建的国家"211工程"和国家"985工程优势学科创新平台"重点大学,学校学科门类齐全,综合性强,特色明显,涵盖了哲、经、法、文、史、教、理、工、农、医、管11个学科门类。学校下设30个学院。

西南政法大学于1952年由重庆大学法学院、四川大学政法学院、重庆财经学院法律系、贵州大学法律系、云南大学法律系合并,于1953年建立。西南政法大学是1978年国务院首批批准的全国重点大学,1995年经国家教委和司法部批准更名为西南政法大学。经过近五十年的建设,已发展成为以法学为主,兼有经济、管理、新闻、外语、工学等多学科的综合性政法大学。

中国人民解放军第三军医大学是国家重点医科院校之一,隶属于中国人民解放军总后勤部,第三军医大学设有基础部、预防系、检验系、护理系等教学单位和西南医院、新桥医院、大坪医院三所附属医院;师资力量雄厚,有院士3人,并拥有一批国内外知名专家及一批中青年骨干师资,已与近十几个国家和地区的三十多所大学建立了合作、交流关系。

此外,四川外语学院、四川美术学院、重庆邮电学院、重庆医科大学、重庆交通大学、解放军重庆通信学院、解放军重庆后勤工程学院、重庆师范大学、重庆文理学院及重庆工商大学、重庆三峡学院的办学都很有特色。

重庆职业高等教育发展迅速,重庆工业职业技术学院、重庆工程职业技术学院、重庆电子工程职业学院为国家示范性高等职业院校;重庆电力高等专科学校、重庆城市管理职业学院、重庆工商职业学院为国家骨干高职建设学院。

2003 年以来,重庆抓住机遇建设大学城,实行基础设施建设、教育教学资源、后勤生活资源、校区公共设施、信息通讯系统的"五个一体化",推动了重庆高等教育的整体发展。

重庆大学城自 2003 年 6 月 18 日开工建设,占地 20 平方公里。重庆市大学城以其生态环境优美、文化氛围浓郁、科技产业发达、综合配套完善、开放式现代化的风格,成为西部地区的高级人才培训中心、科学研究与创新中心、国际科技教育交流中心。重庆大学、重庆师范大学、重庆医科大学、四川美术学院、重庆科技学院等 15 所高校入住大学城。

二、中等、初等教育

1.普通中、小学教育

直辖之初,重庆只有 11 个区县基本普及九年义务教育和基本扫除青壮年文盲,人口覆盖率仅 18.87%,位列全国第 26 位。2002 年以来,重庆坚持"普及九年义务教育",推动义务教育优质、均衡发展。到 2007 年,全市所有区县全部实现基本普及九年义务教育和基本扫除青壮年文盲的目标,人口覆盖率达到 100%。

高中阶段教育实现历史性跨越。直辖之初,高中阶段教育总规模只有 39 万人。到 2008 年,总规模比 2002 年增长了 2.7 倍,初中毕业生升入高中阶段学校的比例比 2000 年提高了近 21 个百分点。全市重点中学有 86 所,实现每个区县有一所重点中学。

重庆南开中学、重庆巴蜀中学、重庆一中、重庆八中、重庆育才中学是全国著名重点中学。

2.中等职业教育、幼儿教育、特殊教育、成人教育、民办教育

中等职业教育有长足的发展,截至 2008 年,中等职业学校由 2007 年底的 341 所整合到 310 所,校均规模达到 1 700 人左右。国家级示范中职重庆市商务学校、重庆铁路运输中等专业学校、重庆工艺美术学校、重庆市涪陵区职业教育中心等。

其他教育事业,幼儿教育、特殊教育、成人教育、民办教育都取得了重大发展。重庆市已基本形成了由基础教育、高等教育、职业教育、成人教育构成的较为

完备的教育体系。

三、教育为经济社会发展作出的重要贡献

重庆坚持教育为现代化建设服务、为人民服务的方向,教育为经济社会发展作出了重要贡献。主要表现在以下几个方面:

第一,教育对提升劳动力素质的贡献日益明显。学校教育是提升市民素质的主渠道,学校教育对市民素质的提高是可持续的。高等教育成为重庆高素质人才最重要的来源渠道。职业教育在降低劳动者文盲、半文盲比例方面的贡献较大。随着"普九"的全面实现和普及高中阶段教育的大力推进,到 2008 年,全市人均受教育年限从 1998 年的 6.67 年上升到 8.6 年,全市人均提升近 2 年。基础教育对市民素质的提高有积极的促进作用。

第二,教育对转变经济发展方式的贡献显著。教育对经济社会发展发挥了重要的技术支撑和人才支持作用。特别是家蚕基因框架图、3G 手机芯片、工业 CT、高强度聚焦超声肿瘤治疗系统等拥有自主知识产权的科技创新成果,对经济社会发展产生了积极的推动作用。教育通过提高劳动者素质,促进了经济发展理念和经济发展方式的转变,促进了农业产业技术水平的提高和现代农业发展模式的确立。

第三,教育对城乡区域协调发展的贡献有效发挥。教育有力地加速了新农村建设进程,对促进库区产业发展和移民就业发挥了基础性作用。同时,教育对优化经济结构的贡献高度凸显。各类教育协同发展对全市产业结构优化升级有较大的推动。

传播媒体

传媒是信息传播过程中各种传播工具的总称。重庆开埠以后,随着政治、经济、文化的发展需要,传播媒体亦为人们所重视。在近一百年中,先后创办了报纸、杂志、广播、电视等四大媒体,这四大媒体以各种形式在巴渝大地上传播新思想、新文化,近年来,互联网和信息产业在重庆蓬勃发展,促进巴渝社会经济的发展和进步。

第一节　报刊、杂志

一、近代报业的勃兴

1890 年,重庆正式开埠,由于地处偏僻,报业兴起较沿海一带落后近半个世纪,但就四川而言,重庆却是最先拥有近代文化交流、传播工具的地区。

随着重庆民族工商业的兴起,作为当时重庆新的生产力代表的民族资产阶级,迫切需要有自己的舆论工具和言论喉舌,因此,当维新变法的资产阶级政治思潮沿长江而上,很快便与重庆城市所聚集的变革形势相融合,有力地促进了近代新闻事业在重庆从外报(《万国公报》)创刊时期进入了民报勃兴时期。在中国社会思潮迭起,新观念、新思想林林总总的特殊时代背景下,重庆知识界和工商界进步人士掀起了创办报刊的热潮。为了"广见闻、开风气、启民智"的需要,1897—1936 年这短短的几十年中,巴渝人先后创办的各种报刊有 300 种。

(一) 宋育仁创办《渝报》

1897 年 11 月,维新人士宋育仁在重庆创办了重庆的第一家报纸——《渝报》,馆址设在市区白象街(后迁来龙巷)。宋育仁早期的改良主义思想重要著作《时务论》在《渝报》上发表。《渝报》是重庆乃至四川近代史上第一家具有改良倾向的报纸,又是中国资产阶级最早创办的白话报纸之一。

《渝报》的创立具有十分重要的意义。以《渝报》为中心的维新宣传,造成了重庆及四川近代史上第一次思想解放潮流,启迪了一代先进青年。邹容就是在《渝报》的影响下投入时代洪流,成为资产阶级革命宣传家的。梅际郁、杨庶堪等人也是经过这场运动的洗礼,踏上了民主革命的征程,成为重庆辛亥革命的领导人。《渝报》以其鲜明的资产阶级改良倾向,和当时维新派创办的大量报刊一起,打破了万马齐喑的局面,从而结束了封建阶级垄断新闻事业的时代。

(二)杨庶堪(沧白)与《广益丛报》

1903 年,《广益丛报》在重庆创刊,由广益书局印发,每期发行千余份。1906年,杨庶堪等加入同盟会后,改组公强会,成立同盟会重庆支部,从此《广益丛报》由同盟会重庆支部掌握。

《广益丛报》是一个综合性刊物,其宗旨是传播新知识、新思想。同盟会支部成立后,竭力宣传民主革命。《广益丛报》主要搜集转载全国各地报刊,介绍西方科学、民主及国内问题等文章,也发表自己的文章,内容丰富。在清王朝的封建专制下,该报大胆揭露腐败的政局、衰败的世风,宣扬学习西方,推行民主,振兴中华的进步思想,吸引了较多的读者。

(三)卞小吾创办《重庆日报》

1904 年 10 月,重庆江津人卞小吾在重庆创办了重庆及四川第一家宣传民主革命思想的报纸——《重庆日报》。其办报思想为:"创办日报揭露清朝的腐败无能,宣传革命思想,以唤醒群众同心协力为国家民族的利益而共同奋斗。"《重庆日报》几乎是公开攻击清廷,直接鼓吹革命,宣传开工厂、办学校等强国富民的思想。《重庆日报》还不断报道川人争取铁路权利的消息,发表评论抨击清廷勾结帝国主义掠夺我国资源、残酷镇压人民反抗等恶行,深受广大爱国者欢迎,被誉为重庆的《苏报》。

《重庆日报》是重庆开埠以后重庆人自办的一家宣扬民主革命的报纸,创办人卞小吾不愧为重庆近代报业的一位伟大的先行者。《重庆日报》存续仅数月,但在新闻报刊发展史上意义重大,该报第一次突破了以往报纸成册,"报"与"刊"在形式上模糊不清的弊端,代之以"每日一张",使其完全具备了现代日报的外形,为近代报刊与期刊分离的最早尝试之一,大大提高了新闻的时效性。

(四)《重庆商会公报》

1905年,重庆总商会创办了《重庆商会公报》。它是重庆乃至四川最早的一家商业报刊。其所设栏目大致有政治、经济、军事、文化、商务、农业、气象、外交等众多领域,在信息量和对民众的影响上,该报都首屈一指。同时,对而后创办的报刊,如《商务日报》《新蜀报》等,都产生了重要影响。

(五)《新蜀报》

1921年2月,少年中国学会会员陈愚生在重庆创办《新蜀报》,早期共产党人肖楚女、陈毅、周钦岳等先后担任过该报主笔或总编辑。《新蜀报》以内容丰富,编排新颖,印刷精美而蜚声报坛。

《新蜀报》至1945年改版,历经24年,是重庆近代史中时间办得最长的报纸之一。《新蜀报》从宣传资产阶级民主革命开始,逐渐宣传无产阶级革命,成为新民主主义革命的工具,在重庆报业史中独树一帜。

二、抗战时期的报刊

抗战时期,重庆成为战时陪都,成为全国政治、军事、经济、文化和舆论中心,重庆的新闻传播业空前发展,盛极一时。中国各大报云集山城,重庆报业最鼎盛时,有23家报纸同时出版,12个通讯社同时发稿。有《新华日报》,也有《大公报》《新民报》等民营的中间势力的报纸,还有《中央日报》《扫荡报》为代表的国民党官方报纸。

同时,外国新闻机构也纷纷向重庆派驻办事机构和人员,英国路透社、美国合众社、美联社、法国哈瓦斯社、苏联塔斯社等著名的通讯社,以及《泰晤士报》《纽约时报》《时代》《巴黎日报》《消息报》等著名报社都先后在重庆建立了分社或记者站。外国记者大都居住在两路口巴中校园一座二层楼房内,战时每周的新闻发布会亦在该校的一间教室举行,巴中校园成了各国记者采访政府官员,交流信息的新闻活动中心,成为世界反法西斯的传播中心之一。

从1938—1945年,重庆前前后后注册的报刊共有127种,通讯社共有30家。

(一)大轰炸中诞生的《十报联合版》

1939年5月3—4日,重庆大轰炸期间,为减少不必要的牺牲,保存有生力量,齐集在市中心区内的各家报馆,一律向郊区疏散。疏散过程中,《中央日报》《大公报》《时事新报》《新华日报》《扫荡报》《国民公报》《新蜀报》《新民报》《商务日报》《西南日报》10家报馆,暂时停刊,共同创办《重庆各报联合版》。

"五四"大轰炸的当天,各报主要负责人聚集一堂,共商大计,当即决定各报停刊一天,突击筹备,让《联合版》6日问世,并决定成立"各报联合委员会",主持整个联合版要务。各报主要负责人担任联合委员会委员,各报总编辑担任编撰委员会的委员,各报经理担任经理委员会的委员,编撰委员会中,分两个组,每组5家报社的干员,轮流执行编撰业务。联合委员会常务办事处,设在《时事新报》内。

这10家报纸,从"官""民"关系上说,有官方的,有半官方的,有民营的;从党派关系上说,有国民党的,有共产党的,有三青团的,有无党无派的。这样多的报纸能够合而为一,甘苦与共,休戚相关,紧密地团结起来,为一个共同的目标而努力奋斗,在古今中外报业史上,是前所未有的。

(二)《新华日报》

1938年《新华日报》在汉口创办。它是在国统区公开出版的唯一的共产党机关报,1938年10月25日武汉沦陷后,《新华日报》转移到重庆出版。在中共中央南方局和周恩来的直接领导下,继续把在汉口确定的"团结全国抗日力量,巩固民族统一战线,发表正确救亡言论,讨论救亡实际问题,坚持抗战,争取最后胜利,为建立独立自由幸福的新中国而奋斗"的方针作为报纸在整个抗战时期的神圣职责和任务。《新华日报》在大后方肩负宣传抗日救亡、振奋民族精神、动员各界民众的责任,热情报道了从前线将士到后方民众同仇敌忾、共赴国难的种种事迹。它还注意广泛团结新闻界的朋友,发展统一战线,通过一些正常交往在新闻界上层开展统战活动。如《新华日报》和《中央日报》之间,就有过《新华日报》支持《中央日报》以纸张,《中央日报》支持《新华日报》铸字铜模这样的交往。总之,《新华日报》在抗战期间,又团结又斗争,为中国新闻史写下了光辉战斗的一页。最高时订数达五万多份。直到1947年2月28日被国民党查封。

三、当代报刊的发展

中华人民共和国成立后,尤其是20世纪80年代以来,重庆的报刊有了较大的发展。

1952年8月5日《重庆日报》创刊,社址位于解放西路66号,时任西南局首脑的邓小平为其题写了报头。《重庆日报》是富有地方特色的综合性报纸,是中共重庆市委机关报。如今,《重庆日报》社已组建为《重庆日报》报业集团,拥有《重庆日报》《重庆晚报》《重庆经济报》《重庆晨报》《消费导报》《体育报》《健康人报》《新女报》,以及华龙新闻网站,形成了"一社八报一网站"的格局。

20 世纪 80 年代,重庆还相继创办了《重庆农村报》《重庆广播电视报》《西南信息报》《现代工人报》《西南工商报》《中国市容报》《中外企业报》《自学报》《厂长经理报》《人民卫生报》《希望周报》《少年先锋报》《重庆法制报》《中国医药报》等诸多报纸。

20 世纪 90 年代以来,重庆的行业性、娱乐性报纸频频登台亮相,品种繁多。其中,具有全国性影响的是《电脑报》,它是中国发行量最大的科技和科普类报纸。

这一时期,重庆相继创办的杂志主要有:大型文学双月刊《红岩》,文史类刊物《红岩春秋》,综合刊物《重庆与世界》《党员文摘》《经贸世界》《开放》,科普类刊物《课堂内外》,社科类刊物《改革》《当代党员》,以及各高校的学报,如《现代法学》《探索》等。

第二节　广播、电视

一、抗战时期的广播:中国之声

1932 年,重庆第一家私营广播电台建成并开播。1934 年,重庆设立广播电台,仅有新闻、川戏、歌曲等节目。

1938 年初,中央广播电台从南京迁来重庆,在上清寺范庄附近聚兴村 6 号租赁了办公室,装配成一部 10 千瓦中波发射机,因陋就简,利用距办公室 800 米丘陵上的牛角沱陶瓷职业学校旧房,并架设 200 尺高的简易拉杆天线,于当年 3 月 10 日以 1 450 千赫频率恢复播音。播音语种有普通话、英语、蒙语、藏语、回语。不久,经交通部同意,又借用重庆电信局 7.5 千瓦电报电话两用机作短波广播,加入联播行列,并增添了厦门语和粤语节目。

国际广播电台原为中央短波广播电台,于 1936 年在重庆开始筹建,1939 年 2 月 6 日正式播音。根据国际时差及不同季节,采用几种天线,向本国和北美、欧洲、东亚、南洋、印度等广大区域分段广播,强大的电波传向四面八方,人民称之为"中国之声"。日本大为恼怒,斥之为"重庆之蛙",并采取严厉措施,禁止民众收听。

抗战期间,中央广播电台、国际广播电台在宣传抗战、揭露敌人和向全世界报道战况、争取世界舆论同情等方面做了不少工作。节目设置上,为配合抗战宣传,辟有《抗战讲座》《抗战教育》《战地通信》《民族英雄故事》《敌情论述》《抗战歌曲》等定时节目。另外,还分别辟有《纪录新闻》《简明新闻》《新闻综述》《英语教授》《国文教授》《时事谈话》《儿童节目》《杂谈》等节目,另有《科学常识》《自修讲座》《妇女讲座》《家庭常识》《青年讲座》《学术演讲》等节目。这两个电台举办的广播讲演节目邀请过共产党的代表、抗日将领、国民党内的抗战派、爱国人士和国际友人,如周恩来、冯玉祥、李济深、郭沫若、沈钧儒、黄炎培、爱德华等发表广播演讲,产生过很大影响。同时还举办过讨伐汉奸汪精卫的广播讲演;同美、英等国的电台互相转播部分节目,扩大国际影响。宋庆龄、宋美龄的对美广播,对促进美国朝野了解中国,援助中国抗日斗争,起了不小作用,对日本广播电台的造谣污蔑,也给予了一定的驳斥和揭露。这些爱国抗日的广播内容在当时产生了积极的作用。

当时,民间或部分报馆也设有自己的电台,以"本报专电""特约通讯"等方式,对国内情况和世界反法西斯战局进行报道。那时,要闻版的编辑守候电台的最后一条消息,往往要从子夜等到天亮。一些国际知名的外籍记者,如路易斯·斯特朗、斯诺、史沫特莱、海明威等也曾来重庆作过短暂逗留。

二、电视的勃兴和广播的发展

中华人民共和国成立后,重庆人在国际广播电台旧址建起了西南广播电台,1954 年改名重庆人民广播电台。该台自办有 2 套节目,第 1 套节目是以新闻为主的综合性节目,设"重庆早晨""重庆新闻""大千世界""名曲欣赏"等栏目。第 2 套为教学、文艺节目。1998 年 10 月 11 日,重庆人民广播电台节目通过"亚太 IA"卫星传递,电波覆盖全市 50 多个区县。

1994 年,重庆商业广播电台试播,为使无形声音传递变为有形的直观传播,在市商业中心的重庆百货大楼创办了重庆第一座透明直播室,使广播主持人能与听众面对面交流。

1961 年,重庆电视台始建,选址佛图关上,其电视发射塔高 175.5 米。初用 2 频道转播中央电视台第 1 套节目,后自办 2 套电视节目。1981 年初具规模,1998 年 10 月 1 日上星。现重庆电视台坐落于重庆高校技术开发区,现有自办节目 8 套,第 1 套节目重庆卫视于 1998 年 10 月 1 日上星,通过亚太 IA 卫星向全国及东北亚、东南亚地区传递电视信号。

电视作为最强的大众传播媒体,发展迅速,如今,全市有市和区县两级广播电视台(站)43 座,电视台 7 座,有线电视台 41 座。共播出 11 套广播节目。重庆市广播电视覆盖率高达 93%。

重庆广播电视集团(总台)：

2004 年 11 月 18 日,由原重庆人民广播电台、重庆电视台、重庆经济广播电台、重庆交通广播电台、重庆音乐广播电台、重庆都市广播电台、重庆教育广播电台、北京广播学院重庆函授站、重庆音像资料馆合并组建重庆广播电视集团(总台)。集团(总台)保留重庆人民广播电台、重庆电视台的呼号。下辖重庆广播电视技术中心、重庆音像出版社、重庆广播电视报社等。

重庆广播电视集团(总台)有广播频率 6 个(新闻频率、经济频率、交通频率、音乐频率、都市频率、故事频率),电视频道 12 个(卫视频道、影视频道、新闻频道、科教频道、都市频道、娱乐频道、时尚频道、生活频道、青少频道、公共频道、国际频道、移动电视频道),1998 年 10 月 1 日广播新闻频率和电视卫星频道上星传送,2003 年 2 月以后广播经济频率、交通频率、音乐频率、都市频率上星传送,实现了全国 35 个中心城市、69 个地级城市、2 000 多个县级城市和香港、澳门地区以及海外部分国家的落地覆盖。

第三节　图书出版

一、抗战前的出版印刷

重庆开埠以前,重庆出版印刷为木刻书业。1897 年中华书局创立,这是重庆第一家采用新印刷术的出版印刷机构。1903 年创立广益书局,随后渝商书局、圣家书局、商务印书馆、中华书局、世界书局、大东书局陆续创立。到 1935 年,重庆的出版印刷机构发展到 40 余家。

二、抗战时期的出版发行中心

抗战全面爆发后,全国出版中心由上海经武汉迁往重庆,重庆图书出版业空前繁荣。抗战期间,经国民政府图书审查处注册行文审批的出版、发行机构共 404 家,加上未登记注册而出版的单位,共 644 家,出书 8 000 余种,出期刊近 2 000 种。

当时全国闻名的七大书局的总管理处几乎都在重庆,即商务印书馆、中华书局、正中书局、大东书局、开明书店、世界书局、文通书局。1943 年,国民政府教育部指定以上七家大书局在重庆成立国定本中、小学教科书七家联合供应处,这就是有名的"七联处"。

抗战时期重庆进步的书店、出版社主要有生活书店、读书出版社、新知书店、

《新华日报》营业部图书科、重庆新出版业联合总处（简称联营书店）等。另外还有名流、学者创办的出版社，也出了不少进步书籍。

抗战期间，重庆出版界义不容辞地担当起向国内译介反法西斯作品的任务。当时在渝的大小出版社如商务印书馆、世界书局、开明书店、文化生活出版社、良友书局、生活书店、读书出版社、新知出版社、正风出版社、美学出版社以及《新华日报》出版部等都出版过反法西斯翻译作品。《时与潮》杂志也出过一套《外国作家短篇译丛》。尤其是上海金星书店，以出版反法西斯文艺译作著称。由于这些出版社与一些重视译介反法西斯作品的报刊的努力，保证了抗战期间重庆在中外文化交流中反法西斯作品源源不断地"输入"。

三、现代图书出版

重庆拥有三家出版社：重庆出版社、重庆大学出版社、西南师范大学出版社。值得一提的是，在 2009 年原国家新闻出版总署组织的首次全国出版社等级评估中，重庆的三家出版社均被评为"国家一级出版社"和"全国百佳图书出版单位"，这在全国的兄弟省市中是唯一的。

（1）重庆出版社前身是 1950 年成立的西南人民出版社，1980 年复社，是西南地区最大的综合性出版社，为国家图书生产基地之一。2005 年 4 月，重庆出版社组建重庆出版集团公司。集团重构图书出版主业，在本部设立教育、社科、文艺、科技、美术、少儿六大出版中心。参加全球同步出版项目《重述神话》，引进世界英语文学第一品牌《企鹅经典》，推动中华文化与世界文化的实质性融合；出版了以《当代资本主义新变化》《民主社会主义评析》等为代表的国家级获奖图书；推出了以《碧奴》《格萨尔王》等为代表的外向型图书；精心策划了以《女心理师》《藏地密码》等为代表的超级畅销图书。

（2）重庆大学出版社和西南师范大学出版社均成立于 1985 年 1 月，是我国改革开放后较早成立的大学出版社。两家大学出版社建社近 30 年来一直以大中小学教材和学术著作的出版为主旨，在教育及学术领域出版了大量有全国影响力的图书。如，仅经教育部审查通过，并在全国推荐使用的中小学新课标教材就有《语文》《数学》《英语》等。在大学教材的建设方面，两家大学出版社也各有千秋，重庆大学出版社的建筑、理工类教材在全国影响广泛，而西南师范大学出版社的艺术类教材则曾一度在全国独领风骚。在学术著作的出版方面，西南师范大学出版社近年来承担的国家出版基金项目"域外汉籍整理"，计划出版 800 种图书，是近年来国内少有的大型出版工程；重庆大学出版社策划出版的中国第一套社会科学研究方法丛书"万卷方法"，已出版相关图书 100 余种，在国内学术界影响广泛。

参考文献

《春秋三传》,世界书局影印,1936 年版.

《华阳国志》,上海古籍出版社,1962 年版.

《楚辞集注》,上海古籍出版社,1979 年版.

《元稹集》,中华书局,1982 年版.

《太平广记》,上海古籍出版社,1982 年版.

《史记》,中华书局,1982 年版.

《后汉书》,中华书局,1982 年版.

《晋书》,中华书局,1982 年版.

《宋书》,中华书局,1982 年版.

《魏书》,中华书局,1982 年版.

《周书》,中华书局,1982 年版.

《隋书》,中华书局,1982 年版.

《旧唐书》,中华书局,1982 年版.

《新唐书》,中华书局,1982 年版.

《宋史》,中华书局,1982 年版.

《全唐诗》,中华书局,1982 年版.

《四书五经》,中国书店影印,1985 年版.

《刘伯承回忆录》,上海文艺出版社,1987 年版.

《资治通鉴》,岳麓书社,1990 年版.

《巴蜀文化图典》,四川人民出版社,1999 年版.

《中国大百科全书》,中国大百科全书出版社,2000 年版.

《长江三峡游记》,远方出版社,2001 年版.

中共重庆市委宣传部:《重庆读本》,重庆出版社, 2009.

王尔鉴:《巴县志》,乾隆二十五年(1760 年)版.

范文澜:《中国通史简编》,人民出版社,1964.

童恩正:《古代的巴蜀》,四川人民出版社,1979.

高亨:《文字形义学概论》,齐鲁书社,1981.

张传玺、杨济安:《中国古代史教学参考地图集》,北京大学出版社,1982.

邓少琴:《近代川江航运简史》,重庆地方史资料组,1982.

段玉裁:《说文解字注》,上海古籍出版社影印,1983.

朱骏声:《说文通训定声》,武汉市古籍书店影印,1983.

翦伯赞:《中国史纲要》,人民出版社,1983.

黎虎:《夏商周史话》,北京出版社,1984.

张舜徽:《中国史学名著题解》,中国青年出版社,1984.

张秀熟:《四川古代名人》,四川省社会科学院出版社,1984.

任一民:《四川近代人物传》,四川省社会科学院出版社,1985.

袁珂:《山海经校注》,上海古籍出版社,1986.

周勇:《重庆一个内陆城市的崛起》,重庆出版社,1989.

王绍荃:《四川内河航运史(古、近代部分)》,四川人民出版社,1989.

王仲荦:《隋唐五代史》,上海人民出版社,1990.

范尧:《抗战时期的陪都建筑》,青岛建筑工程学院学报,1992 年 4 期.

陈世松:《天下四川人》,四川人民出版社,1993.

李先逵:《巴蜀建筑文化简论》,四川建筑,1994 年 1 期.

李定开:《抗战时期的重庆教育》,重庆出版社,1995.

苏光文:《抗战时期的重庆文化》,重庆出版社,1995.

重庆日报社:《抗战时期重庆的新闻界》,重庆出版社,1995.

袁庭栋:《巴蜀文化》,辽宁教育出版社,1995.

谭其骧:《中国历史地图集》,中国地图出版社,1996.

郑敬东:《三峡文化概论》,中国三峡出版社,1996.

杜江:《中国民族民俗》,东北财经大学出版社,1997.

蓝勇:《西南历史文化地理》,西南师范大学出版社,1997.

饶宁华等:《巴蜀英才爱国情》,西南师范大学出版社,1999.

凌耀伦:《卢作孚研究文集》,北京大学出版社,2000.

刘川:《重庆近代建筑的形成发展及其主要特征》,建筑学报,2000 年 11 期.

肖宏编:《华夏之旅丛书》,旅游教育出版社,2001.

傅德岷、文成英等:《重庆与名人》,重庆出版社,2001.

王群生:《巴渝风情》,重庆出版社,2001.

李书敏:《重庆民俗风情》,重庆出版社,2001.

薛新力:《重庆文化史》,重庆出版社,2001.

重庆市教育委员会:《重庆教育志》,重庆出版社,2002.

周勇:《重庆通史》,重庆出版社,2003.

蓝勇:《千古三峡》,福建人民出版社,2003.

老谭:《巴渝山水名胜》,重庆出版社,2004.

吴涛等:《巴渝文物古迹》,重庆出版社,2004.

郑敬东:《长江三峡交通文化》,中国文史出版社,2005.

周勇:《西南抗战史》,重庆出版社,2006.

黄权生、曹诗图、胡晶晶:《三峡交通文化研究现状概述及思考》,三峡文化研究,2007.

李长莉:《近代交通进步的社会文化效应对国人生活的影响》,学术研究,2008 年 11 期.

重庆市委宣传部:《重庆读本》,重庆出版社,2009.

何智亚:《重庆清代移民会馆、移民宗族祠堂建筑历史与形态述论》,中国名城,2010 年 3 期.

黄昌怡、黄权生:《近代以来三峡交通钩沉》,黑龙江史志,2010 年 18 期.

龙彬、屈仰:《抗战时期重庆建筑发展研究初探》,南方建筑,2011 年 2 期.

何智亚:《陪都时期的重庆建筑——重庆建城史之三》,重庆建筑,2011 年 2 期.

黄妍:《略述抗战时期国民政府迁都重庆对重庆发展的影响》,长江师范学院学报,2011 年 4 期.

扈万泰、宋思曼:《城市规划视角下的"重庆建筑"探析城市设计与研究》,建筑学报, 2011 年 12 期.

后　记

　　重庆历史悠久,巴渝文明源远流长。早在 200 余万年前,"巫山"人就在巴渝境内劳动、生息和繁衍,用自己的双手创造着古代巴地的文明。数千年来巴渝人创造了巴渝历史文化,成就卓著,成为中华民族历史文化的组成部分。

　　拥有 3 000 多年历史文献记载的重庆,其文化独具特色,无论是古代巴文化和近代巴渝文化,还是抗战时期作为全国政治、经济、文化、外交、军事中心的陪都抗战文化,在丰富厚重、博大精深的中华民族文化中都令人瞩目。

　　自 20 世纪 80 年代中期"文化热"兴起,对中国传统文化重新认识、发掘、研究、反思方兴未艾;文化影响力的巨大能量,在经济建设与社会发展中日益显现。近年来,在大文化背景下的地域文化研究在各地广泛兴起。地域文化区域经济相互交融,推动着区域经济的发展和社会的进步。各地政府也着力推进本地区历史文化的研究,不少省市将本地区历史文化纳入中等、高等教育。

　　重庆直辖后,地方文化研究受到了高度重视,重构巴渝文化,不但是弘扬"自立自强,开拓开放"的重庆人文精神的需要,也是社会主义精神文明建设的重要内容之一,更是重庆文化工作者的重要任务。长期以来,由于重庆的地理位置、行政地位、经济发展、文化环境等诸多因素,造成了巴渝文化研究某种程度上的不足和缺失,国内外有关巴渝文化全方位的研究基本上无所见——尤其是对"大重庆"的文化研究,这不能不说是民族地方特色文化研究中的一大空白。此外,本地居民特别是年轻一代对自己赖以生存的文化环境亦甚陌生,这一状况严重影响了重庆经济社会的发展以及重庆对外形象的提升,从而导致了地区性经济、文化交流、社会发展的不利局面。

　　今天的重庆是历史上巴渝地区的延续和发展,为了更好地了解本地文化,科学地分析、研究巴渝文化,加深人们对重庆的理性认识,我们需要综合考察、研究巴渝文化古今演变的历史过程,研究巴渝文化的内涵和地方性特征,以展示中华民族文化的勃勃生命力。

　　为此,经重庆市教委批准立项,我们开展了对巴渝文化的研究。从 2003 年开始,课题组的同志们在繁忙的教学工作之余,经过艰苦的劳动,在 2004 年 2 月初完成了《巴渝文化概论》初稿,以讲义的形式供同学们试用,并在试用过程中,不断进行修改。2005 年正式出版,2010 年 2 月再版,2013 年 2 月重新修订出版,其间我们开展多项研究，以求在研究上有新的发掘，并达到一定深度，这次重新修订再版，我们将研究成果纳入其中，以飨读者。

感谢那些参考书的作者们，包括前贤和时人的研究，使我们得以进入巴渝文化的研究领域，一窥巴渝文化精深的内涵。

在写作过程中，我们怀着对巴渝热土的挚爱与尊崇，在对巴渝文化的领悟和认识的基础上，力求科学地、理性地展现巴渝文化古今演变的历史过程，以及巴渝文化的内涵和特征。

本书体现了我们对巴渝文化的深入探索，其创新和贡献主要在于：

第一，在体例上，采取类似专题的写法，在整体的观照下，强化局部的透视，并以局部反映整体，尽可能反映巴渝文化研究的宏观意识。本书的内容包括巴渝文化的地位、巴渝文化的形成和演变、巴渝文化的内涵与特色、物华天宝、巴渝英杰、巴渝风情、巴渝文苑、巴渝的交通建筑、巴渝的文化传媒等，当然，本书体例在诠释巴渝文化时，力求平实通达，简明扼要，取材上力求周全有据、审慎准确。

第二，在时间上，我们纵向打通了文化发展的年代，既研究巴渝文化古今演变的历史过程，也注重对当今重庆文化的研究，即"大重庆"的文化研究。我们力图从高视点上贯通巴渝文化，从而揭示巴渝文化的整体面貌。

第三，巴渝文化具有兼容南北、并蓄东西的复合型特点，巴渝文化是重庆人和无数外籍在渝人士共同创造的，因此，外籍人士在巴渝地域的文化活动和其对巴渝文化的贡献，也纳入了我们研究的视野，这也从另一侧面显现出巴渝文化所具有的"海纳百川，有容乃大"的文化开放性与创造性。

第四，一个民族能否独辟蹊径，创造出风采卓绝的文化，取决于他们能否矢志不渝地追求文化的独创性。我们在书中梳理和总结了巴渝人在交通、建筑、文学、艺术、教育、出版等方面的创造，且与当今巴渝人开拓创新、豁达开放的文化心态相契合。

《巴渝文化概论》初版时由张万仪、杨政主持编写，设计本书框架；张万仪、庞国栋统稿、修改、润色、审订并配制图片，对第三编进行了调整、补充和完善。在2010年本书第二次出版时，补充和调整了部分内容。这次重新修订出版，由张万仪、庞国栋根据近年研究成果、学界新材料的发现，以及读者的需求作了较大增删和章节调整。为了使读者对巴渝文化发展的历史背景有较完整、清晰的了解，本次修订，在巴民族形成和发展、古代巴国兴亡的基础上，增加了作为地方州府的巴渝地区的历史概况，梳理了自西汉至清朝发生在巴渝大地的重要历史事件，同时对巴渝的交通文化和建筑特征作了较为深入的发掘和梳理。由于材料的欠缺，或有疏漏遗落,望读者提出,以利补充完善。另一方面,为展现巴渝地区学术思想的发展及影响,本次修订增加了代表学术与理论思维水准的巴渝思想文化内容,以彰显巴渝文化在中华文化中的重要地位。

本书各章节撰写分工是:

第一编　庞国栋

第二编　杨　政

第三编　张万仪　庞国栋

第四编　王晓君

第五编　肖兰英

第六编　张万仪

第七编　张万仪　庞国栋(巴渝舞、竹枝词,巴渝思想文化部分)

第八编　张万仪

本书在编写过程中,参考、借鉴和引用了部分参考资料、文献、著述、图片,由于技术上的原因,无法一一查证和注明,望有关方面谅解,并在此致以真诚的谢意!

编　者

2013 年 8 月